특강 소요리문답 (하)

황희상 지음

BLACK BEAR BOOKS

저자 **황희상**

저자는 대학시절 기독교 잡지 편집장으로 일하면서 한국 교회의 안타까운 현실을 목격했다. 그리고 그 대안을 건전하고 체계적인 교리교육에서 발견하였다. 이후 직장생활을 하면서 교리와 역사 분야의 책을 탐독했고, 교회 청년부를 수년간 지도하면서 실험적인 방식으로 교리를 가르쳐왔다. 이 책은 바로 그 실제 현장의 원고를 묶은 것이다. 저자는 청년들이 교리를 통해 변화하는 모습을 눈으로 확인하고 이 책의 출간을 결심했다고 한다. 2011년에 초판이 출간되고 한국 교회에는 교리교육의 돌풍이 불었다. 이후 저자는 고려신학대학원에서 석사(M.A.)과정을 마치고 6년간 모교에서 강사로 섬기는 등, 종교개혁과 그 유산에 대한 강의와 집필 활동을 활발하게 하고 있다. 저자의 다른 책으로는 『지금 시작하는 교리교육(지평서원, 2013)』, 『특강 종교개혁사(흑곰북스, 2016)』, 『종교개혁지 탐방 가이드(공저, 세움북스, 2022)』가 있다.

특강 소요리문답(하)

인쇄일 2판 3쇄 2024년 2월 20일 | **발행일** 초판 1쇄 2012년 02월 22일
발행처 흑곰북스 | **발행·기획** 정설 | **컨텐츠 지원** 이요한, 신준영, 아싸새 | **사진** 황희상, 김석현
표지 디자인 사바나림 | **편집 디자인** 사바나림, 장득진 | **일러스트** NineMK, 김근영

주소 서울시 마포구 월드컵로 190 이안상암II-801
전화 070.4007.0681 | **팩스** 031.629.5790
블로그 http://blackbearbooks.kr
이메일 blackbearbooks2011@gmail.com

[알립니다]
· 본서 제2판(2020.01)은 교육현장에서의 요구에 따라 판형과 페이지를 축소하면서,
  내용의 명확한 전달을 위해 일부 문맥을 수정, 보완하였습니다.
· 이 책의 본문은 'Dall'의 UD폰트를 사용하여 제작하였습니다.
· 본문에 사용된 컨텐츠 및 이미지 저작권은 흑곰북스에 있습니다.
  잘못 만들어진 책은 구입한 곳에서 바꾸어 드립니다.

ISBN 979-11-90512-02-2, 979-11-90512-00-8 (전2권)

특강 소요리문답 (하)

황희상 지음

목차

추천사　6

저자 노트　8

누가 이 책을 읽어야 하나요?　10

이 책의 특징과 활용법　12

스터디 플랜 가이드　16

소요리문답 요약맵 (질문 모음)　18

나의 신앙고백서　352

요리문답 학습에 도움이 되는 책　354

에필로그　358

저자 히스토리　362

13단원	**도덕법** ^{39-44문}	24
14단원	**십계명 1부 – "하나님 사랑"** ^{45-62문}	52
15단원	**십계명 2부 – "이웃 사랑"** ^{63-81문}	100
16단원	**믿음과 회개, 그리고 은혜의 수단들** ^{82-88문}	166
17단원	**은혜의 수단: 말씀** ^{89-90문}	196
18단원	**은혜의 수단: 성례-세례와 성찬** ^{91-97문}	218
19단원	**은혜의 수단: 기도** ^{98문}	262
20단원	**주기도문** ^{99-107문}	284

교사와 모임 인도자를 위한 **소요리문답 2부 총정리** 343

추천사

김남준 목사 열린교회 담임

오늘날 그리스도인의 가치관이라고 하는 것은 세속적 인본주의 빵 덩어리 위에 기독교 신앙의 크림을 뿌린 것과 같은 모습입니다. 이러한 때에 웨스트민스터 소요리문답을 현대인에게 맞도록 잘 설명한 책이 나온 것은 바람직합니다. 이 학습서는 성경적인 기독교 신앙의 대의를 체계적이고 알기 쉬운 용어로 설명하여 독자들로 하여금 짧은 시간 내에 신앙의 골격을 잡게 하여 주는 책입니다. 부디 이 책이 신앙의 내용에 대하여 분명히 알지 못하는 신자들이나 기독교에 입문하려는 이들에게 길잡이가 되기를 빌어 마지않습니다.

신원하 교수 고려신학대학원 기독교윤리학

한국교회는 17세기 중엽 이후 수백 년 동안 장로교회와 개혁교회의 신앙과 교리의 표준 문서로 채택돼 온 보석과 같은 이 교리문답을 꽤 오랫동안 소홀히 여겨 왔습니다. 그러나 먼지가 뽀얗게 덮여 있던 이 보석을 저자는 말끔히 닦고 빛나게 해서 한국 교회와 신자들에게 전해줍니다. 이 책을 읽다 보면 교리문답은 이제 어렵고 딱딱한 것이 아니라 사랑스럽고 감동케 하는 말씀이 됩니다. 저자의 정리된 신학 지식과 자상한 설명, 그리고 뛰어난 문장력은 이 교리 학습서의 가독성을 아주 높여줍니다.

안명준 교수 평택대학교 조직신학

이 암울한 시대에 이런 책이 출판된 것은 반갑고 다행한 일입니다. 딱딱한 교리의 전수에만 초점을 둔 교재들과 달리 독자들이 쉽게 이해하도록 특별한 방식으로 풀어갑니다. 가장 중요한 교리의 해석에 있어서도 결코 피해가지 않고 성경적 근거를 제시하면서 정면으로 논증하는 점이 아주 뛰어납니다. 성도의 모든 삶이 신앙의 규범인 성경과 교리의 체계 위에 분명히 세워지기를 촉구하는 이 명작에, 독자 여러분은 주목하시길 바랍니다.

유태화 교수 백석대학교 조직신학 역사

역사 가운데 가장 잘 된 것으로 평가받는 귀중한 신앙교육서가, 이제 신세대 감각을 갖춘 저자의 손을 거치면서 참신한 스타일은 물론 건강한 신학에 근거한 적응력 있는 해설까지 탑재하게 되었군요. 사실 이런 책은 전문적인 신학자보다는 일반 신자의 삶을 가깝게 속속들이 이해하는 눈높이를 가진 필진을 통해 나오는 것이 더 적절합니다. 신앙교육서 작성의 본래 취지와 가장 잘 부합하기 때문입니다. 이 아름다운 작품이 귀하게 사용되기를 소망하며, 이 일을 신실하게 수행한, 성도들의 영혼을 사랑하는 저자에게 박수를 보냅니다.

추천사

유해무 교수 고려신학대학원 교의학

교회교육이 궁지에 몰린 이때에, 저자가 심혈을 기울인 교리 학습서를 펴냈으니 얼마나 기쁜 일인지 모릅니다. 저자는 요리문답 교육에 문자적으로 삶 전체를 바쳤습니다. 실제로 많은 젊은이들을 변화시키면서 이 책을 저술했습니다. 저자는 심지어 생업을 접고 소유까지 바쳐가며 이 일에 매진했습니다. 하나님을 향한 열심과 성도들을 향한 열정이 저자를 사로잡고 있습니다. 그래서 내용에는 충실하고 해설은 현대적입니다. 삼위일체 하나님의 구원을 벅찬 심정으로 보여주고, 우리가 그분의 영광을 위해 살아야 함을 잘 담아냈습니다. 실전 경험과 임상 시험으로 검증된 이 학습서가 한국교회의 초석이 될 것을 확신하며, 진심으로 추천합니다.

이성호 교수 고려신학대학원 교회사

이 책은 한국 교회사에서 기념비적인 작품이 될 것이 분명합니다. 소요리문답은 한국 장로교회가 가르쳐야 할 공식 커리큘럼이라 할 수 있지만 그동안 마땅한 교재가 부족했습니다. 현대적이고 대중 친화적으로 만들어진 이 학습서는 교회교육의 현장에도 적합합니다. 단회적인 프로그램이나 행사가 아니라 좀 더 본질적이고 건전한 교회교육을 고민하던 모든 목회자에게, 시원한 해답이 될 것으로 확신합니다.

이승구 교수 합동신학대학원 조직신학

한 성도가 노력한 결과물을 우리 모두가 나누어 가졌습니다. 웨스트민스터 소요리문답을 보다 잘 가르치려고 하는 모든 분들은 이 책을 통해 효과적인 방도를 찾을 수 있을 것입니다. 이 책과 함께 앞으로 우리 모두에게서 이런 시도가 더 많이 나타나길 바랍니다. 그래서 웨스트민스터 총회 신학자들이 품었던 의도가 이 땅 가운데 더 많이 울려 퍼지기를 원합니다.

황대우 교수 고신대학교, 개혁주의학술원

웨스트민스터 소교리문답은 세계의 장로교회가 공적으로 고백하는 문서이지만, 실제로 이를 가르치는 교회는 거의 없었습니다. 이 시대의 독자들에게 맞는 학습서가 없었기 때문입니다. 하지만 이는 이제 더 이상 핑곗거리가 될 수 없습니다. 쉽고 재미있고 똑똑한 학습서가 출판되었기 때문입니다. 이 책은 성숙한 신앙인조차 어렵게 느끼는 교리문답을 놀라운 방법으로 알차게 설명합니다. 남녀노소를 불문하고 이 책을 읽는 사람은 누구든, 교리라는 것이 지루하거나 졸리기는커녕 재미있을 뿐만 아니라 감동적이기까지 하다는 사실을 느낄 수 있을 것입니다. 모든 성도에게 강력히 추천합니다.

저자 노트

신앙의 기초, 어떻게 쌓을까?

"예배 순서에 대한 의미를 알고 나니까 좀 더 신중하고 준비된 마음으로 예배드릴 수 있었어요."
- 어느 학생이 남긴 쪽지

개념을 알고 교회를 다닌다는 것은 너무나 행복한 일입니다. 많은 성도들이 어린 시절을 그렇게 못 보냈거든요. 그저 엄마 손에 이끌려, 또는 친구나 전도사님이 자꾸 전화를 해서, 자다 깨서 교회에 나오곤 했습니다. 그런 것은 불행한 교회 생활입니다.

요즘 교회의 문제 중 하나는 보편적인 커리큘럼이 없다는 것입니다. 교회마다 목사님의 스타일이나 신학 배경에 전적으로 의존하는 교육이 이루어지고 있는데, 그렇게 되면 한쪽으로 치우친 교육이 이루어지기 쉽습니다. 어떤 교회는 지식 전달 위주로, 또 다른 교회는 생활 적용 위주로 치우칩니다. 이런 실태를 극복하기 위해 **대다수의 교회가 동의할 수 있는 균형 잡힌 커리큘럼**이 보급된다면 좋을 것입니다.

이런 필요성은 역사 가운데 계속되어 왔습니다. 교회는 성도들의 신앙교육을 위한 공적인 커리큘럼의 하나로, 역사적으로 수많은 요리문답을 만들어 보급해왔습니다. 예를 들어 16세기 독일의 팔츠 지방 영주였던 「프리드리히 3세」는 당시 모든 교회와 학교가 공동으로 사용하는 교과서가 없어서 오해와 무질서가 일어난다고 보고, 요리문답을 만들어 보급하도록 했습니다. 그리고 아예 법을 만들어서, 요리문답을 학교와 교회와 가정에서 마땅히 가르치도록 했습니다. 그래서 가정에서는 부모가 아이들을, 학교에서는 교사가 학생들을, 교회에서는 목사와 교리교사가 요리문답을 철저히 가르치던 시절이 있었습니다. 그 시절의 교회는 참으로 **행복했고, 또한 당당했습니다.** 더 깊은 이해를 위한 책 : 테아 반 할세마, 「하이델베르크에 온 세 사람과 귀도 드 브레」, 성약

이 책에서 다루는 웨스트민스터 소요리문답은 17세기 중반 영국에서 만들어졌습니다. 당시 영국은 종교개혁이 한창이었습니다. 영국의 장로교인들은, 제임즈 1세와 찰스 1세의 치하를 거치면서 이미 수많은 탄압을 받았지만, 그런 시련 덕분에 바른 신학은 물론 교회정치의 개혁과 삶의 문제까지 다루어주는 신앙고백과 요리문답의 필요성을 더욱 느꼈습니다. 그런 분위기가 반영되어, 1643년 7월에 웨스트민스터에서 총회가 소집되었고, 6년간의 회기를 통해 '웨스트민스터 신앙고백서'가 나오게 되었습니다. 더 깊은 이해를 위한 책 : 황희상, 「특강 종교개혁사」, 흑곰북스

저자 노트

뿐만 아니라 교회정치와 예배모범도 만들었으며, 오랜 시간을 들여 '대·소요리문답'이라는 것도 만들었습니다. 대요리문답은 196개의 문답으로, 성인 및 목회자 준비생을 교육하기 위한 용도로 사용되었으며, 소요리문답은 107개의 문답으로, 초신자와 청소년을 위한 용도로 각각 사용되었습니다. **이 책은 바로 그 소요리문답을 다루고 있습니다.**

소요리? 저는 중학생 때 처음 소요리문답이란 말을 들었을 때, "으잉? 소로 만든 요리? 요리학원 교재인가?" 하며 웃었습니다.
소*요리문답은 영어로 Shorter Catechism, 즉 짧고 간결하게 만든 교리교육서라는 뜻입니다.
그럼 대*요리문답은? Larger Catechism. 훨씬 더 길고 내용도 풍성합니다.

여러분의 교회에서는 소요리문답을 공부한 적이 있으신가요? 세월이 지나고, 오늘날 교회에서 실제로 요리문답을 사용해서 교리교육을 시행하는 경우는 극히 드문 세상이 되었습니다. 왜 그럴까요? 가장 큰 이유는, 요리문답 교육이 '올드패션'이라서 오늘날의 교육에 맞지 않다는 생각 때문이 아닐까 합니다.

이것은 우리의 **핑계**라고 생각합니다. 시대가 변하면, 그 변화에 맞추어 효과적인 교육이 되도록 방법론을 고민하는 것이 바람직하지, 폐기해버려서는 안 됩니다. 효과적인 교재와 교육방식을 위해 수많은 연구로 밤을 새워야 할 것입니다.

요리문답을 오늘날 교회교육의 커리큘럼에 반영한다면, 보다 균형적이고 체계적인 교육을 기대할 수 있을 것입니다. 하나님을 영화롭게 하고, 영원토록 그분만을 즐거워하는 성도가 되기 위해, 요리문답은 그가 과연 무엇을 알아야 하며 어떻게 살아야 하는지를 균형적으로 가르쳐 줍니다. 요리문답을 잘 배우고 받아들인 사람에게는 실천적인 삶이 뒤따릅니다.

요리문답을 통해 **기독교의 핵심 교리들**을 잘 배우면, 이단의 공격으로부터 적극적으로 자신을 방어하고 대처할 수 있는 힘도 갖추게 될 것입니다. 하나님의 자녀다운 아름다운 삶을 적극적으로, 또한 기쁨으로 살아갈 수 있을 것입니다. 나의 모든 삶과 행동에서, 하나님이 나의 최고의 선이며 상급이라는 확신을 갖고, 하나님을 사모하고 찾기 위해 뜻을 두고 노력하는 사람들이 점차 늘어나길 소망합니다.

그 풍요롭던 시절이 다시 오길 바라며. 저자 드림.

누가 이 책을 읽어야 하나요?

이 책은 한마디로 말해서 기독교 교리가 필요한 사람을 위한 안내서입니다. 믿더라도 제대로 알고 믿고, 교회를 다니더라도 제대로 알고 다녀야겠다고 생각하는 분을 위한 책입니다. 교회를 오래 다녔어도 신앙의 체계가 잡히지 않아 늘 의심하고 방황하며 마음속에 까닭 모를 죄책감을 가진 분들을 떠올리며 이 책을 썼습니다.

여러분에게도 이 책이 필요할까요? 아래 항목을 읽어보시고 "맞아, 맞아!" 공감이 되면 과감하게 체크 표시를 해보세요. ^^

- ☐ 01. 어렸을 때는 별생각 없이 교회를 다녔다. 성인이 된 후 도대체 왜 꼭 교회를 다녀야만 하나, 그냥 집에서 혼자 믿으면 안 될까? 생각한 적이 있다.

- ☐ 02. 회사 동료나 거래처 사람들에게 내가 크리스천이라는 사실을 알리고 싶지 않다.

- ☐ 03. 아내 따라 교회 나온 지 2년 차. 언제부턴가 슬슬 십일조를 내야 한다는 무언의 압박에 시달리며 얼굴 표정에 먹구름이 끼기 시작한 남편.
"가정의 평화를 위해 십일조를 해야만 하는가?!"

- ☐ 04. 주일학교는 함께 다녔지만 지금은 교회를 "끊었다!"며 떳떳하게 말하는 친구.
"교회? 그거 멋모를 때나 다니지, 이제는 못 다니겠더라고." 하지만 이 친구, 미련을 버리지 못하고 자꾸 기독교에 대해 공격적인 질문을 한다. 질문의 패턴은 십 년이 지나도 그대로.

- ☐ 05. 하나님이 계신다는 것은 믿는다. 하지만 교회는 결국 사람들이 모인 곳 아닌가? 말도 많고 탈도 많다. 그런 것이 싫어서 교회에 나가지 않는다.

- ☐ 06. 안 믿는 남편을 둔 여 집사님. 남편이 교회의 나쁜 점을 마구마구 쏘아대지만, 한 마디도 제대로 대답하기 힘들다.

누가 이 책을 읽어야 하나요?

☐ 07. 교회 봉사는 대부분 청년들 몫. 하루하루 지쳐가는 청년들. 주일 오후가 되면 얼굴이 핼쑥하다. 아무리 생각해도 성도의 피로는 간 때문이 아닌 것 같다.

☐ 08. 이단의 공격 앞에서 나의 신앙을 제대로 지킬 자신이 없어서 불안하다. 물가에 나간 아이가 된 기분이다.

☐ 09. 언제나 얼굴을 잔뜩 찌푸린 집사님. 주일이면 늘 뭔가 바쁘지만, 즐거움이 없고 의무감과 책임감으로 버티는 신앙생활.

☐ 10. 설교를 정말 듣고 싶어서 애써 집중을 했지만, 도대체 무슨 소린지, 이해를 못 하겠다.

☐ 11. 누가 나에게 구원받았느냐고 물어보면 "그렇다"고 대답할 수 있다. 하지만 그래서 어떻게 살아야 할지, 그건 잘 모르겠다.

☐ 12. 나보고 구원받은 백성이라지만, 나 자신을 보면 아무리 생각해도 하나님 자녀가 아닌 것 같다.

☐ 13. 엄마 손에 이끌려, 또는 친구나 전도사님이 자꾸 전화하니까, 마지못해, 주일 아침에 잠 깬 김에 할 일도 없고 해서 교회에 나온다.

☐ 14. 친구를 전도하고 싶은데, 기독교와 성경과 교리에 대해 제대로 설명을 못 하겠다.

☐ 15. 요즘 기독교가 세상의 욕을 먹고 있어서 기분이 나쁘고 안타깝지만, 딱히 할 말이 없어서 더욱 괴롭다.

☐ 16. 어느 정도 교리적 지식은 있지만, 교회학교에서 교사를 맡았거나 직분자가 된 후로 좀 더 공부하고 싶은 생각이 든다.

☐ 17. 설교 시간에 목사님께 손들고 질문하고 싶은 충동이 느껴질 때가 있다.

☐ 18. 교회에 다닌 지 오래되었지만, 생활이나 성품 면에서 달라진 점은 없는 것 같다.

☐ 19. 자녀들이 자라면서 '기도를 왜 해야 해요?' '세례가 뭐에요?' 질문하기 시작한다. 알기 쉽게 설명해주는 멋진 부모가 되고 싶다.

☐ 20. 교리가 중요하다고 해서 공부를 해보려는데, 어려운 책만 있어서 진도가 나가지 않는다.

이 책의 특징과 활용법

※ 「요리문답」과 「교리문답」은 같은 뜻입니다.
이 책에서는 저자에게 좀 더 친숙한 「요리문답」이라는 단어를 사용했습니다.

숲을 보기
교리 맵 제공

> **맥락 잡기**
문단별 맵 제공
원문의 영한대역 및
텍스트 구조화

> **나무 보기**
꼼꼼한 해설
확장질문 및
심화학습 글 제공

> **스스로
개념 탑재
성공!**

1. 소요리문답의 전체 구조를 볼 수 있도록 맵(Map)을 제공했습니다.

요리문답을 공부할 때는 전체의 흐름을 머릿속에 큰 지도처럼 그릴 수 있어야 합니다. 필요하다면 요리문답의 논리 구조를 도식화할 줄도 알아야 합니다. 이것이 왜 그러한가, 이것은 어느 맥락인가를 스스로 설명할 수 있어야 합니다. 숲을 보는 훈련이 반드시 필요합니다.

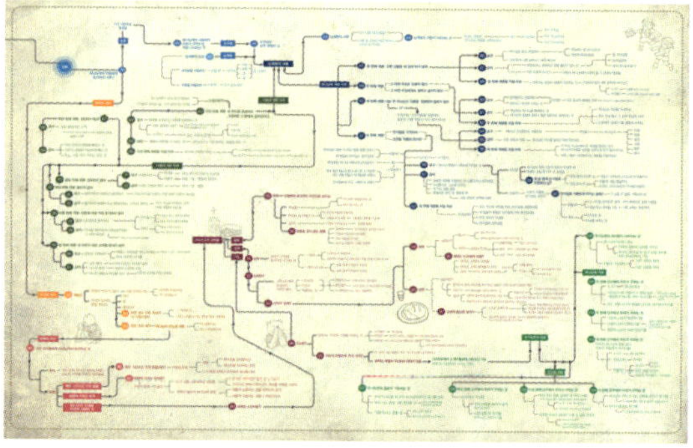

▲ 소요리문답 전체맵 (하권의 별책부록)

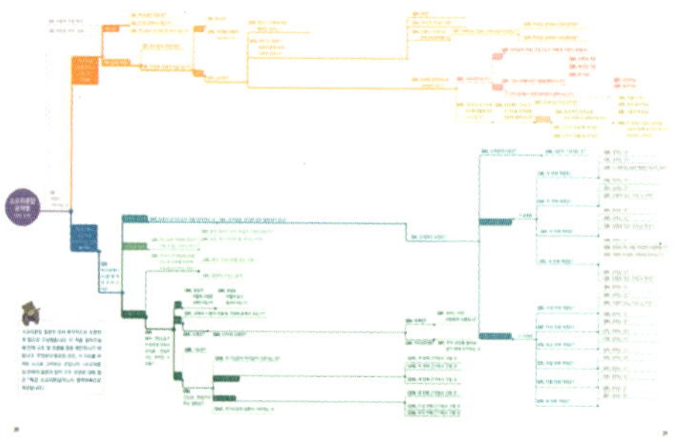

▲ 소요리문답 요약맵 (질문 모음, p.18-19)

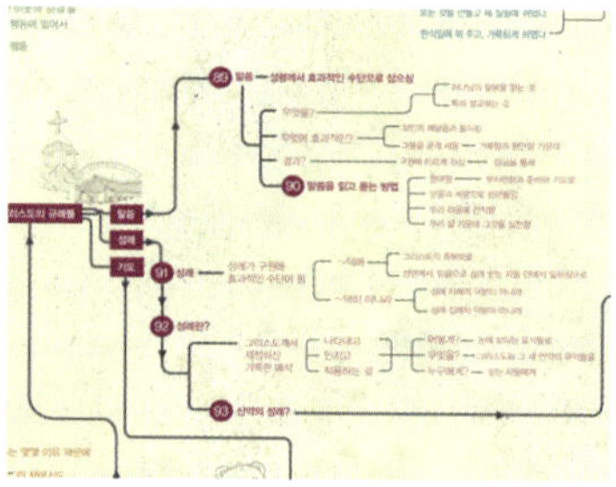

▲ 문답별 세부 구조를 확인(나무 찾기)

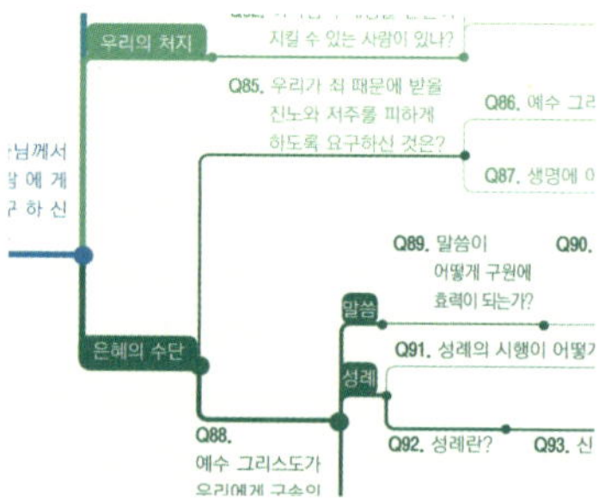

이 책의 특징과 **활용법**

일러두기 I

요리문답 영어 원문은 1648년에 최종 작성된 웨스트민스터 소요리문답을 그대로 실은 것입니다.
당시 사용했던 킹제임스버전(KJV) 성경의 고어 표현이 있지만 그대로 사용했습니다.
따라서 몇몇 단어는 현대어로 고쳐서 이해하실 수 있도록 안내해 두었습니다.

2. 원문의 논리적 흐름을 꽉 잡을 수 있도록 다양한 방법을 시도했습니다.

요리문답이라는 하나의 본문Text을 독자가 스스로 관찰하면서, 그 논리적 흐름에 따라 생각을 정리해 나가도록 돕는 방식입니다. 특히 요리문답의 영어 원문에 집중해서 본문을 구조적으로 이해함으로써, 그 속에 담긴 보석들을 캐내기 위해 다양한 방법을 도입했습니다.

▲ 문장구조를 구와 절로 끊어 계층적으로 배치, 원문 구조를 최대한 드러냄

▲ 각 문답별로 주변 문답맵을 제공, 현재 위치 확인을 도움

▲ 문답 해설 직전에 해당 문답의 구조를 표시

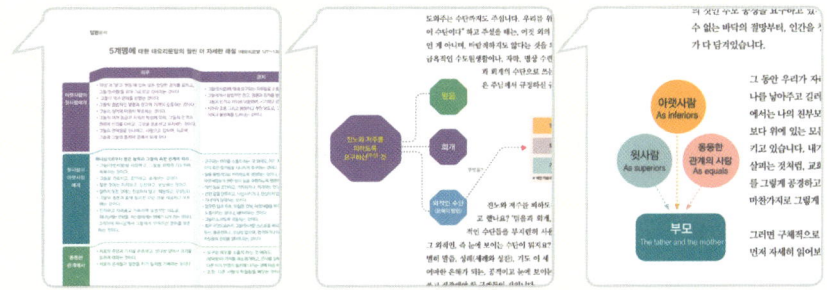

◀ 개념 정리를 위한 다이어그램

이 책의 특징과 활용법

3. 적용과 해석이 가능하도록 꼼꼼한 이해를 돕습니다.

대요리문답으로 소요리문답을 해석하는 방법을 사용했습니다.
어려운 신학자들의 이름을 열거하거나 신학 용어를 제시하는 방식이 아니라, 텍스트 자체에 집중하였습니다. 소요리문답은 영어로 Shorter catechism, 즉 대요리문답 Larger catechism보다 더 짧다는 뜻입니다. 훨씬 더 자세한 해석이 담겨있는 대요리문답을 토대로 해당 소요리문답의 의미를 해석했습니다.

원문에 첨부된 증거 성경구절을 하나도 빠짐없이 챙겼습니다.
물론 요리문답은 '성경 전체'를 근거로 만들어진 것이므로, 반드시 해당 성경구절만 중요한 것은 아닙니다. 그러나 이는 당시의 요리문답 작성자들이 성경을 어떻게 해석하고 인용했는지를 보여주는 중요한 자료입니다. 따라서 간혹 적합하지 않아 보이는 성경구절이 있더라도, 판단을 유보해주시기 바랍니다. 작성자의 의도를 잘 모르는 후대의 우리가 역사의 산물을 너무 쉽게 판단하기보다는, 가능한 신중하게 살펴야 할 일이라고 생각합니다. (이에 대해서는 소요리문답 프로젝트라는 웹사이트의 도움을 받으시길 바랍니다. http://www.shortercatechism.com)

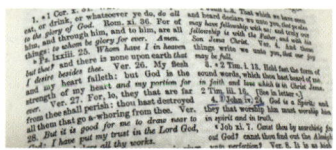

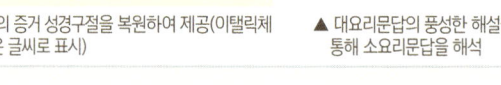

▲ 소요리문답 원문의 성경구절(강조하고자 하는 문구를 이탤릭체 표시함)   ▲ 원문의 증거 성경구절을 복원하여 제공(이탤릭체를 굵은 글씨로 표시)   ▲ 대요리문답의 풍성한 해설을 통해 소요리문답을 해석

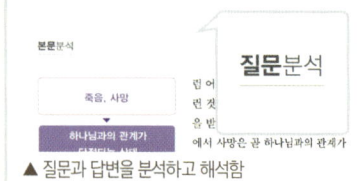
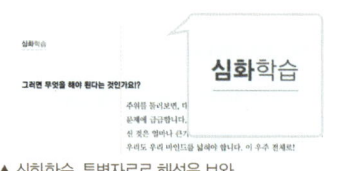
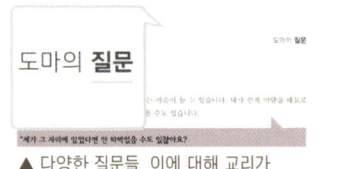

▲ 질문과 답변을 분석하고 해석함   ▲ 심화학습, 특별자료로 해설을 보완   ▲ 다양한 질문들, 이에 대해 교리가 제공하는 개념과 원리에 따른 대답을 시도

이 책의 특징과 **활용법**

> **일러두기 II**
> 요리문답을 더욱 깊이 이해하고 싶은 분은 교회 역사에 대한 배경지식을 쌓으시면 도움이 됩니다. 교회의 역사는 곧 교리의 역사라고도 할 수 있거든요. 교회사라고 해서 어려운 신학자들의 이름을 외우자는 게 아닙니다. 요리문답의 특정 문구가 정해지기까지, 어떤 논쟁이 있었으며 그 근거는 무엇이었는지 생각해 볼 수 있는 정도면 될 것입니다.
>
> - 이 책의 추천도서 목록이 도움이 되었으면 합니다. (p.354-357)
> - 세계사를 다루는 다양한 매체를 보조적으로 활용해 보십시오.
>   영화, 드라마, 다큐멘터리, 만화, 뮤지컬, 연극 등은 좋은 도움을 줄 수 있습니다.

4. 탄탄한 체계를 세울 때까지, 한번 시작한 공부를 끝까지 마칠 수 있도록 응원합니다.

교리 공부를 하다가 흥미를 잃지 않도록 친근한 일러스트와 캐릭터를 등장시켰습니다. 학습 도중 포기하고 싶은 마음이 들 때가 있을 것입니다. 그것은 당연합니다. 그럴 때는 잠시 쉬어가는 의미에서 <Essay>나 <쉬어가기> 등의 코너를 읽고 책을 잠시 덮은 후 생각을 정리해보세요. 또 저자와 함께 공부했던 청년들의 <후기>를 군데군데 삽입하였으니 읽어보시고 그런 방식으로 자기 생각을 정리해보십시오. 그리고 다시 힘을 내어 끝까지 학습을 마치시길 바랍니다.

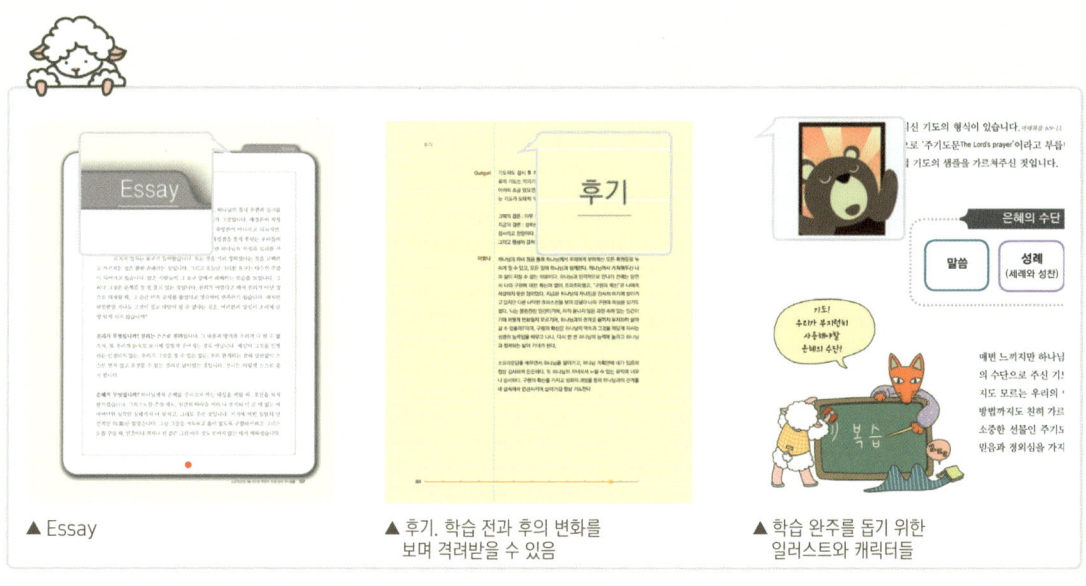

▲ Essay

▲ 후기. 학습 전과 후의 변화를 보며 격려받을 수 있음

▲ 학습 완주를 돕기 위한 일러스트와 캐릭터들

스터디 플랜 가이드

소요리문답 전체 107문에 대한 전체 스터디 플랜 기간은 6개월이나 1년입니다.
1부(1-38문)와 2부(39-107문)를 각각 3, 6개월 만에 끝낼 수 있습니다.
*1부의 스터디 플랜 가이드는 특강 소요리문답 상권을 참조하세요.

3개월 스터디 플랜!

문답 맵과 문답 분석 부분만 숙지하면,
3개월 만에 2부 학습을 마칠 수 있습니다.

	Week 1	Week 2	Week 3	Week 4
Month 1	13단원	14단원	15단원	
	도덕법	십계명 1~4계명	십계명 5~7계명, *C	
Month 2	15단원	16단원		17단원
	십계명 8~10계명	믿음과 회개, 그리고 은혜의 수단들	*M	은혜의 수단: 말씀
Month 3	18단원	19단원	20단원	
	은혜의 수단: 성례-세례와 성찬	은혜의 수단: 기도	주기도문	2부 총정리 & 책거리

*C : 동기부여 및 격려를 위한 독서
(십계명과 주기도문은 우리 삶과 밀접한 내용들을 다루고 있기 때문에, 단원 학습 이후 관련된 주제의 영화나 다큐멘터리, 연극 등을 관람하고 이야기를 나누는 것도 좋습니다.)
*M : 스스로 맵을 그린 후, 부록의 전체 맵과 비교해보면서 중간 점검

추천 마인드맵 프로그램 : freemind(무료) http://freemind.sourceforge.net

▲ 청소년이 그린 마인드맵

Tip : 성공적인 교리공부 비결

제가 늘 강조합니다. 요리문답을 공부하고 나서 느낀 점과 새롭게 알게 된 점을 정리하는 '후기'를 쓰는 것입니다.

그냥 외우느냐, 자기 고백으로 삼느냐는 어마어마한 차이가 있습니다. 그리고 그 고백이 실제 삶으로 이어지는 문제는 더욱이 다른 문제입니다. 이 책에서는 곳곳에 학생들의 실제 후기를 제시했습니다. 책을 읽고 후기를 적어보세요.

스터디 플랜 **가이드**

6개월 스터디 플랜!

6개월 동안 1부, 다음 6개월 동안 2부를 학습하면 1년치 소요리문답 학습 플랜이 달성됩니다.

	Week 1	Week 2	Week 3	Week 4
Month 1	13단원		14단원	
	도덕법	십계명 1계명	십계명 2계명	십계명 3계명
Month 2	14단원	*C	15단원	
	십계명 4계명		십계명 5계명	십계명 6계명
Month 3	15단원			
	십계명 7계명	*C	십계명 8계명	십계명 9계명
Month 4	15단원	16단원	*M	17단원
	십계명 10계명	믿음과 회개, 그리고 은혜의 수단들		은혜의 수단: 말씀
Month 5	18단원			19단원
	은혜의 수단: 성례	은혜의 수단: 성례-세례	은혜의 수단: 성례-성찬	은혜의 수단: 기도
Month 6	20단원		2부 총정리 & 책거리	
	주기도문			

*C : 동기부여 및 격려를 위한 독서
  (십계명과 주기도문은 우리 삶과 밀접한 내용들을 다루고 있기 때문에, 단원 학습 이후 관련된 주제의 영화나 다큐멘터리, 연극 등을 관람하고 이야기를 나누는 것도 좋습니다.)
*M : 스스로 맵을 그린 후, 부록의 전체 맵과 비교해보면서 중간 점검

모임 인도 - 학습자 스스로 발견하도록 돕기!

1. 학습자들 전체가 진도에 맞춰 본문을 모두 읽고, 배운 점을 적어오게 한다.(예습용 후기)
2. 예습용 후기로 각자 이해한 내용을 나눈다.
3. 보충할 내용이나 질문이 있을 때 서로 돕게 한다.

토의를 할 때, 모임 인도자는 '정답'을 가르쳐줘야 한다는 강박관념을 가지게 되는데, 공부하는 중에는 이런 생각을 갖지 않는 게 오히려 좋습니다. 토의할 때에 학습자들이 요리문답 자체의 내용을 어떻게 적용하고 있는지 확인하시고 격려해주세요.

학습자들의 질문을 많이 끌어내고, 기록해두고 관찰하시기 바랍니다. 교리를 계속 공부하면서 이 질문이 어떻게 해결되어 가는지를 관찰하고 이런 사실을 학습자에게 알려주세요. 학습자가 지치지 않고 끝까지 공부를 완주하는 데 자극이 됩니다.

모임 후

홈페이지 게시판이나 인터넷 카페에 매주 모임후기를 올리도록 해도 좋습니다. 평일에도 서로의 후기에 관심을 갖고, 격려하는 효과도 있고, 무엇보다 차곡차곡 쌓이는 후기들을 보면서 학습자들의 성취 욕구를 끌어내는 데 도움이 될 것입니다.

▲ 게시판에 올린 학생들의 후기와 댓글 격려

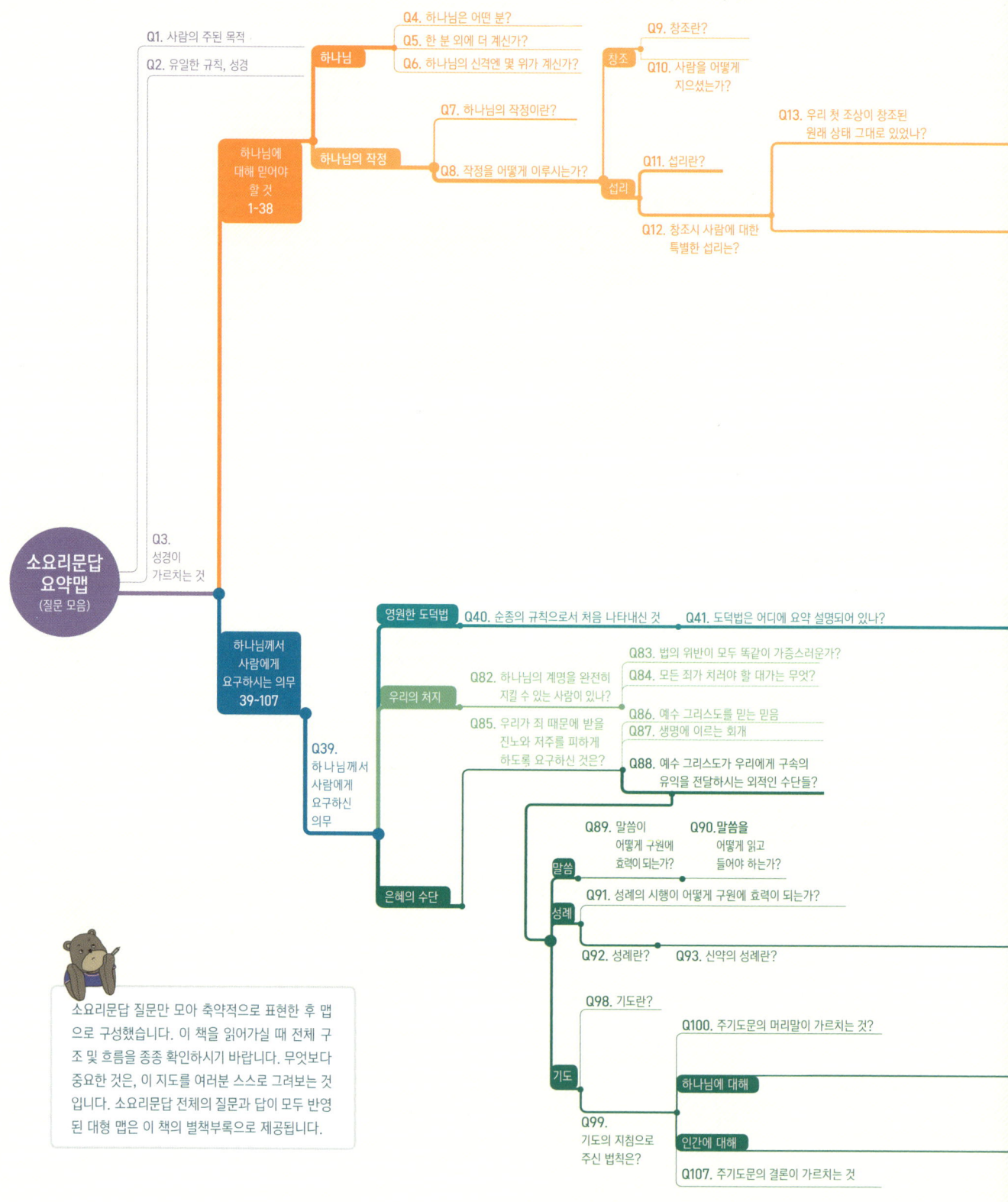

소요리문답 질문만 모아 축약적으로 표현한 후 맵으로 구성했습니다. 이 책을 읽어가실 때 전체 구조 및 흐름을 종종 확인하시기 바랍니다. 무엇보다 중요한 것은, 이 지도를 여러분 스스로 그려보는 것입니다. 소요리문답 전체의 질문과 답이 모두 반영된 대형 맵은 이 책의 별책부록으로 제공됩니다.

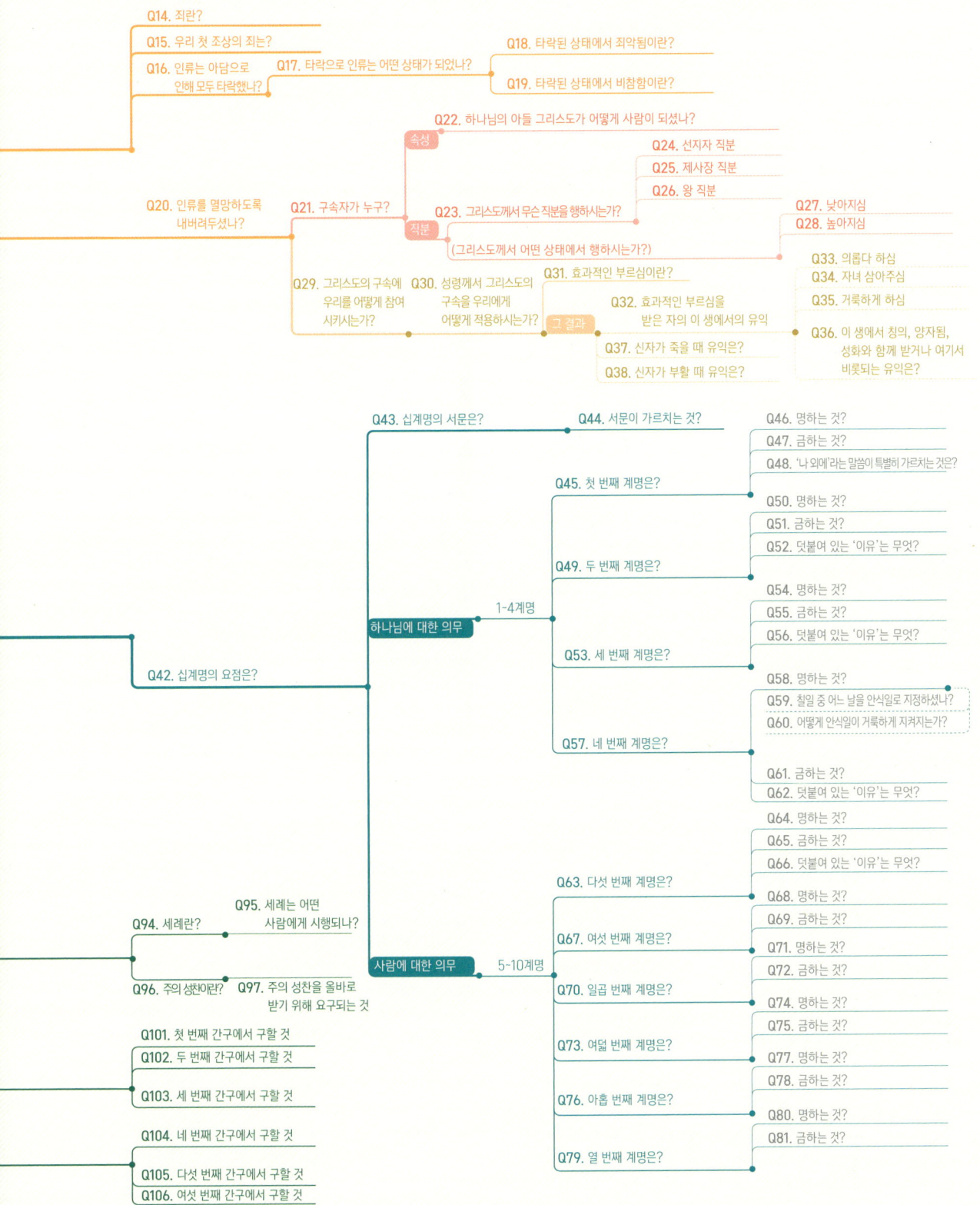

소요리문답 2부

먼저 전체 구조를 확인하시기 바랍니다.
요리문답은 언제나 전체 흐름을 생각하면서 공부해야 합니다.
지금 공부하는 내용이 전체에서 어느 위치인지를 확인하면서 가시기 바랍니다.

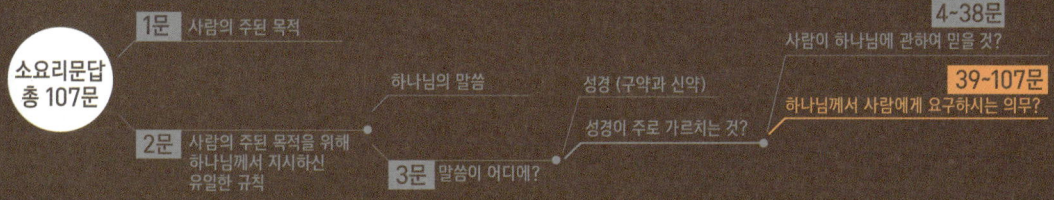

지금 우리는 소요리문답의 2부를 막 시작하려 하고 있습니다.
2부에 들어서면 십계명에 대해 공부하게 됩니다. 십계명이 소요리문답 전체에서 어떤 위치인지, 또한 그것이 나에게 어떤 의미로 다가와야 할 것인지를 생각하면서 진행해야 합니다. 그래야 십계명의 의미도, 십계명 이후에 계속되는 내용에 대해서도 관심을 갖고 집중할 수 있습니다. 소요리문답이 한눈에 들어오도록, 전체 구조에 익숙해지는 것이 중요합니다. 이 책의 부록으로 제공된 소요리문답 마인드맵을 사용하시기 바랍니다.

현재 위치 점검

언제나 전체의 흐름 중에서 현재 위치가 어디인지를 시각적으로 보는 것이 중요합니다. 공부하는 모임에서는 모든 참석자가 이것을 명확하게 정리했는지 확인한 다음 진행하시기 바랍니다. 그래야 뒤에 계속되는 십계명이 어떤 위치인지, 나에게 어떤 의미로 다가와야 하는지를 알 수 있습니다. 그리고 그런 필요성이 간절함을 낳게 되어, 십계명 이후에 계속되는 내용에 대해서도 관심을 갖고 집중할 수 있습니다.

이를 위해서는 소요리문답 전체 구조를 한눈에 볼 수 있도록 커다란 종이에 직접 그려, 벽에 붙여놓고 함께 보는 방법이 있습니다. 작은 종이를 여러 장 이어붙이는 방법도 있습니다. 이 책의 부록으로 제공된 소요리문답 전체 마인드맵도 그런 용도로 사용하시기 바랍니다.

하나님은 언제나 우리에게 순종을 요구하십니다. 순종이라는 단어가 어떤 느낌입니까? 대번에 거부감이 들고, 내 자유를 옭아매는 귀찮은 것으로 여겨질 수도 있습니다. 그러나 소요리문답의 2부에서는 바로 그 순종이라는 것이 우리에게 '진정한 자유'와 '더 큰 기쁨'을 누리도록 해주는 것임을 알아가게 될 것입니다.

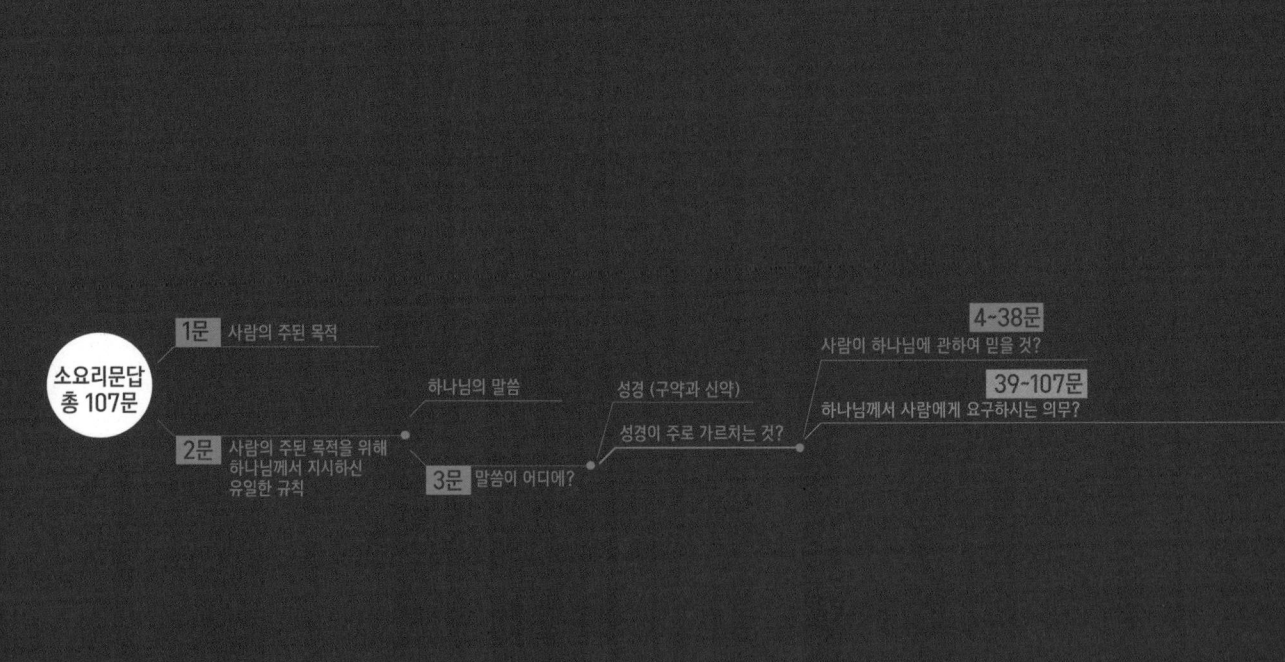

현재위치 **점검**

그럼 어떻게 하는 것이 순종일까요? 무엇이 그 기준일까요? 소요리문답 40문에서는 하나님께서 우리에게 아무렇게나 시시한 규칙을 몇 가지 정해주고 무의미하게 지키도록 강요하시는 것이 아니라, 수준 높은 '도덕법'을 주셨다고 가르칩니다. 세상의 어떤 윤리나 규범, 인간의 편의를 위한 법규들과 같은 것을 정해주고 순종하라 하시는 것이 아니라, 그 모든 것을 넘어서는 '하나님의 영원한 도덕법'에 순종하도록 하신 것입니다. (왼쪽 대요리문답 92문과 비교해 보세요.)

아래 그림은 2부의 도입과 십계명으로 이어지는 부분의 맵을 조금 더 자세히 그린 것입니다. 앞에서 인생의 목적에 대한 규칙이 있었던 것처럼(소요리문답 2문), '순종'을 위해서도 역시 규칙이 필요합니다. 그 규칙이 바로 도덕법이고, 도덕법은 십계명에 요약되었습니다. 이렇게 소요리문답 전체 구조의 논리적 흐름이 어떤 특징을 갖고 있는지를 잘 관찰해보십시오.

대요리문답 92문

92문. 하나님께서 사람에게 순종하도록 제일처음 나타내 보여주신 법칙은 무엇입니까?

92답. 무죄한 상태에 있는 아담에게와 그 안에 있는 모든 인류에게 보여주신 순종의 법칙은, 선악을 알게 하는 나무의 실과를 먹지 말라고 하신 특별한 명령과 함께 주신 **도덕법**이었습니다.

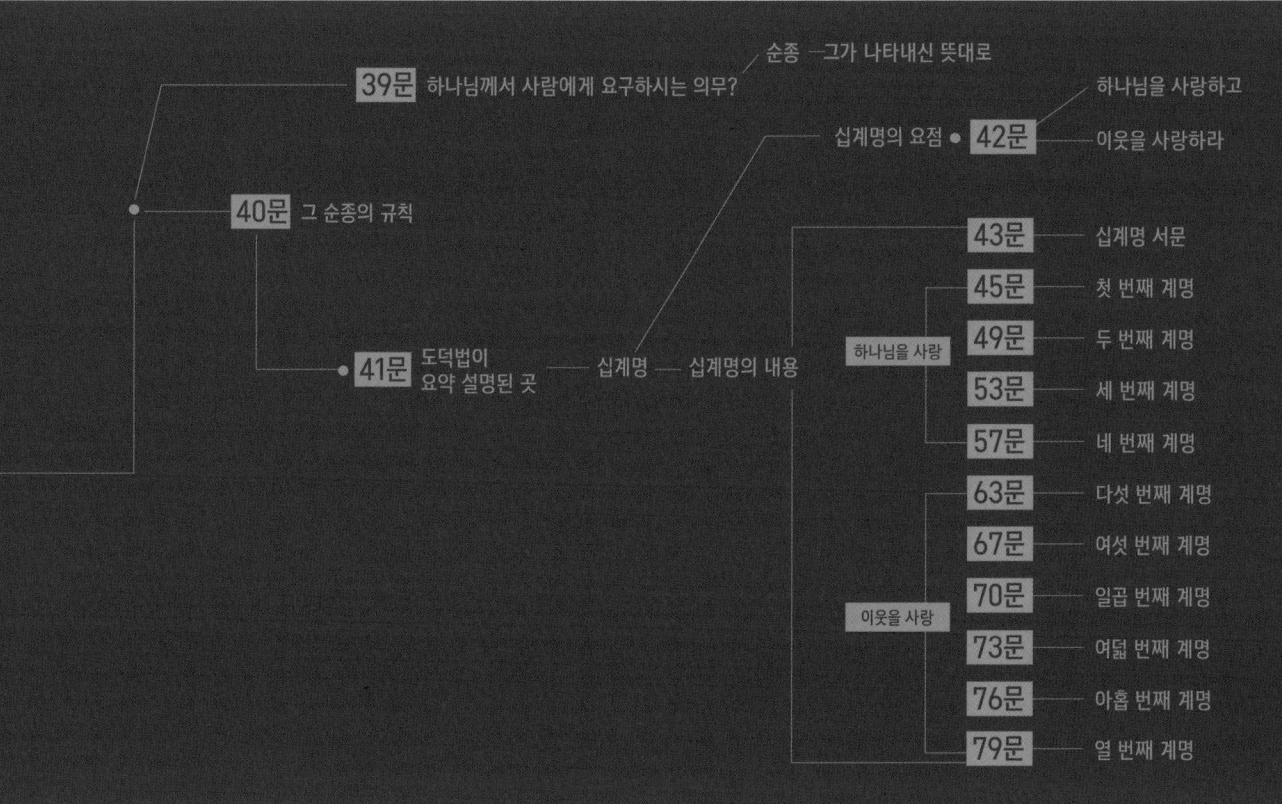

39~44문

도덕법

"십계명은 구약시대 옛날 사람들이 지켰던 법 아닌가요?"
"세월이 많이 변했는데, 요즘 사람들도 꼭 지켜야 할까요? 좀 억지스러운 것 같아요."
"예수님이 율법을 다 완성하셨다면서요? 그럼 이제 우리는 율법을 지킬 필요가 없잖아요?"
"예수님을 믿지 않아도 착하게 사는 사람들이 있는데, 왜 그런 거죠?"
:
:

소요리문답의 2부. 성경에서 주로 가르치고자 하는 두 가지 큰 주제 중에서 두 번째 부분이 시작되었습니다.

사람의 목적은 하나님께 영광 돌리고 그를 영원토록 즐거워하는 것입니다. (소요리문답 1문) 그것을 위해 하나님께서는 인간에게 자신의 뜻을 계시하셨고, 그 '계시된 뜻'에 순종할 것을 요구하십니다. 이 '순종할 것', 이것이 무엇인가를 배우는 것이 소요리문답 제2부입니다. 그렇다면 계시된 뜻이 뭘까요? 그것을 어디서 발견할 수 있죠? 우리가 2문에서 이미 배운 바와 같이, 당연히 '성경'에서만 발견할 수 있는 것입니다. 따라서 소요리문답 2부에서 배우는 인간의 의무 역시, 이제 우리가 무엇을 해야 하나보다~ 라고 생각할 것이 아니라, '하나님을 아는 지식'의 또 다른 측면이라고 생각해야 합니다.

그러므로 "사람이 어떻게 살아야 하는 것일까?"라는 질문에 대한 대답은 인간 세상에서 찾는다고 해서 발견되거나 스스로 추구한다고 해서 깨닫게 되는 것이 아닙니다. 그것은 오직 하나님께로부터 오는 것입니다.

39문 — 하나님께서 사람에게 요구하시는 의무
- 순종 ---- 그가 나타내신 뜻
- **40문** — **영원한 도덕법**
  하나님께서 사람에게 순종의 규칙으로 처음 나타내신 것
  - **41문** 도덕법이 요약 설명된 곳

Q39
What is the duty which God requireth of man?
　　　　　　　　　　의무, 본분

A39
The duty which God requireth of man,
is obedience to his revealed will.
　　　순종　　　　　계시된　　뜻

문39
무슨 의무를 하나님께서 사람에게 요구하시나요?

답39
하나님께서 사람에게 요구하시는 의무는
　　　　그가 나타내신 뜻대로 순종하는 것입니다.
　　　　　　　　　　　　　　　　　　　❶ ❷

Q40
What did God at first reveal to man
　　　　　　　　for the rule of his obedience?

A40
The rule which God at first revealed to man
　　　　　　　　for his obedience,
　　　　was the moral Law.
　　　　　　　도덕법

문40
하나님께서 사람에게 처음 나타내신 것은 무엇인가요?

답40
　　　　　　　　　그의 순종의 규칙으로서,
하나님께서 사람에게 처음 나타내신 것은
　　　　　　　　　그의 순종의 규칙으로서,
　　　　도덕법입니다.
　　　　　　　❸ ❹

---

❶ 미가 6:8
사람아 주께서 선한 것이 무엇임을 네게 보이셨나니 여호와께서 네게 구하시는 것은 오직 정의를 행하며 인자를 사랑하며 겸손하게 네 하나님과 함께 행하는 것이 아니냐

❷ 사무엘상 15:22
사무엘이 이르되 여호와께서 번제와 다른 제사를 그의 목소리를 청종하는 것을 좋아하심 같이 좋아하시겠나이까 순종이 제사보다 낫고 듣는 것이 숫양의 기름보다 나으니

❸ 로마서 2:14-15
(율법 없는 이방인이 본성으로 율법의 일을 행할 때에는 이 사람은 율법이 없어도 자기가 자기에게 율법이 되나니; 이런 이들은 그 양심이 증거가 되어 그 생각들이 서로 혹은 고발하며 혹은 변명하여 그 마음에 새긴 율법의 행위를 나타내느니라)

❹ 로마서 10:5
모세가 기록하되 율법으로 말미암는 의를 행하는 사람은 그 의로 살리라 하였거니와

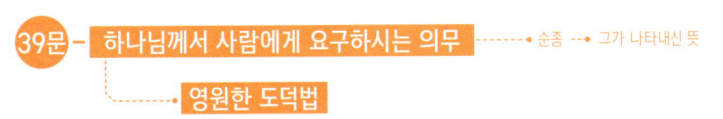

1. 나타내신 뜻

우리는 가정, 교회, 사회 속에서 하나님의 뜻에 합당한 삶을 살기를 원합니다. 하나님께서는 그런 우리에게 하나님께서 원하시는 인간의 수준이 어떠한 것인지를 '도덕법'을 기준으로 정하십니다. 그런데 여기서 짚고 넘어가야 할 중요한 사실 하나가 있습니다. 그것은 하나님께서 자신의 뜻을 우리 인간에게 친히 나타내셨다는 것입니다.

이것이 왜 중요한 사실이 될까요?
하나님은, 어떤 사람들이 생각하듯, 저 멀리 올림포스 산 위에, 마치 무지개 건너 구름 저편에 계신 것처럼 낯선 분이거나, 우리와는 전혀 상관이 없는 관념적인 존재가 아닙니다. 가끔, '하나님이 참 좋으신 분이고 전지전능하시고, 나를 창조도 하시고 구원도 하시고 다 하신 것은 알겠는데, 그래서 어쨌다는 것이냐?', '하나님과 나는 웬일인지 자꾸만 멀어져 가는 느낌이다.'라는 이야기를 종종 듣습니다. 그것은, 아마도, 하나님은 신이시고, 모든 것을 주관하시고, 계획하셨고, 실행하셨던, 하여튼 어마어마하게 높으신 분이라는 가르침을 반복해서 듣다 보니, 우리의 부족한 마음속에 어쩌면 두렵고 먼 존재에 대한 낯설음만 더 커지기 때문이 아닐까 싶습니다.

그러나 오늘 십계명을 통해 만나는 하나님은 우리와 상관없이 계시는 그런 낯선 분이 아닙니다. 나에게 다가오셔서 속삭이시고, '순종'을 요구하십니다. 그 순종을 요구하실 때, 다른 피조물에게 하듯, 로봇에게 프로그래밍하듯 하지 않으시고, 마치 우리를 하나님과 대등한 존재인 것처럼 인격체로 대하셔서, 인격적으로 순종할 도덕법을 주셨습니다. 우리를 그렇게 대해주시는 것입니다. 지극히 높으신 하나님이 피조물에 불과한 우리에게 다가오시고 말씀을 건네신다는 그것 자체가 우리에게는 감사의 시작이 되는 것입니다.

답변분석

2. 순종의 규칙 - 도덕법

이제 하나님께서 순종의 법칙으로 주신 '도덕법'의 실제 내용이 무엇인지 생각해보겠습니다. 도덕법은 하나님의 뜻이 선언된 것이라고 했습니다.^(39문) 그 도덕법은 우리의 영혼과 몸, 즉 '온 사람'에 대하여, '모든 의무'를 온전히 이행하도록 지시하고 있으며, 우리는 거기 밀접하게 매여있습니다. 쉽게 말하자면, 우리가 그냥 멋대로 사는 존재가 아니라 하나님의 뜻에 순종하며 살아야 하는 존재인데, 그 하나님의 뜻이 무엇인지 알려 주시려고 도덕법을 주셨다는 것입니다. 그래야 우리가 하나님의 뜻대로 살 수 있기 때문입니다. 도덕법대로 생각하고 도덕법대로 행동하며 사는 것입니다. 그것이 하나님께 올바로 순종하는 삶이며, 그것이 사람이 살아가는 도리입니다. 그래서 도덕법을 「**순종의 규칙**」이라 말하는 것입니다.

그렇다면 진정한 의미에서 '순종'이란 어떤 것일까요? 1부에서 여러 번 반복해서 공부한 내용입니다. 순종의 모범을 아주 제대로 보여주신 분이 계십니다. 그리스도입니다.(예수 그리스도께서 보여주신 순종의 가장 큰 가치는 바로 '사랑'이었다고 1부에서 배웠던 것들을 기억해야 하겠습니다.)

그러므로 하나님께서 친히 우리에게 그분의 뜻을 나타내시며, 도덕법을 규칙으로 주셔서 그분께 순종하게 하신 것은, 어쩌면 마치 우리에게 '서로 사랑하자'고 부르시는 것이라 말할 수 있겠습니다. 진정한 사랑의 특징인 '마음으로 기꺼이 따르는' 그런 순종을 요구하시는 것입니다. 인간에게 요구하시는 의무가, 뭘 좀 해달라거나, 뭔가를 이루어 내거라~, 이런 것들이 아니고, 하나님을 '사랑하라'는 것이란 말입니다. 이렇듯, 하나님은 당신의 나타내신 모든 뜻을 통하여 하나님을 '사랑하라'고 요구하십니다.

특별히 '참되시고 유일하신 우리 하나님을 알아가고, 인정해나가는 것'이 그러한 사랑의 시작입니다. 또한 41문에서 배우겠지만, 이 도덕법이 성경을 통해 우리에게 '율법'이라는 형식으로 다양하게 표현되었으며, 특히 매우 압축적으로 요약 설명된 것이 바로 우리가 잘 아는 '십계명'입니다. 그래서 이제 배우게 될 십계명의 핵심 주제 또한 '주 우리 하나님을 사랑하라'는 것입니다.

하나님을 진정으로 사랑하고 따름으로써 그분을 경배하고 영화롭게 하기를 요구하시되, 자세한 '방법들'까지도 소개해주셨는데, 그 방법들이 성경에 친절하게 소개되었으며, 특히 십계명에 요약되어 있는 것입니다. 그러므로 도덕법의 핵심 사상은 '하나님과 이웃에 대한 전인적인 사랑을 요구하는 것'이라고 말할 수 있습니다. 예수님께서 율법사의 시험에 대답하실 때 설명하셨던 바로 그 내용입니다.

"예수께서 이르시되 네 마음을 다하고 목숨을 다하고 뜻을 다하여 주 너의 하나님을 사랑하라 하셨으니 이것이 크고 첫째 되는 계명이요 둘째도 그와 같으니 네 이웃을 네 자신 같이 사랑하라 하셨으니 이 두 계명이 온 율법과 선지자의 강령이니라" 마태복음 22:37-40

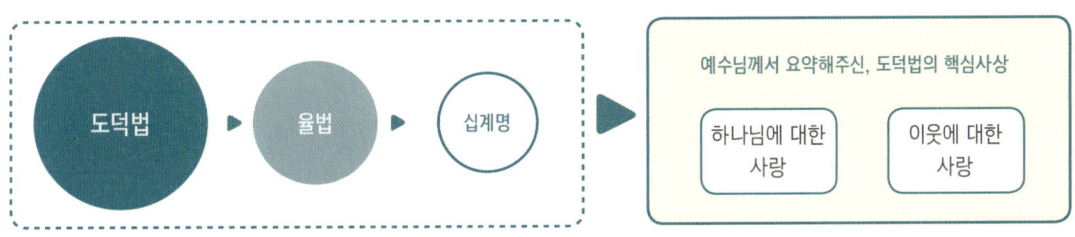

답변분석

정리 : 이 사실을 배운 우리에게 남는 것이 무엇일까요?

우리 하나님이 그런 분이시란 것을 아는 것, 그런 분의 품 안에 우리가 거하고, 환난 날에 그 품으로 피할 수 있다는 사실, 그래서 우리의 삶(이 생에서와 내세의 영원한 모든 삶)이 이제 어떠해야겠다, 어떠해야겠구나 하는 다짐, 이 사실을 배운 우리에게 지금 그런 마음이 당연히 뒤따라야 할 것입니다.

계명을 지킨다는 것은, 하기 싫어서 억지로 하거나, 짐이 되는 의미에서의 '지킨다'는 수준과는 차원이 다릅니다. 하나님께서 성경 전체를 통해 늘 백성들에게 이야기하시던 말씀, 때로는 가슴을 치시는 듯한 표현을 사용하시면서 '돌아오라 돌아오라', '사랑한다 사랑한다', '사랑하라 사랑하라' 말씀하셨던 그 마음이 어떤 것이었을지를, 어렴풋이라도 느껴야 하겠습니다. 하나님을 그렇게 사랑하시며 교회도 그렇게 다니시기를 원합니다. 사랑해서 하시길 바랍니다. 이익을 계산하거나, 자기만족을 위하거나, 누구에게 보이기 위해서 하나님을 찾고 교회를 찾지 마시기 바랍니다. 그것은 하나님을 사랑하는 것도, 그분의 뜻을 따르는 것도 아닙니다.

"나의 사랑하는바 주의 계명을 스스로 즐거워하며 또 나의 사랑하는바 주의 계명에 내 손을 들고 주의 율례를 묵상하리이다." 시편 119:47-48

정녕 '그분께 순종하는 것'만으로 곧 나에게 복이라고 말할 수 있습니까? 그분께 순종함이 내게 복이라, 고백할 수 있을까요? 아직 잘 모르겠고 잘 안될지라도, 최소한 우리가 지향해야 하는 삶이 어떠한 것이구나, 적어도 어떤 방향을 바라보아야 하는 것이겠구나. 정도는 깨닫고 다짐하는 시간이 되었으면 합니다. 그것이 소요리문답 2부를 출발하는 우리가, 바로 당신이 갖게 될, 감사와 기쁨의 핵심입니다. 머리로 깨닫고 가슴으로 느끼고 손발로 행할 바입니다. 다른 것이 아닌, 바로 그것을 핵심으로 잡으시기 바랍니다.

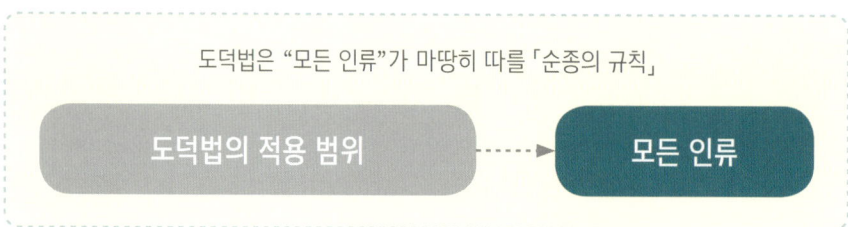

3. 도덕법의 대상 - 모든 사람

이제 39문의 본문에 등장하는 'Man'이라는 단어에 주목해보도록 하겠습니다. 이것은 남자라는 말도 아니고, 흔히 오해하듯이 '하나님의 뜻을 따르고자 하는 택한 백성들'을 의미하는 것도 아닙니다. 단어 그대로 '모든' 사람, 곧 '인류'를 의미합니다. 어렸을 때 자주 하는 질문이 있습니다. 중고등부 학생들도 하는 질문인데, 사실 성인이 되더라도 그 대답이 해결되지 않은 사람이 분명히 있으면서도, 차마 겉으로 표현하지는 않는 마음속 질문입니다.

"어차피 지옥 갈 사람들이라면 아무렇게나 살아도 되잖아요?"
"교회 안 다니는 사람들은 하나님 말씀대로 안 살아도 되니 편하겠네요."

그러나 영원한 도덕법의 성격을 알면 그렇게 말할 수 없습니다. 도덕법은 ①온 인류에게 주신 것이며, ②포괄적이고 절대적인 개념이며, ③영영토록 변함이 없는 것입니다. 왜냐하면 도덕법은 하나님의 뜻이 표현된 것이라고 했기 때문입니다. 하나님 그분이 영원한 분이시며, 변함이 없으시며, 만물의 주인이시므로(소요리문답 4문), '그분의 뜻이 표현된' 도덕법도 마찬가지 속성을 가질 수밖에 없는 것입니다. 즉, 누군가 천국에 가든 지옥에 가든, 그가 지켜야 할 것은 지켜야 된다는 말입니다. 받아들이는 입장에서 거부할 수는 있겠고, 애써 무시할 수 있을지는 몰라도, 그렇다고 '진실' 자체가 부정될 수는 없는 것입니다. 마치 손으로 해를 가려놓고는 해가 없다고 말하는 것과 같은 어리석음이 되지 않도록 해야 합니다. 도덕법은 모든 사람에게 분명하게 요구되는 것이며, 지금도 변함없이 요구되고 있습니다.

기억합시다!
도덕법의 대상은 기본적으로 '모든 사람'입니다. 그러나 그중에서도 특별히 그리스도와 연합된 성도들에게는 다음과 같은 역할을 합니다.

to show(보여준다)	그리스도와 얼마나 밀접한 관계가 있는지
to provoke(일으킨다)	얼마나 감사해야 하는지를
to express(제시한다)	내가 생활규범으로 따라야 할 바를 (대요리문답 97문답 중)

이것은 성도에게 있어서 대단히 중요한 특권입니다. 이것을 아는 것과 모르는 것은 그 삶이 180도 다를 수밖에 없습니다. 매우 중요한 내용입니다. 따라서 이 내용에 대해서는 다음 페이지의 질문과 답을 통해 확실하게 정리하고 넘어가도록 합시다.

심화학습

믿지 않는 사람들에게도 도덕법이 쓸모 있나요? 어차피 하나님을 안 믿는 사람들은 하나님의 말씀을 듣지 않을 텐데, 왜 모든 사람에게 도덕법이 주어지는 건가요?

타락 후에는 아무도 도덕법에 의해 의와 생명에 이를 수 없습니다. 그러나 도덕법은 '모든' 사람에게 중요한 역할을 합니다. 다음 세 가지 사람들로 각각 나눠서 설명해보기로 합니다.

a. 모든 사람에게

도덕법은 모든 사람들에게 하나님이 어떤 분이신지를 알려줌과 동시에 그분의 피조물이라면 당연히 하나님의 거룩함에 어울리도록 지켜 행하여야 할 의무를 알려줍니다. 그러나 한편으로는 그들이 그 거룩함에 얼마나 어울리지 않는 상태인가를 깨닫고, 그 의무들을 지키는 데는 또 얼마나 무능한지를 보게 하며, 자신의 마음과 생활과 언행의 모든 더러운 죄악을 더욱 확신케 하는 역할을 합니다. 그래서 그들로 하여금 겸손케 만들고, 스스로의 힘으로는 결코 대안이 없음을 깨닫게 해서, 그리스도와 그의 완전한 순종의 필요성을 더욱더 명백히 깨닫게 합니다. 하나님의 흠 없고 고결한 도덕법을 통해 모든 인류는 마치 밝은 빛 속에서 거울에 비추어보듯 자신의 비참함을 적나라하게 보게 되며, 누구나 스스로는 답이 없다는 것을 알고, 신을 찾는 마음(종교심)을 갖게 합니다.

그리고 모든 자에게 도덕법이 주어진 덕분에, 인류는 그 뿌리 깊은 죄성에도 불구하고, 죄가 억제되며, 믿지 않는 사람들에게도 도덕과 양심이 남아있을 수 있고, 사회가 유지되며, 극악무도한 상태로까지 치닫지 않게 보호됩니다. 그렇게 해서 주의 백성이 세상 가운데 사는 동안 극도의 미움과 복수심과 적개심으로부터 보호받는 것입니다.

이것이 '모든 자'에게 특별히 적용되는 도덕법의 역할입니다.

b. 중생하지 못한 사람에게

도덕법은 먼저 중생하지 못한 자에게 그들이 죄의 상태에 있음을 드러냄으로써 그들이 저주 아래에 있도록, 그리고 변명할 수 없도록 방치해 두는 역할을 합니다. 그리고 장차 올 하나님의 진노를 스스로의 힘으로는 피할 수 없음을 깨닫고 그리스도께 인도되도록 그들의 양심을 일깨우는 역할을 합니다. 즉, 도덕법은 정죄함의 목적도 있지만, 그리스도와 영원토록 연합될 수 있도록 안내하는 역할을 하고 있습니다.

※ 여기서 중생하지 못하였다는 표현은, 택함 받지 않은 자들뿐만 아니라, 택함을 받았으나 아직 우리 시간의 흐름 속에서 볼 때 중생(거듭나)하지 못한 자들을 모두 의미합니다.

c. 중생한 사람에게

이들은 이제 더 이상 도덕법으로 인해 정죄당하는 일은 없습니다. 오히려 하나님께 더욱 감사하도록 하며, 도덕법을 우리의 삶의 법칙으로 삼아 주의 깊게 따르게 하는 특별한 소용이 있습니다. 비록 율법이 여전히 우리 마음을 찌를지라도, 그것이 우리들의 확정된 구원에 그 어떤 영향도 줄 수 없습니다. 대신 우리에게 무엇인가를 더 보여주며, 또한 무엇인가를 더 불러일으키는 용도로, 보다 적극적으로 쓰이게 됩니다. 성경은 우리에게 그 도덕법을 완전히 지키신 그리스도의 완전한 모범을 통해 하나님의 은혜를 바라보게 함으로써, 우리 삶이 감사와 찬양으로 언제나 충만케 하며, 삶의 모든 영역에서 하나님의 도덕법을 소중히 따르도록 하는 것입니다.

이것은 '아주 특별한 감사'입니다. 이전에 좋던 것이 이제는 싫어지며, 이전에 싫던 것이 이제는 좋아집니다. 부족한 나의 모습을 아파하지만, 그러나 내 안에서 새 소망을 주시는 성령님의 신실하심을 알기에 좌절하지 않습니다. 하나님은 이런 변화를 통해 우리가 그리스도께 얼마나 강력하게 하나로 묶여있는지를 보여주십니다. 또 그 사실이 필연적으로 우리를 '감사'로 이끌며, 도덕법을 우리 삶의 규범으로 삼도록 합니다. 게다가 그 규범이 마치 '가이드북'처럼 세세하게 표현되었다는 것! 이것이 거듭난 삶을 살기 원하는 우리에게 더욱 소중한 감사이며 '대안'이 될 수 있는 것입니다.

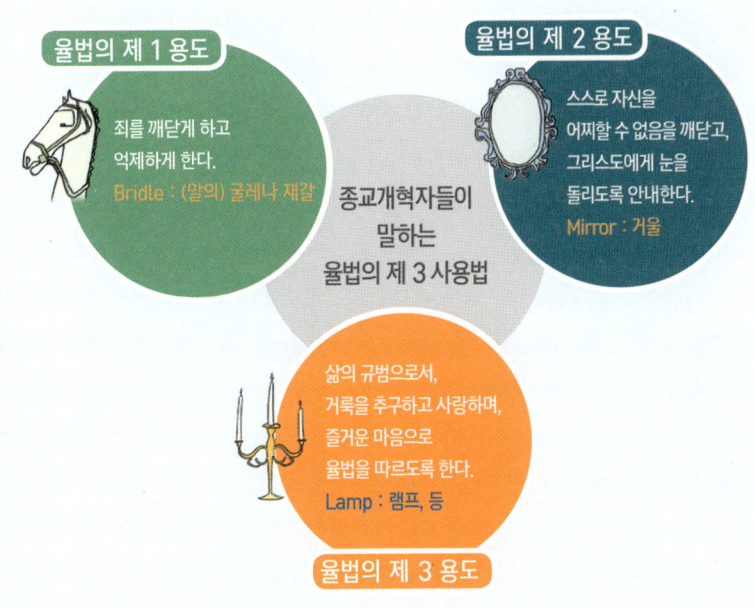

심화학습

도덕법 앞에서 성도가 느끼는 죄책감, 대체 어떻게 해야 하나요?

> 율법은 사람을 정죄케 합니다.
> 그러므로 사람에게 죄책감을 느끼게 합니다.
> 정말 비참합니다. ㅠㅠ

> 복음은 사람을 자유케 합니다.
> 그러므로 사람에게 기쁨을 누리게 합니다.
> 정말 행복합니다. ^0^

Q. 생각해봅시다. 이 두 가지 감정이 동시에 생기는 것이 과연 정상일까요? 아니면 뭔가 크게 잘못된 것일까요?

A. 죄인 된 인류는 언제나 율법에 의해 정죄 받습니다. 택함 받은 우리는 그 정죄에서 해방되었고, 이제 더 이상 정죄 받을 수 없는 의인이 되었습니다. 하지만 여전히 반복해서 죄인의 모습을 흉내 내면서 죄의 법을 섬기려는 성품이 남아 있습니다. 도덕법을 따르는 자라고 말하기 민망할 정도입니다. 그런 내 모습이 싫어서 울고 애통하며, 그 와중에도 실시간으로 끈질기게 따라 붙는 죄들을 슬퍼하며, 눈물로 밤을 지새우기도 합니다. 진정한 회개란 반복해서 그 죄를 다시 짓지 않는 것임을 알기에, 내일이면 또다시 짓게 될 죄를 생각하면 하나님 앞에서 한없이 부끄럽고 작아지기만 할 것입니다.

그러나 바로 그 자리에 하나님의 은혜가 있습니다. 하나님 앞에 자신이 어쩔 수 없는 죄인임을 고백할 때, 하나님은 한없는 기쁨과 감사와 감격을 주십니다. 비록 우리에게 죄책감이 있지만, 이것은 '정상'입니다. 하나님께서는 그리스도의 완전한 구속 사역으로 우리 죄책을 이미 벗겨주셨습니다. 아직 율법을 온전히 따르지 못하는 것에 대한 '죄책감'은 여전히 있을 수 있겠지만, '죄책'을 벗어버린 해방감으로 인한 더 큰 자유와 기쁨은, '죄책감'과는 비교될 수 없는 것입니다.

> 구원의 확신을 가진 성도임에도 왜 여전히 죄의 법을 섬기려 할까요? 소요리문답 1부 35문에서 배운 것처럼, 구원받은 성도라고 할지라도 죄의 찌꺼기가 여전히 우리의 모든 부분에 남아있기 때문입니다.

"이러므로 우리에게 구름같이 둘러싼 허다한 증인들이 있으니 모든 무거운 것과 얽매이기 쉬운 죄를 벗어버리고 인내로써 우리 앞에 당한 경주를 경주하며 믿음의 주요 또 온전케 하시는 이인 예수를 바라보자"

히브리서 12:1-2

심화학습

구원받아 더 이상 정죄함이 없는 우리에게도 율법은 여전히 엄중하게 죄를 지적하지만, 이제는 정죄함의 목적이 아닌, 해방된 기쁨을 더욱 누리게 됩니다. 죄를 지적하는데 어떻게 기쁨이 될까요? 율법을 알아갈수록 그 속에서 복음을 바라보고, 결국에는 그 율법이 완전한 만큼 나도 완전케 만드실 신실하신 예수 그리스도를 바라보며, 더욱 큰 기쁨과 감사가 되는 것입니다. 한없이 죄책감에 빠져있을 필요가 없습니다. 그 무거운 짐을 다 벗어버렸고, 이제 그 아름다운 율법의 완전함이 곧 나의 소유가 될 것이니, 어찌 그 기쁨을, 그 자유를, 말로 다 표현할 수 있겠습니까?

오해하지 마세요! - 죄책과 죄책감

구원받은 성도는 늘 기쁨만 넘쳐야 하고, 죄책감 같은 것을 느껴서는 안 될 것 같습니다. 그런데 사실 우리는 거의 매일 여전히 죄 앞에서 죄책감을 갖게 됩니다. 우리의 죄책을 예수님께서 다 가져가셨지만, 우리 자신의 연약함과 남아있는 죄의 잔재로 인해 여전히 반복하는 죄의 습성으로 인한 죄책감이 여전히 나를 괴롭힙니다.

뭔가 잘못된 걸까요? 혹시 나의 죄책이 여전히 그대로 남아있는 것일까요? 걱정하지 않아도 됩니다. 아니, 오히려 죄책감을 갖는다는 것은 성령께서 내 안에서 착한 일을 시작하시는 증거라고 생각하십시오.
'아! 이것이 죄이구나, 이래서는 안 되겠구나.'라는, '죄에 대한 인식'과 '회개의 마음' 역시 성령의 선물입니다. 그러므로 죄책감을 분명히 느껴야 하되, 또한 거기서 그치지 말고 더 이상 그 죄를 짓지 않도록 철저하게 회개하는 것이 중요합니다.(이제는 그 죄가 '그' 죄가 아님.^^)

그렇다면 죄책감이 드는 것을 그냥 받아들이고 내버려 두면 되는 것일까요? 그것은 아닙니다. 죄에서 실질적으로 벗어나려는 몸부림이 필요합니다. 율법이 지시하는 그대로를 받아들이며, 여전히 반복되는 자신의 남은 죄를 더욱 죽이고 조금씩 조금씩 벗어나야 합니다. 죄책감을 떨치고, 거룩함을 더욱 연습해서, 율법 안에서의 자유함을 맛보며 거기서 기쁨을 누리는 것이 마땅합니다. 죄인이던 시절의 습성에 언제까지 젖어있을 필요는 없습니다.

"오호라 나는 곤고한 사람이로다 이 사망의 몸에서 누가 나를 건져내랴 … 내 자신이 마음으로는 하나님의 법을 육신으로는 죄의 법을 섬기노라 그러므로 이제 그리스도 예수 안에 있는 자에게는 결코 정죄함이 없나니 이는 그리스도 예수 안에 있는 생명의 성령의 법이 죄와 사망의 법에서 너를 해방하였음이라"- 로마서 7:24-25, 8:1-2

"너를 겸손케 할 때까지만 죄를 생각하라 그러나 낙심할 때까지 죄를 생각하지는 마라" - 찰스 스펄전

Q41	문41
Where is the moral Law summarily comprehended?	어디에 이 도덕법이 요약 설명되었나요?
A41 요약적으로 이해, 파악, 포함, 망라	답41
The moral Law is summarily comprehended	도덕법은 요약 설명되었습니다.
in the ten commandments. 계명, 계율	십계명 안에 ❶ ❷
Q42	문42
What is the sum of the ten commandments?	십계명의 요점이 무엇인가요?
A42	답42
The sum of the ten commandments is,	십계명의 요점은,
To love the Lord our God	주 우리 하나님을 사랑하는 것과
with all our heart,	우리 마음을 다하고
all our soul,	성품을 다하고
with all our strength,	힘을 다하고
and with all our mind;	뜻을 다하여
and our neighbor as ourselves.	또 이웃 사랑하기를 자기 몸과 같이 하는 것입니다. ❸

❶ 신명기 10:4
여호와께서 그 총회 날에 산 위 불 가운데에서 너희에게 **이르신 십계명을 처음과 같이** 그 판에 **쓰시고** 그것을 내게 주시기로

❷ 마태복음 19:17
예수께서 이르시되 어찌하여 선한 일을 내게 묻느냐 선한 이는 오직 한 분이시니라 네가 생명에 들어 가려면 **계명들을 지키라**

❸ 마태복음 22:37-40
예수께서 이르시되 네 마음을 다하고 목숨을 다하고 뜻을 다하여 주 너의 하나님을 사랑하라 하셨으니; 이것이 크고 첫째 되는 계명이요; 둘째도 그와 같으니 **네 이웃을 네 자신 같이 사랑하라** 하셨으니; 이 두 계명이 온 율법과 선지자의 강령이니라

[비교] 신명기 6:5
너는 마음을 다하고 뜻을 다하고 힘을 다하여 네 하나님 여호와를 사랑하라

[비교] 레위기 19:18
원수를 갚지 말며 동포를 원망하지 말며 네 이웃 사랑하기를 네 자신과 같이 사랑하라 나는 여호와이니라

답변분석

42문	십계명의 요점	→ 하나님을 사랑하고
		→ 이웃을 사랑하라

> 이 구조를 머릿속에 확실하게 정리하시기 바랍니다.
> 확실하게. ^^
> 그리고 십계명의 요점이 무엇인지 아예 외우시기 바랍니다.

십계명의 위치
"하나님께서 무엇을 요구?" 나타내신 뜻에 순종
"무엇이 순종의 규칙?" 도덕법
"도덕법이란 무엇?" 인류를 향한 하나님 뜻의 선언
"그것이 어디에 요약?" 십계명

마치 압축파일처럼, 도덕법이 십계명 안에 담겨 있습니다. 그렇다는 말은, 거꾸로 압축파일을 풀면 그 단순한 십계명 안에서 풍성한 도덕법의 내용이 풀려나올 수도 있다는 말이 됩니다. 우리는 십계명을 글자 그대로만 읽을 것이 아니라, 그 안에 담겨있는 의미를 이끌어내어 해석할 수 있어야 합니다.

십계명의 요점 주 우리 하나님을 사랑하는 것!
이웃 사랑하기를 자기 몸과 같이 하는 것!

십계명은 크게 두 부분으로 나눠서 생각해볼 수 있습니다. 1~4계명은 하나님 사랑, 5~10계명은 이웃 사랑과 관련된 계명입니다. 결국 십계명의 요점은 하나님 사랑과 이웃 사랑이라는 커다란 두 주제로 요약할 수 있습니다.

"마음과 성품과 뜻과 힘"
 이 단어들도 한 번씩 더 곱씹어 보시기 바랍니다.
 단물이 나올 때까지 씹어보세요. ^^

십계명이 도덕적 율법의 핵심이고, 이를 해석하여 재설명한 것은 신구약 66권 전반에 걸쳐 직간접적으로, 비유로, 역사로 다양하게 기록되어 있습니다. 성경은 도덕법의 설명서와도 같습니다. 이것을 마태복음에서 예수께서는 다시금 확인해주셨습니다. **도덕법의 가장 짧은 요약은 "사랑"**이라는 두 글자라고.

참고자료

십계명에 대한 루터의 설명

※ 종교개혁가 루터가 쓴 소요리문답 중에서 십계명에 대한 부분입니다. 십계명의 핵심 의미가 하나님을 사랑하라는 것임을 반복 설명하면서 강조하고 있습니다.

루터의 소요리문답서 제1부 십계명 / 가장이 그의 가족에게 어떻게 가르칠 것인가를 위하여

> 당시 사용하던 십계명은 지금 우리가 보는 것과 조금 다릅니다. 우리가 보는 십계명의 제 2계명에 해당하는 '우상을 만들지 말라'가 여기서는 빠져 있고 대신 제 10계명이 두 개로 나뉘어 있습니다.

제1계명 나 외에 다른 신을 네게 두지 말라.
문: 이것은 무슨 뜻입니까?
답: 우리는 무엇보다도 위에 계신 <u>하나님을 경외하고 사랑하고 신뢰해야</u> 한다는 것입니다.

제2계명 너는 너의 하나님의 이름을 헛되이 부르지 말라.
문: 이것은 무슨 뜻입니까?
답: 우리는 <u>하나님을 경외하고 사랑해야</u> 합니다. 즉 우리는 그의 이름을 욕되게 하거나 모독하거나 속임수를 쓰거나 거짓말을 하거나, 또는 기만해서는 안 되며, 오히려 어떤 고난에서도 그의 이름을 부르며 기도하며 찬양하며 감사해야 한다는 것입니다.

제3계명 너는 안식일을 기억하여 거룩히 지키라.
문: 이것은 무슨 뜻입니까?
답: 우리는 설교와 하나님의 말씀을 경멸하지 않고 거룩히 받아들이며, 즐거이 듣고 배우면서 <u>하나님을 경외하고 사랑해야</u> 한다는 것입니다.

제4계명 너는 네 부모를 공경하라.
문: 이것은 무슨 뜻입니까?
답: 우리가 부모를 경멸하거나, 노하게 해서는 안 되며 그들을 경외하고 섬기며 순종하고 사랑하며 존경심을 가지고 <u>하나님을 경외하듯 사랑해야</u> 합니다.

제5계명 너는 살인하지 말라.
문: 이것은 무슨 뜻입니까?
답: 우리는 우리 이웃의 몸에 해를 끼치거나 고통을 주어서는 안 되며 오히려 그들을 돕고 모든 육의 고난에 협력하면서 <u>하나님을 경외하고 사랑해야</u> 한다는 것입니다.

제6계명 너는 간음하지 말라.

문: 이것은 무슨 뜻입니까?

답: 우리는 말과 행동으로 정결하고 단정하게 생활하고 그와 같이 자기 남편을 사랑하고 공경하면서 <u>하나님을 경외하고 사랑해야</u> 한다는 것입니다.

제7계명 너는 도둑질하지 말라.

문: 이것은 무슨 뜻입니까?

답: 우리는 우리의 이웃의 돈이나 재산을 훔치거나 훔친 물건을 사거나 팔지 말고, 그에게 재물과 음식으로 도우며 보호하면서 <u>하나님을 경외하고 사랑해야</u> 한다는 것입니다.

제8계명 너는 네 이웃에 대하여 거짓 증거하지 말라.

문: 이것은 무슨 뜻입니까?

답: 우리가 우리의 이웃을 거짓으로 속이지 아니하며 배반하지 아니하며 비방하지 아니하며 악평을 만들지 아니하고 그에게 사과하며 그에 대하여 좋은 것을 말하고 모든 것을 최상으로 되도록 하면서 <u>하나님을 경외하고 사랑해야</u> 한다는 것입니다.

제9계명 너는 네 이웃의 집을 탐내지 말라.

문: 이것은 무슨 뜻입니까?

답: 우리는 권모술수로써 이웃의 재산이나 집을 탐내지 아니하며 법의 증거를 빙자하여 우리의 것으로 삼지 말고 도리어 그의 재산이 보호되도록 협조하며 섬기면서 <u>하나님을 경외하고 사랑해야</u> 하는 것입니다.

제10계명 너는 네 이웃의 남녀 종이나 가축이나 무릇 이웃의 것은 아무 것도 탐내지 말라.

문: 이것은 무슨 뜻입니까?

답: 우리는 우리의 이웃에 있는 남녀 하인이나 가축을 강제로 빼앗지 아니하며 저버리지 아니하고, 도리어 그들이 은혜를 입은 대로 살며 행하도록 그들을 보호하면서 <u>하나님을 경외하고 사랑해야</u> 한다는 것입니다.

선행학습

> 다음으로 넘어가기 전에 !!!
> 이제 본격적으로, 십계명에 대한 기나긴 여정을 시작합니다. 앞으로 81문까지!
> 이 길을 지치지 않고, 헤매지 않고 잘 걸어가기 위해서는 미리 알아두어야 할 것이 두 가지 있습니다.

1. 십계명의 구조

먼저 스스로 십계명을 관찰해보세요.

하나님이 이 모든 말씀으로 일러 가라사대
나는 너를 애굽 땅, 종 되었던 집에서 인도하여 낸 너의 하나님 여호와로라

제일은, 너는 나 외에는 다른 신들을 네게 있게 말지니라
제이는, 너를 위하여 새긴 우상을 만들지 말고 또 위로 하늘에 있는 것이나 아래로 땅에 있는 것이나 땅아래 물속에 있는 것의 아무 형상이든지 만들지 말며 그것들에게 절하지 말며 그것들을 섬기지 말라
나 여호와 너의 하나님은 질투하는 하나님인즉 나를 미워하는 자의 죄를 갚되 아비로부터 아들에게로 삼사 대까지 이르게 하거니와 나를 사랑하고 내 계명을 지키는 자에게는 천 대까지 은혜를 베푸느니라

제삼은, 너는 너의 하나님 여호와의 이름을 망령되이 일컫지 말라
나 여호와는 나의 이름을 망령되이 일컫는 자를 죄 없다 하지 아니하리라

제사는, 안식일을 기억하여 거룩히 지키라
엿새 동안은 힘써 네 모든 일을 행할 것이나 제 칠일은 너의 하나님 여호와의 안식일인즉 너나 네 아들이나 네 딸이나 네 남종이나 네 여종이나 네 육축이나 네 문안에 유하는 객이라도 아무 일도 하지 말라
이는 엿새 동안에 나 여호와가 하늘과 땅과 바다와 그 가운데 모든 것을 만들고 제 칠일에 쉬었음이라
그러므로 나 여호와가 안식일을 복되게 하여 그 날을 거룩하게 하였느니라

제오는, 네 부모를 공경하라
그리하면 너의 하나님 나 여호와가 네게 준 땅에서 네 생명이 길리라
제육은, 살인하지 말찌니라
제칠은, 간음하지 말찌니라
제팔은, 도적질하지 말찌니라
제구는, 네 이웃에 대하여 거짓 증거하지 말찌니라
제십은, 네 이웃의 집을 탐내지 말찌니라
네 이웃의 아내나 그의 남종이나 그의 여종이나 그의 소나 그의 나귀나 무릇 네 이웃의 소유를 탐내지 말찌니라

십계명의 구조는 다음과 같습니다. (참조 : 대요리문답 100문)

서문
the preface

계명 그 자체의 내용
the substance

그들의 몇몇에 부가된 각각의 이유들
(계명들을 더욱 강화하기 위한)
several reasons annexed to some of them,
the more to enforce them

십계명을 가만히 보면 독특한 점이 있습니다. 1계명은… 2계명은…. 이렇게 곧바로 내용을 말하는 형태가 아니라 계명이 시작되기 전에 뭔가가 있습니다. 이것을 십계명의 서문이라고 표현합니다. 서문을 쓴 이유가 있을 텐데, 우선은 십계명을 주시는 분을 강조하기 위한 것입니다. 우리가 "이 명령을 내린 사람이 바로 난데, 나는 이러이러하다."라는 식으로 자신의 위치와 경력과 실력을 드러내서 자신이 하는 말에 영향력을 싣는 것처럼 말입니다. (이에 대해 뒤에서 자세히 알아보죠.) 지금 여기서는 십계명의 구성이 서문과, 계명 그 자체의 내용과, 그에 부가된 내용, 이렇게 3부분으로 나누어질 수 있다는 것을 기억하고 넘어가면 되겠습니다.

선행학습

2. 십계명의 바른 이해를 위해 알아야 할 것

하나님께서는 우리에게 아무렇게나 시시한 규칙 몇 가지를 정해주고는 무의미하게 따르도록 하시는 것이 아니라, 대단히 수준이 높은 규칙을 주셨습니다. 세상의 어떤 윤리나 규범, 인간의 편의를 위한 법규 등의 수준이 아니라, 그 모든 것을 넘어서는 '하나님의 영원한 도덕법'에 순종하도록 하신 것입니다. 이것이 도덕법이 가진 차별점입니다. 그 도덕법의 압축된 표현이 십계명입니다. 무한한 하나님의 뜻을 유한한 인간에게 전달하다 보니 그와 같은 압축이 있었을 것이고, 웨스트민스터 대요리문답은 그렇게 압축된 십계명을 제대로 이해하기 위해서는 몇 가지 지침이 필요하다고 하며 여덟 가지 원리를 주의 깊게 가르치고 있습니다. (대요리문답 99문 참조)

〈참고〉 대요리문답 99문답
십계명의 바른 이해를 위해
무슨 규칙들을 알아야 하는가?

모세가 하나님을 대면한 극적인 장면처럼, 하나님의 영원한 도덕법이 십계명의 형태로 돌판에 주어지는 그 순간도 '신과 인간이 만나는 지점'이라 생각합니다. 유한이 무한을 받을 수 없습니다. (특강 소요리문답 상권, p.88 참조) 신적인 내용이 인간에게 주어질 때 필연적으로 그 내용은 어떠한 형태를 띠든지 극도로 한계를 가질 수밖에 없지요. 그만큼 어려운 일입니다. 그래서 주께서 친히 주셔야 했나 봅니다. 하나님의 목소리로 들려주시고, 하나님이 친히 돌판에 쓰시고, 그것이 성경에 기록되어 우리에게까지 흠 없이 전해지도록 보존하셨습니다. 이 과정은 모두 다 주께서 베푸신 것이며, 그 출발과 방식과 결과물까지 다 신적인 것입니다. 따라서 그것을 통해 우리가 하나님의 영원한 도덕법을 발견하고 깨닫기 위해서는, 즉 바르게 이해하기 위해서는 for the right understanding 올바른 해석 원리가 필요한 것입니다.

▶ 이후부터는
'특강 소요리문답 상권'을
'상권'으로 표기하겠습니다.

몇 가지만 정리해보면 다음과 같습니다. 율법은 완전한 것이므로 그만큼 전적이며 철저한 순종이 필요하다는 것, 율법은 신령하여 이해·감정·의지·영혼에도 미친다는 것, 또한 예를 들어 탐심이 우상숭배라 했으니 8계명은 1계명과 연관되며, 마찬가지로 기독교 윤리는 그 근거부터 '하나님 사랑'에 입각해 있으니 1~3계명을 지키지 못하면 다른 계명도 헛것이라는 점입니다.

또한 '하라', '하지 말라' 이런 문구 자체가 중요함이 아니라 그 본의를 살펴야 한다는 것, 범죄의 직·간접적 원인이나 자극을 주는 것까지도 금한다는 것, 모르고 지은 죄까지도 주의해야 한다는 것, 심지어 과식은 남의 것을 도적질한 것이라는 점 등등.

한마디로 말하면, 고대의 기록인 십계명을, 고대의 다른 문명의 법전처럼 유치하게 해석하지 말라는 것입니다. 적극적이고 풍성하게 우리 삶의 전 영역에 지혜롭게 적용하라는 것이지요.

> "나의 사랑하는 바 주의 계명을 스스로 즐거워하며
> 또 나의 사랑하는바 주의 계명에 내 손을 들고
> 주의 율례를 묵상하리이다" *시편 119:47-48*

참으로 우리에게 주신 계명은 그러합니다. 수준이 높지요. 세상의 윤리와 다릅니다. 하나님의 것이요, 하나님의 영원한 도덕법이 표현된 것이요, 도덕률로서의 그 차원이 인간의 것과 다르되 '하나님과 인간이 다른 만큼' 다른 것입니다. 강요받았기 때문에 따르는 게 아니라, 사랑하기 때문에 따르는 것입니다. 도대체 다른 무엇과 비교할 것이 없습니다. 이런 차원 높은 계명을 내가 받았음에 기쁘고 감사하고, 소중하며, 자랑스럽습니다.

그렇게 베푸신 은혜에, 감격과 감사가 한이 없습니다.

더 깊은 이해를 위한 책 :

토마스 왓슨, 『십계명 해설』; 마이클 호튼, 『십계명의 렌즈를 통해서 보는 삶의 목적과 의미』
손재익, 『십계명 - 언약의 10가지 말씀』

Q43
What is the preface to the ten commandments?

A43
The preface, to the ten commandments is
서문 서언, 머리말
in these words,

I am the Lord Thy God,
그대의, 너의
who brought thee out of the land of Egypt,

out of the house of bondage.
속박, 굴종

Q44
What doth the preface to the ten commandments teach us?

A44
The preface to the ten commandments teacheth us,

That because God is

The Lord, and our God, and Redeemer
구속자
therefore we are bound to keep
매어 있다
all his commandments.

문43
십계명의 서문이 무엇인가요?

답43
십계명의 서문은

다음과 같습니다.

"나는 너희 하나님이니,

너를 애굽 땅에서 나오게 한 자로다."

종 되었던 집
❶

문44
십계명의 서문이

우리에게 무엇을 가르치나요?

답44
십계명의 서문이 우리에게 가르치는 것은,

하나님께서

주이시고, 우리 하나님이시고, 구속자이시므로,

우리가 마땅히 지켜야 한다는 것입니다.

그의 모든 계명을
❷ ❸

❶ 출애굽기 20:2
나는 너를 애굽 땅, 종 되었던 집에서 인도하여 낸 네 하나님 여호와니라

❷ 누가복음 1:74-75
우리가 원수의 손에서 건지심을 받고; 종신토록 주의 앞에서 성결과 의로 두려움이 없이 **섬기게 하리라** 하셨도다

❸ 베드로전서 1:15-19
오직 너희를 부르신 거룩한 이처럼 너희도 모든 행실에 **거룩한 자가 되라**; 기록되었으되 내가 **거룩하니 너희도 거룩할지어다** 하셨느니라; 외모로 보시지 않고 각 사람의 행위대로 심판하시는 이를 너희가 아버지라 부른즉 너희가 나그네로 있을 때를 두려움으로 지내라 ; 너희가 알거니와 너희 조상이 물려 준 헛된 행실에서 **대속함을 받은 것은** 은이나 금 같이 없어질 것으로 **된 것이 아니요**; 오직 흠 없고 점 없는 어린 양 같은 **그리스도의 보배로운 피로 된 것이니라**

십계명의 서문
" 나는 너의 하나님이다. 애굽의 땅에서, 종 되었던 집에서 너를 건져낸."

십계명의 서문에서는, 바로 이 계명들을 주시는 '하나님'을 소개하고 있습니다. 구체적으로 어떻게 소개하고 있느냐면, "애굽의 땅에서 종 되었던 이스라엘 백성들을 건져내신 자"라고 소개하십니다. 이것이 무척 중요합니다.

애굽의 땅, 종 되었던 집에서 해방되었다는 말은 어떤 의미가 있을까요? 이스라엘 백성들에게, "애굽에서 벗어난 것"은 무엇을 의미할까요? 1부에서 공부했던 내용들이 떠오르실 것입니다. 죄와 비참(13~19문), 그리고 은혜의 언약(20문~).

우리는 2부에서도 전체 소요리문답의 흐름을 잊지 말고 가야 합니다. 1부에서 우리와 언약을 맺으셨던 그 하나님이, 지금 2부에서 소개되고 있는 하나님과 동일한 분이십니다. 하나님은 **십계명을 통해 그 언약을 보증하십니다.** 은혜와 율법은 그래서 서로 다른 것, 배치되는 것이 아닙니다. 지금 주시는 율법을, 어떤 억압이나 의무감으로서가 아니라 언약 안에서 이해하라는 의미를 담고 있는 것이 바로 십계명의 서문입니다. **주신 이가 하나님이시니, 받은 내용이 어떤 형태의 것이든, 우리에게 은혜이고 복입니다.**

이제부터 본격적으로 십계명을 공부합니다.
43문부터 81문까지 기나긴 여정이 될 것입니다.
지치지 않고 공부할 수 있도록 기도합시다.
그리고 지혜를 발휘해 봅시다.
(먼저 서문부터 마지막 10번째 계명까지를
한눈에 공부하고, 다음에 자세히 공부한다든지..)

답변분석

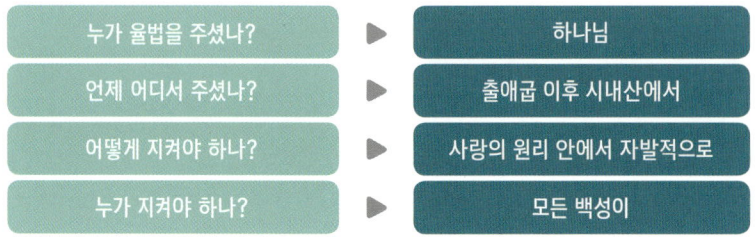

누가 율법을 주셨나? "나는 너의 하나님이다." → 여기서 하나님이 스스로를 소개하실 때, 자신은 '주권적이며 스스로 결정하시며, 다른 것에 의해 제한을 받거나 영향받는 분이 아니라는 의미'를 담고 있습니다. 하나님의 절대 주권과 자유롭게 기뻐하시는 뜻 안에서, 언약의 자비를 자기 백성에게 베푸신 것입니다. 즉, 그들과의 교제를 시작하심으로 그들을 죄에서 구속하시는 하나님이심을 십계명 서문을 통해 선언하시는 것입니다.

율법을 언제 어디서 주셨나? 출애굽 이후 시내산에서 받았습니다. 먼저 애굽에서 백성들을 해방시키신 후 십계명을 주셨다는 것은 시간적으로 중요한 의미를 가지고 있습니다. 즉, 율법은 구원의 조건이 아니라 구원의 결과라는 점을 가르쳐줍니다.

어떻게 지켜야 하나? 십계명 서문 43문이 가르치는 하나님의 구원은 하나님께서 자기 백성을 사랑하신 결과라는 점을 보여줍니다. 하나님께서 이렇게 사랑하시므로, 하나님의 백성도 당신을 사랑하기를 원하신다는 것입니다. 따라서 계명은 사랑의 원리 안에서 지켜야 합니다. 단순히 규칙으로서, "하라", "하지 말라"의 행동 규약으로서만 십계명을 지킬 수 있을까요? 물론 가능할 것입니다. 그러나 답답하고 부담 가득한 율법주의가 되기 쉬울 것입니다.

누가 지켜야 하나? 어른은 물론, 아이들을 포함한 모든 백성이 하나님의 뜻을 행해야 합니다. 이를 위해서는 부모들이 자녀들에게 하나님의 사랑에 대해 많이 이야기해야 합니다. 사랑의 원리로서, 그리고 사랑의 원리에 집중하여, 계명을 가르쳐야 합니다. 물론 쉬운 일이 아닐 것입니다. 하지만 그래서 그만큼 더 귀한 일입니다.

답변분석

애굽 땅에서 건져진 '역사적 사실'은 사실 그리스도의 구원을 미리 보여주는 예표이며 그림자입니다. 실체가 아닌 모형, 즉 장차 보여주시고 이루실 실체의 그림자로서 애굽의 종살이에서 해방시키셨고, 그것을 또한 기념하게 하셨습니다. 이는 장차 완전한 영혼의 해방과 구속을 기대하게 하는 의미가 있는 것입니다.

또한 애굽의 종 된 집에서의 해방은 '언약의 성취'를 의미합니다. 아브라함과 이삭과 야곱에게 약속하셨던 말씀이 이루어짐으로써, 정말 그들이 하나님의 백성이라는 것이 증명되는 것입니다. 따라서 하나님을 더욱 신뢰하게 만드는 성취의 사건인 것입니다.

물론 구약의 백성들에게 주어진 구원이 실제로 효과가 없는 허상에 불과하다는 것은 아닙니다. 이에 대해서는 상권 9단원 232쪽 심화학습을 참고하세요.

십계명 서문은 지금 그것을 부각시키고 상기시킵니다. 언약의 하나님께서 말씀하시는 계명이라는 것입니다. 십계명을 받을 당시의 이스라엘 백성은 이제 막 그러한 역사적인 경험을 한 사람들입니다. 아직 기억 속에 홍해의 기적도 생생했을 것입니다. 그런 그들에게, "나는 너의 하나님이다. 애굽의 땅에서, 종 되었던 집에서 너를 건져낸…" 이 서문의 메시지는 정말 감격스럽고 소중하며 또한 특별한 것이 됩니다.

더 깊은 이해를 위한 책 :
고재수,『개혁주의 입장에서 본 십계명 강해』; 김홍전,『그리스도의 지체로 사는 삶』

결론

"이 사실을 배운 사람들이 취해야 할 자세는?"

십계명 서문이 가르치는 핵심 사항 2가지

★ ★

하나님이 어떤 분이신가?

"너의 하나님 여호와로라."

영원한, 불변한, 그리고 전능한 하나님 여호와, 그리고 그와 동시에, 우리와 약속을 맺으시는 하나님, 옛날 이스라엘과 함께 "언약" 맺으신 그분! **그 하나님은 누구신가?** 거룩한 분이십니다. "…너의 하나님 여호와가 거룩함이니라…." *레위기 19:2* 즉, 계명을 주시는 분이 거룩하신 분이므로, 그 계명 또한 거룩함을 요구하며, 우리에게 그것을 지키도록 하심으로써 하나님의 백성으로, 자녀로 삼으시는 것입니다.

그 하나님이 우리에게 무엇을 하셨나?

"애굽 땅 종 되었던 집에서 이끌어냈다."

이스라엘 민족을 애굽의 속박에서 건져낸 것처럼 그는 우리를 영적인 속박으로부터 구해내신다! 이때 애굽은 바로 구원받기 이전의 죄악 된 상태, 곧 '타락'의 상태를 의미한다는 점을 기억합시다. 십계명 서문이 가르치는 것은, 바로 구원자 하나님께서 우리에게 십계명을 주셨다는 사실입니다. 따라서 우리는 마땅히 그 관계 속에서 그 하나님을 우리 하나님으로 삼고, 그분의 모든 계명을 사랑과 감사로 지켜야 한다는 것을 알 수 있습니다.

하나님은 언약을 하시고 지키시는 분이십니다. 이스라엘의 조상 아브라함에게 이스라엘의 구원을 약속하셨고, 서문에서 밝히고 있는 것처럼, 실제로 이루셨습니다. 그 하나님이 예수 그리스도 안에서 우리와도 구원의 약속을 하셨습니다. 그리고 반드시 이루십니다. 어느 한 문답 하나, 감사가 아닌 것이 없습니다.

후기

이현진 나에게는 여전히 기쁨과 감사함보다는 무섭고 심판하시는 하나님이 크다. 나는 하나님의 성품을 골고루 모른다. 아직도 깨달아야 할 것이 한참 남았고, 지금 알고 있는 하나님은 나의 죄에 의해서 가려져 왜곡되거나 너무나 부분적이라는 생각이 들었다. 믿음의 장성한 분량까지 다다르도록 인내하면서, 능동적으로 기다려야지.^^

윤성준 하나님은 이런 나의 모든 노력들을 그치게 하시려고 율법을 주셨다 한다. 하나님께 나아올 수 없는 자들임을 일깨워주시기 위해서 주신 것이 율법이다. 이 율법 앞에서 모든 입이 더 이상 할 말이 없어져야 하는데... (중략) 나도 율법으로 상대방을 정죄하려는 생각과 말과 행동이 다분하다. 그럴 때마다 정말 후회막급이다. 나의 행동에 비추어 상대방의 행동을 지적하려는 것만큼 부끄러운 일도 없는 듯하다. 하나님이 친히 내려주신 기프트 카드를 요런 식으로밖에 사용하지 못하는 것이 정말 비참하다.ㅜㅜ 그렇다고 율법을 피할 수는 없다! 율법에 대해 나를 죽이고, 율법을 더 따르는 수밖에 없다.

이빛나 살면서 부딪히는 일들 사이에서 어떤 것이 하나님께서 좋아하실지 아닐지 소요리문답 1부를 배우고 나니 어느 정도 판단할 수 있게 되었다. 그렇지만 머리로 아는 것과 실제 삶 속에서 내가 하는 행동이 일치되지 않았고 나는 그 괴리감 때문에 매번 좌절해야 했다. 그 고통은 항상 나의 마음을 불편하게 했다. (나는 왜 이 정도밖에 되지 않는 사람일까? 하면서…) 그렇지만 이런 죄책감까지도 하나님께서 뜻이 있기에 우리에게 주신 것이다. 그 마음을 통해서 좀 더 하나님의 말씀에 귀 기울이라고, 하나님과 친밀하게 지내자고 손을 뻗고 계신 것이었다. 십계명과 성경을 나의 삶 속에서 어떻게 연결해야 하는지 그 고리에 대해 고민해 보아야겠다. 성도가 삶 속에서 지켜야할 의무들의 뿌리인 십계명을 잘 소화해 하나님의 뜻에 거하고 그분의 사랑을 실천하며 살아가길 소망한다.

토의문제

1. 하나님께서 사람에게 요구하신 '순종의 규칙'은 무엇인가요?

2. 우리에게 순종의 모범을 보여주신 분은 누구인가요?

3. 도덕법의 적용 범위는 어디까지인가요?

4. 도덕법의 큰 특징 세 가지는 무엇인가요? 그러한 특징을 가진 이유는 무엇인가요?

5. 종교개혁자들이 말하는 율법의 제3사용법은 무엇인가요?

6. 도덕법 앞에서 성도가 느낄 수 있는 두 가지 감정은 무엇인가요?

7. 십계명이란 무엇인가요? (누가 주심?, 언제, 어떻게, 누가 받음?)

8. 십계명의 핵심 사상(요점)은 무엇인가요?

9. 십계명 서문이 가르치는 핵심 사항 2가지는 무엇인가요?

10. 이 부분에서 공부한 것이 우리에게 왜 감사할 조건입니까?

11. 구조 복습: 1문~44문까지의 구조를 간략하게 그려 봅시다.

초등부 4학년 수업진행 ·사진 : 김병재

45~62문

십계명 1부 1~4계명
'하나님 사랑'

"왜 완전히 지킬 수도 없는 계명을 주고는, 지키라고 요구하는 거죠?"
"눈에 안 보이는 하나님을 믿기가 참 어려워요. 대강의 형태라도 좀 보여주시면
 신앙심에 도움이 되지 않을까요?"
"주일을 거룩하게 지키라는 말을 교회마다 다르게 적용하는 것 같아요.
 어떤 것이 주일을 가장 잘 지키는 것일까요?"
:
:

14

이제부터 하나님의 영원한 도덕법이 잘 '담겨 있는' 「십계명」으로 들어갑니다. 십계명이라는 말은 굉장히 익숙하지만, 정작 그 내용을 깊이 들어가 보는 경우는 드뭅니다. 이번 기회에 십계명을 공부하여 하나님께서 우리에게 요구하시는 '가치'가 무엇인지를 깨달아봅시다.

소요리문답에서 십계명은 상당히 많은 분량을 차지하고 있습니다. 전체 문답의 4분의 1분량입니다. 그러므로 전체 구조와 흐름을 잃지 않도록 거듭해서 맵을 확인하면서, 지치지 않도록 합시다. 10개의 계명을 차근차근 공부하면서, 이 내용이 실제로 나의 삶에 어떻게 적용될 수 있을까를 늘 생각합시다. 몰랐던 부분, 미처 생각하지 못했던 내용을 깨닫는 것도 중요하지만, 아주 작은 부분이라도 실제 삶 속에 변화를 시도하는 것이 중요합니다. 앞에서 공부한 것처럼, 십계명은 하나님 사랑에 대한 1~4계명과 이웃 사랑에 대한 5~10계명으로 나눠서 공부할 수 있습니다.

제 1 계명

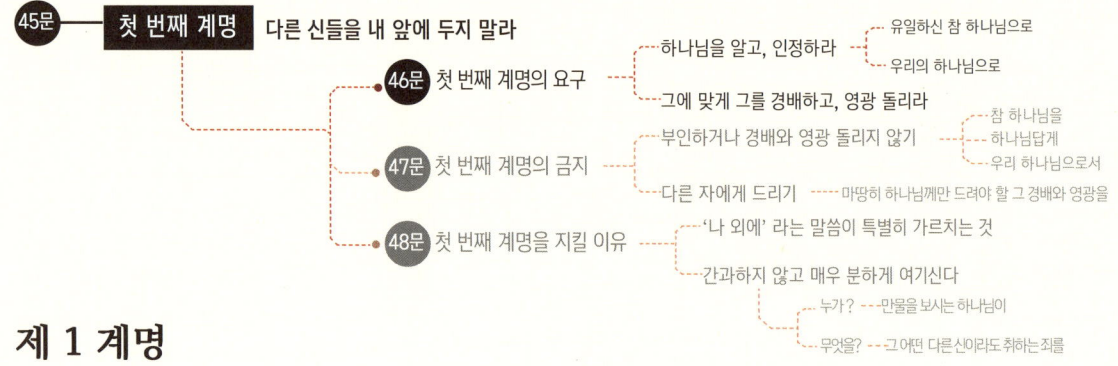

Q45
Which is the first commandment?
A45
The first commandment is,

Thou shalt have no other gods before me.

Q46
What is required in the first commandment?
A46
The first commandment requireth us

　　　to know and acknowledge God

　　　　to be only true God,

　　　　and our God;

and to worship and glorify him accordingly.
　　　예배　　　　　　그에 맞춰

문45
첫 번째 계명이 무엇인가요?
답45
첫 번째 계명은

"너는 나 외에는 다른 신들을 네게 있게 말지니라" 입니다. ❶

문46
첫 번째 계명에서 무엇이 요구되었나요?
답46
첫 번째 계명이 우리에게 요구하는 것은

알고 인정하라는 것과,

> 하나님을 유일하신 참 하나님으로,
> 그리고 우리의 하나님으로

❷ ❸

그에 맞게 그 분을 경배하고 그 분께 영광을 돌리라는 것입니다.

❹ ❺

---

❶ 출애굽기 20:3
너는 나 외에는 다른 신들을 네게 두지 말라

❷ 역대상 28:9
내 아들 솔로몬아 너는 **네 아버지의 하나님을 알고** 온전한 마음과 기쁜 뜻으로 섬길지어다 여호와께서는 모든 마음을 감찰하사 모든 의도를 아시나니 네가 만일 그를 찾으면 만날 것이요 만일 네가 그를 버리면 그가 너를 영원히 버리시리라

❸ 신명기 26:17
네가 오늘 여호와를 네 하나님으로 인정하고 또 그 도를 행하고 그의 규례와 명령과 법도를 지키며 그의 소리를 들으라

❹ 마태복음 4:10
이에 예수께서 말씀하시되 사탄아 물러가라 기록되었으되 주 **너의 하나님께 경배하고** 다만 그를 섬기라 하였느니라

❺ 시편 29:2
여호와께 그의 이름에 합당한 영광을 돌리며 거룩한 옷을 입고 **여호와께 예배할지어다**

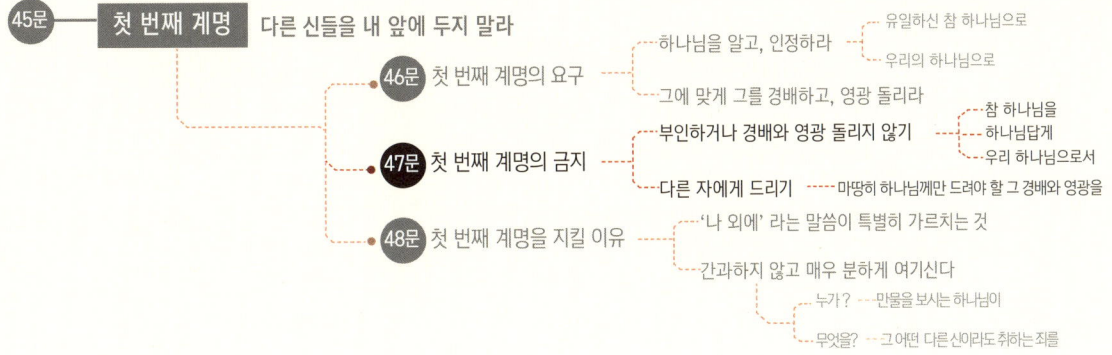

Q47
What is forbidden in the first commandment?
A47
The first commandment forbiddeth
        forbid(금지하다)의 고어
the denying, or not worshipping and glorifying
    부인[부정]
      the true God as God, and our God;
and the giving of that worship and glory to any other,
      which is due to him alone.

문47
첫 번째 계명에서 무엇이 금지되었나요?
답47
첫 번째 계명에서 금지된 것은,
부인하거나, 경배하고 영광 돌리지 않는 것입니다.
❶
    참 하나님으로서, 하나님답게, 우리 하나님으로서.
    ❷   ❸
그리고 그 경배와 영광을 다른 자에게 드리는 것입니다.
        마땅히 하나님께만 드려야 할.
        ❹

❶ 시편 14:1
어리석은 자는 그의 마음에 **이르기를 하나님이 없다 하는도다** 그들은 부패하고 그 행실이 가증하니 선을 행하는 자가 없도다

❷ 로마서 1:21
하나님을 알되 **하나님을 영화롭게도 아니하며 감사하지도** 아니하고 오히려 그 생각이 허망하여지며 미련한 마음이 어두워졌나니

❸ 시편 81:10-11
나는 너를 애굽 땅에서 인도하여 낸 **여호와 네 하나님이니** 네 입을 크게 열라 내가 채우리라 하였으나; **내 백성이 내 소리를 듣지 아니하며 이스라엘이 나를 원하지 아니하였도다**

❹ 로마서 1:25-26
이는 그들이 하나님의 진리를 거짓 것으로 바꾸어 **피조물을 조물주보다 더 경배하고 섬김이라** 주는 곧 영원히 찬송할 이시로다 아멘; 이 때문에 하나님께서 그들을 부끄러운 욕심에 내버려 두셨으니 곧 그들의 여자들도 순리대로 쓸 것을 바꾸어 역리로 쓰며

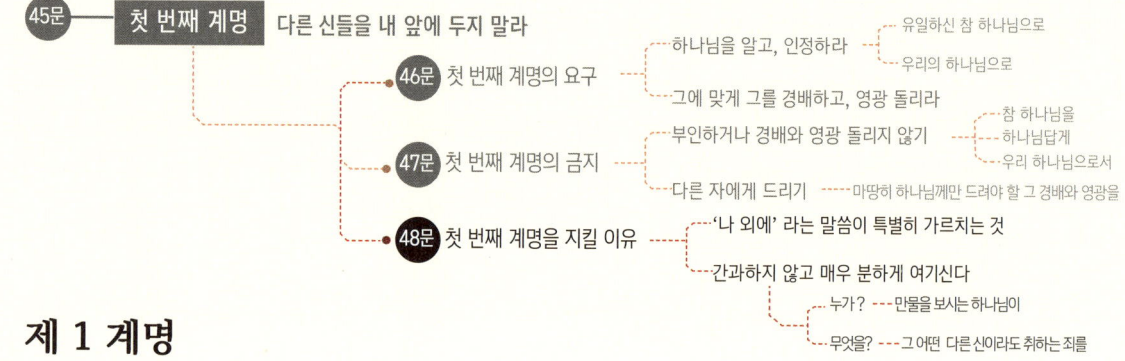

제 1 계명

Q48
What are we specially taught by these words,
 [before me] in the first commandment?

A48
These words [before me] in the first commandment,
 teach us,
  That God, who seeth all things,
  taketh notice of, and is much displeased with,
   성내게 하다.
   the sin of having any other god.

문48
첫 번째 계명 중,
"나 외에"란 말씀이 우리에게 무엇을 특별히 가르치나요?

답48
첫 번째 계명 중에 "나 외에"라는 말씀이
 우리에게 가르치는 것은,
 만물을 보시는 하나님이,
 간과하지 않으시고, 매우 분하게 여기신다는 것입니다.
 그 어떤 다른 신이라도 취하는 죄를
  ❶ ❷

❶ 에스겔 8:5-6
그가 내게 이르시되 인자야 이제 너는 눈을 들어 북쪽을 바라보라 하시기로 내가 눈을 들어 북쪽을 바라보니 제단문 어귀 북쪽에 그 질투의 우상이 있더라; 그가 또 내게 이르시되 인자야 이스라엘 족속이 행하는 일을 보느냐 그들이 여기에서 **크게 가증한 일을** 행하여 나로 내 성소를 멀리 떠나게 하느니라 너는 다시 다른 큰 가증한 일을 보리라 하시더라(이하 8장 마지막 절까지)

❷ 시편 44:20-21
우리가 우리 하나님의 이름을 잊어버렸거나 **우리 손을 이방 신에게 향하여 폈더면; 하나님이 이를 알아내지 아니하셨으리이까** 무릇 주는 마음의 비밀을 아시나이다

1계명의 의미 : 사랑해야 할 '대상'

46문 1계명에서 요구하는 의무는 유일하신 하나님에 대해 '알고', '인정하는 것'입니다. 나아가 그분을 '경배'하고 '영화롭게 하는 것'을 요구하고 있습니다. 이것은 소요리문답 1문에서 언급했던 인간의 주된 목적과 내용상 같은 것입니다. 하나님을 사랑하는 것이 피조물인 우리의 의무이자 본분이며 동시에 우리에게도 가장 좋은 것입니다. 그래서 그것을 지향하라고 요구하시는 것입니다.

즉, 1계명을 통해 우리는 우리가 이미 소요리문답 제 1문에서 선언적으로 알게 되었던 '인생의 목적'이 동시에 '하나님께서 우리에게 요구하시는 의무'도 된다는 것을 깨닫습니다. 피조물에게 요구하시는 것이 바로 하나님을 사랑하는 것이요, 그것이 또한 피조물로서도 '가장 좋은 상태', '복된 상태'라는 사실에서, 우리는 하나님이 우리를 얼마나 사랑하시는지를 알고 감사하게 됩니다.

47문 1계명에서 하나님이 금지하신 것들이 무엇인지 60쪽의 표에 적혀있는 목록을 읽어보십시오. 무엇이 느껴지시나요? 바로 나 자신의 모습이 보일 것입니다. 하나님을 사랑한다고 하면서도, 순간순간 얼마나 많은 우상숭배의 생각을 하는지, 나아가 얼마나 많이 1계명을 어기고 있었는지를 깨달을 수 있을 것입니다.

1계명	사랑해야할 대상
2계명	사랑하는 방식
3계명	사랑하는 자의 자세
4계명	사랑의 표상 (모범,샘플)

자신의 경험을 통해 생각해봅시다. 내가 사랑하는 이가 나보다 다른 무엇을 더 사랑한다든지 좋아한다든지 했을 때 어떠했는지를 떠올려봅시다. 그런 경험이 없다면 상상이라도 해보시기 바랍니다. 그때, 얼마나 가슴이 아프고 서럽고 슬프고 짜증나고 우울하고 스트레스가 되었는지요. 이것은 견디기 힘든 것입니다. 그냥 넘길 수 없는 것이며, 자연스럽게 받아들일 수 있는 것도 아니기 때문입니다. 사랑한다면 말입니다. 그것이 사랑의 특징입니다.

답변분석

마찬가지로 1계명을 통해 하나님께서 요구하신 것과 금지하신 것은 서로 명백히 대비됩니다. 적당히 섞여서 함께 갈 수 있는 것이 아닙니다. 그것은 명백한 모순입니다! 우리의 선택은 명확합니다. 요구하시는 것을 행하며, 금지하시는 것을 단호히 배척해야 합니다.

48문

그러나 문제가 있습니다. 이 계명이 너무나도 분명하게 길을 제시하고 있음에도 불구하고, 우리가 그 요구하시는 의무를 이행한다 하면서도, 여전히 금하시는 죄들(하나님에 대한 무지, 망각, 경솔, 무감각 등)을 여전히 반복해서, 줄기차게 행하고 있는 우리들입니다. 하나님도 섬기고 우상도 함께 섬기려 하는, 이처럼 패역하고 교만한 모습이 또 어디 있을까요? 하나님께서는 우리와 언약을 맺으시고, 끊임없이 "내가 너희를 이처럼 사랑하니, 너희도 나를 사랑해라" 말씀하십니다. 그럼에도 불구하고, 듣는 것 같으면서도 기어코 듣지 않는, 부패하고 죄악 가득한 우리 마음을 어찌해야 하는 것일까요? 하다하다 안 되어서 포기하고 싶어질 때가 너무나도 많습니다. 게다가 그것이 많은 성도들의 현주소이기 때문에, 시간이 흐르다 보면 너나 나나 할 것 없이 점차 무뎌지고, 무감각해지기도 합니다.

그런 우리들을 위해 1계명에 "나 외에 before me, before my face"라는 특별히 강조된 단어를 준비하신 것 같습니다. 하나님이 그토록 간과하지 않고 매우 분하게 여기시며, 그만큼 싫어하신다는 것을 보여줌으로써 우리를 더욱 경계하시는 것입니다. 이런 말씀 덕분에 우리는 하나님을 진정으로 사랑하는 만큼 다른 우상들의 침투를 더욱 엄밀하게 경계하게 되고, 또 하나님을 사랑하면서도 어느덧 무심코 우상을 심기고 있는 나의 모습을 발견할 때면 그만큼 더 화들짝 놀라면서 더욱 비참한 마음이 들어, 회개의 길로 나아가게 되는 것입니다.

대요리문답 106문

Q106. What are we specially taught by these words **before me** in the first commandment?

A106. These words **before me or before my face**, in the first commandment, teach us, that God, who seeth all things, taketh special notice of, and is much displeased with, the sin of having any other God: that so it may be an argument to dissuade from it, and to aggravate it as a most impudent provocation: as also to persuade us to do as in his sight, whatever we do in his service.

이것 역시 남녀 사이의 사랑을 떠올리면 비교적 쉽게 이해됩니다. 다른 신을 섬기지 말라는 의지적이고 선언적인 요구에 더하여, 그 단어 자체만으로도 우리의 죄가 억제되고to dissuade from it 죄를 짓고 있더라도 고통으로 느껴지게 만드는to aggravate it 힘이 있습니다. 한 사람과 사랑하는 동안, 우리 안에 다른 이를 찾는 마음 자체가 억제되고, 설령 다른 이성을 찾더라도 그것이 결코 자유롭지 않았던 기억을 떠올려보며…. 더구나 모든 것을 보시며 그 중심을 보시는 하나님 앞에서는 더 말할 것도 없을 것입니다.(원쪽 대요리문답 106문 참조)

이렇듯 계명은 우리를 경계합니다. 그리고 두려움을 갖게 합니다. 그러나 한편으로는 이런 경고의 말씀 덕분에 더욱 안심하고 감사할 수 있습니다. 경고를 해주는 사람이 있을 때가 좋은 법입니다. 나를 지키시는 자가 계시다는 사실 덕분에 우리는 평안함을 누릴 수 있습니다.
※ 주께서 주시는 계명의 본뜻은 우리에게 평안을 주려는 것이지, 결코 공포심으로 억압하려는 것이 아닙니다.

"나 외에"라는 말씀을 우리의 마음속에 심어주셔서 감사합니다. 비록 그런 경고의 말씀 때문에 위축되기도 하고, 갈등과 아픔들이 여전히 나를 치지만, 바로 그 자리에서 성령님이 활동하고 계십니다. 나 자신의 연약함을 보게 하시고, 그래서 하나님만을 붙잡고, 사랑하게 하십니다. 그래서 이 말씀이 복이요, 감사입니다. "나 외에"라는 말씀을 통해 이 같은 감사를 깨닫게 하시니, 다시 한번 복된 자유와 그로 인한 기쁨과 감사의 고백이 마음 깊은 곳에서 우러나옵니다. 이 크신 은혜를 어찌 감당할지요. 주의 계명은 참으로 놀랍고 오묘합니다. 참으로 아름답습니다.

답변분석

1계명에 대한 대요리문답의 훨씬 더 자세한 해설 (대요리문답 104~105문)

의무

하나님께서 홀로 참되신 하나님이시며,
우리의 하나님이심을 알고 인정하는 것이다.

따라서 그분을 경배하고 영화롭게 하는 것임.
  생각하고, 묵상하고, 기억하고,
  높이 경외하고, 존경하고, 흠모하고,
  선택하고, 사랑하고, 원하고, 경외함으로.

그를 믿고, 의지하고, 바라고,
그분 안에서 기뻐하고,

그를 위한 열심을 가지고, 그를 부르며,
모든 찬송과 감사를 드리고,
전인적으로 그에게 완전히 순종하고 복종함.

그를 기쁘시게 하기 위하여 범사에 조심하고,
무슨 일에든지 그를 노엽게 하였으면
그것을 슬퍼하며, 그와 겸손히 동행하는 것

금지

- 하나님을 부인하거나 모시지 않는 무신론
- 한 분 외에 여러 신을 두거나 예배한다든지, 참 하나님과 다른 것을 함께 모신다든지, 혹은 참 하나님 대신에 다른 것을 모시는 우상숭배
- 하나님을 하나님으로, 그리고 우리의 하나님으로 모셔 고백하지 않는 것
- 이 계명이 요구하는 것으로서, 하나님께 마땅히 드려야 할 어떤 것이든지 소홀히 하거나 없애 버리는 것
- 그에 대한 무지함과 망각, (그에 대한) 오해와 그릇된 의견들, (그에 대한) 무가치하고 악한 생각들
- 하나님이 감추신 것을 무모함과 호기심으로 캐내려는 것
- 모든 신성모독과 하나님을 미워하는 것
- 자기 사랑, 자아 추구, 과도하고 무절제하게 우리의 마음, 의지, 애정을 다른 일들에 쏟는 것, 그리고, 그것들(마음, 의지, 애정)을 전적으로 또는 부분적으로 하나님에게서 떠나게 하는 것
- 헛되이 경솔하게 믿는 것, 불신앙하는 것, 이단과 그릇된 신앙, 신뢰하지 않는 것, 절망, 완악, 심판에 대한 무감각, 마음의 강퍅, 교만, 뻔뻔스러움, 육에 속하는 안일감, 하나님을 시험하는 것
- 불법적인 수단들을 신뢰하는 것
- 육욕적인 기쁨과 즐거움
- 부패하고 맹목적이며 무분별한 열심
- 미지근함과 하나님의 것들에 대한 무감각
- 우리 자신을 하나님을 멀리함, 그리고 하나님을 버리는 것
- 성도들이나 천사들, 혹은 다른 피조물에게 기도하거나 종교적 예배를 드리는 것
- 마귀와 모든 맹약과 (마귀와) 의논하는 것, 그리고 그의 제안에 귀를 기울이는 것
- 인간을 우리의 신앙과 양심의 주인으로 삼는 것
- 하나님과 그의 명령을 경시하고 멸시하는 것
- 하나님의 영을 거역하고 근심되게 하는 것, 하나님이 베푸신 것들에 대한 불만족 그리고 조바심, 하나님께서 우리에게 안겨주신 재난들 때문에 하나님을 어리석게 비난하는 것.
- 우리가 선하다든지, 선을 소유하거나 선을 행할 수 있다는 칭송을 행운, 우상, 우리 자신 또는, 어떤 다른 피조물에게 돌리는 것

대요리문답의 해설을 대하면, 함께 공부하는 사람들이 깜짝 놀라곤 합니다. 밋밋하게 보였던(?) 십계명의 축약된 표현을 좀 더 펼쳐보니까 '적어도 이 정도는 되어야 한다.' 라는 것을 대요리문답을 통해 보게 되기 때문입니다.

> 답변분석

1계명은 하나님 한 분만을 사랑하고, 하나님 외에는 다른 무엇도 마음에 품지도 의지하지도 말고, 하나님을 우리의 삶 속에 최고의 자리에 모실 것을 가르칩니다. 또한 계명은 우리를 경계합니다. 두려움을 갖게 합니다. 그러나 한편으로는 이런 경고의 말씀 덕분에 우리의 삶이 더욱 하나님께 순종하는 삶이 되며, 그 안에서 더욱 안심하고 감사하게 됩니다. 이처럼 하나님이 주신 십계명의 본래 의도는 우리에게 최종적으로 안식과 복을 주기 위함이지, 결코 두려움으로 억압하려는 것이 아닙니다.

● 무슨 일에서나 하나님보다 더 신뢰하는 것이 있다면, 그것이 바로 '다른 신'입니다. 사람을 더 믿고 신뢰하는 것도 '다른 신'을 섬기는 것입니다.

● 하나님께 감사하지 않는 것, 자신에게 주어진 삶의 형편을 불평하고 원망하는 것도 역시 1계명을 어기는 것이 됩니다.

이렇게 대요리문답은 소요리문답과 달리 십계명을 훨씬 더 자세히 다루고 있습니다. '성도의 삶의 규범'으로서의 십계명을 자세히 소개하되, 각 문답의 답변 방식을 '지켜야 할 의무'와 '금지된 것'으로 나누면서 굉장히 실천적인 용어로 설명합니다. 마치 기독교 세계관, 기독교 윤리 혹은 사회참여의 영역에서 다루는 항목과도 유사할 정도로 현장감 넘치는 단어들이 교리문답 속에 '무수히' 언급되어 있습니다. 어린이가 아닌 "장년 성도들"을 가르치기 위한 대요리문답은 소요리문답보다 더 풍성한 적용점을 제시하고, 각종 도전해 오는 시대 정신에 대항하는 구체적인 관점들을 제시합니다. 의무와 금지 조항으로 나누어, 영어 원문의 경우 "콤마(,)"와 "콜론(:)"과 "세미콜론(;)"까지 동원되면서 많은 조항을 나열하는 형태를 취합니다.

마치 "압축파일"처럼, 도덕법의 풍성한 적용이 십계명 안에 담겨 있습니다. 우리는 그 안에 담겨있는 의미를 끌어내어 해석할 수 있어야 합니다. 그리고 우리 삶에 적용해볼 수 있어야 합니다. 다음 페이지의 적용을 꼭 해보세요!

적용하기

1계명 적용과 나눔

 오늘 배운 1계명의 가르침에 비추어, 각자 자신을 돌아보면서 깨닫고 실천할 점을 적어봅시다.

	내가 할 일	내가 하지 말아야 할 일
교회		
가정		
학교/일터		

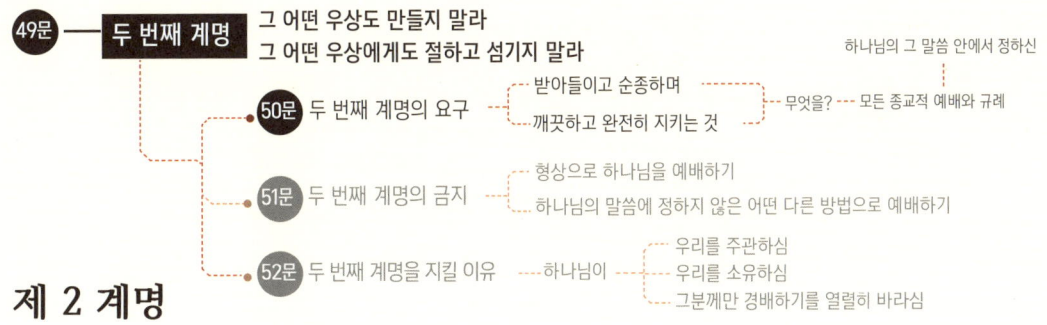

제 2 계명

Q49
Which is the second commandment?
A49
The second commandment is,

Thou shalt not make unto thee any graven image,

or any likeness of any thing that is in heaven above,

or that is in the earth beneath

or that is in the water under the earth:
　　　　　　　　　　　　…의 바로 밑에,
thou shalt not bow down thyself to them, nor serve them:

for I the Lord thy God am a jealous God,
　　　　　　　　　　　　질투가 많은
visiting the iniquity of the fathers upon the children unto
　　　　　　　　　　　부정, 불법, 사악
the third and fourth generation of them that hate Me;

and shewing mercy unto thousands of them that love me,
　　　　《고어》=SHOW 자비(심)
and keep my commandments.

Q50
What is required in the second commandment?
A50
The second commandment requireth

the receiving, observing,
　　　주의 깊은
and keeping pure and entire,
　　　　　　　완전한, 온전한
　　all such religious worship and ordinances

　　　　as God hath appointed in his word.
　　　　　　　　　　　　　지정된, 약속된

문49
두 번째 계명이 무엇인가요?
답49
두 번째 계명은,

너를 위하여 새긴 우상을 만들지 말고

또 위로 하늘에 있는 것이나

아래로 땅에 있는 것이나

땅 아래 물속에 있는 것의 아무 형상이든지 만들지 말며

그것들에게 절하지 말며 그것들을 섬기지 말라

나 여호와 너의 하나님은 질투하는 하나님인즉

나를 미워하는 자의 죄를 갚되

아비로부터 아들에게로 삼 사대까지 이르게 하거니와

나를 사랑하고 내 계명을 지키는 자에게는

천대까지 은혜를 베푸느니라 입니다.
　　　　　　　　　　　　　　❶

문50
두 번째 계명에서 무엇이 요구되었나요?
답50
두 번째 계명에서 요구되는 것은,

받아들이고 순종하며

깨끗하고 완전히 지키라는 것입니다.

　모든 종교적 예배와 규례들을.
　　　　　하나님이 그 말씀 안에서 정하신.
　　　　　　　　　　　　　❷ ❸ ❹

---

❶ 출애굽기 20:4-6
너를 위하여 새긴 우상을 만들지 말고 또 위로 하늘에 있는 것이나 아래로 땅에 있는 것이나 땅 아래 물 속에 있는 것의 어떤 형상도 만들지 말며; 그것들에게 절하지 말며 그것들을 섬기지 말라 나 네 하나님 여호와는 질투하는 하나님인즉 나를 미워하는 자의 죄를 갚되 아버지로부터 아들에게로 삼사 대까지 이르게 하거니와; 나를 사랑하고 내 계명을 지키는 자에게는 천 대까지 은혜를 베푸느니라

❷ 신명기 32:46
그들에게 이르되 내가 오늘 너희에게 증언한 모든 말을 너희의 마음에 두고 너희의 자녀에게 명령하여 **이 율법의 모든 말씀을 지켜 행하게 하라**

❸ 마태복음 28:20
내가 너희에게 분부한 모든 것을 가르쳐 지키게 하라
볼지어다 내가 세상 끝날까지 너희와 항상 함께 있으리라 하시니라

❹ 사도행전 2:42
그들이 사도의 가르침을 받아 서로 교제하고 떡을 떼며 오로지 기도하기를 **힘쓰니라**

- **51문** 두 번째 계명의 금지 ── 형상으로 하나님을 예배하기
  └ 하나님의 말씀에 정하지 않은 어떤 다른 방법으로 예배하기
- **52문** 두 번째 계명을 지킬 이유 ── 하나님이 ── 우리를 주관하심
  ├ 우리를 소유하심
  └ 그분께만 경배하기를 열렬히 바라심

Q51
What is forbidden in the second commandment?

A51
The second commandment forbiddeth
forbid(금지하다)의 고어
the worshipping of God by images,
or any other way not appointed
지정된, 약속된
in his word.

문51
두 번째 계명에서 무엇이 금지되었나요?

답51
두 번째 계명에서 금지된 것은,
형상으로 하나님을 예배하거나 ❶❷
정하지 아니한 다른 어떤 방법으로 예배하는 것입니다.
└ 하나님의 말씀에 ❸

Q52
What are the reasons annexed
이유,근거 부가하다, 첨부하다
to the second commandment?

A52
The reasons annexed to the second commandment are,
God's sovereignty over us,
주권, 통치권
his propriety in us,
타당, 적절
and the zeal he hath
열심, 열성
to his own worship.
그분 소유의 경배

문52
두 번째 계명에 덧붙여진,
이유들은 무엇인가요?

답52
두 번째 계명에 덧붙여진, 이유들은
하나님이 우리를 주관하심과, ❹
우리 안에 있는 그분의 정당한 자리, ❺
그리고 그분이 가진 열심입니다. ❻
└ 그분 자신만 받아야 하는 경배를 위해

❶ 신명기 4:15-19
여호와께서 호렙 산 불길 중에서 너희에게 말씀하시던 날에 너희가 어떤 형상도 보지 못하였은즉 너희는 깊이 삼가라; 그리하여 스스로 부패하여 자기를 위해 **어떤 형상대로든지 우상을 새겨 만들지 말라 남자의 형상이든지, 여자의 형상이든지, 땅 위에 있는 어떤 짐승의 형상이든지, 하늘을 나는 날개 가진 어떤 새의 형상이든지, 땅 위에 기는 어떤 곤충의 형상이든지, 땅 아래 물 속에 있는 어떤 어족의 형상이든지 만들지 말라**; 또 그리하여 네가 하늘을 향하여 눈을 들어 해와 달과 별들, 하늘 위의 모든 천체 곧 너희의 하나님 여호와께서 천하 만민을 위하여 배정하신 것을 보고 **미혹하여 그것에 경배하며 섬기지 말라**

❷ 출애굽기 32:5, 8
아론이 보고 그 앞에 제단을 쌓고 이에 아론이 공포하여 이르되 내일은 여호와의 절일이니라 하니; 그들이 내가 그들에게 명령한 길을 속히 떠나 **자기를 위하여 송아지를 부어 만들고 그것을 예배하며 그것에게 제물을 드리며** 말하기를 이스라엘아 이는 너희를 애굽 땅에서 인도하여 낸 너희 신이라 하였도다

❸ 신명기 12:31-32
네 하나님 여호와께는 네가 그와 같이 행하지 못할 것이라 그들은 **여호와께서 꺼리시며 가증히 여기시는 일을 그들의 신들에게 행하여 심지어 자기들의 자녀를 불살라 그들의 신들에게 드렸느니라**; 내가 너희에게 명령하는 이 모든 말을 너희는 지켜 행하고 그것에 가감하지 말지니라

❹ 시편 95:2-3, 6
우리가 감사함으로 그 앞에 나아가며 시를 지어 즐거이 그를 노래하자; **여호와는 크신 하나님이시요 모든 신들보다 크신 왕이시기 때문이로다**; 오라 우리가 굽혀 경배하며 우리를 지으신 여호와 앞에 무릎을 꿇자

❺ 시편 45:11
그리하면 왕이 네 아름다움을 사모하실지라 **그는 네 주인이시니 너는 그를 경배할지어다**

❻ 출애굽기 34:13-14
너희는 도리어 그들의 제단들을 헐고 그들의 주상을 깨뜨리고 그들의 아세라 상을 찍을지어다; **너는 다른 신에게 절하지 말라 여호와는 질투라 이름하는 질투의 하나님임이니라**

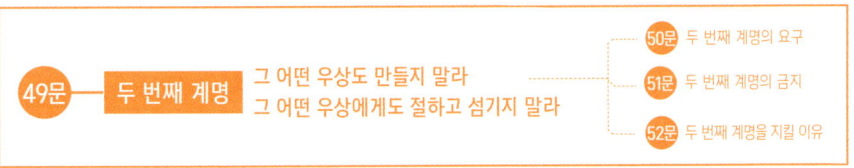

2계명의 의미 : 사랑하는 '방식'

49문 1계명에서는 우리가 사랑할 '대상'이 누구이신지를 배웠습니다. 그리고 배운 것에 그치는 것이 아니라, 선택하고 마음을 정하여 그렇게 행할 것임을 알게 되었습니다. 그렇다면 2계명에서는 우리가 하나님을 사랑하는 '방식'이 무엇인가를 배우는 것입니다.

질문해봅니다. 사랑은 어떻게 해야 할까요? 참 평소에 많이들 하는 질문이지만, 그 핵심을 찾기란 쉽지 않았던 질문이었을 것입니다. 그러나 2계명을 잘 공부하면, 우리는 그토록 궁금해하던 '사랑하는 방식'을 터득하게 될 것입니다. **사랑은, 상대방의 방식대로** 하는 것입니다. 내 방식을 강요하는 것은 사랑이 아닐뿐더러, 상대방을 화나게 하는 것입니다.

하나님을 예배한다고 할 때, 그것이 하나님을 기쁘시게 하는 예배인지, 아니면 그저 내가 좋아서 하는 예배인지 잠시라도 진실하게 스스로를 돌아보면 알 수 있습니다. 나의 양심이 소리쳐서 금방 알게 됩니다. 한 예로, 매 주일 반복되는 주일 공예배를, 여러분은 어떻게 드리고 있습니까? 또한 공예배뿐만 아니라 우리의 삶이 곧 예배라고 할 때, 우리의 전인숖^이 순간순간 하나님 앞에서 어떻게 살아야 할 것인지요. 먹고, 자고, 놀고, 생각하고, 말하고, 쓰고, 걷고, 뛰고, 달리고, 앉고, 눕고, 사랑하고, 기뻐하고, 성내고, 미워하고, 토론하고, 양보하고, 아옹다옹하고, 섬기고, 도와주고, 공부하고, 경쟁하고, 만들고, 부수고 하는 모든 행동들을 다 하나님 앞에서 하는 것이기에, 이 모든 것들도 다 나의 방식대로가 아닌, '하나님의 방식대로' 행해야 함을 2계명을 통해 깨달아야 합니다. 매일 아침 눈을 뜨고 맞이하는 하루를 지금 어떤 방식으로 살아가는지요? 오직 하나님만을 사랑하고 섬기되, 그 사랑의 대상인 하나님께서 정하시고 요구하시는 대로 사랑하라 주어진 계명 앞에서, 어떤 선택을 하시렵니까? 결코 가벼운 문제는 아닐 것입니다.

1계명	사랑해야할 대상
2계명	사랑하는 방식
3계명	사랑하는 자의 자세
4계명	사랑의 표상 (모범,샘플)

답변분석

혹자는 이렇게 반문할 수도 있을 것 같습니다. "하나님도 저를 사랑하신다면서요. 그럼 하나님께서 그냥 제가 원하는 방법대로 좀 사랑해 주시면 안 되나요?" 어떤가요? 어디서 많이 듣던 이야기입니다. 우리가 사랑하는 대상들에게 툭 하면 내뱉는 이야기인 것입니다. 그러나 앞서 배웠듯이, 타락한 인간이 할 줄 아는 사랑이란 것은 그 수준이 뻔한 것입니다. 한계를 가질 수밖에 없습니다. 하나님께서 하시는 사랑만이 완전하고 순결합니다. 그러므로 하나님께서 원하시는 방식대로 인간이 따르는 것이야말로 우리에게 복입니다.

1계명에서와 비슷한 이야기가 반복되고 있음을 눈치챌 수 있을 것입니다. 계명은 하나님의 요구이자, 곧 '복'입니다. 무엇이 복된 자리인지 안다면, 그편을 택하는 것이 좋습니다. 세상 모든 사람들이 추구하고 늘 갈급해 하는 것이 '온전한 사랑' 아니었나요? 그런 사랑은 하나님 편에서만 나오며 하나님 편에서만 찾을 수 있는 것입니다. 헛되고 거짓된 사랑이 아닌, 바로 그 사랑을 찾고 추구하시기 바랍니다. 나의 방식을 버리고, 겸손히 그분이 원하시는 방식대로 사랑하며 순종하는 삶이, 바로 나 자신을 부인하고 자기 십자가를 지고 그리스도를 따르는 삶이 아니겠는가 생각해 보는 것입니다.

50-52문

요구와 금지의 명령을 하나씩 살펴볼 때, 우리는 하나님께서 스스로 제정하신 예배와 규례들을 무척 중요시하고 계심을 보게 됩니다. 이에 대해 계명 외에 부가된 말씀으로, 그가 거짓된 예배를 얼마나 싫어하시는지를, 반면에 참된 예배자를 얼마나 사랑스러워 하시는지를, 더욱 강조하고 계십니다.

이쯤 되면 여러분은 교회의 예배와 규례들이 대체 무엇이며, 거기 담긴 의미가 무엇인지 어서 공부해야 되겠다는 불타는(?) 마음이 생겨야 할 것입니다.^^ 그것이 그토록 중요하다면, 당장 다음 주 예배 시간에 무감각하게 앉고 일어서지 않도록, 예배의 모든 순서들에 대해서도 잘 알아야 할 것입니다. 그리스도의 이름으로 기도하는 것, 감사하는 것, 말씀을 읽고 전하고 듣는 행위의 의미, 성례란 무엇인가, 공동의회는 무엇이며 제직회는 무엇인가, 장로와 집사와 목사의 의미, 노회와 총회의 의미는 무엇이며, 권징이란 무엇인지, 금식과 맹세와 서원은 무엇이며, 어떤 때, 왜 하는 것인지 등을 잘 안다면, 우리는 하나님을 좀 더 하나님의 방식대로 사랑할 수 있을 것입니다.

아울러 거짓된 예배에 대해 거부하며 미워하는 마음과, 혹 우리가 그런 잘못된 예배를 드리고 있지 않은가 하는 민감함과 경계가 있어야 할 것입니다. 그러나 이것은 자칫 기존의 잘못만을 들추고 정죄하는, '눈에 보이는 행동'에만 치중하게 되기 쉽습니다. 중요한 것은 이것이 하나님을 사랑하기 원하지만 방식을 모르는 연약함 때문임을 이해하려는 태도입니다. 하나님께서 싫어하시는 것을 제거하고, 아무리 좋아 보이는 것도 도무지 받아들이려 하지 않는 단호하고 멋진 태도는 올바른 예배와 규례의 회복에 귀감이 되지만, 오직 그 동기와 방식이 사랑에 근거하고 사랑에 의한 것일 때에야, 비로소 귀한 것으로 남는 법입니다. 교회는 하나님의 소유이기 때문입니다.

공동의회? 노회? 총회?
교회에도 '교회 헌법'이 있습니다.
자세한 내용은 손재익, 『특강 예배모범』, 22쪽을 참조하세요!

50문 두 번째 계명의 요구 — 받아들이고 순종하며 / 깨끗하고 완전히 지키는 것 — 무엇을? — 하나님의 그 말씀 안에서 정하신 모든 종교적 예배와 규례

51문 두 번째 계명의 금지 — 형상으로 하나님을 예배하기 / 하나님의 말씀에 정하지 않은 어떤 다른 방법으로 예배하기

52문 두 번째 계명을 지킬 이유 — 하나님이 — 우리를 주관하심 / 우리를 소유하심 / 그분께만 경배하기를 열렬히 바라심

답변분석

2계명에 대한 대요리문답의 훨씬 더 자세한 해설 (대요리문답 108-109문)

※ 하나님은 이 세상에 있는 모든 것들(생명과 복과 사망과 화)을 전부 수단으로 사용하셔서, 우리에게 하나님을 바로 섬기도록 요구하십니다. *신명기 30:11-15*

의무

- 하나님께서 그의 말씀 가운데 제정하신 종교적인 예배와 규례를 받고 준수하고 순수하게 완전히 지키는 것
- 특히 그리스도의 이름 안에서 기도와 감사하는 것
- 말씀을 읽고 전하고 듣는 것
- 성례들을 시행하고 받는 것
- 교회 정치와 권징
- 직분과 그것의 유지
- 종교적 금식
- 하나님의 이름으로 맹세하는 것
- 그에게 서약하는 것
- 또한 모든 거짓된 예배를 부정하고 혐오하고 반대하는 것
- 그리고 각자의 지위와 사명에 따라 그것들(모든 거짓된 예배)과 모든 우상숭배의 기념물들을 제거하는 것

금지

- 하나님께서 친히 제정하시지 않은 다른 어떤 종교적 예배를, 고안하고 의논하고 명령하고 사용하고 어떻게든지 찬성하는 것
- 거짓 종교를 묵인하는 것
- 우리 마음속으로나 겉으로 보이는 다른 어떤 형상, 혹은 다른 어떤 피조물과 닮은 것으로, 삼위 하나님 중 어떤 분 혹은 세 분 모두를 어떤 형상으로 만드는 것
- 그 형상을 예배하는 모든 것, 그 형상 안에서 하나님을 예배하는 것, 혹은 그 형상을 가지고 하나님을 예배하는 것
- 거짓 신들을 표상하는 무언가를 만드는 것, 그것들을 예배하는 모든 것, 혹은 그것들에 속한 것들을 예배하는 짓, 모든 미신적인 고안들, 하나님의 예배를 부패시키는 것, 하나님의 예배에 뭔가를 더하거나 빼는 것인데, 그것이 우리가 발명한 것이든지 우리가 계속해 왔던 것이든지, 아니면 다른 사람들로부터 온 전통에 의해 수용한 것이든지 간에. 명목상의 것, 옛 제도, 풍속, 헌신, 선한 의도, 혹은 그 밖의 무슨 구실이 있을지라도
- 성직매매하고, 신성모독 하는 것
- 하나님이 정해주신 예배와 규례들을 소홀히 하고, 경멸하고, 방해하고, 반대하는 것

2계명과 관련지어 생각할 문제

1. 형상의 문제

우리 한국 기독교는 아무래도 '형상'의 문제에 대해서는 고칠 점이 많을 것 같습니다. 어렸을 때부터 특히 주일학교에서, 성부 하나님을 할아버지의 모습으로, 성자 예수님을 흰옷 입고 수염 난 인자한 아저씨의 모습으로, 성령님을 불꽃이나 비둘기로, 즉 눈에 보이는 형태로만 배워왔기 때문에, 우리는 아무래도 그렇게 배운 '형상'들이 순식간에 떠오릅니다. 그런데 2계명에서는 그런 것조차 금지하고 있습니다. 우리는 앞으로 이 문제에 있어서 쉽게 자유롭지는 못할 것입니다.

하나님께서는 1계명에서 말씀하신 것처럼, 오직 하나님만을 예배하기를 원하십니다. 아울러 2계명에서는 우상으로 드려지는 예배를 전적으로 거부하십니다. 그러나 우리 인간은 어떻게든 눈으로 보기를 원하는 것 같습니다. 상상으로 그려내서라도, 꾸며내서라도 보여 주어야 직성이 풀리는 것 같습니다. 연인 사이에도 마찬가지입니다. 연인을 느끼고 싶을 때 오감 중에서 가장 일반적이며 오랜 시간 원하는 것이 있다면 눈으로 보는 것 같습니다. 그래서인지 우리는 어떻게든 삼위일체 하나님까지도 눈으로 확인하기를 좋아합니다.

그러나 하나님께서는 그런 모든 것들을 절대적으로 금지하고 계십니다. 그런 표현이 하나님을 제대로 표현할 수도 없을뿐더러, 언제나, 항상, 늘 하나님을 오해하여 잘못된 인식을 갖게 만들기 때문입니다.(상권, 4~6문 복습) 그래서 하나님께서는 언제나 '말씀'으로 자신을 표현하셨습니다. 비록 구약의 특별한 경우에 구름이나 불꽃 등 초자연적인 현상을 동원하신 적이 있지만 그렇더라도 항상 그 가운데 핵심은 '말씀'이었습니다.

우리는 눈에 보이는 것으로 어떻게든 하나님을 표현하려는 시도를 꾹 참고, 오직 말씀으로만 전하도록 해야겠습니다. 하나님을 우리 눈에 보일 수 있는 그 어떤 것으로든 표현한다는 것 자체가, 결국 피조물의 한계 속에 하나님을 가두려는 시도에 불과하며, 하나님을 비하시키는 것이고, 그에게 불명예스러운 것이 됩니다.

※ 이 책을 만들 때도 이런 부분을 고려하다 보니 무척 힘들었습니다.
　하나님을 형상화하지 않으면서도 잘 설명할 수 있도록, 더욱 주의 깊은 연구와 아이디어가 필요합니다.

특별자료

2. 예배 형식의 문제

또한 2계명에서는 '하나님의 방식'으로 예배드리라고 요구합니다. 그렇다면 어떤 방법으로 예배를 드리는 것이 하나님의 방식일까요? 한국 기독교는 각 교파마다 교회마다 일정한 예배 형식이 있으며, 시대에 따라 스타일에 따라 조금씩 차이는 있을 수 있습니다. 그러나 중요한 요소들까지 아무렇게나 고안해내서는 안 될 것입니다. 기준이 있습니다.

성경은 이렇게 대답하고 있습니다. "하나님은 영이시니 예배하는 자가 영과 진리로 예배할지니라." 요한복음 4:24 이것이 가장 기초가 되는 원리입니다. 하나님께서는 이렇게 예배하는 자들을 찾으신다고 또한 말씀하십니다. 또한 로마서 12장 1절에서는 우리의 삶이 예배임을 가르칩니다. 그러면서 하나님께서는 "제사보다 순종을 더 원하신다고 하십니다." 사무엘상 15:22 우리의 삶의 매순간마다 말씀에 근거한 순종의 예배를 항상 드려야 될 것입니다.

> **하나님이 질투를?**
>
> 하나님께서 우상을 만들지 말고 또한 절하지 말라고 하신 가장 큰 이유는, 그분이 '질투하는 하나님'이시기 때문이라고 말씀하셨습니다. 하나님이 질투를 하신다니 조금 이상하지요?
> 여기에는 5가지 의미가 담겨져 있습니다.
>
> 1. **우리의 하나님.** 우리의 창조자, 보존자 되셔서 모든 선한 것들을 베푸신 분이니, 그에게 순종하지 않는 것이 얼마나 악한지를 가르친다.
> 2. **능력의 하나님.** 그는 악인을 벌하고 순종하는 자에게 상을 베푸실 수 있는 분임을 가르쳐, 그를 두려워하고 예배해야 함을 가르친다.
> 3. **질투하는 하나님.** 즉, 그가 자신의 것들을 얼마나 열정적으로 사랑하시는지를 가르친다.
> 4. **죄를 갚으시는 하나님.** 죄에 대한 그의 진노와 형벌이 얼마나 심각한지를 나타내어, 죄를 모방하거나 인정하지 못하도록 한다.
> 5. **은혜를 베푸시는 하나님.** 그의 긍휼하심이 얼마나 큰가에 대한 생각을 불러일으킨다.
>
> - 자카리아스 우르시누스, 『하이델베르그 교리문답 해설』, 839-842쪽 참조.

예배 순서의 의미

우리 눈을 잠시 주일 예배시간에 돌려보겠습니다. 우리가 예배를 드릴 때 일정한 순서를 따릅니다. 교회마다 조금씩 다르지만, 기원-성경낭독-찬송-신앙고백-목회기도-성경봉독-설교-설교 후 순서^(찬송, 대표기도, 송영, 축도) 등으로 구성되어 있습니다. 순서 하나하나의 의미를 잘 알고 예배를 드려야 할 것입니다.

먼저 예배 순서 중 성경낭독 시간이 있습니다. 이 시간에 읽는 성경 말씀은 설교와는 또 다릅니다. 예를 들어 오늘 설교 말씀은 요한복음이더라도, 성경봉독 시간엔 이사야서를 읽을 수 있습니다. 왜 그럴까요? 성경낭독을 예배 순서에 별도로 집어넣은 것은 성도들로 하여금 성경 전체를 읽게 함으로써 성경에 대한 지식을 늘일 수 있기 때문입니다. 그렇다면 이 시간엔 성도가 성경을 충분히 숙고할 수 있도록 배려되어야 합니다. 이런 점 때문에 초대교회는 예배 중 성경 낭독을 적극 권장했고 또 체계적으로 읽어 나갔습니다. 성경을 그저 이곳저곳에서 아무렇게나 추려낸 한 두 구절씩 읽고 넘어간다면 전체 맥락을 놓치기 쉬울뿐더러 성경낭독 시간 자체가 무의미해집니다.

다음으로 신앙고백 시간에 우리는 주로 사도신경을 암송합니다. 사도신경을 암송하는 시간은 30초 정도밖에 안 될 때가 많아, 때로는 무슨 '주문' 외우는 기분이 들 때도 있습니다. 이렇다 보니, 어쩔 땐 '예배 순서에서 이 순서를 삭제하면 어떨까?' 싶은 생각이 들 때도 있습니다. 그러나 이 순서에도 깊은 뜻이 담겨있습니다. 사도신경은 초대교회 시대^(주후 2세기 경), 삼위일체 하나님을 부인하는 이단들이 생기자, 이들에 대항하여 진리를 보호하기 위해 성경의 핵심을 잘 정리해놓은 신앙고백입니다. 성경의 전체가 담겨있다고 할 순 없지만 중요한 내용들이 아주 분명하게 선포되어 있습니다. 신앙의 선배들이 이단에 의해 말씀이 손상되는 것을 얼마나 경계했는지 기억하고, 사도신경 한 구절 한 구절을 진지하게 묵상하면서 암송하는 마음이 필요합니다.

특별자료

주일 예배의 핵심이라고 할 수 있는 설교에 대해서도 생각해볼까요? 설교 시간에 목회자가 강단에서 선포하는 것은 하나님의 말씀을 대언하는 것으로 여겨야 합니다. 데살로니가전서 2:13 그래서 설교 말씀은 진리만을 선포해야 합니다. 개인적인 에피소드나, 건강, 성공 등의 세속적인 이야기들로 가득 찬 설교는 바르지 않습니다. 말씀이 잘 이해되지 않는 성도들을 위해 예시나 예화를 들 수는 있지만 이것은 말씀의 본뜻을 잘 드러낼 수 있는 보조 역할에 그쳐야 합니다. 한편 설교를 듣는 성도들은 설교 시간에 잘 집중할 수 있도록 기도와 준비가 필요합니다. 또 그 설교가 하나님의 말씀에 위배되는 것인지 아닌지 잘 가려가면서 들어야 할 의무도 있습니다. 목회자의 입에서 떨어지는 모든 말씀이 다 하나님의 말씀은 아닙니다. 바른 성경 지식에 입각하여 설교를 살피고, 진리를 받되 그것을 마음 깊이 새겨야 할 것입니다.

이런 내용은 대요리문답 159-160문에서 더욱 자세히 설명합니다.

이렇듯 예배의 모든 순서에는 각각의 개념과 그에 맞는 예배자의 자세가 요구됩니다. 주일에 드리는 예배는 사람의 감정보다는 하나님의 영광을 드러내고 그분을 경배하며 죄를 회개하고 용서와 확신을 얻는 시간으로 구성되어야 합니다. 예배 순서를 시대의 유행에 따라 혹은 사람의 입맛에 맞추어 바꾸는 일은 적절치 못합니다. 예배의 중심은 하나님이시며 예배의 모든 순서와 내용은 하나님께 집중할 수 있도록 배려되어야 합니다.

후기

김양민 인간은 하나님을 어떻게든 보길 원하는 것 같다. 연인 사이에도 마찬가지다. 연인을 느끼고 싶을 때 오감 중에서 가장 원하는 것이 있다면 보길 원하는 것이다. 그래서 우리는 어떻게든 삼위일체 하나님을 표현해서 눈으로 확인하기를 바라는 것 같기도 하다. 그러나 하나님께서는 그런 모든 것들을 절대적으로 금지하고 계신다. 하나님께서는 언제나 말씀으로 자신을 표현하셨다. 그렇듯 우리도 비주얼적인 것으로 하나님을 어떻게든 표현하려는 것은 금하고 오직 입으로만 전하도록 해야겠다. 하나님을 비주얼하게 표현한다는 것 자체가 어떻게 표현하든 하나님을 비하시키는 것이고 그분께 불명예스러운 것이다.

안현수 2계명을 배운 후 이렇게 반문할 수도 있을 것이다. "그럼 하나님께서 내가 원하는 방법대로 사랑해 주시면 안 되나요?" 그러나 앞서 배웠듯이, 타락한 인간이 하는 사랑은 한계를 가질 수밖에 없다. 하나님께서 하시는 사랑만이 완전하고, 순결하다. 그러므로 하나님께서는 원하시는 방식대로 따르는 것이야말로 진정 많은 사람들이 추구하고 갈급해하는, 온전한 사랑을 할 수 있게 되는 것이다. 나의 방식을 버리고, 겸손히 그분이 원하시는 방식대로 사랑하며 순종하는 삶이, 바로 나를 부인하고 자기 십자가를 지고 그리스도를 따르는 삶이 아닐까 생각해 본다.

적용하기

2계명 적용과 나눔

오늘 배운 2계명의 가르침에 비추어, 각자 자신을 돌아보면서 깨닫고 실천할 점을 적어봅시다.

	내가 할 일	내가 하지 말아야 할 일
교회		
가정		
학교/일터		

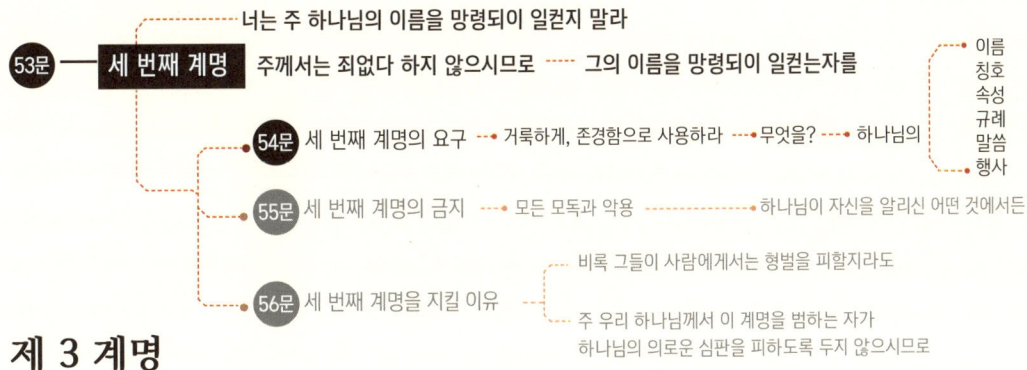

제 3 계명

Q53
Which is the third commandment?
A53
The third commandment is, Thou shalt not take the name of the Lord thy God in vain: for the Lord will not hold him guiltless that taketh his name in vain.
그대의, 너의
죄가 없는, 결백한
헛된, 무익한.

Q54
What is required in the third commandment?
A54
The third commandment requireth the holy and reverent use
경건한 숭배하는
of God's names, titles, attributes
명칭,칭호 속성,특성,특질
ordinances, word, and works.
법령, 명령, 규정

문53
세 번째 계명이 무엇인가요?
답53
세 번째 계명은, 너는 너의 하나님 여호와의 이름을 망령되이 일컫지 말라 나 여호와는 내 이름을 망령되이 일컫는 자를 죄없다 하지 아니하리라 입니다. ❶

문54
세 번째 계명에서 무엇이 요구되었나요?
답54
세 번째 계명에서 요구되는 것은,

거룩하게, 경외함으로 사용하라는 것입니다.

하나님의 이름과 칭호와 속성과 ❷ ❸ ❹ ❺
규례와 말씀과 행사를. ❻ ❼ ❽

❶ 출애굽기 20:7
너는 너의 하나님 여호와의 이름을 망령되이 일컫지 말라 나 여호와는 나의 이름을 망령되이 일컫는 자를 죄 없다 하지 아니하리라

❷ 마태복음 6:9
그러므로 너희는 이렇게 기도하라 하늘에 계신 우리 아버지여 **이름이 거룩히 여김을 받으시오며**

❸ 신명기 28:58
네가 만일 이 책에 기록한 이 율법의 모든 말씀을 지켜 행하지 아니하고 **네 하나님 여호와라 하는 영화롭고 두려운 이름을** 경외하지 아니하면

❹ 시편 68:4
하나님께 노래하며 그의 이름을 찬양하라 하늘을 타고 광야에 행하시던 이를 위하여 **대로를 수축하라 그의 이름은 여호와이시니**(KJV : extol him) 그의 앞에서 뛰놀지어다

❺ 요한계시록 15:3-4
하나님의 종 모세의 노래, 어린 양의 노래를 불러 이르되 **주 하나님 곧 전능하신 이시여** 하시는 일이 크고 놀라우시도다 만국의 왕이시여 **주의 길이 의롭고 참되시도다;** 주여 누가 주의 이름을 두려워하지 아니하며 영화롭게 하지 아니하오리까 오직 주만 **거룩하시니이다** 주의 의로우신 일이 나타났으매 만국이 와서 주께 경배하리이다 하더라

❻ 말라기 1:11, 14
만군의 여호와가 이르노라 해 뜨는 곳에서부터 해 지는 곳까지의 이방 민족 중에서 내 이름이 크게 될 것이라 각처에서 내 이름을 위하여 분향하며 깨끗한 제물을 드리니 이는 내 이름이 이방 민족 중에서 크게 될 것임이니라; 짐승 떼 가운데에 수컷이 있거늘 그 서원하는 일에 흠 있는 것으로 속여 내게 드리는 자는 저주를 받으리니 나는 큰 임금이요 내 이름은 이방 민족 중에서 두려워하는 것이 됨이니라 만군의 여호와의 말이니라

❼ 시편 138:1-2
내가 전심으로 주께 감사하며 신들 앞에서 주께 찬송하리이다; 내가 주의 성전을 향하여 **예배하며** 주의 인자하심과 **성실하심으로** 말미암아 주의 이름에 감사하오리니 이는 **주께서 주의 말씀을 주의 모든 이름보다 높게 하셨음이라**

❽ 욥기 36:24
그대는 하나님께서 하신 일을 기억하고 높이라 잊지 말지니라 인생이 그의 일을 찬송하였느니라

제 3 계명

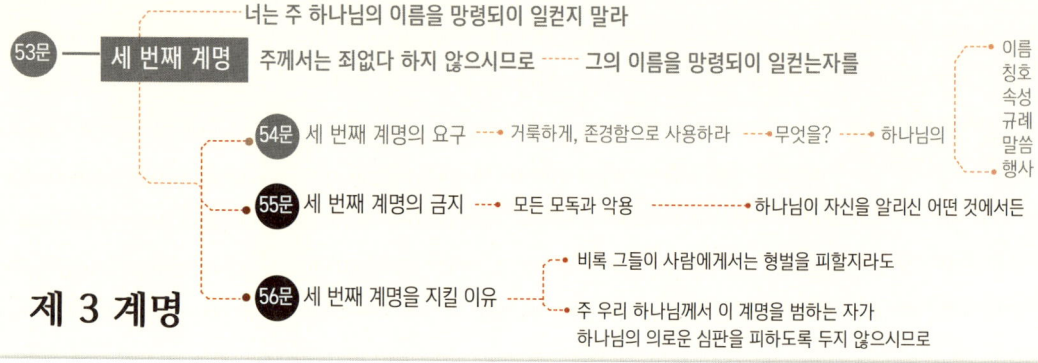

Q55
What is forbidden in the third commandment?
A55
The third commandment forbiddeth
　　all profaning or abusing of anything
　　　　상스러움,세속　　남용,오용
　　　　whereby God maketh Himself known.

Q56
What is the reason annexed
to the third commandment?
A56
The reason annexed to the third commandment is,
　　That however the breakers of this commandment
　　　　may escape punishment from men,
　　　　　　달아나다　　형벌, 징벌
　　yet the Lord our God will not suffer them
　　　　　　　　　　　　견디다, 참다
　　　　to escape His righteous judgement.

문55
세 번째 계명에서 무엇이 금지되었나요?
답55
세 번째 계명에서 금지된 것은,
　　모든 모독과 악용입니다.
　　　　　　　　❶ ❷ ❸
　　　　하나님이 자신을 알리신 어떤 것으로든.

문56
세 번째 계명에 덧붙혀진,
　　이유는 무엇인가요?
답56
세 번째 계명에 덧붙혀진 이유는
　　비록 이 계명을 범하는 자가
　　　　사람에게는 형벌을 피할지라도
　　주 우리 하나님께서는 그들이 그의 의로운 심판을
　　피하도록 두지 않으신다는 것입니다.
　　　　　　　　　　　　　　❹ ❺ ❻

❶ 말라기 1:6-7, 12
내 이름을 멸시하는 제사장들아 나 만군의 여호와가 너희에게 이르기를 아들은 그 아버지를, 종은 그 주인을 공경하나니 내가 아버지일진대 **나를 공경함이 어디 있느냐** 내가 주인일진대 **나를 두려워함이 어디 있느냐** 하나 너희는 이르기를 우리가 어떻게 **주의 이름을 멸시하였나이까** 하는도다; **너희가 더러운 떡을 나의 제단에 드리고도** 말하기를 우리가 어떻게 주를 더럽게 하였나이까 하는도다 이는 너희가 여호와의 식탁은 경멸히 여길 것이라 말하기 때문이라; 그러나 너희는 말하기를 여호와의 식탁은 더러워졌고 그 위에 있는 과일 곧 먹을 것은 경멸히 여길 것이라 하여 **내 이름을 더럽히는도다**

❷ 말라기 2:2
만군의 여호와가 이르노라 **너희가 만일 듣지 아니하며 마음에 두지 아니하여 내 이름을 영화롭게 하지 아니하면 내가 너희에게 저주를 내려** 너희의 복을 저주하리라 내가 이미 저주하였나니 이는 너희가 그것을 마음에 두지 아니하였음이라

❸ 말라기 3:14
이는 너희가 말하기를 하나님을 섬기는 것이 헛되니 만군의 여호와 앞에서 **그 명령을 지키며** 슬프게 행하는 것이 **무엇이 유익하리요**

❹ 사무엘상 2:12, 17, 22, 29
엘리의 아들들은 행실이 나빠 여호와를 알지 못하더라; **이 소년들의 죄가 여호와 앞에 심히 큼은** 그들이 여호와의 제사를 멸시함이었더라; 엘리가 매우 늙었더니 그의 아들들이 온 이스라엘에게 행한 모든 일과 회막 문에서 수종 드는 여인들과 동침하였음을 듣고; 너희는 어찌하여 내가 내 처소에서 명령한 내 제물과 예물을 밟으며 네 아들들을 나보다 더 중히 여겨 내 백성 이스라엘이 드리는 가장 좋은 것으로 너희들을 살지게 하느냐

❺ 사무엘상 3:13
내가 그의 집을 영원토록 심판하겠다고 그에게 말한 것은 그가 아는 죄악 때문이니 이는 그가 자기의 아들들이 저주를 자청하되 금하지 아니하였음이니라

❻ 신명기 28:58-59
네가 만일 이 책에 기록한 이 율법의 모든 말씀을 지켜 행하지 아니하고 네 하나님 여호와라 하는 영화롭고 두려운 이름을 경외하지 아니하면; **여호와께서 네 재앙과 네 자손의 재앙을 극렬하게 하시리니** 그 재앙이 크고 오래며 그 질병이 중하고 오랠 것이라

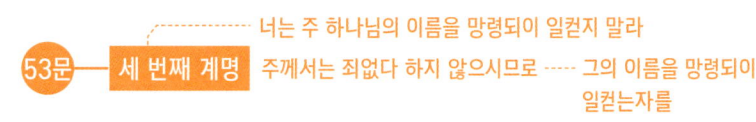

3계명의 의미 : 사랑하는 자의 '자세'

53문 3계명은, 우리가 사랑할 대상을 사랑하는 '자세'에 대해 가르치고 있습니다. 언제나 드는 생각이지만, 세상에서 가장 어려운 것이 자세가 아닌가 합니다. 왜냐하면 마음이 없으면 자세가 제대로 나오지 않기 때문입니다. 어떤 사람이 무언가에 임하는 자세를 보면, 그 사람의 진심을 우리는 알 수 있습니다. 마찬가지로 하나님을 사랑하는 자라면 그에 걸맞은 자세가 나오게 됩니다.

3계명을 문자 그대로만 해석하면, '말조심', '입조심'만 신경 쓰면 됩니다. 저는 모태신앙으로, 어렸을 때부터 교회에 다녔고, 장로 아들이고 해서, 하나님을 욕하고 하나님의 이름을 욕되게 하는 것이 도대체 저와는 전혀 무관한 일로 생각했으나, 오늘 이 교리문답의 문맥을 따라가면서 또다시 철저하게 무너짐을 느낍니다.

초대교회 신자들의 모습을 당시 어느 관찰자가 기록한 글(p.81에 소개함)을 읽으며, 그 당시 신자들의 모습이 지금의 시대와는 너무나도 다르다는 것을 보게 됩니다. 오늘날 교회를 관찰하는 자들은 우리를 비웃고 조롱하다 못해 그것에조차 이미 지쳐가는 분위기입니다. 그 이유는 어쩌면 그들이 이 3계명의 가치와, 지금 우리 모습을 비교하여 보고 있는 것 아닐까 싶습니다. 하나님을 사랑한다는 자들이, 하나님의 이름을 명찰로 달고 산다는 자들이 저따위 자세를 취하는 것을 보고, 그 속을 알아버린 것이 아닐까요. 침울해집니다.

1계명	사랑해야할 대상
2계명	사랑하는 방식
3계명	사랑하는 자의 자세
4계명	사랑의 표상 (모범, 샘플)

어느 누가, 내가 사랑하는 부모나 애인이나 나의 자녀들을 '헛되이 부르면' 불쾌하고 마음이 아플 것입니다. 요즘 세대는 인터넷이라는 좋은 도구로 자신의 생각들을 자유롭게 표현할 수 있고, 또 그것들이 모여서 쉽게 여론이 되기도 합니다. 그런데 많은 사람들이 인터넷의 속성 중 익명성이라는 마스크 뒤에 자신을 숨기며 하나님을 모독하고 교회를 욕하고 있습니다.

답변분석

아니, 이제는 점차 익명성조차도 고려치 않고, 떳떳하고 자신 있게^(?) 기독교를 욕하는 사람들도 늘어나고 있습니다. 그런 글들을 읽게 되면 심히 불쾌하고, 서럽기도 합니다. 앞에서 소개한 그 글과 어찌나 다른지, 부끄럽고 한탄스럽습니다.

하지만 우리는 세상을 원망하거나 그들과 싸우려 하기보다, 오히려 그들을 마치 선지자처럼 여기고, **우리 자신과 우리 교회부터 돌아보아야** 할 것입니다. 세상 앞에 하나님의 영광을 나타내기 위해, 우리는 스스로의 연약함을 하나님께 토로하고, 그의 도우심을 더욱 간절히 구해야 할 것입니다. 우리 안에 빛이 있지만, 그럼에도 불구하고 빛을 비추지 못하는 연약함과 허물을 인하여 철저히 무너지면서도, 그러나 그 빛은 잃어버리지 않고 여전히 우리 안에 있음에 희망이 있고 감사가 있습니다. 오히려 내가 가야 할 방향이 더욱 잘 보이는 것이며, 더욱 하나님께 은혜를 구하고, 단호하게 하나님의 도덕법을 내 삶의 기준으로 삼고 실천해야 되는 것입니다.

"하나님이여 내 마음을 정하였사오니 내가 노래하며 내 심령으로 찬양하리로다" *시편 108:1*

54-56문

80쪽 대요리문답을 보면, 너무나도 하찮아^(?) 보이는 것까지 일일이 언급하며 지적하고 있는 듯한 느낌을 받을 수 있습니다. 그런데 이것이 바로 우리가 그만큼 이미 무뎌졌다는 증거일 것입니다. 우리는 우리의 합당치 못한 삶의 자세까지도 우리 개인의 신앙 문제 차원이라고만 생각하기 쉬운데, 이것이 하나님의 이름을 망령되이 일컫는 죄악이었다니 놀라울 따름입니다.

답변분석

너무나도 분명하고 엄중한 하나님의 계명을, 그 시대에 교리문답을 작성했던 개혁자들은 이처럼 절실하고 적나라하게 자신의 문제로 받아들이며 회개했던 것을 보게 됩니다. 왜 우리는 똑같은 말씀을 대하면서 이런 고백이 쉽게 나오지 않는 것일까요. 아마도 하나님의 지극히 높으신 하나님 되심과 인간의 지극히 낮은 위치를 너무나도 쉽게 망각했거나, 또는 '이미 거룩하다 칭함 받았으나 여전히 죄의 오염 가운데 있는 성도의 이중적인 속성'을 이해하지 못하고, 마치 우리가 이미 완전히 영화로운 존재인양, 다 자란 척, 다 아는 척, 깨끗한 척, 안일하게 행세해 온 결과가 아닐까 싶습니다.

	YES	NO
1계명 사랑해야 할 대상	'오직 하나님만'	하나님도 좋고 다른 것도 좋고...
2계명 사랑하는 방식	'하나님이 정하신 대로 원하시는 대로'	내가 보기에 괜찮으면 OK
3계명 사랑하는 자의 자세	'사랑하는 마음과 정신이, 자세로 드러나도록'	마음 따로? 자세 따로?

"하나님의 이름을 공언하면서도 그것과 일치하게 살지 않으면 우리는 그것을 망령되이 일컫는 것이다. '저희가 하나님을 시인하나 행위로는 부인하니' 디도서 1:16 라고 하였다. 사람들의 말과 생활이 서로 모순될 때, 고백의 가면을 쓰고 거짓말하고 속이고 그리고 불결할 때, 그들은 하나님의 이름을 오용하며 망령되이 일컫는 것이다. 하나님의 백성이라고 공언하는 유대인들이 파렴치한 것을 이방인들이 보았을 때 이것이 그들로 하여금 하나님을 악평하게 만들고, 또 그들의 연고로 참된 종교를 미워하게 만들었다." 토마스 왓슨, 『십계명 해설』, p.151

답변분석

특별한 가르침 : "죄 없다 하지 않는다."

이 문구는 강조하기 위한 것입니다. 하나님은 자신을 부를 때 '아빠', '엄마' 수준으로 쉽게 부를 수 있는 이름으로 알려주셨습니다. 하나님은 분명히 그런 '아빠 하나님'이지만, 특별한 아빠이십니다. 그래서 주의할 필요가 있습니다. 호칭이 너무 편하다 보면 습관적이 되기 쉽습니다. 별생각 없이 사용하게 되는 것입니다. 그러면서 그것이 죄라고 인식하지 못합니다. 그래서 하나님께서는 그것을 주의하라는 의미에서 이렇게 경고의 말씀으로 강조하십니다.

3계명에 대한 대요리문답의 훨씬 더 자세한 해설 (대요리문답 112-113문)

의무	금지
·생각과 묵상함, 말과 글 안에서 거룩하고 경건하게 사용하라는 것임 (무엇을?) ·하나님의 이름, 칭호, 속성, 규례, 말씀, 성례, 기도, 맹세, 서약, 제비뽑기, 그의 일하심, 그리고 그분이 자신을 알리신 그 밖에 무엇이든지 (어떻게?) ·거룩한 고백과 책임있는 대화에 의해서 (목적) ·우리 자신과 다른 사람들의 선, 그리고 하나님의 영광을 위해	·요구받은 대로 하나님의 이름을 사용하지 않는 것 ·그리고 (그 이름을) 남용하는 것 ·무지함으로, 헛되이, 불경하게, 모독적으로, 미신적으로, 혹은 악하게 언급함으로 혹은 신성모독과 위증함으로써 그의 칭호, 속성, 규례 또는 사역을 다르게 사용하는 것 ·모든 죄악 된 저주, 맹세, 서약, 제비뽑기 ·합법적인 맹세와 서원임에도 위반하는 것, 그리고 불법적인 맹세와 서원임에도 그것을 지키는 것 ·하나님의 작정과 섭리를 불평하고, 시비걸며, 강한 호기심으로 파헤치는 것, 오용하는 것 ·모독하는 농담과 호기심에 넘친 질문 혹은 무익한 질문, 헛된 말다툼, 혹은 잘못된 교리를 지지하기 위해 말씀이나 말씀 중 어느 일부라도 오해하고, 오용하며 혹은 다른 식으로 왜곡하는 것 ·마법이나 죄악 된 정욕과 죄악 된 실행을 위해, 하나님의 이름 아래 포함된 어떤 것이나 창조물을 악용하는 것 ·하나님의 진리와 은혜 그리고 수단들을, 훼방하고 경멸하고 욕하며 어떻게든지 대항하는 것 ·외식함이나 사악한 목적을 위해 (신앙을) 고백하는 것 ·부적절함과 지혜없음, 열매없음과 욕된 행동, 혹은 하나님의 이름을 배반함으로써 하나님의 이름을 부끄러워하거나 수치스럽게 하는 것

쉬어가기

읽을거리

2세기 초에 익명의 저자가 쓴
'디오그네투스에게 보내는 서신'에 소개된 글

"그리스도인들은 나라와 언어와 사회 제도에서는 다른 사람들과 구분되지 않는다. 자기들만의 도시를 이루어 거주하지도 않고, 자기들만의 언어를 쓰지도 않으며, 자기들만의 생활 방식을 갖고 있지도 않기 때문이다. 그들은 그리스나 야만인들의 도시에서 산다. 의복과 음식과 기타 생활에서 지역의 관습을 따른다. 그러면서도 살아가는 모습이 지역 주민들과 사뭇 다르게 단정하다.

고향에 살면서도 나그네처럼 산다. 시민의 의무는 다하면서도 외국인으로서 수모를 겪는다. 타향이 고향이고, 고향이 타향이다. 그들은 다른 사람들과 마찬가지로 결혼을 한다. 자녀도 양육한다. 하지만 자녀는 버리는 법이 없다. 식탁은 공유하지만 아내는 공유하지 않는다. 육체를 지니고 살지만 육체대로 살지 않는다. 땅에서 살지만 천국 시민들이다. 법을 준수하지만 법 없이도 살아갈 사람들이다. 모든 사람을 사랑하는데도 모든 사람에게 박해를 받는다. 무명한 사람들인데도 비난과 단죄를 당한다. 죽음을 당하는 것 같은데 살아 있다. 가난하면서도 많은 사람들을 부유하게 만든다. 가진 게 없으면서도 모든 것에 넉넉하다. 비난을 받지만 그것을 자랑스럽게 여긴다. 중상모략을 당하지만 무고하다. 저주를 당하면서도 축복한다. 조롱을 당하면서도 존경을 한다. 선을 행하면서도 범죄자처럼 처형을 당한다. 처형을 당할지라도 다시 살 것을 생각하고서 기뻐한다. 유대인들에게는 이질적 분자들이라고 공격을 당하고, 헬라인들에게는 박해를 당한다. 왜 그렇게 증오를 쏟아붓는지 원수들은 설명을 하지 못한다.

간단히 말해서 그리스도인들이 세상에서 차지하는 지위는 마치 영혼이 육체에서 차지하는 지위와 같다. 영혼이 육체의 모든 지체들에 고루 스며 있듯이, 그리스도인들은 세상의 도시들에 퍼져 있다. 영혼이 육체에 거하면서도 육체에 속하지 않듯이, 그리스도인들은 세상에 거하면서도 세상에 속하지는 않는다. 보이지 않는 영혼이 보이는 육체를 끊임없이 지켜보듯이 그리스도인들은 세상 안에 살고 있는 것으로 보이지만, 그들의 경건은 눈으로 볼 수 없다.

쉬어가기

> 육체는 영혼으로부터 아무런 해도 당하지 않으면서도 육체적 쾌락을 거부한다는 이유로 영혼을 미워하고 전쟁을 벌인다. 마찬가지로 세상은 그리스도인들이 세상의 쾌락을 거부한다는 것 외에는 아무런 이유 없이 그들을 미워한다. 영혼이 육체와 그 지체들을 사랑하면서도 그것들에게 미움을 당하듯이, 그리스도인들도 자기들을 미워하는 자들을 사랑한다. 영혼이 육체에 갇혀 있으면서도 육체를 온전히 붙들어주듯이, 그리스도인들도 마치 감옥에 갇혀 있듯 세상에 억류되어 있으면서도 가슴으로 세상을 품는다. 영혼이 불멸하면서도 사멸의 육체에 거하듯이, 그리스도인들도 썩을 것들 안에 거하면서도 썩지 않을 하늘을 바라본다. 영혼이 음식과 음료를 절제할수록 건강해지듯이, 그리스도인들도 매일 처형을 당하면서도 수가 불어난다. 하나님께서 세상에서 그리스도인들에게 할당해 주신 운명이 이러한 것이기에 그들에게서 이 운명을 빼앗을 수가 없다."

이처럼 그리스도인들의 공동체는 처음부터 유대교와 이교와 다르게 스스로를 세상의 소금과 빛으로, 산 위에 세워진 하나님의 도성이자 사멸의 육체에 존재하는 불멸의 영혼으로 인식했다. 이러한 인식은 교만한 자부심이 아니었다. 그것은 삶과 죽음으로써 발휘되고, 현세에서조차 증오와 박해를 뚫고서 세상을 이기는 길을 열어놓는 진리와 현실이었다. _{필립 샤프,}
『교회사 전집 제2권: 니케아 이전의 기독교』, 24~26쪽 중에서

읽는 내내 깊은 감동과 부끄러움을 함께 느낍니다. '지금 나는 어떠한 그리스도인인가?', '나의 삶의 모습을 본 다른 사람은 나에 대해 어떤 기록을 남기게 될 것인가'를 생각하면 두렵기까지 합니다. 당시 성도들의 이러한 삶의 자세는, 지금의 시대와는 너무나도 딴판입니다. '도대체 무엇이 저 그리스도인들을 저렇게까지 살게 했는가?' 이런저런 생각 중에 말씀 한 구절이 떠올랐습니다.

"이 사람들은 다 믿음을 따라 죽었으며 약속을 받지 못하였으되 그것들을 멀리서 보고 환영하며 또 땅에서는 외국인과 나그네로라 증거하였으니 이같이 말하는 자들은 본향 찾는 것을 나타냄이라 저희가 나온 바 본향을 생각하였더면 돌아갈 기회가 있었으려니와 저희가 이제는 더 나은 본향을 사모하니 곧 하늘에 있는 것이라" 히브리서 11:13-16

아! '저들은 살면서 무엇을 바라봐야 하는지를 바로 알고 있었고, 그것이 저들의 빼앗길 수 없는 기쁨이었구나'하는 생각에 가슴이 마구 방망이질을 해댑니다.

3계명, 특히 '맹세'에 대해

3계명은 특히 실천적으로 우리가 '맹세'를 하는 문제에 있어서 중요한 원리를 제공해주고 있습니다. 거짓된 맹세는 하나님의 이름에 대한 모독이며, 비록 진실할지라도 그다지 필요하지 않은 일에 하나님의 이름을 들어 맹세를 남발하는 것도 하나님의 이름을 저속하게 사용하는 죄가 됩니다. 지킬 자신이 없는 맹세를 함부로 해서도 안 됩니다.

그런데 어떤 사람들은 '어차피 인간이 지키지 못할 맹세이므로 모든 맹세는 하나님의 이름을 모독하게 되니, 아예 맹세라는 것을 해서는 안 된다'라고 주장하기도 합니다. 그리고 그 근거로 예수님의 말씀인, "나는 너희에게 이르노니 도무지 맹세하지 말지니"를 들고 있습니다. 그렇다면 맹세를 전혀 하지 말라는 뜻일까요? 칼뱅은 그런 주장을 '신중하지 못한 태도'라고 비판하며, 여기서 그리스도가 배척하신 맹세는 '헛되이 하는 맹세'를 의미한다고 설명합니다. 즉, 맹세를 잘~하라는 것이지, 무조건 하지 않는 것이 능사는 아니라는 것입니다. 그도 그럴 것이, 맹세는 여러 가지 변형된 형태로 우리 삶에 밀접합니다. 어떤 증명이 필요한 일에 계약서를 쓴다거나, 법정에서 증언한다거나 하는 일들이 오늘날 맹세에 속하는 영역일 수 있습니다.

몇몇 참고서적을 봤지만, '맹세'에 대한 생각을 정리하는 데는 칼뱅의 글이 가장 도움이 되는 것 같습니다. 칼뱅은 기독교강요 및 제네바 교리문답 등에서 제3계명을 설명할 때, '맹세'에 대해 거의 대부분의 지면을 할애해서 강조하고 있습니다. ^(하이델베르크 교리문답도 마찬가지) 이에 대한 성경적 근거가 있는지 묵상하다가 레위기를 보게 되었는데, 출애굽기와 신명기에 나온 십계명과 비슷한 부분이 레위기 19장 12절에 다시 언급되면서, 다음과 같이 표현된 것이 인상적이었습니다. "너희는 내 이름으로 거짓 맹세함으로 네 하나님의 이름을 욕되게 하지 말라 나는 여호와니라." 성경을 해석할 때 애매한 부분이 있으면 성경의 다른 부분을 참고하여 해석한다는 원리에서 볼 때, 이런 레위기의 표현에 근거하여 저는 3계명이 '하나님의 이름으로 맹세하는 것'을 염두에 두고 명하신 말씀이라는 칼뱅의 견해에 동의가 됩니다.

특별자료

다음은 3계명에 대한 칼뱅의 몇 가지 설명들입니다.

"이 계명은 특히 맹세와 관련이 있다. 우선, 맹세란 무엇인가를 말해야겠다. 우리가 하는 말이 진실하다는 것을 확인하기 위해서 하나님을 증인으로 부르는 것이 맹세이다. … 하나님의 이름으로 거짓된 맹세를 하는 것은 사소한 모욕이 아니다. 율법에는 이것을 하나님의 이름을 욕되게 하는 것이라고 한다.레위기 19:12 하나님에게서 진실성을 빼앗는다면, 남는 것이 무엇인가? 그렇게 되면 그는 하나님이 아니실 것이다." 『기독교강요』 II. 8. 23~24.중

"하나님은 헛된 것들과 거짓말을 하기 위한 맹세로써 그의 거룩하고 신성한 이름을 남용 또는 오용하는 것을 금하고 계신다. … 주님의 영광이 유지될 수 있고 확고해지게 하는 옳고 정당한 필요를 위해서만 맹세가 사용되어야 하는 것이다. 어떤 이유에서든 우리가 그의 거룩하고 신성한 이름을 더럽히는 것을 하나님은 전적으로 금하신다. 우리가 맹세를 할 때나 그분에게 어떤 목적을 구할 때 그가 우리에게 요구하시는 것은 그의 거룩하신 이름이 요구하는 대로 아주 경건하면서도 기품 있게 우리가 행하는 것이다." 제네바 교리문답 159~165문답

"우리의 맹세를 규정하는 가장 좋은 원칙은 경솔하며 무분별하며 함부로 하는, 또는 너절한 맹세가 되지 말고, 정당한 필요가 있어서 하는 맹세가 되라는 것이다. 즉, 주의 영광을 변호하거나 형제의 덕을 세우려는 것이라야 한다. 이것이 이 계명의 목적이다." 『기독교강요』 II. 8. 27.

[여기서 잠깐] '맹세'와 '다짐'은 어떻게 다를까요?

하나님 앞에서의 삶(코람 데오)의 원리를 생각할 때, 사실 맹세와 다짐은 우리에게는 같은 말이라고 할 수 있습니다. 왜냐하면, 우리 삶 전체가 진실해야 하고 또한 진리만을 말하여야 하는 것이 도덕법이 가르치는 기준이라면, 또한 우리 삶이 곧 신앙의 표현이요 실천임을 생각한다면, 굳이 '맹세'라는 형식을 중시하지 않더라도, 우리 삶 자체가 맹세요 다짐이 될 수밖에 없습니다. 구분할 필요가 없습니다.

중세에 일부 타락한 교회의 지도자들은, '맹세를 했느냐 하지 않았느냐'만을 따지면서, 거짓말이나 약속을 깨는 행위에도 '맹세만 하지 않았다면 괜찮다~'는 식으로 피해가곤 했는데, 이는 바리새인들의 '허위'와 다를 게 하나도 없습니다. 물론 맹세가 필요한 때도 있습니다. 중요한 일에, 또한 공적으로 선언함이 필요한 경우 등. 그러나 성도의 삶은 형식을 초월하여 항상 변하지 않는 진실함의 자세를 품고 있어야 할 것입니다. 하나님 앞에서 마음속 진심을 품는 것이나, 말로 그것을 표현하는 것이나, 그것을 더 강화해서 맹세하는 형식을 갖추는 것이나 모두 다를 게 없습니다.^^

적용하기

3계명 적용과 나눔

오늘 배운 3계명의 가르침에 비추어, 각자 자신을 돌아보면서 깨닫고 실천할 점을 적어봅시다.

	내가 할 일	내가 하지 말아야 할 일
교회		
가정		
학교/일터		

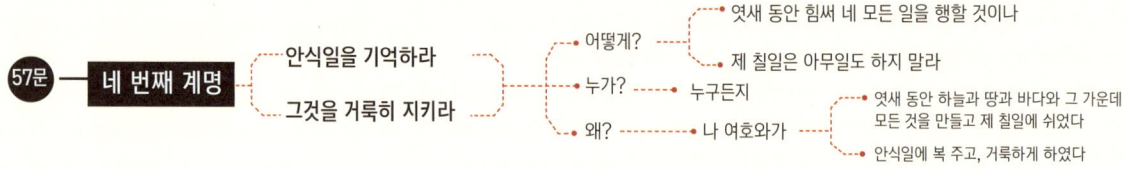

제 4 계명

Q57
Which is the fourth commandment?

A57
The fourth commandment is,
  Remember the Sabbath-day, to keep it holy.
  Six days shalt thou labour, and do all thy work:
  but the seventh day is
  the sabbath of the Lord thy God:
  in it thou shalt not do any work,
  thou, nor thy son, nor thy daughter,
  thy man-servant, nor thy maid-servant,
  nor thy cattle, nor thy stranger that is within thy gates:
  for in six days
  the Lord made heaven and earth, the sea,
  and all that in them is, and rested the seventh day:
    wherefore the Lord blessed the Sabbath-day,
    and hallowed it.

문57
네 번째 계명이 무엇인가요?

답57
네 번째 계명은
  안식일을 기억하여 거룩히 지키라
  엿새 동안은 힘써 네 모든 일을 행할 것이나
  제 칠일은
  너의 하나님 여호와의 안식일인즉
  너나 네 아들이나 네 딸이나
  네 남종이나 네 여종이나
  네 육축이나 네 문안에 유하는 객이라도
  아무 일도 하지 말라
  이는 엿새 동안에
  나 여호와가 하늘과 땅과 바다와
  그 가운데 모든 것을 만들고 제 칠일에 쉬었음이라
    그러므로 나 여호와가 안식일을 복되게 하여
    그 날을 거룩하게 하였느니라 입니다.

❶ 출애굽기 20:8-11
안식일을 기억하여 거룩하게 지키라; 엿새 동안은 힘써 네 모든 일을 행할 것이니; 일곱째 날은 네 하나님 여호와의 안식일인즉 너나 네 아들이나 네 딸이나 네 남종이나 네 여종이나 네 가축이나 네 문안에 머무는 객이라도 아무 일도 하지 말라; 이는 엿새 동안에 나 여호와가 하늘과 땅과 바다와 그 가운데 모든 것을 만들고 일곱째 날에 쉬었음이라 그러므로 나 여호와가 안식일을 복되게 하여 그 날을 거룩하게 하였느니라

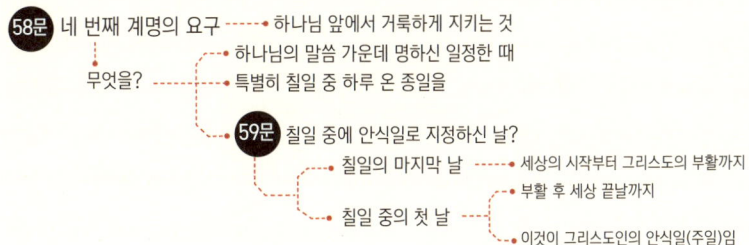

Q58
What is required in the fourth commandment?

A58
The fourth commandment requireth
the keeping holy to God such set times
       as he hath appointed in his word;
  expressly one whole day in seven,
  _{분명히, 특별히}
to be a holy sabbath to himself.

Q59
Which day of the seven hath God appointed
      to be the weekly sabbath?

A59
From the beginning of the world
    to the resurrection of Christ,
    _{부활}
God appointed the seventh day of the week
to be the weekly sabbath;
and the first day of the week ever since,
to continue to the end of the world,
      which is the Christian sabbath.

문58
네 번째 계명에서 무엇이 요구되었는가?

답58
네 번째 계명에서 요구되는 것은
하나님 앞에서 일정한 때를 거룩하게 지키는 것입니다.
           하나님의 말씀 가운데 명하신
특별히 칠일 중 하루 온종일을,
그분의 거룩한 안식일로 지키는 것입니다. ❶

문59
칠일 중 어느 날을
    하나님께서 매 주의 안식일로 지정하셨나요?

답59
세상의 시작 때부터
    그리스도의 부활하시기까지는
하나님이 칠일 중에 일곱째 날을
매 주의 안식일로 지정하였습니다.
그 후로는 칠일 중의 첫 날을,
세상 끝날까지 지키도록 하셨으니
이것이 그리스도인의 안식일(주일) 입니다.
                      ❷❸❹

---

❶ 신명기 5:12-14
네 하나님 여호와가 네게 명령한 대로 안식일을 지켜 거룩하게 하라; 엿새 동안은 힘써 네 모든 일을 행할 것이나; **일곱째 날은 네 하나님 여호와의 안식일인즉** 너나 네 아들이나 네 딸이나 네 남종이나 네 여종이나 네 소나 네 나귀나 네 모든 가축이나 네 문 안에 유하는 객이라도 **아무 일도 하지 못하게 하고** 네 남종이나 네 여종에게 너 같이 안식하게 할지니라

❷ 창세기 2:2-3
하나님이 그가 하시던 일을 일곱째 날에 마치시니 **그가 하시던 모든 일을 그치고 일곱째 날에 안식하시니라; 하나님이 그 일곱째 날을 복되게 하사 거룩하게 하셨으니** 이는 하나님이 그 창조하시며 만드시던 모든 일을 마치시고 그 날에 안식하셨음이니라

❸ 고린도전서 16:1-2
성도를 위하는 연보에 관하여는 내가 갈라디아 교회들에게 명한 것 같이 **너희도 그렇게 하라; 매주 첫날에** 너희 각 사람이 수입에 따라 모아 두어서 내가 갈 때에 연보를 하지 않게 하라

❹ 사도행전 20:7
그 주간의 첫날에 우리가 떡을 떼려 하여 모였더니 바울이 이튿날 떠나고자 하여 그들에게 강론할새 말을 밤중까지 계속하매

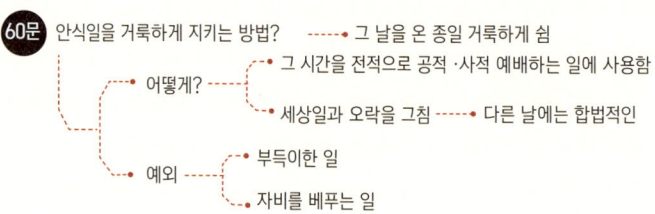

제 4 계명

Q60
How is the sabbath to be sanctified?
A60
The sabbath is to be sanctified
　　　　　　　　　　성화됨, 거룩하게 됨
by a holy resting all that day,

　　even from such worldly employments and recreations
　　　　　　　　　　고용　　　　　　　　오락, 휴양
　　　　as are lawful on other days;

and spending the whole time

　　in the public and private exercises of God's worship,
　　　　　　　공적　　　　사적
　　except so much as is to be taken up

　　in the works of necessity and mercy.

문60
안식일은 어떻게 거룩하게 지켜집니까?
답60
안식일은 거룩하게 지켜집니다.

　　그 날을 온종일 거룩하게 쉼으로써. ❶ ❷

　　　여러 가지 세상일과 오락까지도 그치고.
　　　　　　　　　　　　　　　다른 날에는 합법적인 ❸

　　모든 시간을 사용함으로써.

　　　공적, 사적으로 하나님을 예배하는 일에. ❹❺❻❼

　　다만 부득이한 일과 자비의 일에

　　사용함은 예외로 하고. ❽

---

❶ 출애굽기 20:8,10
안식일을 기억하여 **거룩하게 지키라**; 일곱째 날은 네 하나님 여호와의 안식일인즉 너나 네 아들이나 네 딸이나 네 남종이나 네 여종이나 네 가축이나 네 문안에 머무는 객이라도 **아무 일도 하지 말라**

❷ 출애굽기 16:25-28
모세가 이르되 오늘은 그것을 먹으라 오늘은 여호와의 안식일인즉 오늘은 너희가 들에서 그것을 얻지 못하리라; 엿새 동안은 너희가 그것을 거두되 일곱째 날은 안식일인즉 그 날에는 없으리라 하였으나; 일곱째 날에 백성 중 어떤 사람들이 거두러 나갔다가 얻지 못하니라; 여호와께서 모세에게 이르시되 어느 때까지 너희가 내 계명과 내 율법을 지키지 아니하려느냐

❸ 느헤미야 13:15-19, 21-22
그 때에 내가 본즉 유다에서 어떤 사람이 안식일에 술틀을 밟고 곡식단을 나귀에 실어 운반하며 포도주와 포도와 무화과와 여러 가지 짐을 지고 안식일에 예루살렘에 들어와서 음식물을 팔기로 그 날에 내가 경계하였고; 또 두로 사람이 예루살렘에 살며 물고기와 각양 물건을 가져다가 안식일에 예루살렘에서도 유다 자손에게 팔기로; 내가 유다의 모든 귀인들을 꾸짖어 그들에게 이르기를 너희가 어찌 이 악을 행하여 **안식일을 범하느냐**; 너희 조상들이 이같이 행하지 아니하였느냐 그래서 우리 하나님이 이 모든 재앙을 우리와 이 성읍에 내리신 것이 아니냐 그럼에도 불구하고 너희가 안식일을 범하여 진노가 이스라엘에게 더욱 심하게 임하도록 하는도다 하고; 안식일 전 예루살렘 성문이 어두워질 때에 내가 성문을 닫고 안식일이 지나기 전에는 열지 말라 하고 나를 따르는 종자 몇을 성문마다 세워 안식일에는 아무 짐도 들어오지 못하게 하였으므로; 내가 그들에게 경계하여 이르기를 너희가 **어찌하여 성 밑에서 자느냐** 다시 이같이 하면 내가 잡으리라 하였더니 그후부터는 **안식일에 그들이 다시 오지 아니하였느니라**; 내가 또 레위 사람들에게 몸을 정결하게 하고 와서 성문을 지켜서 안식일을 거룩하게 하라 하였느니라 내 하나님이여 나를 위하여 이 일도 기억하시옵고 주의 크신 은혜대로 나를 아끼시옵소서.

❹ 누가복음 4:16
예수께서 그 자라나신 곳 나사렛에 이르사 안식일에 늘 하시던 대로 회당에 들어가사 성경을 읽으려고 서시매

❺ 사도행전 20:7
그 주간의 첫날에 우리가 떡을 떼려 하여 모였더니 바울이 이튿날 떠나고자 하여 그들에게 강**론**할새 말을 밤중까지 계속하매 [창세기 2:2-3 참조]

❻ 시편 92편
[title, A psalm or song for the sabbathday 표제 : 안식일의 찬송시]

❼ 이사야 66:23
여호와가 말하노라 **매월 초하루와 매 안식일에 모든 혈육이 내 앞에 나아와 예배하리라**

❽ 마태복음 12장 본문 전체
그 때에 예수께서 안식일에 밀밭 사이로 가실새 제자들이 시장하여 이삭을 잘라 먹으니; 2 바리새인들이 보고 예수께 말하되 보시오 당신의 제자들이 안식일에 하지 못할 일을 하나이다; 12 사람이 양보다 얼마나 더 귀하냐 그러므로 **안식일에 선을 행하는 것이 옳으니라** 하시고

61문 네 번째 계명의 금지

- 요구된 의무를 이행하지 않거나 소홀하거나 부주의함
- 나태함으로 그 날을 모독함
- 죄 되는 일을 행함
- 불필요한 생각, 말, 행동을 함 ---- 세상 사업과 오락에 대해

Q61
What is forbidden in the fourth commandment?

A61
The fourth commandment forbiddeth

the omission or careless performance
  생략, 누락   부주의한
      of the duties required,

and the profaning the day by idleness,
       모독함   게으름
or doing that which is in itself sinful,

or by unnecessary thoughts, words, or works,

      about our worldly employments or recreations.

문61
네 번째 계명에서 무엇이 금지되었나요?

문61
네 번째 계명에서 금지된 것은,

이행하지 않거나 부주의함입니다.
  → 요구된 의무를 이행하는 데. ❶❷❸

그리고 나태함으로 그날을 모독하거나 ❹

그 자체로 죄 되는 일을 행하거나, ❺

불필요한 생각, 말, 행동을 하는 것입니다.
  → 우리의 세상 사업과 오락에 관한. ❻❼

---

❶ 에스겔 22:26
그 제사장들은 내 율법을 범하였으며 나의 성물을 더럽혔으며 거룩함과 속된 것을 구별하지 아니하였으며 부정함과 정한 것을 사람이 구별하게 하지 아니하였으며 **그의 눈을 가리어 나의 안식일을 보지 아니하였으므로** 내가 그들 가운데에서 더럽힘을 받았느니라

❷ 아모스 8:5
너희가 이르기를 월삭이 언제 지나서 우리가 곡식을 팔며 **안식일이 언제 지나서 우리가 밀을 내게 할꼬** 에바를 작게 하고 세겔을 크게 하여 거짓 저울로 속이며

❸ 말라기 1:13
만군의 여호와가 이르노라 너희가 또 말하기를 **이 일이 얼마나 번거로운고** 하며 코웃음치고 훔친 물건과 저는 것, 병든 것을 가져왔느니라 너희가 이같이 봉헌물을 가져오니 내가 그것을 너희 손에서 받겠느냐 이는 여호와의 말이니라

❹ 사도행전 20:7
그 주간의 첫날에 우리가 떡을 떼려 하여 모였더니 바울이 이튿날 떠나고자 하여 그들에게 강론할새 말을 밤중까지 계속하매; 유두고라 하는 청년이 창에 걸터 앉아 있다가 **깊이 졸더니** 바울이 강론하기를 더 오래 하매 졸음을 이기지 못하여 삼 층에서 떨어지거늘 일으켜보니 죽었는지라

❺ 에스겔 23:38
이 외에도 그들이 내게 행한 것이 있나니 당일에 내 성소를 더럽히며 내 안식일을 범하였도다

❻ 예레미야 17:24-26
여호와의 말씀이니라 너희가 만일 삼가 나를 순종하여 **안식일에 짐을 지고** 이 성문으로 들어오지 **아니하며** 안식일을 거룩히 하여 **어떤 일이라도 하지 아니하면**; 다윗의 왕위에 앉아 있는 왕들과 고관들이 병거와 말을 타고 이 성문으로 들어오되 그들과 유다 모든 백성과 예루살렘 주민들이 함께 그리할 것이요 이 성은 영원히 있을 것이며; 사람들이 유다 성읍들과 예루살렘에 둘린 곳들과 베냐민 땅과 평지와 산지와 네겝으로부터 와서 번제와 희생과 소제와 유향과 감사제물을 여호와의 성전에 가져오려니와

❼ 이사야 58:13
만일 안식일에 네 발을 금하여 **내 성일에 오락을 행하지** 아니하고 안식일을 일컬어 즐거운 날이라, 여호와의 성일을 존귀한 날이라 하여 이를 존귀하게 여기고 **네 길로 행하지 아니하며 네 오락을 구하지 아니하며 사사로운 말을 하지 아니하면**

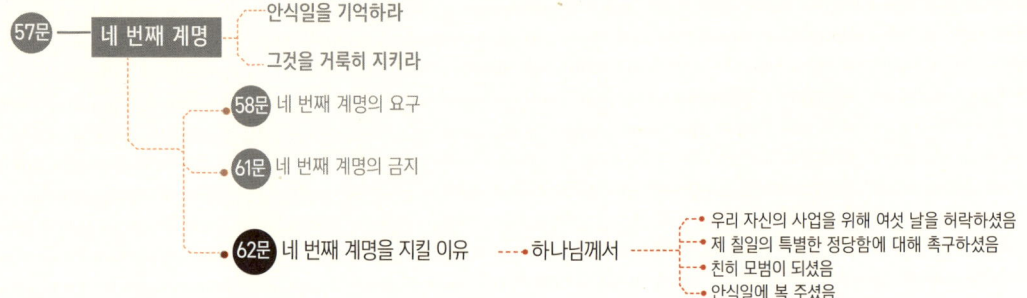

Q62
What are the reasons annexed
　　　　to the fourth commandment?
A62
The reasons annexed to the fourth commandment are,
God's allowing us six days of the week
　　　　for our own employments,
his challenging a special propriety in the seventh,
　　　　　　　　　　　타당,적절
his own example,
and his blessing the Sabbath-day.

문62
네 번째 계명에 덧붙여진,
이유는 무엇인가요?
답62
네 번째 계명을 지킬 이유로 설명된 것은
하나님이 여섯 날을 허락하심과
　　　　　　우리 자신의 사업을 위하여 ❶
제 칠일의 특별성에 대해 하나님께서 촉구하심과,
하나님께서 친히 모범이 되심과,
하나님께서 안식일에 복 주신 것입니다. ❷

❶ 출애굽기 20:9
엿새 동안은 힘써 네 모든 일을 행할 것이나

❷ 출애굽기 20:11
이는 엿새 동안에 나 여호와가 하늘과 땅과 바다와 그 가운데 모든 것을 만들고 일곱째 날에 쉬었음이라 그러므로 나 여호와가 **안식일을 복되게 하여** 그 날을 거룩하게 하였느니라

4계명의 의미 : 사랑의 표상(모범, 샘플)

1계명은 우리가 사랑해야 할 대상(하나님만), 2계명은 사랑하는 방식(정해진 규례에 따라), 3계명은 사랑하는 자세(거룩하게)를 가르칩니다. 계속해서 이어지는 4계명은 무엇을 가르쳐주고 있을까 궁금합니다. 지금 우리는 진정한 사랑의 모습을 배우고 있습니다. 그렇다면 그러한 진정한 사랑은 어디서 찾아볼 수 있을까요? 당연히 천국에 가면 확인할 수 있겠지요. 그렇다면 이 땅에서는 진정한 사랑이란 도무지 찾을 수 없고, 그 흔적조차도 볼 수 없는 것일까요?

4계명을 통해 그 진정한 **사랑의 모범**(샘플, 혹은 표상)을 만날 수 있습니다. 4계명은 사랑의 모범이 무엇인지를 가르쳐주고 있습니다. 진정한 사랑이란 어디서 어떻게 가장 극명하게 드러나는가? 그것은 바로 주일을 거룩히 안식하는 것에서 볼 수 있으며, 그렇기 때문에 주일을 사랑의 모범이라 할 수 있습니다. 우리가 하나님을 사랑한다면 주일을 지키는 것과 같이 사랑해야 하며, 하나님과 사랑할 때 받는 유익은 마치 주일을 통해 받는 유익과 같다는 것입니다. 물론 우리가 지키며 누리는 주일이 그렇게 이상적일 수 없으나, 우리는 주일을 통해 바로 그 하나님과 천국에서 나눌 가장 이상적이고 순수한 사랑의 모범을 이 땅에서 아주 조금이나마 맛보는 것입니다. 마치 샘플 화장품을 써보듯이, 주일의 안식을 통해 우리는 천국의 안식을 맛보고 상상하며 더욱 기대할 수 있어야 합니다.

또한 4계명은 말 그대로 그날을 온전히 쉬라는 것입니다. 이 계명도 다른 계명들과 마찬가지로 무엇을 '하라', '하지 말라' 요구하는 규칙이지만, 역시 다른 명령들과 동일하게 이것도 우리를 올무 매기 위함이 아닙니다. 우리를 위한 것입니다. 이 하루 동안 온전히 하나님을 생각하고 하나님을 예배하면서 기쁨으로 충만하게 보냄으로써, 나머지 6일도 더욱 거룩하게 보낼 수 있게 하기 위함입니다. 그래서 우리가 주일을 온전히 지킨다는 것은 의무감에서 억지로 하는 것이 아니라, 오히려 하나님의 사랑과 은혜에 우리가 완전히 감동하여 자발적으로 우러나는 순종함으로 지키는 것입니다.

1계명	사랑해야 할 대상
2계명	사랑하는 방식
3계명	사랑하는 자의 자세
4계명	사랑의 표상 (모범, 샘플)

답변분석

바로 그러한 안식을 누릴 때, 우리는 기쁨과 충만으로 영원히 누리게 될 저 새 하늘과 새 땅에서의 안식을 체험하는 것입니다. 이것을 가르치시려고, 굳이 안식이 필요하지도 않은 분께서 우리를 위해 안식의 모범답안을 안식일 혹은 주일이라는 표상으로 보여주신 것입니다.

우리의 궁극적인 지향점은 이 땅에서 수고하며 사는 것이 아닙니다. 하나님과 함께 하는 삶 속에서 느끼는 안식에 있습니다. 6일 동안은 세상을 위해 살고, 7일째 되는 날만 안식하면서 하나님께 드리는 날이 아니라, 오히려 안식의 그날을 위해 나머지 모든 삶이 있는 셈입니다. 7일이 모두 다 하나님의 것입니다.

4계명에 추가된 이유

"기억하라"라는 추가된 말씀. 기억해야 하는 이유는 우리에게 여러 가지 혜택이 있고, 우리가 쉽게 잊어버리기 쉬우며, 기억하지 못하게 하려는 대적도 있기 때문이라고 합니다. 참 우리 인간은 연약합니다. 왜 그렇게 자꾸 쉽게 잊거나 오랜 시간이 지나면 경각심을 잃어버리기 일쑤일까요? 우리의 연약함을 누구보다 잘 아시는 하나님께서 특별히 기억하라고 적어 넣어주신 건지도 모르겠습니다. 기억하라는 저 말씀이 두려운 경고라기보다는 부드러운 당부처럼 느껴집니다. 기억해야 합니다. 더욱 힘써서 그 날을 기억하며 지켜야겠습니다.

주일을 거룩하게 지키지 못하는 이유들

우선 주일성수 문제가 그리 만만하지 않습니다. 가정 사회 교회가 주일성수를 어렵게 하는 원인이 되고 있습니다. 그러나 가장 큰 문제는 주일성수에 대한 자신의 태도입니다. 이러한 문제는 교사나 부모부터 아이들에게 큰 파급효과를 가져다주고 있음을 명심해야 합니다.

> **더 생각해보기**
> 우리는 지금 십계명을 공부하고 있습니다. 일차적으로 십계명을 받았던 사람들은 애굽을 나온 백성들입니다. 오랜 시간 애굽의 풍습에 익숙했던 그들이 이제 나그네처럼 살아가야 했습니다. 그들은 구체적으로 삶을 어떻게 경영하고 관리해야 할 것인지 지침과 명령을 받게 됩니다. 4계명의 근거는 창조의 역사를 마치고 친히 안식하신 것에서부터 출발합니다. 창조와 구원의 역사에서 온전히 하나님 홀로 일하셨음을, 4계명을 대할 때마다 늘 기억하라 하십니다.
>
> 당시에 다른 나라들에서도 태양력과 월력을 사용하고 있었으며, 7일째 되는 날 쉬거나(운수 사나운 날이라고 하며) 신을 숭배하는 제도가 있었습니다. 하지만 이방인들이 지키는 그 안식과 우리의 안식 사이에는 근본적인 차이가 있습니다. 변덕스러운 신의 뜻에 따른 재난을 두려워하며 벌벌 떠는 자에 비해, 우리는 얼마나 큰 복을 누리는 자들인가요? 참 위로자, 참 안식이 되시는 하나님 품 안에서 안식하는 사람들이기 때문입니다.

답변분석

4계명에 대한 대요리문답의 훨씬 더 자세한 해설 (대요리문답 117, 119문)

의무	금지
• 안식일 혹은 주일을 거룩하게 함은 온종일 거룩히 쉼으로 할 것	• 요구된 의무 중에 어느 것이라도 빠뜨리는 것
• 죄악 된 일을 그칠 뿐 아니라 다른 날에 합당한 세상일이나 오락까지 그만두어야 함	• 이 의무를 부주의하고 태만하고 무익하게 이행함 • 또 주일날 그것들을 이행하면서 피곤해하는 것
• 다만, 부득이한 일과 자비에 쓰는 것을 제외하고는 시간을 전적으로 공적으로나 사적으로 예배하는 일에 드리는 것을 기쁨으로 삼을 것	• 또한 그날을 더럽히는 것인데 게으름을 피우거나 죄 된 일을 함으로써, 세상의 일과 오락에 대하여 필요 없는 일, 말, 생각을 함으로써
• 그 목적을 위하여 우리 마음을 준비할 것이며 세상일을 미리 부지런히 절제 있게 조절하고 적절히 처리하여 주일의 의무에 보다 더 자유로이 또는 합당히 행할 수 있어야 할 것	

주일을 거룩하게 지키기 위한 실제 방안들

단지 아무것도 하지 않고 쉬는 것이 주일을 잘 지키는 것은 아닙니다.
주일에 해야 할 적극적인 면들도 중요합니다.

- **가정** : 마음의 준비를 하고, 안식의 의미를 새기며, 주일을 지키기 위해 지장이 없도록 미리 일반적인 일들을 정돈해 놓는다. 또한 평소에 부족하기 쉬운 가족 간의 대화도 주일에 많이 나누도록 한다.

- **교회** : 도덕법과 십계명의 의미를 잘 가르치고 배우며, 성도가 함께 모여 주일 공동 예배를 소중하게 드릴 수 있도록 모든 노력과 배려를 다 해야 한다. 부득이한 책임으로 인해 참석하지 못한 사람들을 위한 사적 예배 및 교육을 시행해야 한다.

- **사회** : 세상 사업과 오락에 대한 일체의 관심을 중단해야 한다. 나뿐만 아니라 우리가 속한 사회가 안식을 누릴 수 있도록, 주위에 영향을 미쳐야 한다. 이것은 성도만이 아니라 모든 사람이 지켜야 할 명령임을 기억하자.

쉬어가기

어느 고3 수험생의 '주일성수'에 대한 일기

"나는 죽었어요."

7월 어느 날, 추적추적 비가 내리고 있다. 어김없이 주일이 지나갔다. 오늘도 변함없이 똑같은 고민을 하며 하루를 보낸다. 주일, 그리고 고3. 언제까지 나는 이 똑같은 고민 속에서 혼란스러워하고 있으려는지…. 답을 알지만 정답대로 할 수 없는 현실이 나를 괴롭게 한다. 주일이면 교회 가서 지체들과 함께 예배드리고 교제 나누는 삶이 몸에 배어 있다. 그런데 난 지금 그 당연함 때문에 혼란을 겪고 있다. 주위에 아무도 고3이 주일성수 하는 것을 당연하게 생각하지 않는다. 오히려 학교 가는 것을 더 당연한 일로 생각한다. 누구 하나 주일성수가 옳다고 말해주지 않는다.

나는 자신을 잃었다. 주일성수를 해야 한다는 것을 빤히 알고 있고, 또 그러고 싶은데도, 이제 자신 있게 교회 가서 예배드리겠다고 할 수가 없다. 생각만 해도 가슴이 떨리고 두렵다. 담임선생님과 부딪쳐야 하는 것이, 또 나 자신에게 확신을 심어주는 것이, 그리고 학교에 가는 것을 당연하게 바라보고 있는 사람들에게 그게 아니라는 걸 보여주는 것이. 오빠와 엄마가 좀 더 강하게 '주일성수를 해야 한다'고, '주일은 학교 가지 말고 쉬라'고 말해주면 좋겠는데 모두 잠잠하다. 담임선생님은 엄마가 허락하시면 주일은 쉬어도 된다고 하셨는데, 엄마는 내가 주일성수하는 것을 바라지 않으시는 것 같다. 늘 도움을 주던 오빠마저도 나보고 알아서 하라고 한다. 도대체 아무도 이렇다 저렇다 이야기를 해주지 않는다. 난 지금 무지무지 고민스러운데… 물론 누구도 탓할 수 없다. 내 신앙의 문제인 것을 알기 때문에. 내 신앙이 연약하기 때문에 괜스레 다른 사람을 핑계 대고 있는 거다. 그래, 나도 알아. 하지만.

오늘도 공부는 하지 않았다. 늘 그렇다. 할 수 없이 학교에 가긴 하지만 마음은 교회에 가 있다. 어떻게 해야 할지 모르겠다. 용기 없는, 믿음 없는 내 모습이 한심스럽다. 결단하지 못하는, 하나님 말씀에 지금 당장 순종하지 못하는 내 모습이 부끄럽다. 난 정말 하나님께 사랑스런 딸이고 싶은데. 주님, 전 잘 몰라요. 그리고 용기도 없어요. 하나님께 예쁜 모습으로 예배드리고 주일을 하나님께 드리고 싶은데 마음뿐이에요. 절 좀 도와주세요. 제가 어떻게 해야 하는지 하나님께서 가르쳐 주세요. 그리고 결단할 수 있는 용기와 믿음도 허락해 주세요. 예?

이 글은 기독웹진 〈The Voice〉에 실렸던 기사의 일부입니다.
QR코드를 통해, 기사 전문을 읽어 보세요.

"초점"

우리가 '주일'을 거룩하게 지키는 것은 신앙의 구체적 실천의 차원입니다. 주일을 지킨다는 것은 그 사람의 인생 전체가 무엇을 지향하느냐와 관련된 문제입니다. 주일에 교회 출석하는 것, 주일을 온전히 쉰다는 것은, 내 삶의 지향점이 이 땅에 있지 않고 하나님께 있음을 '인정'하고, 삶으로 '실천'하는 것입니다. 주일은 '영원한 안식'을 이 땅에 사는 동안 보여주는 표상이자, 샘플이기 때문입니다.

물론 주일을 통해 우리는 실제로도 하나님이 주시는 안식을 경험합니다. 이 땅에 사는 동안에도 가정과 교회를 통해 하나님의 통치를 받으며 천국을 경험할 수 있는 것과 마찬가지입니다. 그러나 우리는 동시에, 미래에 주어질 '영원한 안식'을 소망하며 살아갑니다. 영원한 안식이란, 우리가 장차 완성될 하나님 나라에서 궁극적으로 맛보게 될 안식을 말합니다. 하나님과 얼굴을 마주 대하며 영원토록 함께 지낼 영원한 나라, 새 하늘과 새 땅에서의 충만한 안식입니다. 노동은 계속될 수 없습니다. 영원한 안식이 우리 나그네 길의 최종 목적지인 것입니다.

따라서 주일을 지키는 것은 신앙고백과도 같습니다. 내가 주일을 지킬 때, 나는 내 자신과 이웃과 온 세상과 하나님 앞에서 나의 신앙을 실천적으로 고백하고 증명하는 것입니다. 우리 인생의 초점이, 내 인생의 주된 관심사가, 내 삶의 주된 목적이 무엇인지 다시 한번 점검하시길 바랍니다. 이제 4계명을 공부했으니, 좀 더 적극적으로 주일을 대하고, 보다 더 기쁘게 누리시길 바랍니다. 매 주일 설레는 마음으로 성도들을 만나시고, 기쁨과 감사를 표현하시길 바랍니다. 그리고 나머지 6일도, 성도로서 거룩하고 충실하게 보낼 수 있도록 기도하시길 바랍니다. 또 4계명을 대할 때마다, 평소에 우리가 주일을 지내는 모습을 떠올려보시고, 그것이 내 인생을 전반적으로, 표본으로 보여주고 있는 셈이라는 것을 새삼 깨닫고 반성해야 할 것입니다.

더 깊은 이해를 위한 책
최낙재, 『영원한 안식과 주일』; 김홍전, 『그리스도께서 주시는 참된 평안』; 레이먼드 브라운, 『히브리서 강해』, 특히 3-4장 강해 부분; 박영선, 『기도-기도의 뜻과 안식일』

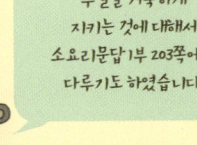

주일을 거룩하게 지키는 것에 대해서 소요리문답 1부 203쪽에서 다루기도 하였습니다.

오해하지 마세요!

이 명령을 통해 우리를 올무 매기 위함이 아닙니다. 오히려 하나님의 사랑과 은혜에 우리를 완전히 감동케 하시고, 자발적인 순종이 우러나오도록 만드십니다. 또한 주일 하루를 온전히 하나님을 생각하고 하나님을 예배하면서, 기쁨으로 충만하게 보내게 하십니다.

후기

김양민 그동안 주일을 어떻게 지내야 하는지 아는 바가 없었다. 그래서 그동안 내가 지켜온 것은 '예배 하나만은 드리자.' 정도였던 것 같다. 그러면서 주일에 수많은 졸음 등을 기억하며 뜨끔!했다. 피곤하지 않게 주일을 보내기 위해 토요일에 미리 준비해야겠다. 또 예배 후 주일의 생활에 대해서는 그렇게 중요하게 생각하지 않았다. 그러나 온전히 하루를 어떻게 거룩히 지켜야 하는지를 배우게 되어 감사했다. "부득이한 일과 자비를 베푸는 일 외에는 공사 간에 예배함으로 하루를 보내라." 피곤하지 않게 주일을 보내기 위해 토요일에 미리 준비해야겠다. 기억하고 실천하자!

이현진 십계명이라는 것이 무엇인지, 요구하는 것과 금지하는 것들을 배우면서, 나의 삶의 구석구석이 훤하게 들여다보이는데, 그토록 불편한 감정은 처음이었다. 그에 훨씬 미치지 못하는 나를 보면서, '아~이걸 어떻게 다 신경 쓰고 산담?' '어떻게 보면, 하나님을 기쁘시게 하는 삶은 축복이라지만, 피곤할지도 모르겠다.' 이런 생각이 많이 들었다.

십계명을 배우기 전에는 나의 죄성에 대해서 무뎠고, 그냥 다들 죄인이라니까 아무렇지도 않게 여겼었다. 그런데 십계명을 공부하는 동안, 나의 죄악된 모습에 전보다 훨씬 자주 직면했고, 연약함에 슬퍼했었기에 그때보다 지금 더 풍성한 후기를 적을 수 있는 것 같다. 하나님의 사랑을 정확히 알고, 그분을 경외하는 자세가 나의 삶에 정말 많이 필요하겠다. 이번 학기 나의 못난 모습에 부딪쳐 보고, 애통하는 마음으로 기도하고, 낮아지고, 깎여서 조금 더 하나님께서 원하시는 삶을 살 수 있는 믿음을 가지고 싶다. 그것이 나에게 가장 큰 축복이고, 차원 높은 삶이라는 것을 누구나 배워서 알고 있으니까. ^^

후기

김윤숙 중요한 시험이 있을 때, 그것을 공적인 핑곗거리로 내 마음과 타협을 본 후, 주일을 어길 때가 있다. 주일성수를 할 수 없게끔 만드는 사회제도에 대해 별다른 문제의식을 느끼지 못하고 지냈음을 반성하며, 주일성수에 대해서 각종 제도가 변화할 수 있도록 미약하게나마 발언할 수 있는 용기가 필요함을 알았다. 목소리 하나하나가 모여 시간이 지나 내가 살아가는 시대에는 변화할 수 없다 할지라도, 다음 세대는 주일성수를 할 수 있는 사회 분위기가 될 수 있도록 노력이 필요하겠다.

주일을 지킨다는 것이 신앙고백과 같이 나와 내 주위 사람들에게 나의 신앙을 행위로서 고백하고 증명하는 것이라고 했을 때, 그 신앙고백의 무게를 생각하게 된다. 1주일을 놓고 보면 주일만을 열심히 지켜야 하는가라고 했을 때, 그렇지 않다. 주일에 온종일 거룩한 쉼을 위하여 나머지 시간들을 부지런하고 계획적으로 사용하여야 한다. 주일을 온전히 지킴으로서 나머지 6일을 더욱 거룩히 보낼 수 있다는 것에 하루하루를 어떻게 왜 충실하게 살아야 함을 알게 되니 반복되는 일상이지만 기대할 수 있는 마음이 생긴다.

적용하기

4계명 적용과 나눔

오늘 배운 4계명의 가르침에 비추어, 각자 자신을 돌아보면서 깨닫고 실천할 점을 적어봅시다.

	내가 할 일	내가 하지 말아야 할 일
교회		
가정		
학교/일터		

중세 로마 가톨릭의 위세가 정점을 찍었던 시기의 모습은 스페인의 톨레도에서 확인할 수 있습니다. 그리스도의 유해 일부가 있다고 알려진 톨레도 대성당은 수많은 사람들의 순례 코스가 되었습니다. 물론 미신적인 행위였지만, 그렇게 생겨난 성지순례 문화는 급기야 종교 사업으로 발전했습니다. 대성당 내부는 화려함의 극치입니다. 사제들이 제사 의식을 거행하던 제단은 금으로 치장되었고, 극소수에게만 접근이 허락됐습니다. 당시 신자들은 제대로 된 예배조차 드릴 수 없었던, 그런 존재들이었습니다. 오늘날 우리가 자유롭게 영과 진리로 예배할 수 있는 것은 바로 종교개혁 덕분입니다.

63~81문

십계명 2부 5~10계명
'이웃 사랑'

"무엇을 하라, 하지 말라... 방식이 너무 구식 아닌가요?"
"세상살이가 얼마나 치열한데요?
 사랑하고 섬기기만 하면 경쟁에서 어떻게 이길 수 있겠어요?"
"기독교인들은 주일날, 교회 안에서만 뛰어나요. 가정에서나 직장에서는
 무능력한 분들이 많아요."
"하나님을 사랑하고 이웃을 사랑하라 하였지요? 하나님은 그렇다 치더라도,
 이웃은 범위가 너무 넓은데, 이걸 다 어떻게 지키나요?"
:
:

15

5계명부터는 십계명의 둘째 부분의 시작입니다. 1~4계명은 하나님 사랑, 5~10계명은 이웃 사랑과 관련된 계명이라고 공부했습니다.(p.37) 그러나 이렇게 딱 잘라 구분할 수 있는 것은 아닙니다. 두 번째 부분도 첫 번째와 마찬가지로 궁극적으로는 하나님을 높이고 사랑하라는 명령임을 먼저 생각해야 합니다. 즉, 하나님을 사랑하는 것이 이웃을 사랑하는 것과 뗄 수 없는 관계라는 것을 떠올리면서 십계명 2부를 대하시기 바랍니다.

The Good Samaritan

제 5 계명

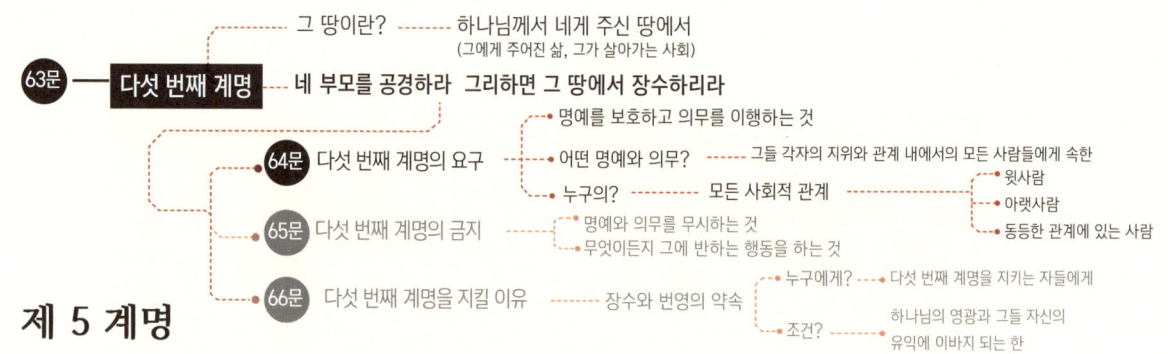

Q63
Which is the fifth commandment?

A63
The fifth commandment is, Honour
　　　　　　　　　　　　　　　존경하다, 공경하다
thy father and thy mother; that thy days may be long upon
　　　　　　　　　　　　　　　　　《고어》너에게
the land which the Lord thy God giveth thee.

Q64
What is required in the fifth commandment?

A64
The fifth commandment requireth

the preserving the honour, and performing the duties,
　　보호하다, 지키다
belonging to every one in their several places and relations,
　　　(…의) 소유물이다
　　　　as superiors, inferiors, or equals.

문63
다섯 번째 계명은 무엇인가요?

답63
다섯 번째 계명은, 네 부모를 공경하라

그리하면 너의 하나님 나 여호와가 네게 준 땅에서

네 생명이 길리라 입니다.
　　　　　　❶

문64
다섯 번째 계명에서 무엇이 요구되었나요?

답64
다섯 번째 계명에서 요구된 것은

명예를 보호하고 의무를 이행하는 것입니다.

그들 각자의 지위와 관계에 따라 모든 사람에게 관련된.

윗 사람과 아랫 사람과 동등한 관계에 있는 사람들 간에
　❷　　　　❸　　　　　　　❹

❶ 출애굽기 20:12
네 부모를 공경하라 그리하면 네 하나님 여호와가 네게 준 땅에서 네 생명이 길리라

❷ 에베소서 5:21
그리스도를 경외함으로 **피차 복종하라**

❸ 베드로전서 2:17
뭇 사람을 공경하며 형제를 사랑하며 하나님을 두려워하며 **왕을 존대하라**

❹ 로마서 12:10
형제를 사랑하여 **서로 우애하고 존경하기를 서로 먼저하며**

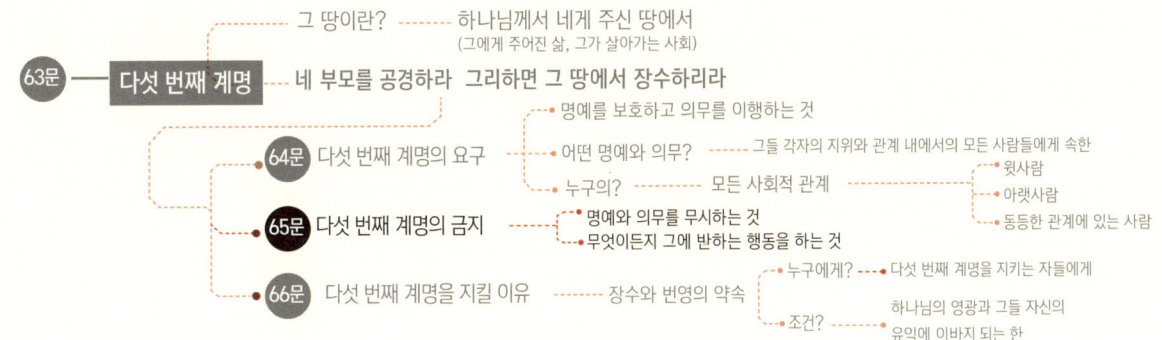

Q65
What is the forbidden in the fifth commandment?

A65
The fifth commandment forbiddeth
  the neglecting of, or doing any thing against,
  무시, 간과
  the honour and duty
which belongeth to every one in their several places
and relations.

문65
다섯 번째 계명에서 무엇이 금지되었나요?

답65
다섯 번째 계명에서 금지된 것은
  명예와 의무를 무시하는 것이나,
  무엇이든지 그에 반하는 행동을 하는 것입니다.
  그들 각자의 지위와 관계에 따른.

❶ 마태복음 15:4-6
하나님이 이르셨으되 네 부모를 공경하라 하시고 또 **아버지나 어머니를 비방하는 자는 반드시 죽임을 당하리라** 하셨거늘; 너희는 이르되 **누구든지 아버지에게나** 어머니에게 **말하기를** 내가 드려 유익하게 할 것이 하나님께 드림이 되었다고 하기만 하면; 그 부모를 공경할 것이 없다 하여 너희의 전통으로 **하나님의 말씀을 폐하는도다**

❷ 에스겔 34:2-4
인자야 너는 이스라엘 목자들에게 예언하라 그들 곧 목자들에게 예언하여 이르기를 주 여호와께서 이같이 말씀하시되 **자기만 먹는 이스라엘 목자들은 화 있을진저** 목자들이 양 떼를 먹이는 것이 마땅하지 아니하냐; 너희가 살진 양을 잡아 그 기름을 먹으며 그 털을 입되 **양 떼는 먹이지 아니하는도다**; 너희가 그 연약한 자를 강하게 아니하며 병든 자를 고치지 아니하며 상한 자를 싸매 주지 아니하며 쫓기는 자를 돌아오게 하지 아니하며 잃어버린 자를 찾지 아니하고 다만 포악으로 그것들을 다스렸도다

❸ 로마서 13:8
피차 사랑의 빚 외에는 **아무에게든지 아무 빚도 지지 말라** 남을 사랑하는 자는 율법을 다 이루었느니라

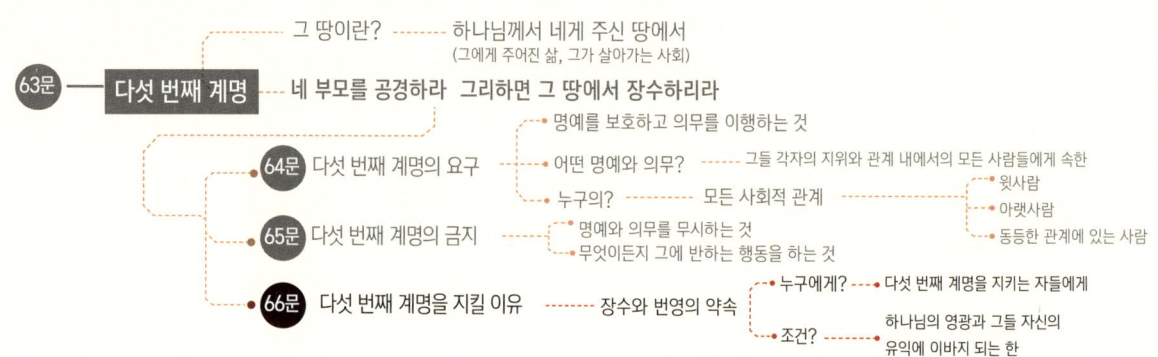

제 5 계명

Q66
What is the reason annexed to the fifth commandment?

A66
The reason annexed to the fifth commandment,

is a promise of long life and prosperity

(as far as it shall serve for God's glory and their own good)

to all such as keep this commandment.

문66
다섯 번째 계명에 덧붙여진, 이유는 무엇인가요?

답66
다섯 번째 계명에 덧붙여진, 이유는

장수와 번영의 약속인데,

(하나님의 영광과 그들 자신의 유익에 이바지 되는 한,)

이 계명을 지키는 자들에게 주시는 것입니다. ❶❷

❶ 신명기 5:16
너는 네 하나님 여호와께서 명령한 대로 네 부모를 공경하라 **그리하면** 네 하나님 여호와가 **네게 준 땅에서 네 생명이 길고 복을 누리리라**

❷ 에베소서 6:2-3
네 아버지와 어머니를 공경하라 이것은 약속이 있는 첫 계명이니; **이로써 네가 잘되고 땅에서 장수하리라**

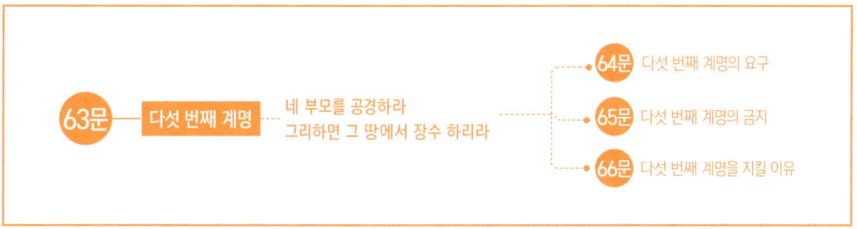

5계명의 의미 : 명예를 보호하고 의무를 이행하는 것

사람과 사람이 서로 사랑하는 것이 창조자가 당연히 원하시는 바이고, 또한 그런 원리로 창조하신 것 아니겠는가 싶습니다. 하지만 그 목적성에 비추어 보면 볼수록, 타락한 우리의 상태란 얼마나 처참한지 모릅니다. 이웃은커녕 가족도 사랑하기 힘든데, 어찌 눈에 보이지도 만져지지도 않는 하나님을 사랑한다는 말일까, 한심하지 않을 수 없습니다. 그런 관점에서 이 5계명을 생각해봅시다. 즉, 표현은 "네 부모를 공경하라"고, 인간으로서 가장 기본적이고 최소한의 것인 부모 공경을 요구하고 있지만, 그 안에는 인간이 저 스스로도 어찌할 수 없는 바닥의 절망부터, 인간을 창조하신 분의 저 높고 깊고 선하신 뜻까지 다 담겨있습니다.

그동안 우리가 자라면서 배웠고, 이해했던 "부모"의 개념은, 나를 낳아주고 길러주신 육신의 부모입니다. 그러나 소요리문답에서는 나의 친부모뿐만 아니라 나이, 은사, 권위에 있어서 나보다 위에 있는 모든 자들을 내가 공경해야 할 부모에 포함시키고 있습니다. 내가 나의 부모님을 공경해야 하고, 그 안위를 살피는 것처럼, 교회에서는 나보다 연장자이거나 특히 직분자를 그렇게 공경하고 섬겨야 한다는 것입니다. 또한 세상에서도 마찬가지로 그렇게 해야 한다고 합니다.

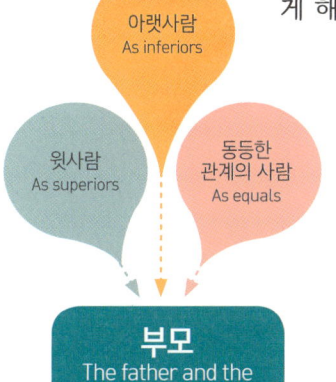

그러면 구체적으로 무엇을 해야 할까요? 다음 페이지의 표를 먼저 자세히 읽어보시기 바랍니다.

답변분석

5계명에 대한 대요리문답의 훨씬 더 자세한 해설 (대요리문답 127~132문)

	의무	금지
아랫 사람이 윗사람 에게	· '마음'과 '말'과 '행동'에 있어 모든 합당한 경의를 표하고, 그들(윗사람)을 위해 기도하고 감사하는 것 · 그들의 덕과 은혜를 본받는 것 · 그들의 합법적인 명령과 권고에 기꺼이 순종하는 것 · 그들의 징계에 마땅히 복종하는 것 · 그들의 여러 등급과 지위의 특성에 따라, 그들의 인격과 권위에 신의를 다하고, 그것을 옹호하고 유지하는 것 · 그들의 연약함을 인내하고, 사랑으로 감싸며, 이로써, 그들과 그들의 통치에 영예가 되게 하는 것	· 그들(윗사람)에 대해 요구되는 의무들을 소홀히 하는 모든 것들 · 그들에게서 합법적인 권고, 명령과 징계를 받을 때에, 그들의 인격과 지위에 대항하여, 시기하고 경멸하고 반역하는 것 · 저주와 조롱, 불량하고 추한 태도로, 그들과 그들의 통치에 치욕과 불명예를 드러내는 것
윗사람이 아랫사람 에게	하나님으로부터 받은 능력과 그들이 속한 관계에 따라... · 그들(아랫사람)을 사랑하고, 그들을 위하여 기도하며, 축복하는 것 · 그들을 가르치고, 조언하고, 훈계하는 것 · 잘한 것에는 지지하고, 칭찬하고, 보상하는 것 · 잘하지 못한 것에는 찬성하지 않고, 책망하고, 꾸짖는 것 · 그들의 영혼과 몸에 필요한 모든 것을 제공하고 보호하는 것 · 진지하고 지혜롭고 거룩하며 모범적인 태도로, 하나님께는 영광을, 자신들에게는 명예가 되게 하는 것 그리하여 하나님께서 그들에게 부여하신 권위를 보존하는 것	· 요구되는 의무를 소홀히 하는 것 외에도, 자기 자신의 영광, 안일, 이익 혹은 즐거움을 지나치게 추구하는 것 · 일을 불법적으로 처리하도록 명령하는 것이나, 불법한 일이나, 아랫사람들의 권한 밖의 일을 수행하도록 명령하는 것 · 악한 일을 조언하고, 격려하거나, 지지하는 것 · 선한 일을 만류하고, 낙심시키거나, 찬성하지 않는 것 · 지나치게 징계하는 것 · 잘못된 일과 시험, 위험한 것에, 아랫사람을 부주의하게 노출시키는 것이나, 내버려 두는 것 · 그들이 노하도록 격동하는 것 · 혹은 무엇으로든지 그들(윗사람) 스스로를 욕되게 하는 것 또는, 불공정하고, 조심성 없으며, 엄격하거나 태만한 행동으로 자신들의 권위를 떨어뜨리는 것
동등한 관계에서	· 서로의 존엄과 가치를 존중하고, 상대방 앞에서 경의를 표하며 대하는 것 · 서로의 은사들과 발전을 자기 일처럼 기뻐하는 것	· 요구된 의무를 소홀히 하는 것 외에도, (상대방의) 가치를 과소평가하고, 은사를 질투하는 것이며, 다른 이의 번영이 발전해 나가는 것에 마음 아파하는 것 · 또한, 다른 사람의 탁월함을 빼앗는 것

우선 윗사람의 의무에서 보여주는 저 단어들을 보면, 부모님의 역할이 떠오릅니다. 한편으로는 하나님이 떠오릅니다. 하나님께서 저 모든 것을 우리에게 해주고 계심에 감사한 마음이 들어야 합니다. 그리고 나 자신의 모습도 떠오르며 반성이 되어야 합니다. 내가 내 주위의 아랫사람들에게 그렇게 행해야 합니다. 한 단어 한 단어씩 곱씹으며 내 모습과 내 마음과 비추어봐야 합니다. 율법의 세 가지 기능을 떠올려봅시다.(p.33) 율법에 내 몸과 영혼을 비추며, 주께서 원하시는 그 창조의 목적대로 나를 드리는 것, 그것이 곧 나의 삶을 예배로 드리는 것입니다. 교리문답은 그것을 이렇게 자세하게 도와주니, 참 감사한 도구입니다.

더 생각해보기
부도덕하고, 국민을 압제하는 정부 아래서 크리스천의 자세는? - 시위는? 반정부 활동은? 세금은? 준법은?

금지된 일을 보면, 당혹스러움이 느껴집니다. 특히 앞부분에 맨 처음 나오는 답변을 대하면서 무척 당혹스럽습니다. 당혹스러움을 느끼시나요? 느껴지십니까? 이렇게 생각해보면 쉽습니다. "나는 지금 스스로 나의 영광을 추구하는 일에 내 일생의 몇 퍼센트를 쓰는가?" 사람들에게 잘 보이고 싶고, 편하게 쉬고 싶고, 이익을 추구하며, 즐거움을 향해 반응하는 것이 나에게 있어서 얼마나 '자연스러운', 그리고 '합당한' 일인가요? 너무나 자연스러운 '일상' 아니던가요? 어렸을 때만 즐거움을 추구하는 것이 아니라, 나이가 들어가면서도 더욱 그렇습니다.

예를 들어, 30대에는 내 집 마련이 지상과제이며, 삶의 질과 품격을 높여야 된다는 생각이 얼마나 신속하고 강렬하게 두뇌를 지배하는지 모릅니다. 겪어본 사람은 누구나 인정할 것입니다. 더 큰 문제는, 그 어느 누구도 이런 생각을 부정하거나 제약하는 사람이 주위에 없다는 것입니다. 모두가 격려하고 옳다고 손들어주며 더 나아가 재촉합니다. 그런데… 문제는 그러한 '과도한 추구'가, 특별히 윗사람에게 금지되는 항목에 들어가 있다는 것입니다. [왼쪽 표 참고]

더 생각해보기
원문 곱씹어보기 - 5계명과 관련하여…웨스트민스터 신앙고백, 제 23장 : 공직자에 관하여

이 사실이 주는 당혹감은 저를 힘들게 했습니다. 맨 처음의 질문, "내 일생의 몇 퍼센트를 쓰느냐?" 답은 뻔합니다. 솔직히 말해서 99% 아니겠어요? 제가 아침에 눈을 떠서 하는 모든 행동들, 그게 다 무엇이었을까요?

답변분석

하나님의 계명을 앞에 두고 생각하지 않으면 모든 것이 내 영광, 내 안일, 내 이익, 내 즐거움의 추구였습니다. 물론 이것 자체가 나쁜 것은 아닐 것입니다. 그러나 내 일생에서 99%를 쓰고 있다고 스스로 파악된다면, 벌써 문제 아닌가요? 그러면 앞에서 '하라'고 한 것들을 제가 전혀 하지 않나요? 그렇지는 않습니다. 합니다. 잘한다고 칭찬도 자주 받습니다. 그럼 뭐가 문제인가요? 바로 그런 일을 할 때도, 뒤에서 지적하고 있는 모든 죄가 함께 간다는 것입니다. 이 죄는 너무나도 자연스럽게 스며들어 섞여 있어서 분간조차 하기 힘듭니다.

저는 제 영광을 위해 후배들을 가르치고 상담하고 훈계하며, 그들의 반응을 기대했습니다. 봉사를 하면서도 나의 안일을 위해, 이 봉사를 하고 나서 뒤따르는 칭찬과 이익을 먼저 따지기 바쁩니다. 제 자신의 즐거움과 직접 연결되지 않는다면, 앞에서 말한 저 소중한 노력들이 한순간에 무가치하게 느껴지기도 합니다. 이것이 저의 아픈 현실입니다. 율법은 저에게 갈 길을 보여주지만, 저는 제 모습 속에 절망하며 그저 쓰러집니다. 함께하는 지체들이 그런 저를 돕고, 또 저 역시 그런 지체들을 도와야 함을, 오늘도 이 제 5계명 앞에서 철저히 쓰러지면서 새깁니다.

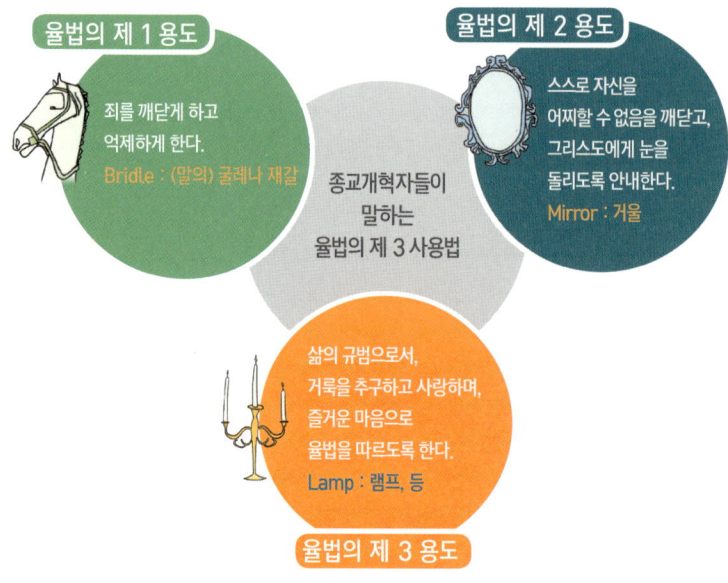

답변분석

계속해서 "equals", 즉 동료 간의 문제도 언급됩니다. 그리고 이것은 윗사람과 아랫사람, 상급자와 하급자들 모두에게 공통적인 덕목입니다. 어떻게 보면, 인간관계에 있어서 일반적인 덕목을 가르치고 있는 것처럼 보입니다. 유교나 불교나 기타 모든 종교와 사회의 도덕과 윤리에서 가르치는 내용과 동일한 단어들입니다. 그렇다면 우리는 이 부분을 어떻게 이해할 것인가요? 쉽다고 별것 아니라고 그냥 넘어갈 것인가요?

제가 느낀 문제점은, 이런 항목들이 우리에게 그저 말로만 그친다는 사실입니다. 도덕이나 윤리는 아주 고차원적인(?) 것이라, 우리가 달성하기에는 한도 끝도 없고, 이상적인 저 먼 세계의 것이라고 여겨버리며, 쉽게 포기하는 것이 문제였습니다. 굳이 이 부분을 가르치는 의도는 무엇일까요? 우리의 그런 관념들이 잘못되었으며, 대단히 실천적인 문제로 이것을 받아들여야 한다는 것을 말하고자 함이 아니겠는가 싶습니다.

실천합시다.
서로를 바라보고, 서로의 존엄과 가치를 존중하며,
서로를 대할 때 예의 바르게 대하고, 서로에게 보이는 은사와,
또한 발전해 가는 모습을 보며 자기 일처럼 기뻐합시다.
중요한 것은 실천! 이것을 당연히 지켜야 할 계명으로 알고
순종하는 것입니다.

"내가 오늘날 네게 명한 이 명령은 네게 어려운 것도 아니요, 먼 것도 아니라. 하늘에 있는 것이 아니니 네가 이르기를 누가 우리를 위하여 하늘에 올라가서 그 명령을 우리에게로 가지고 와서 우리에게 들려 행하게 할꼬 할 것이 아니요, 이것이 바다 밖에 있는 것이 아니니 네가 이르기를 누가 우리를 위하여 바다를 건너가서 그 명령을 우리에게로 가지고 와서 우리에게 들려 행하게 할꼬 할 것도 아니라. 오직 그 말씀이 네게 심히 가까와서 네 입에 있으며 네 마음에 있은즉 네가 이를 행할 수 있느니라" 신명기 30:11-14

적용하기

5계명 관련 나눔 주제들
자유롭게 이야기합니다

적용하기

경쟁과 성과주의로 인한 이기심 표출, 부양과 양육, 노인복지, 요양시설운영, 노인행복, 인간관계, 리더십, 자존감, 상담, 감정코칭, 체벌, 공권력, 독재, 공직윤리, 시위, 시민불복종, 세금, 노동윤리, 노사관계, 동료의식, 칭찬, 뒷담화, 질투, 경쟁, 흉보는 문화(배우자와 양가부모, 배우자 간에), 공감, 경청 등의 좋은 커뮤니케이션 습관, 공중도덕과 질서 의식, 자녀를 노후대책으로 생각하는 문화, 부모에게 지나치게 의존하는 문화, 나와 다르거나 약한 사람, 인종, 국가에 대해 관용 없거나 무시하는 태도, 탈세, 저조한 투표율, 쿠데타 등의 불의로 세워진 정부, _____, _____, _____

이 밖에도 적합한 나눔 주제들을 찾아내어 이야기 나누세요.^^

> **모임활동 Tip**
> 1. 마인드맵 그리기 : 5계명과 관련될법한 주제들을 적고 조원들과 함께 아이디어를 확장시켜 나갑니다.
> 2. 발표와 나눔 : 흥미가 느껴지는 주제를 고른 후, 발표자들이 관련 주제를 다룬 책을 읽거나, 영화나 다큐멘터리 영상을 보고 소감을 발표합니다. 참여자들도 서로의 생각을 공유합니다. ^^

적용하기

5계명 적용과 나눔

오늘 배운 5계명의 가르침에 비추어, 각자 자신을 돌아보면서 깨닫고 실천할 점을 적어봅시다.

	내가 할 일	내가 하지 말아야 할 일
교회		
가정		
학교/일터		

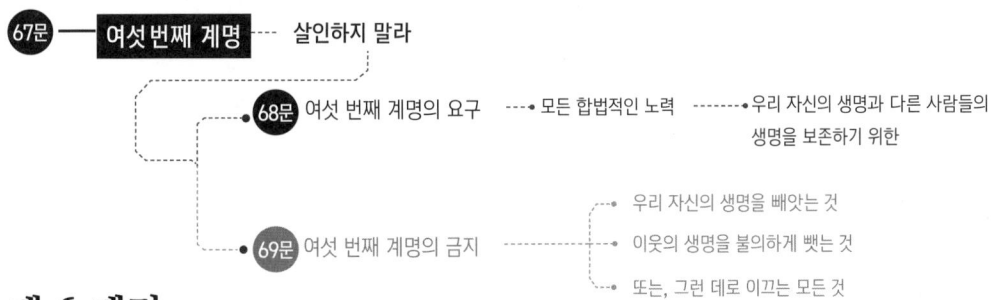

제 6 계명

Q67
Which is the sixth commandment?

A67
The sixth commandment is, Thou shalt not kill.

Q68
What is required in the sixth commandment?

A68
The sixth commandment requireth

all lawful endeavours
  합법의, 법률이 인정하는
    to preserve our own life, and the life of others.

문67
여섯 번째 계명이 무엇인가?

답67
여섯 번째 계명은 살인하지 말지니라 입니다. ❶

문68
여섯 번째 계명에서 무엇이 요구되었나요?

답68
여섯 번째 계명은

모든 합법적인 노력을 요구합니다.

우리 자신의 생명과 다른 사람들의 생명을 보존하기 위한. ❷ ❸

❶ 출애굽기 20:13
살인하지 말라

❷ 에베소서 5:28-29
이와 같이 남편들도 자기 아내 사랑하기를 **자기 자신과 같이 할지니** 자기 아내를 사랑하는 자는 자기를 사랑하는 것이라; **누구든지 언제나 자기 육체를 미워하지 않고** 오직 양육하여 보호하기를 그리스도께서 교회에게 함과 같이 하나니

❸ 열왕기상 18:4
이세벨이 여호와의 선지자들을 멸할 때에 **오바댜가** 선지자 백 명을 가지고 오십 명씩 굴에 숨기고 떡과 물을 먹였더라

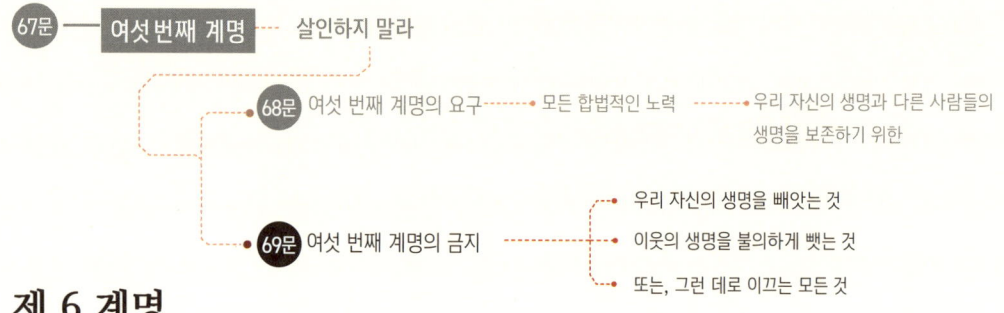

제 6 계명

Q69
What is forbidden in the sixth commandment?

A69
The sixth commandment forbiddeth
the taking away of our own life,
or the life of our neighbour unjustly,
　　　　　　　　　　　　부당한, 불법의
or whatsoever tendeth thereunto.
　　　　　　　　　거기에(there to)

문69
여섯 번째 계명에서 무엇이 금지되었나요?

답69
여섯 번째 계명에서 금지된 것은
우리 자신의 생명을 빼앗는 것과
이웃의 생명을 불의하게 빼앗는 것,
또는 그런 데로 이끄는 모든 것입니다.
❶ ❷

❶ 사도행전 16:28
바울이 크게 소리 질러 이르되 **네 몸을 상하지 말라** 우리가 다 여기 있노라 하니

❷ 창세기 9:6
다른 사람의 피를 흘리면 그 사람의 피도 흘릴 것이니 이는 하나님이 자기 형상대로 사람을 지으셨음이니라

6계명의 의미 : 생명에 대한 경외

6계명의 핵심은 '인간의 생명에 대한 경외'를 가르치는 것입니다. 하나님께서는 생명을 소중히 여기십니다. 우리는 하나님을 사랑하는 것과 같이, 그분이 지으신 인간의 생명도 사랑해야 한다는 것입니다.

6계명 "살인하지 말지니라."의 이해는 인간 존재의 의미를 이해할 때 가능합니다. 사람이 하나님의 형상으로 지어졌다는 사실을 알아야 합니다. 그 누구도 하나님의 형상인 나와 우리의 생명을 해칠 권리가 없는 것입니다. 우리 자신의 생명과, 다른 이들의 생명을 보존하고 지켜야 하는 이유가 바로 여기 있습니다.

살인하지 말라는 것은 반대로 긍정적인 측면에서 보면 이웃에 대해 온유하고 화평하고 자비하며 친절하라는 것까지도 생각해볼 수 있습니다. 십계명에서 금지하고 있다는 것은 그것과 반대로 적극적으로 행해야 할 선행에 대한 권고도 포함하고 있는 것입니다.

대요리문답에서는 구체적으로 어떻게 해설하고 있는지, 다음 페이지의 표를 읽어 봅시다.

더 깊은 이해를 위한 책
김홍전, 『예수께서 가르치신 율법의 참뜻』, 산상보훈 강해 제2권, 제11강-14강에서는 예수님께서 가르치신 6계명의 참뜻을 잘 설명하고 있습니다.

답변분석

6계명에 대한 대요리문답의 훨씬 더 자세한 해설 (대요리문답 135~136문)

의무	금지
•우리 자신과 다른 사람들의 생명을 보존하기 위한, 주의 깊은 연구와 합법적인 노력을 하라는 것 (어떻게?) •누구의 생명이든 부당하게 빼앗으려는 경향에 대해, (그런 경향을 가진) 모든 사상과 목적에 저항하고, (그런 경향을 가진) 모든 격분을 억제하며, (그런 경향이 있는) 모든 기회와 유혹, 실행(관습)을 피함으로 •(위와 같은) 폭력에 대한 정당방위로, 하나님의 손길을 참아 견디는 것으로, 마음의 잠잠함과 영혼의 유쾌함 •육류, 음료, 의약, 수면, 노동, 오락을 절제하여 사용함 •자비로운 생각, 사랑, 연민, 온유함, 우아함, 친절함 •비폭력적이고 부드러우며 공손한 말과 행동 •관대하고, 기꺼이 화해하며, 인내하는 태도, 손해를 용서하는 것과 악을 선으로 갚음 •곤궁에 처한 자를 위로하고 구제함, 죄 없는 자를 보호하고 옹호함	•우리 자신들이나 다른 사람들의 생명을 박탈하는 모든 것. 다만, 공적 재판, 합법적인 전쟁이나 정당방위의 경우는 제외 •합법적이고 불가피한 생명 보존의 수단을, 소홀히 하거나 철회하는 것 •죄가 되는 분노, 증오심, 질투, 복수하려는 열망 •모든 과도한 격분, 정신을 산란케 하는 염려 •육류와 음료, 노동 및 오락을 과도하게 사용하는 것 •격동케 하는 말, 탄압, 다툼, 구타, 상해 그리고 사람의 생명을 파괴하는 경향을 가진 모든 것들

답변분석

살인하지 말라는 것에 뭐가 이렇게 요구하는 게 많은 건지, 한 문장 한 문장 읽어나갈수록 통탄할 지경입니다.

우리는 살인을 참으로 수도 없이 저질렀구나 하는 것을 깨닫습니다. 증오, 복수하려는 열망, 격분, 염려, 무절제, 다툼, 구타, 상해, 격동시키는 말 등을 아무렇게나 했습니다. 그리고 그러한 것들을 하지 않으려고는, 별다른 노력을 하지 않았던 것 같습니다. 누군가에게 욕을 당하면 아주 자연스럽게 나도 똑같은 마음을 품습니다. 하나님께서 원하시는 것은 전혀 반대 방향의 모습을 원하시는데 말입니다. 하나님을 사랑한다면서, 하나님께 영광을 돌리는 삶을 살고 싶다고 하면서, 왜 그렇게 하나님께서 원하시고 요구하시는 것의 반대로만 행하는 것인지! 기도로 하나님의 은혜와 긍휼을, 불쌍히 여기심을 구해야겠습니다.

하나님께서는 '생명'을 소중히 여기십니다. 생명은 몸뿐 아니라 마음, 영혼에 이르기까지 전 존재를 포함합니다. 나의 생명을 소중히 여기며 전인적인 유쾌함을 유지하기 위해 노력하고, 또한 더 잘 할 수 있는 방법을 배워야겠습니다. 특별히 약할 때에도 나의 생명이 생동감 있게 움직이도록 유쾌할 수 있는 방법을 찾아야겠습니다. 나 자신을 소중히 여김으로, 타인의 필요를 앞서 이해하고, 그들의 생명을 더욱 사랑해야겠습니다.

살인하지 말라는 곳에서 고기와 음료, 수면, 노동, 의약품의 사용 등이 나올 줄 전혀 예상하지 못했습니다. 과식과 남용이 살인과 관련이 있었을 줄이야! 이런 항목은 특히 어느 정도의 부유함을 가진 국가에서는 지키기 참 힘든 요구인 것 같습니다. 인간은 자신의 풍족함을 위해 자연스럽게 움직이고, 또한 할 수만 있다면 그 풍족함을 한껏 누리기 때문입니다. 우리는 가능한 더 누리고 즐기려 하지 억제하고 자제하려 들지 않습니다. 그러니 우리는 지금 이 순간에도 얼마나 많은 죄를 지으며 살아가는지 모릅니다.

또한 살인하지 말라는 것의 긍정적인 측면에서, 사랑하고 온유, 화평과 자비, 그리고 친절까지 말하고 있음을 보노라면, 한숨이 절로 나옵니다.

답변분석

'내가 사랑해야 할 대상을 사랑하지 못하는 것이 살인'이라고 하니, 정말 "나는 살인자였구나." 싶습니다. 하나님의 영광을 나타내야 하는 한 사람의 성도로서, 이런 기본적인 것을 하지 못하고 있는 나를 볼 때, 한없이 하나님 앞에서 죄인임을 깨닫습니다. 그리고 내가 살아서 행하는 모든 것이 죄라는 것을 보니, 더욱 아프고 슬플 수밖에요. 솔직히 그래도 나름대로 하나님 앞에서 하나님의 말씀을 지키려고 애쓰는 자라고 생각해왔는데, 이렇게 광범위하게 주어지는 기준을 대하면 제 자신의 열심과 노력이 참으로 우스워집니다. 그러한 저를 오래 참으심으로 지켜봐 주시고, 은혜를 베푸시는 하나님을 생각하니 얼마나 감사한지요.

생명을 살리는 일

그동안 다른 계명에서 우리가 쭉 보아온 바와 같이, 십계명은 무엇을 "하라", "하지 말라"에 그치는 것이 아닙니다. 인간 존재의 근원적이고도 질적인 변화를 요구하는 것입니다. 그래서 무엇을 하고 하지 말고에 집중하기보다는, 내가 어떤 존재가 되고 내가 어떤 목적을 향해 어떻게 가야 할 것인가에 집중해야 합니다. 그래서 6계명을 대하면서 계속해서 머릿속에 드는 생각은, 생명을 살리는 일을 해야겠다는 다짐입니다. 내가 누군가를 미워하고 마음속으로 죽이고 싶어 하는 그 순간, 나는 이미 생명을 죽이고 있는 것임을 알았기 때문입니다. '피터 팬'에는, 사람들이 요정의 존재를 부정하고 그 이름을 부르지 않았더니 팅커 벨의 생명이 약해지는 장면이 나옵니다.

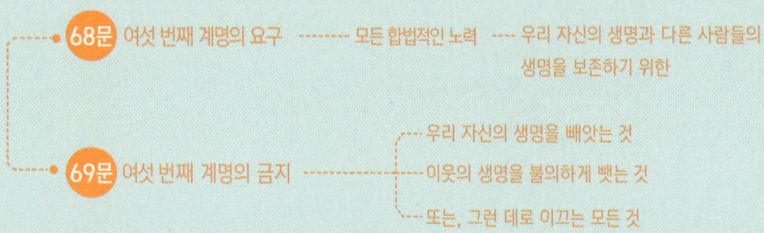

중학생 때 학교에서 아이들을 괴롭히는 불량 친구들을 미워하는 마음이 강해져서 집에 와서 뾰족한 것으로 침대 쿠션을 마구 찌르며 분풀이를 한 적이 있습니다. 머릿속으로 등교하여 그 미워하는 대상들을 찌르는 상상을 한 것인데, 다음 순간, 이상하게 내 스스로가 죽어감을 느꼈고, 죄책감에 힘겨워했습니다. 말씀을 통해, 또한 좋은 환경을 통해, 사랑으로 먼저 모든 사람을 대하는 법을 배우며, 자타를 죽이는 죄에서 돌이켜, 생명을 살리는 일을 하도록 나를 이끄시는 하나님의 손길에 감사하게 됩니다.

보다 적극적으로는, 생명의 소중함과 가치를 바로잡는 삶을 실천해야겠습니다. 생명은 진화·유물론에서 말하는 것처럼 단순한 유기물의 물리·화학적 반응의 결과물이 아닙니다. '창조'의 '주제'입니다. 생명을 살리는 일을 해야 하겠습니다.

적용하기

6계명 관련 나눔 주제들
자유롭게 이야기합니다

적용하기

전쟁, 테러, 국방, 치안, 양심적 병역 거부, 폭력, 정당방위, 인종차별, 인권, 탈북자 처우, 야근(ex. 사람을 살려야 할 병원에서, 직원들에게 과중한 근무를 시켜서 의료 서비스의 질을 하락 시켜 환자들에게 피해를 주는 모습, 특히 교대근무를 해야 하는 간호사, 간호조무사들), 학교 폭력, 청소년 교정 시설, 휴가, 주5일제, 근로기준법, 분노와 용서, 온라인 게임특히 RPG게임, 기아대책, 구호활동, 시험관 아기 시술, 인공수정, 입양, 낙태, 생명공학, 유전자치료, 줄기세포, 화장과 매장, 사형제, 자살, 안락사, 건강관리, 약물남용, 총기 규제, 축산농장 시스템, 살처분, _____, _____, _____

이 밖에도 적합한 나눔 주제들을 찾아내어 이야기 나누세요. ^^

모임활동 Tip

1. 마인드맵 그리기 : 6계명과 관련될법한 주제들을 적고 조원들과 함께 아이디어를 확장시켜 나갑니다.
2. 발표와 나눔 : 흥미가 느껴지는 주제를 고른 후, 발표자들이 관련 주제를 다룬 책을 읽거나, 영화나 다큐멘터리 영상을 보고 소감을 발표합니다. 참여자들도 서로의 생각을 공유합니다. ^^

더 깊은 이해를 위한 책
신원하,『시대의 분별과 윤리적 선택』; 신원하,『전쟁과 정치』
신원하,『교회가 꼭 대답해야 할 윤리 문제들』; 송인규,『미래 사회와 기독교 윤리』
J. 다우마,『개혁주의 윤리학』; 월터 카이저,『이렇게 가르치라: 설교자와 교사를 위한 성경 윤리 가이드』

"계명을 삶에 적용할 때 주의할 점"

하나님의 계명을 접하고 거듭난 삶을 살고자 하는 마음은 모든 성도에게 동일할지라도, 실제로 적용하는 방식은 서로 다를 수 있다. 하나님의 주권을 삶의 구체적인 영역까지 적용하려는 사람도 있고, 혹자는 성속이원론적인 생각에 갇혀 소극적으로 임하기도 할 것이다. 여기에 균형이 필요하다. 바람직한 성도의 삶이란, 지금 이 순간 모든 삶의 영역에 하나님의 통치가 임하신다는 사실을 인정하면서, 그의 통치를 받는 자로서 살되, 이 땅에서 '나그네' 신분임을 잊지 않는 자이다. 나그네는 궁극적으로 땅에 관심을 갖는 자가 아니다. 나그네는 목적지를 향해 계속 걸어가는 존재다. 목적지는 영원, 곧 안식의 처소이다. 우리는 새 하늘과 새 땅을 사모하면서 이 땅에서 우리 힘으로 뭔가 이루려 하지 않고, 주께서 주신 질서 안에서 허락하신 삶을 살아가는 동안 하나님의 말씀을 지키는 한 사람의 그리스도인으로 순종하며 살아가는 것이다.

자칫 너무 소극적인 삶이 아닌가 싶을 수 있다. 그러나 이렇게 살기란 쉬운 일이 아니다. 왜냐하면 하나님의 말씀대로 살아가려는 성도에게, 세상은 결코 호락호락한 모습으로 다가오지 않기 때문이다. 세상은 언제나 나그네에게 '정착'을 요구한다. 우리에게 우리의 신분으로서 걸맞지 않은 행동을 늘 요구한다. 하나님의 법도와 방식에 어긋나는 행동을 끊임없이 은밀하게 요구한다. 나그네로서의 삶을 포기하도록 만들기 위해 최선을 다하는 것이다. 그런 유혹을 지속적으로 받다 보면, 점점 그냥 정착하여 안정된 삶을 누리고 싶다는 생각이 마음 깊은 곳에서부터 드러나는 것이다. "주여! 여기가 좋사오니…" 하면서 주께서 끌고 가시고자 하는 그 영화로운 자리에 이르기를 포기하는 것이다.

이런 유혹이 다가올 때 우리는 어떻게 할 것인가? 갈등의 상황에서 자연히 '투쟁'이 발생한다. 이 투쟁은 어쩌면 생명을 요구할 때도 있다. 나그네로서 우리에게 주어진 하나님의 말씀의 원칙이 분명한데, 그것이 아닌 이 땅의 법칙대로 살아가기를 강요받을 때 – 그것이 뇌물 수수가 되었든지, 주일성수에 대한 압력이 되었든지 – 언제나 우리의 대처 방안은 분명해야 한다. 어떤 상황에 처했을 때라도, 우리는 말씀 앞에서 원칙대로 순종하고, 결과는 하나님께 맡겨야 한다. 우리 신분은 나그네이며, 영원한 안식을 향해 여행하고 있는 존재이므로 두려울 것이 없다. (그리고 그것이 가장 쉽다!) 도중에 결과가 마음에 안 든다고 실망하지도 낙심할 필요도 없다. 주께서 하신 일이기 때문이다. 그것이 하나님의 섭리를 인정하며 그분의 일하심을 기다리는 삶이다. 하나님 절대주권의 절대적인 신뢰, 이것은 예나 지금이나 미래에까지도 우리가 요구받는 엄연한 진리이며, 올바른 세계관이며, 신앙하는 방식이며, 의연한 삶의 자세인 것이다.

적용하기

6계명 적용과 나눔

오늘 배운 6계명의 가르침에 비추어, 각자 자신을 돌아보면서 깨닫고 실천할 점을 적어봅시다.

	내가 할 일	내가 하지 말아야 할 일
교회		
가정		
학교/일터		

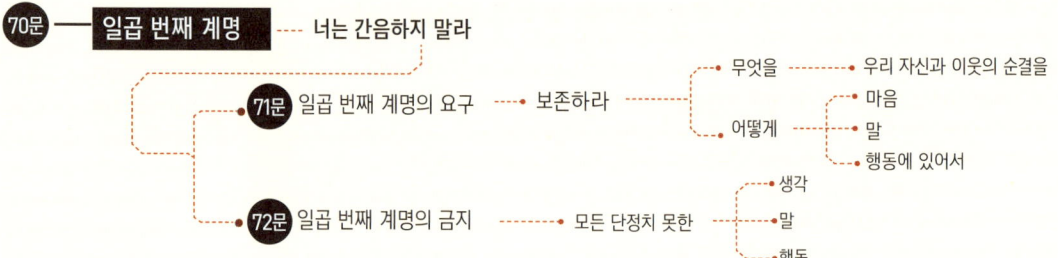

제 7 계명

Q70
Which is the seventh commandment?
A70
The seventh commandment is,

Thou shalt not commit adultery.
간통, 부정, 불륜
범하다, 저지르다

Q71
What is required in the seventh commandment?
A71
The seventh commandment requireth

the preservation of our own and our neighbor's chasity
순결, 정숙
in heart, speech, and behaviour.
행실, 품행

Q72
What is forbidden in the seventh commandment?
A72
The seventh commandment forbiddeth

all unchaste thoughts, words, and actions.
행실이 나쁜, 음란한

문70
일곱 번째 계명은 무엇인가요?
답70
일곱 번째 계명은

간음하지 말지니라 입니다.
❶

문71
일곱 번째 계명에서 무엇이 요구되었나요?
답71
일곱 번째 계명에서 요구되는 것은

우리 자신과 이웃의 순결을 보존하는 것입니다.

마음과 말과 행동에 있어서.
❷ ❸ ❹

문72
일곱 번째 계명에서 무엇이 금지되었나요?
답72
일곱 번째 계명에서 금지된 것은

모든 단정치 못한 생각과 말과 행동입니다.
❺ ❻ ❼

❶ 출애굽기20:14
간음하지 말라

❷ 고린도전서 7:2-3, 5, 34, 36
음행을 피하기 위하여 남자마다 자기 아내를 두고 여자마다 자기 남편을 두라; **남편은 그 아내에 대한 의무를 다하고 아내도 그 남편에게 그렇게 할지라;** 서로 분방하지 말라 다만 기도할 틈을 얻기 위하여 합의상 얼마 동안은 하되 다시 합하라 이는 너희가 절제 못함으로 말미암아 사탄이 너희를 시험하지 못하게 하려 함이라; 마음이 갈라지며 시집 가지 않은 자와 처녀는 주의 일을 염려하여 **몸과 영을 다 거룩하게 하려 하되** 시집 간 자는 세상 일을 염려하여 어찌하여야 남편을 기쁘게 할까 하느니라; 그러므로 만일 누가 자기 약혼녀에 대한 행동이 합당하지 못한 줄로 생각할 때에 그 약혼녀의 혼기도 지나고 그같이 할 필요가 있거든 원하는 대로 하라 그것은 죄 짓는 것이 아니니 **그들로 결혼하게 하라**

❸ 골로새서 4:6
너희 말을 항상 은혜 가운데서 소금으로 맛을 냄과 같이 하라 그리하면 각 사람에게 마땅히 대답할 것을 알리라

❹ 베드로전서 3:2
너희의 두려워하며 정결한 행실을 봄이라

❺ 마태복음 15:19
마음에서 나오는 것은 악한 생각과 살인과 **간음과 음란**과 도둑질과 거짓 증언과 비방이니

❻ 마태복음 5:28
나는 너희에게 이르노니 **음욕을 품고** 여자를 보는 자마다 마음에 이미 **간음하였느니라**

❼ 에베소서 5:3-4
음행과 온갖 더러운 것과 탐욕은 너희 중에서 그 이름조차도 부르지 말라 이는 성도에게 마땅한 바니라; **누추함과 어리석은** 말이나 희롱의 말이 마땅치 아니하니 오히려 감사하는 말을 하라

답변분석

7계명 : 가정과 혼인의 신성함

TV에는 불륜 드라마가 항상 방영됩니다. 현실에 대한 적나라한 반영일 것입니다. 드라마 속의 애정, 사랑, 동정, 감동, 행복 등의 단어들은 우리의 판단력에 강력한 힘을 발휘합니다. 드라마 속 인물에 애처로움을 느끼고, 공감하게 만듭니다. 참 슬픈 일입니다. 이런 느낌을 갖는 것이 얼마나 비참한 상태인지요! 가정의 소중함을 알고, 부족함을 인내하며 치유/회복하는 방향으로 나아가야 할 텐데, 현실은 정반대입니다. 하나님의 법을 모르면, 그 이상의 행복으로 인도받지 못하고 거기서 멈추거나 추락하고 맙니다.

이런 현실 속에 우리는 7계명을 보게 됩니다. 하나님께서는 결혼관계 밖에서의 성관계를 금지하십니다. 하나님은 오직 합법적인 결혼 안에서만 성을 선물로 주셨습니다. 이 세상 70억 인구 중에서 성적인 관계가 허용된 남자 혹은 여자는 [남편 혹은 아내] 단 한 사람뿐입니다.

합법적인 결혼 안에서만!

이것과 오늘날의 세태는 괴리가 크다는 느낌이 듭니다. 일반적으로 세상에서는 육체적인 순결만을 강조합니다. 원조교제, 강간, 즉 사회의 질서를 어지럽히기 때문에 법적으로 금지된 것 외에는 모든 것이 허용된 사회에 살고 있습니다. 그러나 7계명의 의미는 훨씬 더 엄밀합니다. 이런 세상에 사는 우리는 7계명들을 어떻게 이해하고 받아들여야 하는 것일까요? 사람에게 진정한 복은 하나님의 말씀을 지키는 데 있습니다. 우리는 하나님을 두려워하며 말씀에 입각해서 살아가려는 처절한 몸부림이 있어야 합니다. 세상은 어떠하든 7계명은 하나님의 명령이고, 우리의 거룩함을 위한 지표이고, 살아가면서 지켜야 할 규범입니다. 분명한 기준과 확고함을 가지고 있지 않다면, 언제든지 휩쓸릴 수 있음을 기억합시다. 또 분명한 기준을 가지고 있더라도 언제든지 그런 유혹 앞에 넘어질 수 있음을 인정합시다. 그리고 피합시다. 말씀으로 나의 삶을 돌아보며, 기도로 하나님께 간구함으로 그 날개 아래에 숨도록 합시다.

답변분석

하나님께서는 성을 통하여 가정제도가 유지되기를 원하십니다. 그리고 이 성으로 말미암아 남자와 여자가 '한 몸'을 이루시기를 원하십니다. "간음하지 말지니라."의 명령은 남자와 여자의 성을 축복된 것으로 사용하라는 것입니다. 그러므로 우리는 결혼 관계 밖에서의 성적인 요구에 대해서는 어떤 경우에도 결코 생각해 볼 수 없습니다. 또한 성이 그릇되게 사용되는 것의 유혹을 피해야 합니다.

더 깊은 이해를 위한 책
김홍전, 『혼인, 가정과 교회』; 김홍전, 『예수께서 가르치신 율법의 참뜻』, 제15-16강; 최낙재, 『혼인의 신성함』

7계명에 대한 대요리문답의 훨씬 더 자세한 해설 (대요리문답 138-139문)

의무	금지
· 몸, 마음, 애정, 말과 행동의 순결함	· 요구된 의무들을 소홀히 하는 것 외에, 간통, 간음, 강간, 근친상간, 남색, 그리고 모든 부자연스러운 정욕
· 또한, 우리 자신과 다른 사람들의 순결을 보존함	· 모든 불결한 상상, 생각, 목적, 애정
· 눈과 모든 감각을 조심하는 것	· 모든 부패하거나 추잡한 대화를 하거나, 이를 듣는 것
· 절제함	· 음란한 외모, 무례하거나 가벼운 행동, 야한 옷차림
· 순결한 친구와의 사귐, 의복의 단정함	· 합법적인 결혼을 금지하고, 불법적인 결혼은 시행하는 것
· 금욕의 은사가 없는 자들이 결혼하는 것과 부부의 사랑함과 동거함	· 매춘을 허락하고, 용인*하고, 보존하는 것과 그것에 의지하는 것
· 우리의 직업을 위해 부지런히 수고하는 것	· 독신생활의 서약에 얽매이는 것과 결혼을 지나치게 미루는 것이며, 동시에 한 명 이상의 아내나 남편을 취하는 것
· 불결한 모든 경우를 피하고, 거기서 오는 유혹에 저항하는 것	· 부당한 이혼을 하거나 (배우자를) 버리는 것
	· 게으름, 폭식, 술 취함, 순결하지 않은 친구를 사귀는 것
	· 음탕한 노래, 책, 그림, 춤, 연극
	· 우리 자신이나 다른 사람들에게, 음란하도록 도발하는 모든 것과 음란한 행위를 하는 것

* '간음하지 말라'에 왜 게으름, 폭식, 술 취함이 금지되었을까요? 그런 것으로 인해 더욱 문란한 행위로 이어지는 것을 경계한 것입니다. (ex.밧세바와 간음한 다윗)

답변분석

7계명에서 요구하는 의무와 금지 조항들을 읽으면 읽을수록, 참으로 '이 세대와 맞지 않는 계명'이라는 생각이 듭니다. 7계명은 간음의 죄 그 자체뿐만 아니라 그 원인, 기회, 효과, 전제까지도 금하는 계명입니다.

간음의 죄는 이 시대에 팽배합니다. 특히 주위에서 드러내놓고 당당히 간음의 죄를 짓는 것을 보면 참으로 불쾌합니다. 그리고 별별 논리로 정당성을 주장합니다. 그러나 하나님을 배제한 그들의 논리는 오류일 수밖에 없으며, 그 결과는 추할 수밖에 없습니다. 사람에게 최고의 복은 하나님의 말씀을 지키는 것이기 때문입니다. 성도는 이럴 때일수록 더욱 하나님을 두려워하며, 말씀에 따라 살아가려는 "처절한 몸부림"이 있어야 합니다. 세상이 뭐라 말하든, 계명은 하나님의 명령이고, 우리의 거룩함을 위한 지표요 모범이며, 우리가 살면서 지켜야 할 규범입니다.

많은 것이 허용된 세상에 살고 있습니다. 그런 세상에 살면서 '나는 그리스도인으로서 어떻게 살아가야 하는가' 분명한 기준과 확고함을 가지고 있지 않다면, 언제든지 휩쓸릴 수 있습니다. 아니, 분명한 기준과 확고함을 가지고 있더라도 언제든지 그런 유혹 앞에 넘어질 수 있음을 인정해야 합니다. 특히 이 7계명으로 인해 많은 청년들이 힘들어합니다. 하나님의 말씀이 계속 자신을 정죄하기 때문입니다. 그래서 차라리 하나님을 믿지 않겠다고 하며, 자유를 찾아 교회를 떠나갑니다. 하지만 하나님으로부터 벗어난 자유는 진정한 자유가 아니며, 율법과 양심으로부터 피하는 것이 아니라 더욱 깊숙이 얽매이는 것입니다. 진정한 도피성은 오직 하나님의 품이라는 것을 다시금 상기합니다.

더 깊은 이해를 위한 책 : 송인규, 『고립된 성』

답변분석

남편이나 아내 외의 다른 이성으로부터 성적인 유혹을 받는다면? 그것을 달콤한 기회로 여기거나, 호기심으로 경험해보려는 마음이 든다면 그 순간 이미 간음한 죄 가운데 드는 것입니다. 그런데 막상 이러한 유혹은 매우 교묘하게 다가오기 때문에, 깨닫기조차 쉽지 않은 일입니다.

가장 큰 문제는 유혹하는 사람보다 나 자신에게 있습니다. 그런 행동을 정당화하기 위해 스스로 여러 가지 타당한 근거들을 생각해내고 있는 자기 자신을 보게 될지 모릅니다. "비록 떳떳한 일은 아니지만, 내가 이렇게 함으로써 상대방의 아픔을 달래줄 수 있어."라거나, "내 경우는 특별해, 어쩔 수 없는 상황이야." 등등, 여러 가지 논리를 내세워 자기합리화를 하고 있는 자신을 발견할 수도 있을 것입니다. "이것은 단순한 정욕에 이끌리는 것이 아니야, 다 이유가 있어!"라는 생각이 머릿속을 휘감는 것입니다.

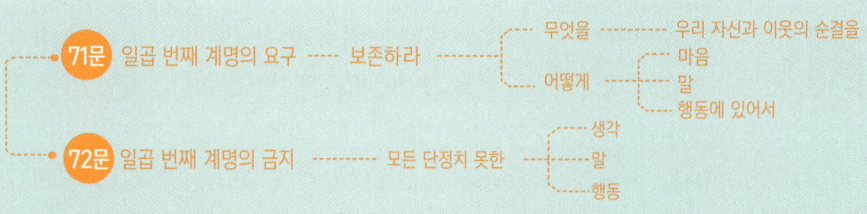

그럴 때 어떡해야 할까요? 요셉이 그러했던 것처럼, 상대방의 가정을 지키기 위해, 그리고 나 자신이 더러운 죄 가운데 방치되지 않기 위해, 내 가정과 혼인 관계의 순수성을 지키기 위해, 더더욱 그것이 표상하는 '나와 하나님과의 순전한 관계'를 지키기 위해 그 순간을 요셉처럼 박차고 나오는 것이 정답입니다. 상대방과의 좋았던 관계가 깨지고, 설령 세상으로부터는 바보 소리를 들을지언정, 혹은 되레 복수를 당하여 누명을 쓰고 엉뚱하게 감옥에 가게 될지언정, 그것이 더 복이라는 사실을 생각하시기 바랍니다. 아무리 괴로워도, 죄 가운데 후줄근한 모습으로 발 담그고 서 있는 비참한 꼴과는 비교할 수 없습니다.

우선, 우리의 연약함과 죄악 됨을 인정합시다. 그리고 피합시다. 말씀으로 나의 삶을 되돌아보며, 기도로 하나님께 간구함으로, 하나님의 보호하시는 날개 아래에 숨는 것, 아무래도 그것이 상책인 듯합니다.

"나를 눈동자 같이 지키시고 주의 날개 그늘 아래에 감추사" 시편 17:8

보다 적극적으로는, 가정을 천국의 모형으로 세울 수 있도록 간구하고 추구하는 삶을 실천해야겠습니다. 가정은 진화/유물론에서 말하는 것처럼 단순한 사회계약 관계의 결과물이 아닙니다. '천국'의 '표상'입니다. 가정을 회복하는 일을 해야 하겠습니다.

더 깊은 이해를 위한 책 : 데이비드 엥겔스마, 『이혼』

비록 간통죄가 이제는 현행법상 처벌 대상이 아니지만 이는 변함없이 금해야 하는 죄악입니다. 세속 행법에서 다루지 않는다고 해서 그것이 하나님 앞에서 죄가 아닌 것이 되지는 않습니다.

적용하기

7계명 관련 나눔 주제들
자유롭게 이야기합니다

적용하기

결혼, 결혼제도, 이혼, 졸혼, 가정의 목적, 데이팅앱, 독신주의, 동거, 불륜, 혼전순결, 혼외정사, 자위행위, 포르노, 매춘, 룸살롱 접대문화, 성희롱, 불법 촬영물, 그루밍 성범죄, 성차별, 남성/여성 혐오, 음담패설, Me Too 캠페인, 해외원정 성매매, 근친상간, 트랜스젠더, 동성애, 게으름, 폭식, 술취함, 의복과 패션, _____, _____, _____

이 밖에도 적합한 나눔 주제들을 찾아내어 이야기 나누세요. ^^

> **모임활동 Tip**
> 1. 마인드맵 그리기 : 7계명과 관련될법한 주제들을 적고 조원들과 함께 아이디어를 확장시켜 나갑니다.
> 2. 발표와 나눔 : 흥미가 느껴지는 주제를 고른 후, 발표자들이 관련 주제를 다룬 책을 읽거나, 영화나 다큐멘터리 영상을 보고 소감을 발표합니다. 참여자들도 서로의 생각을 공유합니다. ^^

특별자료

7계명은 하나님 앞에서의 순전한 결혼과 가정에 그 초점이 있습니다.
오래전에 저희 부부가 결혼을 준비하며 적었던 글이 생각나서, 조금 수정해서 공개합니다.

우리들의 결혼계획서
세상에는 독특한 결혼식을 꿈꾸는 남녀가 많습니다. 그러나 결혼식이 단지 즐기기 위한 행사나 사람 앞에 보이기 좋으라고 만드는 쇼가 아님을 이제 알게 되었습니다. 결혼식은 신랑 신부가 하나님 앞에서 하나됨을 교회와 육신의 부모와 형제 자매 친구들이 보는 앞에서 서약하고, 증거하고, 감사하는 것입니다. 그러나 요즘 예식장에 가보면 그런 의미를 살리는 예식을 찾기란 쉽지 않습니다. 그래서 저희는 다음과 같이 "열 가지 원칙"을 세워 보았습니다.

첫째, 약혼식은 생략합니다.
두 사람이 풋풋하게 주고받던 사랑의 대화들, 그리고 눈 내리는 밤 가로등 밑에서 '우리 나중에 꼬옥 결혼하자' 약속했던 추억들이 곧 저희 약혼식이 될 것입니다.

둘째, 함·예물·예단·예복 일체를 생략합니다.
지금 두 사람이 끼고 있는 커플링 정도면 의미를 부여하기에 충분한 기념물이 될 것입니다. 또 일반적으로 가장 많은 예산을 잡곤 하는 예단은 양가 합의하에 일체 하지 않기로 하되, 대신 그동안 고생하신 양가 어머니를 위한 선물을 사드리는 것이 센스있는 선택이지 않나 생각합니다.

셋째, 신혼살림은 기존에 서로 쓰던 것을 그대로 쓰되, 추가 구입이 필요한 물품은 목록을 작성합니다.
왜 목록을 작성하느냐구요? 저렴한 것은 주위에 알려서 선물로 받고, 고가의 것은 하나하나 장만해 나가는 쏠쏠한 재미를 느껴보려 한답니다.

넷째, 호젓한 예식 장소입니다.
저희는 결혼식을 통해 '가족의 교제와 휴식'이라는 또 하나의 목적을 찾고 싶습니다. 신랑 신부와 겨우 눈 한 번 맞춰보고 정신없이 식사하고 먼 길을 다시 돌아가는 모습을 보며 아쉬움이 많았습니다. 그래서 저희 생각은 근교의 리조트 홀을 이용하는 것입니다. 예식장 빌리면서 불필요한 옵션을 치르는 것보다 오히려 비용이 절감됩니다. 주말 오후 느지막한 시간에 예식을 치르고, 방도 몇 개 잡아두어 멀리서 오신 친지들이 숙박을 하고 가실 수 있도록 배려한다면 얼마나 멋질까요.

다섯째, 예식은 하나님 앞에서의 서약과 공적인 선포를 중심으로 합니다.
말씀이 선포될 경우 그 자리의 주인은 하나님이십니다. 흔히 신랑 신부가 입장하여 주인공이 되지만, 설교 시간만큼은 신랑 신부도 다른 하객들과 함께 자리에 앉아 말씀을 듣고, 그 후 서약도 반지를 주고받기보다는 경건한 마음으로 성경 위에 손을 얹고 예식을 진행하는 것이 나은 듯합니다.

여섯째, 피로연은 가족 친지 친구들을 위한 것입니다.
예식 후, 평소 한자리에 모이기 힘든 가족 친지 친구들이 오랜만에 만나 함께 정을 나누고 신랑 신부를 축복하는 편안한 시간을 가지면 좋겠지요. 예식 장소가 리조트이므로 참석자들은 여유롭게 쉴 수 있고, 자연스럽게 서로 덕담을 나누거나 축가를 부르며, 양가 하객들이 서로를 소개하는 순서도 갖는다면 더 없이 행복하겠습니다.

일곱째, 하객 초청입니다. 신랑, 신부측 각각 100명 이내로 하고 싶습니다.
하객 초청은, 애초에 청첩장을 보낼 때 "당신은 이러이러한 이유로 저희 결혼식에 초청합니다."라는 문장을 두어, 분명한 이유를 적을 만한 분들을 제한적으로 초청하려 합니다. 그렇다고 해서 다른 분들이 저희에게 귀하지 않다는 의미는 아닙니다. 다만, 단출하고 소란스럽지 않게, 누구에게도 부담스럽지 않은 예식을 만들고자 함입니다.

여덟째, 축의금은 받지 않습니다.
요즘은 이렇게 축의금을 받지 않는 결혼식장을 종종 보게 됩니다. 저희도 결혼을 축하하는 자리에서 굳이 봉투가 왔다갔다 할 필요는 없다고 생각합니다. 마음이 중요하지요. 형식적인 행위를 최대한 배제하자는 데 뜻을 둔 것이니 오해가 없으시길 바라며, 그런 신랑 신부의 뜻에 동참해 주시기를 바랄 뿐입니다.

아홉째, 폐백도 생략할 것이며 따라서 절값도 받지 않습니다.
폐백은 신혼여행 후 간소한 가족모임을 마련하거나 신혼 집들이로 대체하는 것이 바람직하다고 봅니다. 폐백은 혼인식 당일 신부가 시댁 식구에게 인사드리는 것에서 비롯된 것으로, 요즘은 지극히 형식적인 절차로 치러집니다. 폐백식에서의 폐백 음식과 폐백 옷, 그리고 폐백 절차, 각종 팁 등은 오늘날에는 과소비일 뿐입니다.

열번째로, 신혼여행은 둘만의 시간을 조용히 보낼 수 있는 장소로 선택하면 충분합니다.
신혼여행은 모든 신랑 신부에게 가장 기대되는 꿈일 것입니다. 서양사에 관심이 많은 저희는 이번 기회에 가급적 유럽으로 배낭여행을 가고 싶습니다만, 여의치 않을 경우 국내 여행을 생각하고 있습니다. 평소 가보지 못한 지역의 문화유적 답사 등… 둘이서 함께라면 어느 곳인들 부족하겠습니까?

세상에 많은 커플들이 "남 보기에 어떨까?"하는 마음으로 결혼식을 계획하지만, 성도의 자세는 달라야 한다고 생각합니다. 실제로 저희의 결혼식에서 이 중에 몇 가지나 이루어질지는 주님만 아실 것입니다만, 지켜지도록 노력하려 합니다. ^^

2002년 1월, 결혼을 준비하며, 황희상 정설 둘이서 함께 작성

실제로 대부분의 내용을 결혼식에 그대로 반영할 수 있었습니다. 저희 계획을 적극 지지해주신 양가 부모님과 친지분들, 그리고 그 복된 날 저희를 축복해주신 모든 분께 이 지면을 빌어 다시 한번 감사를 드립니다. ^^

적용하기

7계명 적용과 나눔

오늘 배운 7계명의 가르침에 비추어, 각자 자신을 돌아보면서 깨닫고 실천할 점을 적어봅시다.

	내가 할 일	내가 하지 말아야 할 일
교회		
가정		
학교/일터		

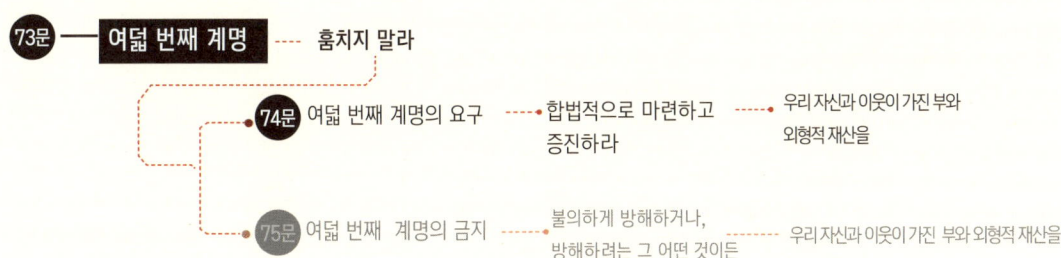

제 8 계명

Q73
Which is the eighth commandment?
A73
The eighth commandment is, Thou shalt not steal.
_{훔치다}

Q74
What is required in the eighth commandment?
A74
The eighth commandment requireth

the lawful procuring and furthering
_{획득, 마련}
the wealth and outward estate
_{외면의, 외부의 재산권}
of ourselves and others.

문73
여덟 번째 계명은 무엇인가요?
답73
여덟 번째 계명은 도적질하지 말지니라 입니다.

문74
여덟 번째 계명에서 무엇이 요구되었나요?
답74
여덟 번째 계명에서 요구되는 것은

합법적으로 마련하고, 증진하라는 것입니다.

부와 외형적 재산을.

우리 자신과 다른 이들의.

❶ 출애굽기 20:15
도둑질하지 말라

❷ 창세기 30:30
내가 오기 전에는 외삼촌의 소유가 적더니 번성하여 떼를 이루었으니 내 발이 이르는 곳마다 여호와께서 외삼촌에게 복을 주셨나이다 **그러나 나는 언제나 내 집을 세우리이까**

❸ 디모데전서 5:8
누구든지 자기 친족 특히 자기 가족을 돌보지 아니하면 믿음을 배반한 자요 불신자보다 더 악한 자니라

❹ 레위기 25:35
네 형제가 가난하게 되어 빈 손으로 네 곁에 있거든 **너는 그를 도와 거류민이나 동거인처럼 너와 함께 생활하게 하되**

❺ 신명기 22:1-5
네 형제의 소나 양이 길 잃은 것을 보거든 **못 본 체하지 말고 너는 반드시 그것들을 끌어다가 네 형제에게 돌릴 것이요**; 네 형제가 네게서 멀거나 또는 네가 그를 알지 못하거든 그 짐승을 네 집으로 끌고 가서 네 형제가 찾기까지 **네게 두었다가 그에게 돌려 줄지니**; 나귀라도 그리하고 의복이라도 그리하고 형제가 잃어버린 어떤 것이든지 네가 얻거든 다 그리하고 못 본 체하지 말 것이며; 네 형제의 나귀나 소가 길에 넘어진 것을 보거든 못 본 체하지 말고 **너는 반드시 형제를 도와 그것들을 일으킬지니라**; 여자는 남자의 의복을 입지 말 것이요 남자는 여자의 의복을 입지 말 것이라 이같이 하는 자는 네 하나님 여호와께 가증한 자이니라

❻ 출애굽기 23:4-5
네가 만일 네 원수의 길 잃은 소나 나귀를 보거든 **반드시 그 사람에게로 돌릴지며**; 네가 만일 너를 미워하는 자의 나귀가 짐을 싣고 엎드러짐을 보거든 **그것을 버려두지 말고 그것을 도와 그 짐을 부릴지니라**

❼ 창세기 47:14, 20
요셉이 곡식을 팔아 애굽 땅과 가나안 땅에 있는 **돈을 모두 거두어들이고 그 돈을 바로의 궁으로 가져가니**; 그러므로 요셉이 애굽의 모든 토지를 **다 사서** 바로에게 바치니 애굽의 모든 사람들이 기근에 시달려 각기 토지를 팔았음이라 땅이 바로의 소유가 되니라

```
73문 ─ 여덟 번째 계명 ---- 훔치지 말라
       └─ 74문 여덟 번째 계명의 요구 --- 합법적으로 마련하고 --- 우리 자신과 이웃이 가진 부와
                                      증진하라              외형적 재산을
       └─ 75문 여덟 번째 계명의 금지 --- 불의하게 방해하거나, --- 우리 자신과 이웃이 가진 부와 외형적 재산을
                                      방해하려는 그 어떤 것이든
```

제 8 계명

Q75
What is forbidden in the eighth commandment?

A75
The eighth commandment forbiddeth
  whatsoever doth,
  or may, unjustly hinder
    our own, or our neighbour's wealth
    or outward estate

문75
여덟 번째 계명에서 무엇이 금지되었나요?

답75
여덟 번째 계명은
  불의하게 방해하거나
  저해하려는 그 어떤 것이든 금지합니다.
    (무엇을?) 우리 자신과 이웃의 부와
    외형적 재산을.
❶❷❸❹

❶ 잠언 21:17
연락을 좋아하는 자는 가난하게 되고 술과 기름을 좋아하는 자는 부하게 되지 못하느니라

❷ 잠언 23:20-21
술을 즐겨 하는 자들과 고기를 탐하는 자들과도 더불어 사귀지 말라; 술 취하고 음식을 탐하는 자는 가난하여질 것이요 잠 자기를 즐겨 하는 자는 해어진 옷을 입을 것임이니라

❸ 잠언 28:19
자기의 토지를 경작하는 자는 먹을 것이 많으려니와 방탕을 따르는 자는 궁핍함이 많으리라

❹ 에베소서 4:28
도둑질하는 자는 다시 도둑질하지 말고 돌이켜 가난한 자에게 구제할 수 있도록 자기 손으로 수고하여 선한 일을 하라

답변분석

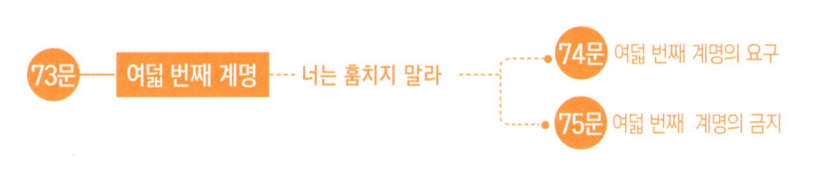

8계명 : 청지기다운 삶

6계명을 배우기 전이었다면, 도적질하지 말라는 8계명쯤이야 하고 자신 있어 했을 것입니다. 그러나 이제는 과연 8계명에서 하나님이 원하시는 것이 무엇인지 궁금해집니다. 하나님께서 여덟 번째로 정한 타이틀인 '도적질하지 말라'는 계명에 무슨 뜻이 담겨있는지 알아가 봅시다.

8계명은 사유재산을 보호하는 원리에 관계되는 계명입니다. 하나님께서 우리에게 재산이나 부를 맡기셨으니, 그 성격과 속성과 용법 용처가 모두 신성해야 할 것입니다. 그 원리에서 생각의 폭을 넓혀나갈 수 있습니다.

이것은 단지 남의 재산에 손해를 끼치지 않는 문제는 아니라는 것을 아실 것입니다. 또 그 재산을 움켜쥐고만 있다고 해서도 해결될 계명이 아닐 것입니다. 잘 벌어야 되고, 잘 지켜야 되고, 잘 관리해야 되고, 잘 써야 되는 종합적인 문제입니다. 다음 페이지를 보면서 생각해봅시다.

답변분석

8계명에 대한 대요리문답의 훨씬 더 자세한 해설 (대요리문답 141~142문)

의무

- 사람과 사람 사이의 계약과 거래에 있어, 진실함, 신실함, 공정함이다.
- 모든 사람에게 그가 마땅히 줄 것을 주는 것이다.
- 올바른 소유주로부터 불법적으로 점유*한 소유를 배상하는 것이다.
- 우리의 능력과 다른 사람들의 필요에 따라, 값없이 주고 빌려주는 것이다.
- 세상적인 소유에 대해, 우리의 판단, 의지, 애정을 절제하는 것이다.
- <u>얻고 보존하고 사용하고 처리하는 데 있어,</u>
    ↑ 장래를 대비하여 주의를 기울이는 것과 연구함이다.
       (무엇을?)

  > 우리의 본성을 지탱해주는 데 필요하고 편리한 것들과, 우리의 상태에 알맞은 것들을.

- 합법적인 직업과, 그것에 근면함이다.
- 검소함이다.
- 불필요한 소송, 보증서는 일, 혹은 그와 같은 계약들을 피하는 것이다.
- 다른 사람들의 부와 외형적인 지위를, 우리 자신의 것과 마찬가지로, 증진하고 보존하고 발전시키기 위해, 모든 공정하고 합법적인 방법으로 노력하는 것이다.

*점유(占有) : 물건이나 영역, 지위 따위를 차지함.

금지

- 요구된 의무들을 소홀히 하는 것 외에도,
- 절도, 강도, 납치, 훔친 물건은 어떤 것이라도 받는 것이다.
- 사기 거래, 거짓 계량*과 측정, 땅 경계표를 없애는 것, 사람과 사람 사이의 계약이나 신용 문제에서의 부당함과 부정직함이다.
- 억압, 착취, 고리대금업, 뇌물 수수, 성가신 소송, 불법적으로 공유지를 사유지로 만들어 주민 수를 줄이는 것이다.
- 가격을 올리기 위해, 상품들을 매점매석*하는 것이다.
- 불법적인 직업들이다. 그리고 우리 이웃이 소유한 것이나, 우리 자신들을 부유하게 하는 것들을, 불공정하거나 죄악된 모든 방법을 사용하여, 주지 않거나 빼앗는 것이다.
- 탐욕이다.
- 세상 재물을 과도하게 소중히 여기고 사용하는 것이다.
- 그것들(세상 재물)을 얻고 지키고 사용하는 것에, 의심이 가득하고 미칠 듯이 주의를 기울이고 연구하는 것이다.
- 다른 사람들의 번영을 질투하는 것이다.
- 게으름, 방탕함, 낭비적인 도박과 마찬가지로, 우리 자신의 외적인 지위(재물)에 과도하게 해를 끼치는 모든 다른 방법들이다. 또한, 하나님께서 주신 재물에 대한 적절한 사용과 그것(재물)이 주는 편안함을 우리에게서 빼앗아가는 것이다.

* 계량(計量) : 부피, 무게 따위를 잼.
* 매점매석(買占賣惜) : '매점'과 '매석'의 합성 경제용어로서, 매점(買占)은 '사재기'라고 부를 수 있으며, '물건값이 오를 것을 예상하고 폭리를 얻기 위하여 물건을 몰아서 사들이는 것'을 뜻하며, 매석(賣惜)은 '금방 가격이 많이 오를 것을 예상하고 비싼 값을 받기 위하여 상인이 물건 팔기를 꺼려하는 일'을 의미함

8계명에서 요구하는 의무에서는 전에는 상상도 못 했던 것들을 꼬집고 있었습니다. 자신의 일에 근면하라는 것과 다른 사람들의 외형적 재산을 위해 노력하라는 것입니다. 다시 생각해보니, 자기 일에 노력을 하지 않아서 궁핍하게 되면 결국 남의 것을 훔치게 될 테니, 도둑질하지 말라는 계명에 어울리는 항목 같습니다. 또 자신의 게으름으로 인해 아무래도 다른 사람의 몫을 소진하게 되는 점도 있을 것입니다.

바꿔 생각하면, 다른 이가 궁핍하면 그런 자들의 궁핍함을 벗어나게 해주기 위해 우리가 노력할 부분도 있겠습니다. 아프리카의 가난한 나라나 혹은 내 주위 궁핍한 자를, 적어도 내가 사는 만큼은 살 수 있도록 노력하는 것이 나의 의무라는 것입니다. 오늘날 자신의 배를 채우기에 급급하며, 어떻게 하면 조금이라도 더 모을 수 있을까를 고민하는 세태와는 참 어울리지 않는 항목들입니다. 나 자신의 연봉을 높이기 위해 노력하기도 바쁜데, 다른 이의 궁핍을 벗어나게 하려고 노력'씩이나' 한다는 것은, 생각처럼 쉽지 않은 일일 것입니다. 하지만 이렇게 생각해봅시다. 만약 교리문답에서 요구하는 대로 살 수 있다면, 어떨까요? 저는 참으로 기쁘고 행복할 것 같다는 생각이 듭니다. 비록 내 지갑은 두껍지 못할지라도, 하나님께서 채워주시는 기쁨과 행복으로 든든할 것 같습니다.

'금지된 일' 부분은, 솔직히 다 읽을 필요도 없이 앞줄부터 바로 걸리는 것 같습니다. 그중에서도 회사 생활, 특히 마케팅 일을 하는 사람이라면, 본의 아니게 남의 것을 도적질하는 도덕적 문제에 늘 봉착해 있습니다. 어느 정도 과장 광고를 해야 하고, 과대 포장된 상품을 진열해야 하며, 상품을 소개할 때 약점을 숨기는 일 등 거의 모든 분야에 양심이 걸리는 부분이 많을 것입니다. 딱 잘라서 이것이 죄다! 라고 말하기 힘든 부분도 있을 것입니다. 이럴 때 기도가 필요합니다. 아슬아슬한 줄타기처럼 위험한 현대인의 삶 가운데, 죄짓는 행동을 최소한으로 줄이고, 지혜롭게 살아갈 수 있기를 기도해야 합니다. 주어지는 환경과 상황 속에서, 가급적 계명이 금지하는 일들로부터 자유롭기를 바랍니다. 그러나 결국 어떤 문제를 닥쳤을 때는, 죄를 짓는 것보다는 망하는 것이 유익이라는 사실을 고백하며, 그대로 또한 실천할 수 있기를 바랄 뿐입니다.

답변분석

8계명의 대요리문답 속에는, 개인보다는 좀 더 큰 개념의 집단적, 사회적 문제점도 지적하고 있습니다. 예를 들면 다음과 같습니다.

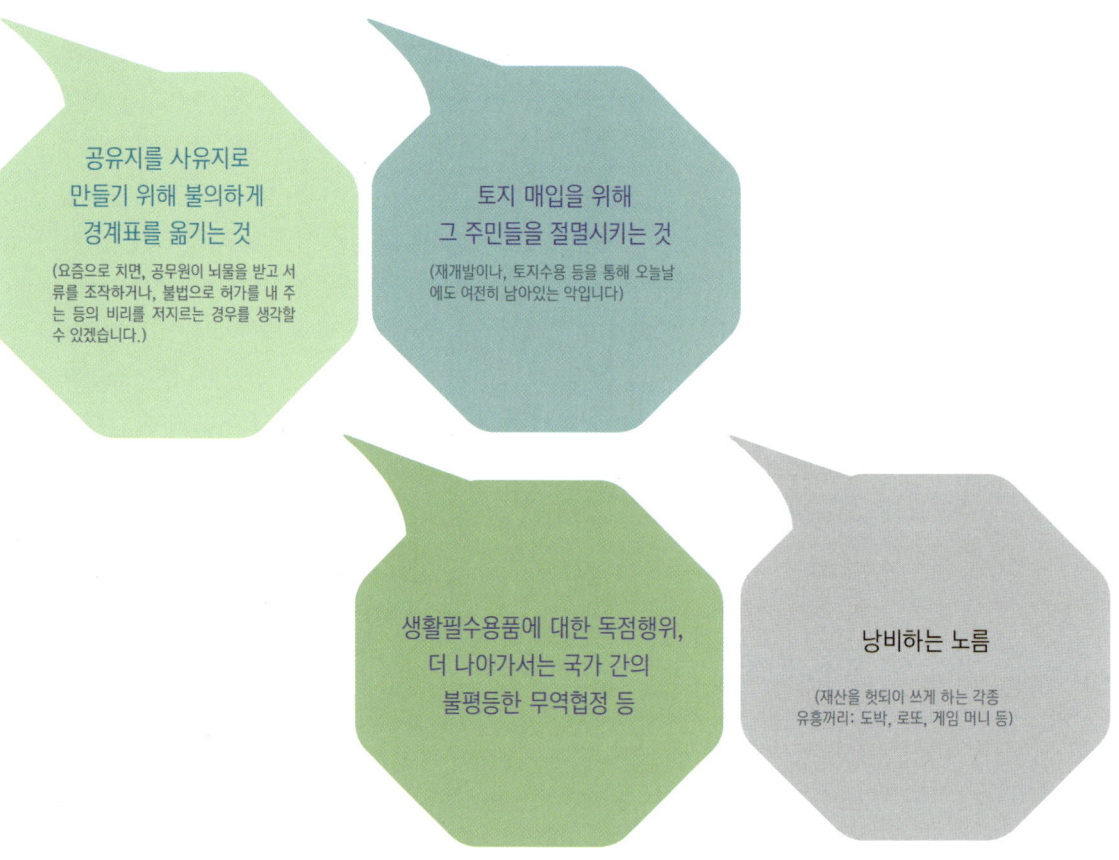

이러한 모든 죄들 가운데서 스스로를 지키기에는 너무나도 되돌릴 수 없는 거대한 사회흐름 속에서 사는 것 같아, 두렵기까지 합니다.

조금 더 깊이 생각해 봅시다. 장발장처럼 너무나도 배가 고픈 극단의 상황에서 사소한 것을 훔치는 행위는 어떻게 봐야 할까요? 단순히 '욕심으로 남의 것을 훔친 것'이라고 매도하기는 너무 냉정하지 않겠는가 싶습니다. 욕심과 생존본능에는 차이가 있기 때문입니다. 이런 부분 역시 사회적 관점에서 봐줘야 될 것입니다. 즉, 그러한 사람이 사회 공동체 속에 존재한다는 것 자체가 이미 그 사회는 불의하다는 것을 반증하는 것이기 때문입니다. 죄를 미워하되, 그 사람을 배려하고, 더 이상 그런 사람이 생기지 않도록 그 사회를 개혁하는 데 집중해야 될 것입니다. (분배정의의 문제)

그밖에도 집단이기주의, 불공정거래, 종교인 치부 문제, 정치인의 청렴도 문제, 원료자원 무기화, 식량 무기화, 지구온난화와 쿄토의정서 등, 8계명을 통해 생각할 거리가 참 많이 있습니다.

> **작은 실천 : 기부**
>
> 8계명을 지키기 위한 하나의 적극적인 사례로, '기부'를 해보는 것도 좋은 방법입니다. 저는 모 국제구호단체를 통해 해외 극빈국의 아동에게 매월 후원금을 보내고 있습니다. 물론 그냥 돈만 보내는 것이라 실감이 나지는 않습니다. 또 기부 전용 신용카드를 쓰고 있는데, 포인트를 모아서 기부처에 쉽게 후원할 수 있는 카드입니다. 물론 이것 역시 금액이 크지 않다 보니, 큰 보람은 없습니다. 그러나 분명한 것은, 이렇게 시작하는 것이 중요하다는 것입니다. 남을 돕는 일이란 아무리 작은 것이라도 가장 소중한 선이라고 성경의 곳곳에서 칭찬하고 있습니다. 우리 주변에 가난한 이웃은 '항상' 있을 것입니다. 시작해봅시다. 좋은 기부 문화가 정착하도록 하려면 지금 당장 시작하는 것이 중요합니다. 꾸준히 하는 것이 그다음으로 중요합니다. '잘' 하는 것은 마지막으로 중요합니다.

적용하기

8계명 관련 나눔 주제들
자유롭게 이야기합니다

적용하기

절제와 절약, 환경보호, 직업, 소비활동, 보증, 착취, 고리대금, 뇌물, 강도, 절도, 납치, 장물거래, 사기, 규약 위반, 문서위조, 개발지역 투기, 매점매석, 재개발, 토지수용, 도박^(ex. 해외 원정 도박), 로또, 가상화폐, 보이스 피싱, 분배 정의, 집단이기주의, 불공정거래, 원료자원 또는 식량 무기화, 교토의정서, 전기자동차, 친환경에너지, 민생예산, 중고품 재활용, 가난한 자들과 집 없는 자들에 대한 구제, 투기, 보험, 저축, 은퇴, 유산 상속, 가계/기업/교회 재정 관리의 원칙, 공정 무역, 공유경제 사회, 기부, 자신이 속한 조직에서 원하는 목표와 상관없이 시간만 떼우기, 인터넷 불법다운로드, _____, _____, _____

이 밖에도 적합한 나눔 주제들을 찾아내어 이야기 나누세요. ^^

> **모임활동 Tip**
> 1. 마인드맵 그리기 : 8계명과 관련될법한 주제들을 적고 조원들과 함께 아이디어를 확장시켜 나갑니다.
> 2. 발표와 나눔 : 흥미가 느껴지는 주제를 고른 후, 발표자들이 관련 주제를 다룬 책을 읽거나, 영화나 다큐멘터리 영상을 보고 소감을 발표합니다. 참여자들도 서로의 생각을 공유합니다. ^^

더 깊은 이해를 위한 책 : 로널드 사이더, 『가난한 시대를 사는 부유한 그리스도인』; 도널드 헤이, 『현대 경제학과 청지기 윤리』; 리차드 스틸, 『그리스도인의 경제 윤리』; 존 F.캐버너, 『소비사회를 사는 그리스도인』

적용하기

8계명 적용과 나눔

오늘 배운 8계명의 가르침에 비추어, 각자 자신을 돌아보면서 깨닫고 실천할 점을 적어봅시다.

	내가 할 일	내가 하지 말아야 할 일
교회		
가정		
학교/일터		

고린도 운하

고대도시 고린도는 좁은 지협에 군사기지를 건설하고
양쪽 해안에 쌍둥이 항구를 운영하던 도시였습니다.
지리적 이점을 살려, 양쪽 해안을 오가는 상인과
물류를 장악하여 엄청난 부를 축적했습니다.
심지어 한쪽 해안에서 다른 쪽 해안까지
뱃길로 돌아가려면 많은 시간과 비용이 들었으므로,
좁은 지협에 레일을 설치하여 사람의 힘으로 배를
끌어올려 이동시켜주고 돈을 받는 사업까지 벌였습니다.
배가 산으로 가는 것입니다.
그만큼 고린도는 교통의 요지였습니다.

오래전부터 위정자들은 이곳에 운하를 뚫으려는 시도를 해왔습니다.
네로 황제도 이곳에서 삽을 들었다고 합니다.
지금은 중장비의 힘으로 운하가 뚫려 배가 지나가고 있지만,
그 옛날부터 이렇게 엄청난 공사를 시도했다는 것은
그만큼 이 도시가 얼마나 자고하였겠는지 예상할 수 있습니다.
고린도 교회는 바로 그렇게 장삿속이 넘치며
세상에 대한 자신감이 지나쳐서
교만함이 극에 달한 대도시 한가운데서 성장하였습니다.

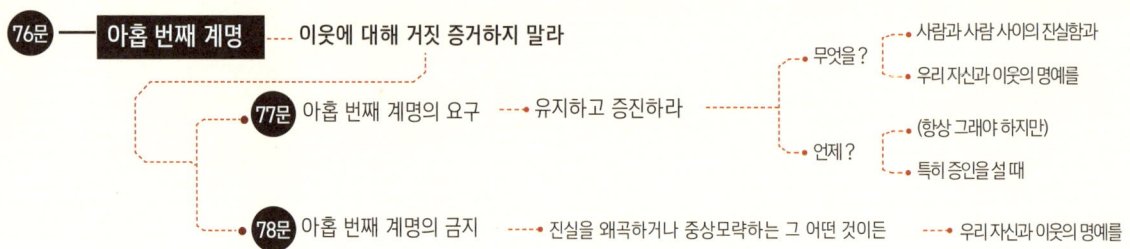

제 9 계명

Q76
Which is the ninth commandment?
A76
The ninth commandment is,

Thou shalt not bear false witness against thy neighbour.
　　　　　　갖다, 품다　　　증거, 증언

Q77
What is required in the ninth commandment?
A77
The ninth commandment requireth

the maintaining and promoting
　　　　증진[촉진]하다, 진척시키다
　　of truth between man and man,

　　　and of our own and our neighbour's good name,

　　　　　　especially in witness-bearing.

Q78
What is forbidden in the ninth commandment?
A78
The ninth commandment forbiddeth

whatsoever is prejudical to truth, or injurious
　　　　　　　　　　　　　　　모욕적인, 중상적인
　　　to our own or our neighbour's good name.

문76
아홉 번째 계명은 무엇인가요?
답76
아홉 번째 계명은

　네 이웃에 대하여 거짓 증거하지 말지니라 입니다. ❶

문77
아홉 번째 계명에서 무엇이 요구되었나요?
답77
아홉 번째 계명에서 요구되는 것은,

　유지하고 증진하라는 것입니다

　　사람과 사람 사이의 진실함과 ❷

　　우리 자신과 이웃의 명예를. ❸

　　　특히 증인을 설 때. ❹

문78
아홉 번째 계명에서 무엇이 금지되었나요?
답78
아홉 번째 계명에서는

진실을 왜곡하거나 중상모략하는 그 어떤 것이든 금지됩니다.

　　우리 자신과 이웃의 명예에 대해서.
　　　　　　　　　　　　❺ ❻ ❼

❶ 출애굽기 20:16
네 이웃에 대하여 거짓 증거하지 말라

❷ 스가랴 8:16
너희가 행할 일은 이러하니라 **너희는 이웃과 더불어 진리를 말하며 너희 성문에서 진실하고 화평한 재판을 베풀고**

❸ 요한3서 1:12
데메드리오는 뭇 사람에게도, 진리에게서도 증거를 받았으매 **우리도 증언하노니** 너는 우리의 증언이 참된 줄을 아느니라

❹ 잠언 14:5, 25
신실한 증인은 거짓말을 아니하여도 거짓 증인은 거짓말을 뱉느니라; 진실한 증인은 사람의 생명을 구원하여도 거짓말을 뱉는 사람은 속이느니라

❺ 사무엘상 17:28
큰형 엘리압이 다윗이 사람들에게 하는 말을 들은지라 그가 다윗에게 노를 발하여 이르되 네가 어찌하여 이리로 내려왔느냐 들에 있는 양들을 누구에게 맡겼느냐 **나는 네 교만과 네 마음의 완악함을 아노니** 네가 전쟁을 구경하러 왔도다

❻ 레위기 19:16
너는 네 백성 중에 **돌아다니며 사람을 비방하지 말며** 네 이웃의 피를 흘려 이익을 도모하지 말라 나는 여호와니라

❼ 시편 15:3
그의 혀로 남을 허물하지 아니하고 그의 이웃에게 악을 행하지 아니하며 그의 이웃을 비방하지 아니하며

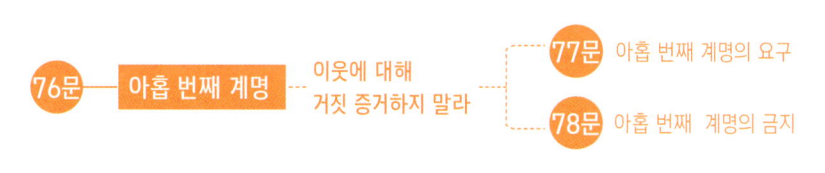

9계명의 의미 : 진실한 삶

대요리문답 9계명에서 금하는 죄들(p.150)을 보면, 우리가 살아가면서 너무나도 쉽게 보고 행할 수 있는 죄목들입니다. 어쩌면 이것들은 나 자신의 이익을 위해서 당연한 것으로, 오늘날에는 오히려 적절하게 잘 사용하라고 가르치고 권장하는 '기술'이 되어버렸습니다. 예를 들어 요즘 청년들에게서 쉽게 볼 수 있는 것은 바로 '학력 위조'입니다. 그렇게 거짓을 통해서라도 취업을 해서 성공하여 하나님께 영광을 돌리겠다는 사람이 있다면, 과연 하나님께서 어떻게 생각하실까요?

우리는 어떤 이득을 얻기 위해서 당연하다는 듯 거짓말을 하는 존재입니다. 자신에게 위기(?)가 닥쳤을 때 자신이 당하고 있는 처지를 극복하려고 거짓말 하는 것을 쉽게 용납하거나 이해하고 넘기려 합니다. 인간이라면 누구나 그런 습성을 가지고 있기 때문입니다. 인간의 악함이면서, 동시에 인간의 어쩔 수 없는 연약함 때문입니다. 그러나 그 거짓의 결과는 동일합니다. 9계명에서 금하고 있는, 이웃의 명예가 우리의 거짓으로 인해 손상되는 일이 일어나며, 결과적으로 우리 사회는 황폐하고 메마르며, 반목과 갈등과 질시가 판치고, 간사함과 약삭빠른 자들만 살아남게 됩니다. 의인과 약자들은 더욱 고통 받게 됩니다. 하나님께서는 이것을 분명하게 싫어하신다고 말씀하셨습니다.

참으로, 사람이 매사에 진실하기란 은혜 없이는 불가능합니다. 늘 상황을 왜곡해서 받아들이고, 내 맘대로 해석하기 일쑤입니다. 사람과 사람 사이에 오가는 말들이 죄다 그런 생각들 속에서 나오는 것인데 어떻게 이 사회가 그나마 유지되고 뜻이 통하고 일이 되는지... 늘 하나님의 은혜가 아니고서는 한순간도 우리 사회가 유지될 수 없음을 생각할 때 다행이라는 생각도 듭니다. 자, 그러면 이제 어떻게 해야 할까요?

답변분석

하나님께서는 시대와 장소를 초월하여 변하지 않는 도덕법을 주셨고, 순종을 요구하십니다. 그래서 우리는 항상 어디에서든 이웃과의 관계에 있어서 진실만을 말하여야 합니다. 우리는 그래야 되는 존재인 것입니다. 하나님께서는 우리의 연약함을 다 알고 계십니다. 그럼에도 불구하고 요구하십니다. 다 도와줄 테니까 해보라고 하십니다. 하나님의 법이므로, 그 법을 따르는 우리들은 힘들어도 해야 합니다.

상상해봅시다.
우리 안에 진실이 모두 사라진다면, 우리는 지옥의 존재들과 다를 바 없게 될 것입니다. 우리 안중에는 하나님이 없고, 이웃도 없을 것입니다. 오직 자기 자신만 있으며 그 자신이 왕으로 군림하게 됩니다. 그러한 삶을 평생 살아갈 수 없을 것입니다. 말씀을 지키기 위해서 최대한 노력하고, 아무것도 숨김이 없는 삶, 누구에게도 부끄럽지 않게 진실한 삶을 살아갈 수 있도록, 나 자신을 채찍질해야 되겠습니다.

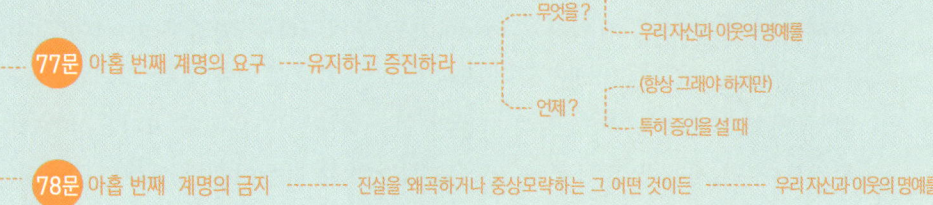

적용하기

기도합시다. !!

진실을 분별하는 지혜(눈, 귀)를 달라고…
진실을 표현할 수 있는 능력(입)을 달라고…
진실을 인정할 수 있는 마음(마음)을 달라고…

- 가족이나 친구들에게 있는 가치와 장점들을 찾아내는 연습을 합시다.
그리고 그것을 질투나 시기심이 아니라, 마음속으로부터 기꺼이 진정으로 인정할 수 있도록
기도해야 되겠습니다.(잘 안되거든요.)

- 그리고 그런 가치와 장점을 주신 분이신 하나님께 감사를 돌리고,
나도 그것을 닮고자 소망해야 되겠습니다.(의외로 어렵습니다.)

- 헐뜯기, 뒷담화 장소를 애써 피합시다. 애쓰지 않으면 그냥 있거나,
인식조차 못 하고 그 범죄에 참여하고 있게 될 때가 많습니다.
더 나아가, '우리 이런 이야기 하지 말고, 다른 이야기 할까?'라고
용기 있게 또 지혜롭게 말해야 합니다.

- 세상의 악과 거짓을 슬퍼하고, 그들이 고침 받고 회복되기를 소망하며,
우리가 할 수 있는 것은 노력해야 합니다.

답변분석

9계명에 대한 대요리문답의 훨씬 더 자세한 해설 (대요리문답 144~145문)

의무

- 사람과 사람 사이의 진실과 우리 이웃의 명성을 우리 자신의 것처럼 보존하고 증진하는 것
- 진실을 변호하고, 그편에 서는 것
- 진심으로 신실하게 자유롭게 명백하고 충분하게 진실만을 말하는 것이며, 재판과 판결의 문제나 무슨 일에서든지 오직 진실만 말하는 것
- 우리의 이웃에 대해 관대하게 평가하고, 그들의 명성을 사랑하고 소원하며 즐거워하는 것
- 이웃들의 연약함을 슬퍼하고 감싸주는 것
- 그들의 은사와 은혜를 기꺼이 인정하는 것이며, 그들의 결백을 변호하고, 그들에 관한 좋은 소문은 기꺼이 받아들이고 그들에 관한 나쁜 소문에 대해서는 인정하기를 즐겨하지 않는 것
- 고자질하는 자, 아첨하는 자, 중상하는 자를 낙담시키는 것
- 우리 자신의 명성에 대한 사랑과 보호이며, 필요할 때에는 이를 옹호하는 것
- 합법적인 약속을 지키는 것
- 참되고, 정직하고, 사랑스럽고, 좋은 평판들이라면 무엇이든지, 이를 연구하고 실천하는 것

금지

- 우리 자신의 것과 마찬가지로 우리 이웃의 명성과 진실을 해치는 모든 것, 특별히 공적인 재판에서 이처럼 행하는 것
- 거짓 증거를 제공하고, 거짓 증인을 매수하는 것이다. 고의적으로 불의한 소송에 나서고, 변호하는 것이며 진실을 물리치고, 억압하는 것
- 부당한 판결을 내리고, 악을 선하다, 선을 악하다 부르는 것이며, 악인을 의인의 일로 보상하고, 의인을 악인의 일로 보상하는 것
- 위조*하는 죄와 진실을 감추는 일, 공정한 소송에서 지나치게 침묵하는 것. 또한, 악한 행위로 인해 우리 자신이 책망받을 때나 다른 사람에게 항의해야 할 때, 침묵을 지키는 일
- 진실을 불합리하게 말하는 것 또는, 잘못된 목적을 위해 악의적으로 진실을 말하는 것이다. 혹은 진실을 잘못된 뜻으로 왜곡하는 것, 아니면 의심스럽고 애매하게 표현해서 진실이나 정의에 편견이 있도록 진실을 왜곡하는 것
- 비(非)진리를 말하는 것, 거짓말하고, 비방하며, 뒤에서 험담하고, 헐뜯고, 고자질하고, 수군수군하고, 비웃고, 욕하는 것이며, 경솔하고 가혹하며 편파적인 비난하는 것
- 의도와 말과 행동을 오해하고, 아첨하며, 헛된 영광을 자랑하는 것
- 우리 자신이나 다른 사람들에 대해 과대하게 혹은 과소하게 생각하거나 말하는 것
- 하나님의 은사와 은혜를 부인*하는 것
- 작은 잘못들을 더욱 악화시키는 것
- 자유롭게 자백하도록 호출되었을 때에, 죄를 숨기고 변명하거나 가볍게 만드는 일
- 약점을 불필요하게 들추어내는 것
- 잘못된 소문을 일으키고, 악의적인 풍문을 받아들이고 지지하지만, 정당한 변호에 대해서는 우리 귀를 막는 것
- 악의적으로 의심하는 것
- 누구든지 받을만해서 받는 칭찬을 부러워하거나 몹시 슬퍼하고, 그것(칭찬)이 손상되도록 노력하거나 손상되길 바라는 것이며, 그들의 불명예 나 오명*을 기뻐하는 것
- 조소하는 멸시와 허황된 감탄
- 합법적인 약속들을 위반하는 것
- 좋은 소문이 있는 일들을 소홀히 하고, 오명 얻을만한 일들을 실행하거나, 우리 스스로 피하지 않는 것, 혹은 다른 사람들에게 우리가 오명 입힐 수 있는 짓을 막지 않는 것

*위조(僞造) : 어떤 물건을 속일 목적으로 꾸며 진짜처럼 만듦
*부인(否認) : 어떤 내용이나 사실을 옳거나 그러하다고 인정하지 아니함
*오명(汚名) : 더러워진 이름이나 명예

특별자료

선의의 거짓말 !?

'거짓을 말하지 말라'는 것은 '어떠한 상황과 이유에서든지…' 입니다. 우리는 흔히 '선의의 거짓말'을 쉽게 용인하고, 심지어 좋은 것이라고 생각하기 쉽습니다. 애굽의 산파들이 했던 거짓말이 한가지 예입니다. 하지만 하나님의 진실하신 속성에 비추어 볼 때 그들은 분명히 거짓을 말하였고, 범죄한 것은 사실입니다. 물론 이들의 거짓말로 히브리 아기들이 살 수 있었지만, 그렇다고 그들의 거짓말이 정당화될 수는 없는 것입니다. 그 밖에도 성경은 택한 백성들임에도 불구하고 선의로 거짓말하는 사례를 종종 묘사합니다.

"그러나 그들은 하나님께 축복을 받지 않나요? 그렇다면 그 거짓 또한 하나님께서 받으신 것 아닌가요?" 이렇게 되물을 수도 있을 것입니다. 그러나 성경의 초점은, 그들의 거짓이 결과적으로 선을 이루었기에 하나님께 축복 받았다는 식으로 되어 있지 않습니다. 오히려 그런 죄와 연약함으로 뒤범벅되어 어찌할 수 없는 존재임에도 불구하고 택하신 자들을 끝까지 구원하시는 하나님의 은혜를 더욱 말할 뿐입니다. 계명에 비추어 볼 때, '나와 다른 사람들에게 어떠한 결과를 초래하든' 우리는 진실만을 말해야 할 의무가 있습니다. 그러나 불행히도 우리는 그렇게 살 수 없습니다.

선의의 거짓말, 그것은 이른바 융통성이라는 명목하에 은폐되곤 합니다. 이것은 실용주의의 한 단면이라 볼 수 있습니다. 실용주의는 그것이 진실인지 진실이 아닌지에 대해서는 전혀 관심이 없습니다. 다만 그것이 불러일으킬 효과만을 따집니다. 그리고 (특히 자신보다는 타인에 대하여) 그 효과가 크면 클수록 선의의 거짓말은 마땅한 것이고, 융통성 있는 것이고, 지혜로운 것으로 여겨집니다. 우리는 하나님의 영원한 도덕법에 대해 배우고 있습니다. 이것은 실용주의적 생각으로 우리가 판단할 수 없는 영원하고 절대적인 법입니다. 그 분명한 기준 앞에서 선의의 거짓말이란 없습니다. 어떤 거짓말도 하나님은 원치 않으십니다.

"어떤 근대철학체계가 진리의 신성함을 위반하는가? '실용주의'라 불리는 현대 철학이다. 실용주의는, 진리는 그것이 진리인가 그렇지 않은가에 있지 않고 그것이 효과가 있느냐 그렇지 않으냐에 달려있다고 가르친다. 실용주의에 의하면, 진리의 시금석은 바로 성공이다. 만일 어떤 것이 '효과'가 있다면 그것은 반드시 수용되어야 한다. 그렇다면 우리는 성경과 같은 절대 진리 표준으로 사물을 측정하지 않게 된다."
- J. G. 보스 & G. I. 윌리암슨, 『웨스트민스터 대교리문답 강해』, 504쪽.

적용하기

9계명 관련 나눔 주제들
자유롭게 이야기합니다

적용하기

준법, 시민의식, 공중도덕, 파파라치, 촌지, 명예훼손(허위사실적시, 사실적시), 허위·과장광고, 다단계 판매, 대화법, 논리와 논증 훈련, 뒷담화, 욕설, 선의의 거짓말, 공직자 인사청문회, 이력서/자기소개서 조작 혹은 과장, 왜곡보도, 프로파간다와 매카시즘, 신용거래, 내부 고발자 보호, 절세와 탈세, 국가신인도의 개념과 기준, 리콜제도, 언론/출판/집회/결사의 자유, 표현의 자유와 사전심의, 변호인의 도움을 받을 권리(헌법 제12조 4항), 묵비권(헌법 제12조 2항), 형사피고인의 무죄추정(헌법 제27조 4항), 댓글, 메신저, 소셜 미디어, 대화법, 칭찬, 감정 코칭, ──────, ──────, ──────

이 밖에도 적합한 나눔 주제들을 찾아내어 이야기 나누세요. ^^

모임활동 Tip

1. 마인드맵 그리기 : 9계명과 관련될법한 주제들을 적고 조원들과 함께 아이디어를 확장시켜 나갑니다.
2. 발표와 나눔 : 흥미가 느껴지는 주제를 고른 후, 발표자들이 관련 주제를 다룬 책을 읽거나, 영화나 다큐멘터리 영상을 보고 소감을 발표합니다. 참여자들도 서로의 생각을 공유합니다. ^^

적용하기

9계명 적용과 나눔

오늘 배운 9계명의 가르침에 비추어, 각자 자신을 돌아보면서 깨닫고 실천할 점을 적어봅시다.

	내가 할 일	내가 하지 말아야 할 일
교회		
가정		
학교/일터		

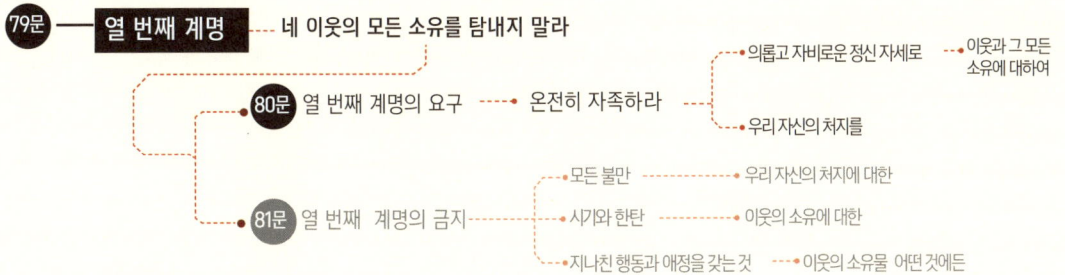

제 10 계명

Q79
Which is the tenth commandment?
A79
The tenth commandment is, Thou shalt not covet thy
몹시 탐내다. 갈망하다.
neighbour's house, thou shalt not covet thy neighbour's wife,
nor his man-servant, nor his maid-servant, nor his ox,
nor his ass, nor any thing that is thy neighbour's.

Q80
What is required in the tenth commandment?
A80
The tenth commandment requireth
  full contentment
  만족, 흡족
    with our own condition
    신분, 지위, 처지
    with a right and charitable frame of spirit
    자비로운, 관대한
      toward our neighbour, and all that is his.

문79
열 번째 계명은 무엇인가요?
답79
열 번째 계명은
네 이웃의 집을 탐내지 말지니라 네 이웃의 아내나
그의 남종이나 그의 여종이나 그의 소나 그의 나귀나
무릇 네 이웃의 소유를 탐내지 말지니라 입니다. ❶

문80
열 번째 계명에서 무엇이 요구되었나요?
답80
열 번째 계명에서 요구되는 것은
온전히 자족하는 것입니다.
  우리 자신의 처지를 ❷❸
  의롭고 자비로운 정신 자세를 가지고,
  이웃과 그 모든 소유를 향한. ❹❺❻❼

❶ 출애굽기 20:17
네 이웃의 집을 탐내지 말라 네 이웃의 아내나 그의 남종이나 그의 여종이나 그의 소나 그의 나귀나 무릇 네 이웃의 소유를 탐내지 말라

❷ 히브리서 13:5
돈을 사랑하지 말고 있는 바를 족한 줄로 알라 그가 친히 말씀하시기를 내가 결코 너희를 버리지 아니하고 너희를 떠나지 아니하리라 하셨느니라

❸ 디모데전서 6:6
그러나 자족하는 마음이 있으면 경건은 큰 이익이 되느니라

❹ 욥기 31:29
내가 언제 나를 미워하는 자의 멸망을 기뻐하고 그가 재난을 당함으로 즐거워하였던가

❺ 로마서 12:15
즐거워하는 자들과 함께 즐거워하고 우는 자들과 함께 울라

❻ 디모데전서 1:5
이 교훈의 목적은 청결한 마음과 선한 양심과 거짓이 없는 믿음에서 나오는 사랑이거늘

❼ 고린도전서 13:4-7
사랑은 오래 참고 사랑은 온유하며 시기하지 아니하며 사랑은 자랑하지 아니하며 교만하지 아니하며; 무례히 행하지 아니하며 자기의 유익을 구하지 아니하며 성내지 아니하며 악한 것을 생각하지 아니하며; 불의를 기뻐하지 아니하며 진리와 함께 기뻐하고; 모든 것을 참으며 모든 것을 믿으며 모든 것을 바라며 모든 것을 견디느니라

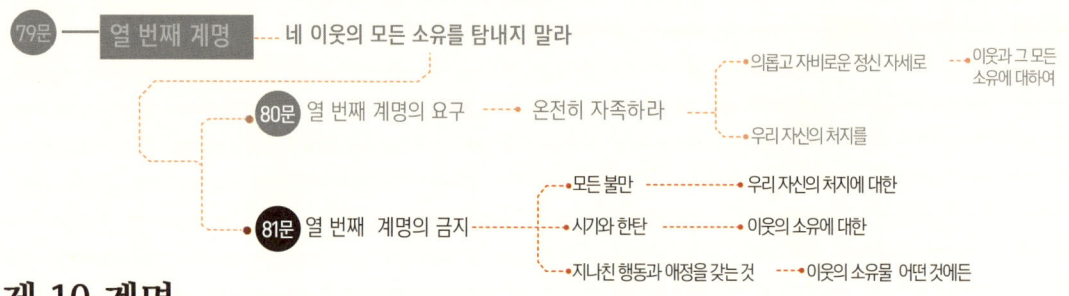

제 10 계명

Q81
What is forbidden in the tenth commandment?
A81
The tenth commandment forbiddeth

all discontentment with our own estate,
몹시 슬퍼함

envying or grieving at the good of our neighbour,

and all inordinate motions and affections
지나친, 과도한   애정

to any thing that is his.

문81
열 번째 계명에서 무엇이 금지되었나요?
답81
열 번째 계명에서 금지된 것은,

우리 자신의 처지에 대한 모든 불만과, ❶❷❸

이웃의 소유를 시기하거나 한탄하거나, ❹❺

지나친 행동과 애정을 갖는 것입니다.

이웃이 소유한 어떤 것에든. ❻❼❽

❶ 열왕기상 21:4
이스라엘 사람 나봇이 아합에게 대답하여 이르기를 내 조상의 유산을 왕께 줄 수 없다 하므로 아합이 **근심하고 답답하여** 왕궁으로 돌아와 **침상에 누워** 얼굴을 돌리고 식사를 아니하니

❷ 에스더 5:13
그러나 유다 사람 모르드개가 대궐 문에 앉은 것을 보는 동안에는 **이 모든 일이 만족하지 아니하도다** 하니

❸ 고린도전서 10:10
그들 가운데 어떤 사람들이 원망하다가 멸망시키는 자에게 멸망하였나니 **너희는 그들과 같이 원망하지 말라**

❹ 갈라디아서 5:26
헛된 영광을 구하여 서로 노엽게 하거나 **서로 투기하지 말지니라**

❺ 야고보서 3:14, 16
그러나 **너희 마음 속에 독한 시기**와 다툼이 있으면 자랑하지 말라 진리를 거슬러 거짓말하지 말라; **시기와 다툼이 있는 곳에는** 혼란과 모든 악한 일이 있음이라

❻ 로마서 7:7-8
그런즉 우리가 무슨 말을 하리요 율법이 죄냐 그럴 수 없느니라 율법으로 말미암지 않고는 내가 죄를 알지 못하였으니 곧 **율법이 탐내지 말라** 하지 아니하였더라면 내가 탐심을 알지 못하였으리라; 그러나 죄가 기회를 타서 계명으로 말미암아 **내 속에서 온갖 탐심을 이루었나니** 이는 율법이 없으면 죄가 죽은 것임이라

❼ 로마서 13:9
간음하지 말라, 살인하지 말라, 도둑질하지 말라, **탐내지 말라** 한 것과 그 외에 다른 계명이 있을지라도 네 이웃을 네 자신과 같이 사랑하라 하신 그 말씀 가운데 다 들었느니라

❽ 신명기 5:21
네 이웃의 아내를 탐내지 말지니라 네 이웃의 집이나 그의 밭이나 그의 남종이나 그의 여종이나 그의 소나 그의 나귀나 네 이웃의 모든 소유를 탐내지 말지니라

답변분석

10계명의 의미 : 자족自足

그동안 십계명을 통해 매번 맞아오던 펀치에 비틀거리다가, 마지막 계명에서 드디어 강펀치를 먹고 결국엔 쓰러질 수밖에 없습니다. 하나님의 엄중한 계명 앞에 과연 누가 똑바로 설 수 있을까요.

"남의 집과 아내와 소유물들을 탐내지 말라" 인간의 근원적인 마음에 경계를 그어주고 있는 명령입니다. 이 욕심 때문에 일어나는 수많은 불행과 극적인 사건들을 역사와 문학과 예술을 통해 얼마든지 접할 수 있습니다. 그에 대한 해결책으로 교리문답이 제시하는 길은 너무나도 솔직하고 명확합니다. "자족하고, 탐심을 버리라" 말문이 턱 막히는 대답입니다. 머리로는 이것이 정답이라는 것을 알지만, 가슴으로 받아들이기까지는 시간이 좀 필요할 것 같습니다. 기왕 여기까지 왔으니, 지금 바로 그 시간을 가져보기로 합시다.

탐심을 막는 명쾌한 방법, "자족하라!" … 정말 가능할까?

우리가 이웃을 사랑한다면, 이웃의 소유를 존중해야 함은 물론, 이웃의 고유한 영역이 우리의 욕망 때문에 침범당하거나 훼손되지 않도록 해야 할 것입니다. 하나님은 우리가 이웃을 사랑하는 습성을 갖기를 원하시되, 그와 반대되는 정서인 일체의 탐심을 마음으로부터 버리라고 하십니다. 그리고 그 방법으로 '자족'할 것을 말씀하십니다. 자족하는 자만이 관대한 영혼을 가질 수 있는 것 같습니다.

자족이란, 딱 잘라 말하면, 우리의 현재 상태가 최고 best임을 인정하는 것입니다. 그래서 자족은 결국 신앙이라 할 수 있습니다. 즉, 지금 처한 자리가 어떠하든지 하나님께서 가장 좋은 상태로 주신 것이며, 이것은 하나님의 작정 가운데 정하신 바요, 나에게 가장 복이라는 것을 믿는 신앙입니다.

답변분석

소요리문답 1부에서부터 쭉 배워 온 바로 그 신앙입니다. 자족은 지금 내가 가진 것을 남들의 것과 비교할 것도 아니요, 각 인생에게 다양하면서도 고유하고 독특한 선물로서, 하나님께서 주신 것임을 믿는 것입니다. 자족하지 못하면, 자신의 결핍을 외부에서 가져다 채우려 들고, 거기서 오는 더 큰 결핍으로 영혼은 더욱 궁핍해집니다. 자족이 답입니다.

물론 지금에 만족하라는 것은, '무소유'를 말하고 있거나, 가난 중에 자포자기하라는 말이 아닙니다. 별 노력 없이 "내 팔자가 이러니까~." 하는 신세타령을 하라는 것이 아닙니다. 아무런 노력도 하지 않으면서 그 결과에 대해 만족한다는 것은, 자족이 아니라 게으름이며 방종이며 나태함입니다.

자족하는 자세는, 내가 삶의 가치나 행복을 말할 때의 기준이 내가 이웃과 비교하여 얼마나 더 많이 가졌느냐의 문제가 아니라, 참되신 하나님을 알고 고백하는 것이 진정한 나의 생의 가치이자 행복임을 깨닫고 고백하느냐의 문제입니다. 인생의 가치를 돈과 소유물로 따지기 시작하는 순간, 이미 우리 마음에서 자족은 사라지고 이웃의 것을 탐내는 마음만 남습니다.

어떠한 일을 하든지, 과정에 있어서는 하나님께서 베푸실 은혜를 기대하며 최선을 다하되, 그 결과에 대해서는 자족하는 것이 중요합니다. 결과가 어떠해도, 설령 자신의 노력에 합당한 결과가 아닐지라도, 그 결과 안에 하나님의 어떠한 뜻하심의 의미를 발견해내야 합니다. 그리고 그에 대해 진심으로 감사하며, 하나님께 영광을 돌릴 수 있어야 합니다. 이것이 자족이고, 자족하는 자세입니다. 무슨 일에서든지 최선을 다하려고 노력하되, 나의 노력이 하나님의 은혜와 섭리 안에 있음을 깨닫는 것입니다. 어떠한 결과 앞에서도 그것이 하나님께서 내게 베푸신 최선의 것이며 최고의 것이라는 점을 기억하는 것입니다.

이미 이 시대는 물질주의 앞에 완전히 젖어 있어서, 거스르기 힘든 상황입니다. 그래서 개혁하고 고친다는 것이 거의 불가능에 가깝겠다는 생각도 듭니다. 하지만 적어도 더 악화되지 않도록, 그런 욕망을 사회가 더욱 키우지 못하도록 막는 일 정도는 우리도 노력할 수 있을 것입니다. 정부가 추진하는 각종 정책에 대한 관심과 책임감 있는 스터디, 그리고 그렇게 해서 얻은 지식을 주위와 나누는 일, 그리고 선거 때는 올바른 정책을 가진 후보 또는 정당을 지지하는 일 등이, 매우 구체적인 하나의 예가 될 것입니다.

답변분석

10계명에 대한 대요리문답의 훨씬 더 자세한 해설 (대요리문답 147~148문)

의무	금지
· 우리 자신의 형편에 대한 온전히 만족할 것을 요구받음 · 그리고 이웃을 향해 온 영혼으로 자비로운 자세를 가질 것을 요구받음. 이로써, 우리의 내적 충동과 이웃을 감동시키는 애정이, 이웃의 소유에도 널리 영향을 미치도록 함	· 우리 자신의 지위에 대해 불만족하는 것 · 이웃의 소유에 대해 부러워하고 슬퍼하는 것이며, 이와 함께 이웃이 가진 어떤 것에라도 지나치게 마음이 동하고 애착을 가지는 것

이웃사랑의 대미大尾, FINALE

요리문답은 더 나아가 더욱 적극적인 삶의 자세를 촉구하고 있습니다. 자족할 뿐 아니라, "이웃의 이익을 도모하는 자가 되라!!" 더욱 충격적인 것은 그 이웃이, 나보다 능력이 부족한 사람일 수 있고, 나를 미워하는 사람일 수도 있으며, 심지어는 하나님을 미워하는 자라 할지라도 이 명령은 적용된다는 사실입니다.

이렇게 이해한다면, 우리가 이웃의 것을 소중히 여겨야 하는 당위성은 더욱 커집니다. 솔직히, 우리 마음이 탐심을 종종 합리화할 때가 있는데, 이것은 아마도 그 이웃이 하나님께 받은 선물을 경시하고 소홀히 여길 때인 것 같습니다. 이웃이 그 소유를 너무나도 하찮게 사용할 때, '저것을 내가 쓴다면 잘 쓸 수 있을 텐데!' 하는 생각이 듭니다. 이렇게 드는 감정은 마치 정의로운 분노인 것처럼 여겨지기도 할 것입니다. 하지만, 아무리 이웃이 자기 소유를 헛되이 쓰고 있다 하더라도, "내가 저것을 가져다가 온전하게 사용해야지!" 하는 것은 허락된 바가 아닙니다. 오히려 변변찮은 그 이웃이, 자기 소유를 잘 쓸 수 있도록 합법적으로 돕고 더욱 섬기는 것이, 하나님의 섭리를 인정하고 하나님의 법도를 경외하는 자세입니다. 이웃을 사랑함이 곧 하나님을 사랑함과 같은 것이기 때문입니다.

적용하기

10계명 관련 나눔 주제들
자유롭게 이야기합니다

적용하기

아래 내용은 사실 앞의 5~9계명과도 중복되는 내용입니다. 그만큼 10번째 계명은 전체 계명을 아우르면서, 보다 근본적인 탐심을 지적합니다. 우리의 가치관이 어떻게 바뀌어야 할지, 다시 한 번 내 삶에 구체적으로 적용하면서 이야기해보시기 바랍니다. 무엇보다 중요한 것은 실천일 것입니다.

부의 축적, 자본주의, 주식투자, 땅투기, 연중무휴 24시간 영업, 임금 착취, 초과 근무수당을 악용하는 직원, 초과근무 수당을 주지 않는 기업, 재벌 경영, 기복신앙, 과소비와 탕진, 쇼핑 중독, 사치품, 명품, 탐식, 워커홀릭, 자원 고갈, 생태계 훼손, 금/보석 채굴, 삼림 파괴, 구제와 기부, 간척과 개간, 탄소배출권, 회사의 물건을 사적으로 남용하는 것, 검이불루(검소하지만 누추하지 않음), 다운쉬프트, 슬로우시티, 에코라이프, 기금, 헌금, 로또 복권, 청부론과 청빈론, 고지론과 미답지론, _____, _____, _____

이 밖에도 적합한 나눔 주제들을 찾아내어 이야기 나누세요. ^^

> **모임활동 Tip**
> 1. 마인드맵 그리기 : 10계명과 관련될법한 주제들을 적고 조원들과 함께 아이디어를 확장시켜 나갑니다.
> 2. 발표와 나눔 : 흥미가 느껴지는 주제를 고른 후, 발표자들이 관련 주제를 다룬 책을 읽거나, 영화나 다큐멘터리 영상을 보고 소감을 발표합니다.
>   참여자들도 서로의 생각을 공유합니다. ^^

적용하기

10계명 적용과 나눔

오늘 배운 10계명의 가르침에 비추어, 각자 자신을 돌아보면서 깨닫고 실천할 점을 적어봅시다.

	내가 할 일	내가 하지 말아야 할 일
교회		
가정		
학교/일터		

결론

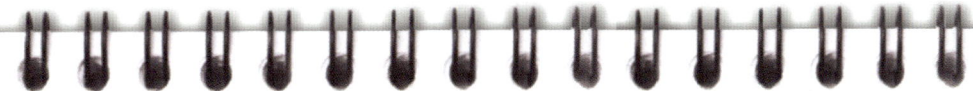

이렇게 해서 십계명을 마칩니다.

십계명은 하나님을 아는 지식이자,
언약 공동체의 삶의 지침입니다.

종교 국가의 테두리 속에서,
어떻게든 율법을 지켜서 그것으로 상 받고
더 높아지려 했던 바리새인들의 실패.
우리는 그것을 다시 반복하지 말되,
하나님의 법도를 내 삶의 가치 척도로 삼아,
주의 은혜를 힘입어 기꺼이 지킬 수 있기를
소망하고 또한 노력합시다.

비록 우리 힘으로 하나님의 도덕법을 다 지킬 수는 없으나,
할 수 있는 것부터 실천하면 됩니다.
더욱 자원하고 소망함으로, 날마다 낮아지고
날마다 더욱 겸손한 자세로,
순간순간 하나님의 영광 안에 거하며,
그로써 은혜가 충만한 영광의 삶을 함께 누리는
우리 모두가 되기를,
함께 기도합시다.

후기

이빛나 '이 정도는 괜찮겠지? 이 정도쯤은 눈 감아 주실 거야'

살면서 세상의 것들과 이렇게 타협하며 살아왔다. 그런데 십계명을 배우기 시작하면서 마음이 불편해지기 시작했다. '이런 것들까지 요구하시는 거구나... 내가 그전에 했던 행동들을 보시면서 하나님께서 얼마나 화나셨을까.. 그런데 내가 이것들을 다 지키며 살아갈 수 있을까? 못할 것 같아...'라는 생각이 들며 계명마다 쓰여 있는 '의무'라는 것들이 나의 목을 죄어오는 느낌이었다.

하나님께서 나를 사랑하신다면서 왜 이렇게 '날 힘들게 하실까... 나 좀 편하게 살게 해주시면 안 되나...?' 하는 생각이 들었다. 소요리 문답 1부를 배웠을 때와 반대로 하나님을 배워가는 과정이 기쁜 마음이 드는 것보다 부담스런 마음이 더 많이 자리 잡게 되면서 내 삶 자체도 피곤하고 지치기만 했다. 십계명의 의미를 모른다면 진짜 편하게 살 수 있을 것만 같았다. 세상 사람들이나, 교회를 다니는 사람들조차 생각하지 못하는, 아니 생각할 필요성조차 느끼지 못하는 것들을 우리는 하나하나 다 신경 써가며 지켜야 한다는 것이 무언가 불공평하고 피곤함을 자처하는 것 같았다. 굳이 십계명을 배우면서까지 삶 속에서 매번 부딪히는 수많은 문제들에 대해 나에게 정죄하며 매번 싸워야 한다는 것이 두려웠다. 정말 행복한 것이 무엇인지 알려고 하나님을 배우고 있는데 손해보는 느낌이었다. 이제 '스톱!'이라고 외치고 싶었다.

이렇게 처음 시작할 때는 나를 옭아맨다는 부담감으로 거부감이 들었지만 다시 소요리문답을 펼쳐 읽어보니 하나님을 온전히 사랑한다면 자연스럽게 이루어질 수 있는 것들이었다. 하나님께서는 우리를 피곤케 하려고 십계명을 주신 것이 아니라 더 나은 삶을 살 수 있도록 우리를 사랑하는 마음으로 우리에게 주신 것이다. 어린아이와 같은 신앙으로 나의 판단의 잣대에서만 하나님을 대하려고 했던 나의 모습들이 창피하지만, 이런 마음들까지 나에게 주신 것이 감사했다. 또 나를 통해 하나님께서 어떤 일을 행하실지 기대가 된다. 하나님 안에 있음이 행복하고 너무 좋다. 나의 머리로 하나님을 전적으로 이해하기 어렵지만 그분의 살아계심을 느끼며 감사함으로 살아갈 수 있다는 것이 축복임은 틀림없다는 사실이다. 감사하다.

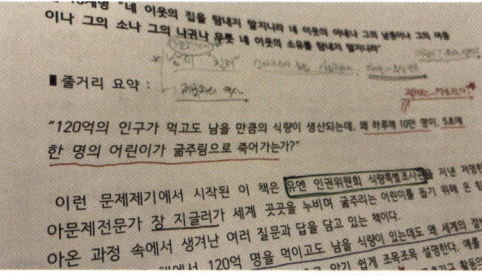
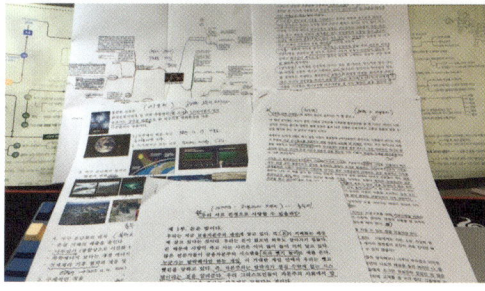

요리문답 공부를 시작하며 가장 놀랐던 부분은, '십계명이 우리 삶에 이렇게 구체적이고도 실제적으로 적용되는 내용이었나?'였다. 교리가 실제적이지 못하고 그리스도인의 삶에 무관심하다는 오해를 가지고 있는 사람들은, 십계명을 제대로 공부해보지 않아서 그렇다고 생각한다. 그리스도인이 가정에서, 직장에서, 교회에서, 삶의 전반적인 영역에서, 어떻게 "하나님의 뜻"대로 살 것인가를 집요하리만치 세세하게 알려주는 것이 바로 십계명, 특별히 웨스트민스터 대소요리문답의 해석이기 때문이다. 그래서 교회에서 특강소요리문답(하)반을 운영할 때, 앞에 6주 정도를 오롯이 "도덕법과 십계명"에 집중한다. 책을 읽을 뿐 아니라, 모임 구성원이 각자 관련 자료들(영화나 책, 다큐멘터리)을 하나씩 맡아서, 십계명을 통해 각자의 삶에 적용해보고, 그것을 토론하는 시간으로 사용한다.

여기까지 깊이 십계명을 공부하고 나면, "그런데 다 지키지 못하는 이 현실(외부와 내부의 죄 문제) 속에서, 이젠 우리 어쩌지?"하는 탄식이 곳곳에서 터져 나온다. 됐다. 그러면 이제 다음으로, "은혜의 방편"에 들어갈 준비가 된 것이다. ^^

#준비끝 #교리가삶이다 #계명안에_거함이_복이다
#계명을_지킴이_영광이다 #은혜의_방편에_기대어산다
#사진_글 #신준영_목사

82~88문

믿음과 회개,
그리고 은혜의 수단들

"어차피 다 지킬 수 없는 계명은 무의미한 것 아닐까요?
 그냥 잘 믿고 날마다 지은 죄 회개하면 되죠."
"진짜 큰 죄를 지은 사람들보다야 제가 그래도 좀 나은 것 같은데,
 하나님께서 좀 더 잘 봐주시겠죠~."
"회개는 이미 앞에서 배운 것 같은데, 왜 여기에서 또 배워야 하나요?
 책을 잘못 만든 것 아닌가요?"
:
:

16

소요리문답 2부에 접어든 후로 우리는, 하나님이 요구하시는 것이 "도덕법"이라는 것을 배웠습니다. 그리고 그것이 십계명에 "요약"되었음을 배웠고, 계속해서 십계명을 한 계명씩 배우고 우리 삶에 적용해 보았습니다. 그런데 여기까지 배우면 이제 다 된 것일까요? 그렇게 하나하나 실천하며 살아가면 되는 것이고, 아무런 문제가 없는 것일까요? 대부분의 경우 그렇게 되지만은 않습니다. 하나님께서 말씀하신 계명을 배우다 보면, 자칫 이것이 단지 '율법적'으로만 다가오거나, 어려운 요구조건과 금지사항 앞에서 좌절하는 경우가 많습니다. 그런 우리를 위해 하나님께서 특별히 베푸신 은혜의 방편들이 있으니, 그것을 알고 잘 사용하는 것이 중요합니다.
이 단원에서 배우는 것이 바로 그것입니다.

들어가기 전에

"신앙이 좋을 때도 있지만, 의심이 생기고 약해질 때가 더 많아요.
신앙심을 어떻게 잘 유지할 수 있을지 고민이네요."

"좌절을 넘어서, 은혜를 갈망하기"
계명을 배우고 나서 곧바로 우리에게 드는 감정은,
민망하게도 다름 아닌 '좌절'입니다. **'이거 어떻게 하나.'** -_-;;;

소요리문답 82문과 같은 질문은 아마 누구에게나 드는 생각일 것입니다. 구원 받아 거룩한 이름을 얻은 우리들이지만, 사실 속을 들여다보면 아직 죄의 때가 그대로 묻어 있는 딜레마를 지녔기 때문입니다. 그래서 구원이란 어떤 면에서는 그런 일종의 당혹스러움 가운데 내팽개쳐지는 것이기도 합니다.

그러나 이때 가져야 하는 마음은, 차라리 계명을 지키지 않겠다며 포기하는 마음이 아닙니다. 오히려 감사함으로 인해, 이 계명을 더욱 잘 지키고 싶은 마음이 들어야 하는 것이고, 힘들지만 순종하고 싶다는 마음이 들어야 하는 것입니다. 다만 어쩔 수 없이 안 되는 나의 현실이 괴로울 뿐입니다.

진짜 구원받은 신자의 자세는, 계명을 지켜야 구원받는 게 아니라 하나님의 은혜로 구원받는다는 것을 배웠지만, 방종하지 않는 것입니다. 하나님께서 인간에게 바라시는 하나님의 뜻을 보고, '아 저렇게 살고 싶다, 저렇게 사는 것이 나에게 복이고, 나에게 유익이며 상급이겠구나'라는 마음이 드는 것입니다. 소요리문답 1부에서 이미 공부했듯이, **나를 사랑하시는 그 하나님을 나도 사랑하므로** 그분의 계명에 "기꺼이" 순종하고 싶어지는 것입니다. 강요된 순종이 아니요, 억지로 하는 행위가 아닙니다. 바로 이 단계, 이 수준이야말로 거듭난 사람이 가지게 된 마음입니다. 세상의 많은 가짜 종교들은 주어진 율법(?) 앞에서 이런 마음을 먹기 힘듭니다. 하지만 여전히 계명 앞에서 날마다 쓰러지는 것은 엄연한 현실입니다. 어떻게 해야 할까요? 어차피 하나님의 율법은 이상적인 것이니, 아쉽지만 그냥 살아야 할까요?

지키고 싶지만 지키지 못하는 괴로운 현실을 그저 인정하는 상태로, 그대로 끝내버린다면, 우리 삶이란 참 대책이 없고 기쁨이 없을 것입니다. 이런 아이러니 속에서, 그 계명 앞에서, 우리에게 어떤 관심과 자세가 필요한지를 이제 배우는 것입니다. 이 흐름을 놓치지 말도록 합시다.

이 단원에서 언급하고 또 계속해서 앞으로 배울 규례들에 대해 정말 잘 가르쳐야하고 또 잘 배워야 합니다. 보통 한국교회의 현실을 볼 때, 소요리문답 1부에 대한 내용은 그래도 많이 가르치지만, 거기서 그치곤 합니다. 하지만 2부도 동일하게 중요합니다. 오히려 우리의 삶과 밀접한 내용이라 더욱 중요하다고 할 수 있습니다. 그중에서도 십계명을 배운 후에 나오는 '주님께서 우리에게 주신 규례들'을 잘 배울 때, 앞에서 배웠던 모든 것을 더욱 소.중.하.고 귀.하.게 여.길. 줄. 아.는. 마.음.이 생깁니다. 십계명에서 배운 바를, 용기를 내어 더욱 단호히 살고자 하는 마음도 생깁니다. 더더욱 이 규례들은 그리스도께서 <친히> 세우신 것으로, 그분의 몸 된 성도로서 이것을 소중하게 여기는 것은 당연합니다.

지금 이 내용을 공부하면서 자연스럽게, "아, 말씀이란 무엇일까, 성례란 무엇일까, 기도란 무엇일까? 더욱 잘 알고 싶다! 하나님의 뜻대로 살기 위해서라면…." 이런 마음이 생긴다면, 성공적인 공부가 된 것입니다.

더 깊은 이해를 위한 책: 김진흥, 『오직 하나님의 메시지만 선포하라』

Q82
Is any man able perfectly to keep the commandments of God?

A82
No mere man since the fall is able in this life perfectly to keep the commandments of God, but doth daily break them in thought, word, and deed.
행위

문82
하나님의 계명을 완전히 지킬 수 있는 사람이 있나요?

답82
타락한 후로부터, 그 어떤 사람도 이 생에서 완전히 지킬 수 없으며 하나님의 계명을 날마다 범할 뿐입니다. ❶❷❸
생각과 말과 행동으로 ❹❺❻❼

---

❶ 전도서 7:20
선을 행하고 전혀 죄를 범하지 아니하는 의인은 세상에 없기 때문이로다

❷ 요한1서 1:8, 10
만일 우리가 죄가 없다고 말하면 스스로 속이고 또 진리가 우리 속에 있지 아니할 것이요; 만일 우리가 범죄하지 아니하였다 하면 하나님을 거짓말하는 이로 만드는 것이니 또한 그의 말씀이 우리 속에 있지 아니하니라

❸ 갈라디아서 5:17
육체의 소욕은 성령을 거스르고 성령은 육체를 거스르나니 이 둘이 서로 대적함으로 너희가 원하는 것을 하지 못하게 하려 함이니라

❹ 창세기 6:5
여호와께서 사람의 죄악이 세상에 가득함과 **그의 마음으로 생각하는 모든 계획이 항상 악할 뿐임**을 보시고

❺ 창세기 8:21
여호와께서 그 향기를 받으시고 그 중심에 이르시되 내가 다시는 사람으로 말미암아 땅을 저주하지 아니하리니 **이는 사람의 마음이 계획하는 바가 어려서부터 악함이라** 내가 전에 행한 것 같이 모든 생물을 다시 멸하지 아니하리니

❻ 로마서 3:9-12
그러면 어떠하냐 우리는 나으냐 결코 아니라 유대인이나 헬라인이나 **다 죄 아래에 있다**고 우리가 이미 선언하였느니라; 기록된 바 의인은 없나니 하나도 없으며; 깨닫는 자도 없고 하나님을 찾는 자도 없고; 다 치우쳐 함께 무익하게 되고 선을 행하는 자는 없나니 하나도 없도다-이외에 21절까지

❼ 야고보서 3:2
우리가 다 실수가 많으니 만일 말에 실수가 없는 자라면 곧 온전한 사람이라 능히 온 몸도 굴레 씌우리라;-이외에 13절까지

82문의 핵심

"우리는 이 모든 것을 완전하게 지킬 수 없습니다. 오히려 날마다 범할 뿐입니다." 그렇다면 지킬 수 없는 계명은 유명무실한 것이며, 허울 좋은 것이며, 무의미한 것일까요? 결코 그럴 수 없습니다. 십계명의 전반부는 물론, 후반부만 보아도, 계명이 결코 헛된 것이 아님을 알 수 있습니다. 다음의 설명이 도움이 될 것입니다.

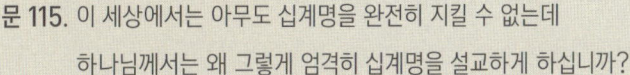

> 문 115. 이 세상에서는 아무도 십계명을 완전히 지킬 수 없는데 하나님께서는 왜 그렇게 엄격히 십계명을 설교하게 하십니까?
>
> 답 115. 첫째, 평생토록 우리의 죄악 된 본성을 더욱더 알게 되고 그리하여 그리스도 안에서 사죄와 의로움을 더욱더 간절히 추구하도록 하기 위함입니다.
> 둘째, 이 세상의 삶을 마치고 목적지인 완전에 이를 때까지, 하나님의 형상으로 더욱더 변화되기를 끊임없이 노력하고 하나님께 성신[성령]의 은혜를 구하기 위함입니다.

참으로 귀한 요점정리입니다. 우리는 지킬 수 없는 것을 요구받는다는 사실에 늘 당황하기 때문입니다. 그러나 이제 하나님께 더욱 감사드릴 수 있습니다. 왜냐하면 만일 지킬 수 있는 것을 주시면 '내가 지켰다'고 하나님 앞에 나의 의를 드러내는 존재가 되었을 테니 말입니다. 큰일 날 뻔 했습니다.^^ 오히려 **다 지킬 수 없기에 더욱 주를 의지할 수 있어서 감사합니다.** 하나님께서 원하시는 관계가 이런 것인가 봅니다. 더욱더 기도하면서, 더욱더 의지하기를, 그리고 주께서 주신 '모든 것'에 감사하며 살기를 구하며 우리는 겸손히 십계명을 따르도록 노력해야겠습니다. 하나하나 주를 의지하며, 주의 깊게 순종해야 되겠습니다.

특별자료

참된 믿음과 선행 | 하이델베르크 요리문답 구조 속에서 본 성도의 선행

하이델베르크 요리문답은, 구원에 대해 설명하면서, 구원을 얻는 '의'를 위해서는 '참된 믿음'이 필요하다고 20문에서 밝힙니다. 그리고 그 참된 믿음이 사도신경에 잘 표현되어 있다고 설명한 후[22문], 사도신경의 내용을 쭈욱 설명해줍니다.[23~58문] 그리고 그 사도신경을 다 배우고 나서, 59문에서는 "지금까지 배운 이것이 당신에게 무슨 유익이 있습니까?"라고 묻습니다. 여기서 다시 '참된 믿음'으로 '의'를 얻는다고 반복합니다. 오직 믿음에 대한 분명하고도 철저한 구조입니다.

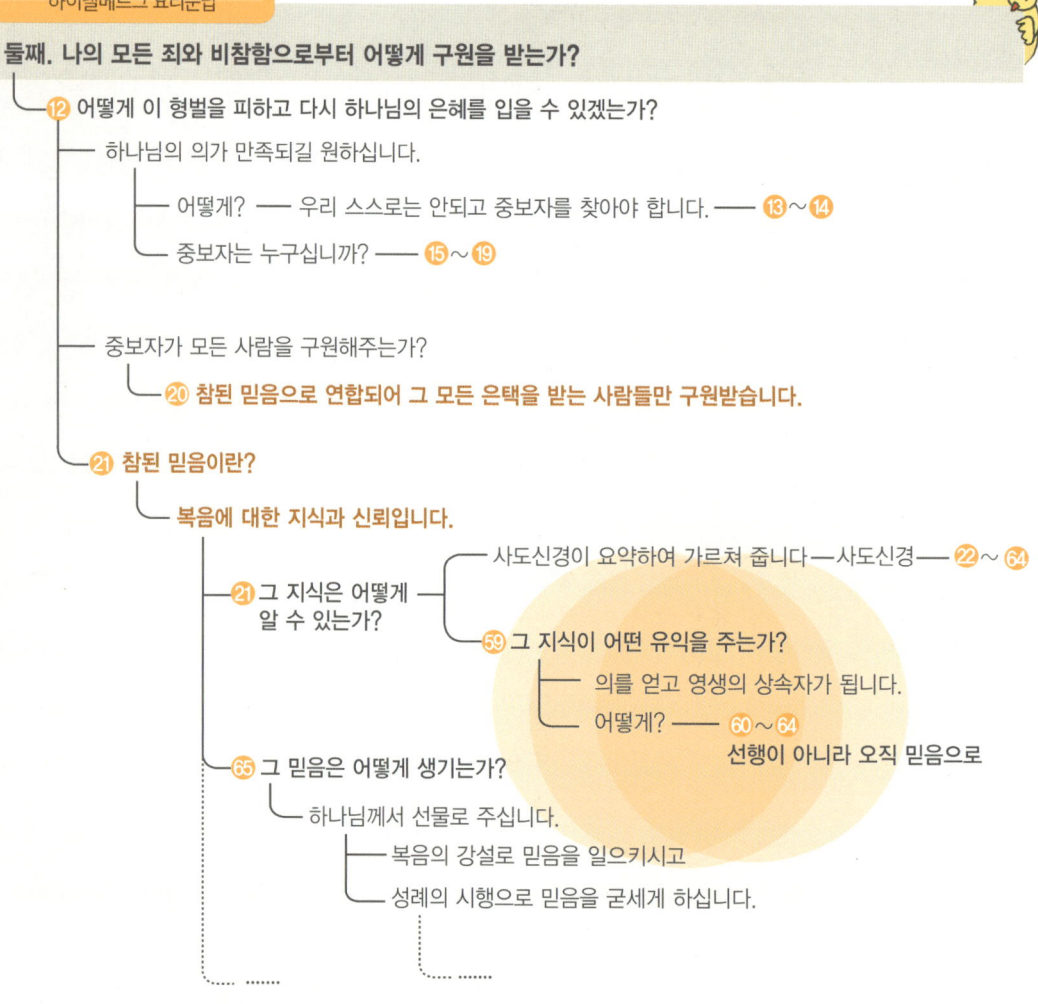

특별자료

여기서 다음과 같은 질문들이 이어집니다.
"그럼 선행은?"
"믿음으로 구원을 얻는다면 착하게 사는 것은 아무 필요가 없다는 소린가요?"
라는 질문입니다.
하이델베르크 요리문답을 살펴보면서 답을 찾아보겠습니다.

여기서 '선행'은 소요리문답에서 지금까지 배운 십계명의 '실천사항'이라고 생각하시면 됩니다.

하이델베르크 요리문답 62~64문의 문맥

62문 : 우리의 선행은 왜 하나님 앞에서 의가 될 수 없으며 의의 한 부분이라도 될 수 없습니까?

그럼 선행은 뭐야?? 무슨 가치가 있어?? 라고 물어보는 셈입니다.

62답 : 하나님의 심판대 앞에 설 수 있는 의는 절대적으로 완전해야 하며 모든 면에서 하나님의 율법에 일치해야 합니다. 그러나 우리가 이 세상에서 행한 최고의 행위라도 모두 불완전하며 죄로 오염되어 있습니다

너의 선행으로, 과연 하나님 앞에 설 수 있겠어? 라고 대답하는 셈입니다. 그러자 또 묻습니다.

63문 : 하나님께서 우리의 선행에 대해 이 세상과 오는 세상에서 상 주시겠다고 약속하시는데, 그래도 우리의 선행은 아무 공로가 없다고 할 수 있습니까?

성경에 분명 선행을 하라고 적혀있고, 상도 주신댔는데?? 라고 되묻는 셈입니다.

63답 : 하나님의 상은 공로로 얻는 것이 아니고 은혜로 주시는 선물입니다.

그 상이 하나님의 선물이지, 선행의 대가이겠냐? 하나님이 주시는 선물은 Give & Take 처럼 수준 낮은 방식이 아니란 말야! 라고 대답하는 셈입니다.

(더 자세한 내용은 특강 하이델베르크 요리문답 상권 p.244-250을 참고해주세요!)

특별자료

우리 하나님은 이방 종교처럼, 공양하면 선물을 주시는, 그런 수준의 신이 아니십니다. 하나님께서 우리에게 뭔가를 주시는 방식은 대가를 바라는 방식이 전혀 아닙니다. 따라서 우리가 받을 상의 개념도 달라져야 합니다. 이것은 선물입니다. 우리가 받을 '상'의 개념이 분명한 사람은, 상을 받기 위해 무슨 노력을 해야겠다는 식의 생각을 하지 않습니다. 그렇게 해서 받을 수 있는 상이 아니라는 것을 잘 알기 때문입니다.

사실 우리는 너무나도 자주 이 선에서 머뭅니다. 인간 세상에서 일어나는 희생과 봉사와 섬김, 이런 것 속에는 모두 어느 정도 대가를 바라는 마음이 조금씩이라도 섞여 있습니다. 하나님께서 우리에게 주시고자 하는 선물은 우리의 수준과는 차원이 다릅니다. 하나님과 인간의 수준이 다른 만큼, 우리가 도저히 따라가기 힘들 정도의 고귀한 사랑입니다. 심지어 부모라 해도, 자녀에게 하나님과 같은 아가페적 사랑을 할 수는 없습니다. 그 하나님의 사랑을 깨닫고 집중하도록 합시다.

이렇게, 상 받기 위한 것이 아니라고 설명하니까 64문에서 마지막 염려를 합니다.

> **하이델베르크 요리문답 64문**
> 64문 : 이러한 가르침으로 말미암아 사람들이 무관심하고 사악하게 되지 않겠습니까?

믿음으로 의를 얻는다면, 게다가 선행과 상 받는 것이 상관이 없다면, 그럼 굳이 선행 안 해두 되겠네? 라는 우문입니다. 여기에 뭐라고 대답하는지 보겠습니다.

> 64답 : 아닙니다. 참된 믿음으로 그리스도에게 접붙여진 사람들이 감사의 열매를 맺지 않는 것은 불가능합니다.

우문현답입니다. 선행은 감사의 열매라구~. 감사하면 당연히 하게 되는 것이 선행이야~. 그것도 네 스스로 하는 게 아니라 그리스도에게 연합되었기에 가능한 것이지! 라는 대답입니다.

뭔가를 받기 위해 선행을 하는 것이 아니라, 오히려 이미 받은 것이 감사해서 선행을 하는 것입니다. 본말이 뒤바뀌어서는 안 됩니다. 하나님께 받은 상급이 너무나도 감사하여 당연히 순종과 선행을 하게 되는 것입니다. 믿음으로 의를 얻는다는 것 때문에 선행을 안 하게 될지도 모른다고 보는 것은, 이미 그 선행을 선물이며 유익으로서 제대로 이해하지 못한 것입니다.

특별자료

더구나 이제 우리는 그리스도에게 접붙여진 자들이기에, '당연하게' 선행을 하려 들게 됩니다. 콩 심은 데 콩 나듯이, 그리스도에게 접붙임을 받은 우리의 성품도 그리스도의 성품을 갖게 됩니다. 즉, 조금 과장해서 말하자면, '우리가 아무리 하기 싫어해도, 우리 안의 성령께서 우리를 결국 선행을 하고 싶도록 만드실 것입니다.' … 그래서 더욱 감사입니다!

하이델베르크 요리문답 3부, "감사"의 첫 문답인 제 86문은, 이것을 다음과 같이 아름답게 표현하고 있습니다.

하이델베르크 요리문답 86문

86문 : 우리의 공로가 조금도 없이 그리스도로 말미암아 오직 은혜로 우리의 죄와 비참함으로부터 구원을 받았는데, 우리는 왜 또한 선행을 해야 합니까?

86답 : 그리스도께서 그의 보혈로 우리를 구속하셨을 뿐 아니라 그의 성신으로 우리를 새롭게 하여 그의 형상을 닮게 하시기 때문입니다. 이것은 우리가 모든 삶으로써 하나님의 은덕에 감사하고 하나님께서 우리를 통해 찬양받으시기 위함이며, 또한 우리 각 사람이 그 열매로써 자신의 믿음에 확신을 얻고, 경건한 삶으로써 다른 사람을 그리스도에게 인도하기 위함입니다.

더 깊은 이해를 위한 책 : 김홍전, 『그리스도의 지체로 사는 삶』

역사 속으로

실제로 로마 카톨릭은 종교개혁자 루터의 이신칭의(믿음으로 의를 얻는다) 교리에 대해 이렇게 공격했습니다. '믿음으로만 구원을 얻는다는 신교의 사악한 이단사설이 퍼지면, 선한 행위는 더 이상 중요시 되지 않아서, 사회가 문란해지고 도덕이 파괴될 것이다.'라고 그들은 우려했습니다. 그러나 실제로는 종교개혁의 신앙이 퍼진 곳에서 오히려 사회 개혁과 도덕적 반성이 크게 일어났습니다. 거꾸로 중세 시대의 교회와 성도들의 타락상이 드러나고, 남몰래 저지르던 죄악들이 들춰졌습니다. 참된 믿음만이 우리를 참된 선행으로 이끌어줍니다.

더 깊은 이해를 위한 책 : 앨리스터 맥그라스, 『기독교, 그 위험한 사상의 역사』; 스탠포드 리드, 『칼빈이 서양에 끼친 영향』

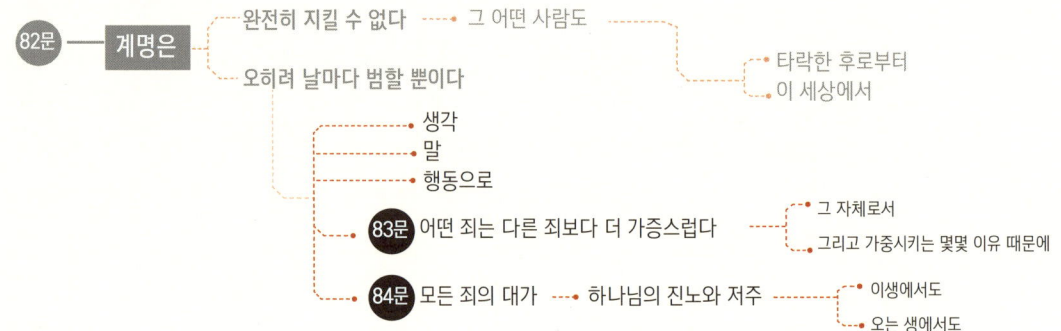

Q83
Are all transgressions of the law equally heinous?
A83
Some sins in themselves,

and by reason of several aggravations,

　　　are more heinous in the sight of God
　　　　　　가증스러운　　　시각
　　　than others.

Q84
What doth every sin deserve?
A84
Every sin deserveth
　　　-할 가치가 있다
　　　God's wrath and curse,
　　　　　격노, 분노　　저주
　　　both in this life, and that which is to come.

문83
법의 위반이 모두 똑같이 가증스러운가요?
답83
어떤 죄는 그 자체로,

그리고 (죄를) 가중시키는 몇몇 이유 때문에

　　하나님 보시기에 더 가증스럽습니다.

　　　　　　　　　다른 죄들보다 더.
　　　　　　　　　　　　　❶❷❸
문84
모든 죄는 무슨 대가를 받아 마땅한가요?
답84
모든 죄는 받아 마땅합니다.

　　　하나님의 진노와 저주를.

　　　이생과 오는 세상 모두에서.
　　　　　　　　　　❹❺❻❼

---

❶ 에스겔 8:6, 13, 15
그가 또 내게 이르시되 인자야 이스라엘 족속이 행하는 일을 보느냐 그들이 여기에서 크게 가증한 일을 행하여 나로 내 성소를 멀리 떠나게 하느니라 **너는 다시 다른 큰 가증한 일을 보리라 하시더라**; 또 내게 이르시되 너는 다시 그들이 행하는 바 **다른 큰 가증한 일을 보리라 하시더라**; 그가 또 내게 이르시되 인자야 네가 그것을 보았느냐 **너는 또 이보다 더 큰 가증한 일을 보리라 하시더라**

❷ 요한1서 5:16
누구든지 형제가 사망에 이르지 아니하는 죄 범하는 것을 보거든 구하라 그리하면 사망에 이르지 아니하는 범죄자들을 위하여 그에게 생명을 주시리라 **사망에 이르는 죄가 있으니** 이에 관하여 나는 구하라 하지 않노라

❸ 시편 78:17, 32, 56
그들은 계속해서 하나님께 범죄하여 메마른 땅에서 지존자를 배반하였도다; 이러함에도 **그들은 여전히 범죄하여** 그의 기이한 일들을 믿지 아니하였으므로; 그러나 그들은 지존하신 하나님을 시험하고 반항하여 그의 명령을 지키지 아니하며

❹ 에베소서 5:6
누구든지 헛된 말로 너희를 속이지 못하게 하라 **이로 말미암아 하나님의 진노가 불순종의 아들들에게 임하나니**

❺ 갈라디아서 3:10
무릇 율법 행위에 속한 자들은 저주 아래에 있나니 기록된 바 **누구든지 율법 책에 기록된 대로 모든 일을 항상 행하지 아니하는 자는 저주 아래에 있는 자라** 하였음이라

❻ 예레미야애가 3:39
살아 있는 **사람은 자기 죄들 때문에 벌을 받나니** 어찌 원망하랴

❼ 마태복음 25:41
또 왼편에 있는 자들에게 이르시되 **저주를 받은 자들아 나를 떠나** 마귀와 그 사자들을 위하여 예비된 영원한 불에 들어가라

답변분석

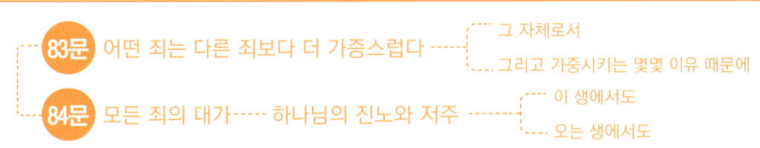

- 83문 어떤 죄는 다른 죄보다 더 가증스럽다 ─ 그 자체로서 / 그리고 가중시키는 몇몇 이유 때문에
- 84문 모든 죄의 대가 ─ 하나님의 진노와 저주 ─ 이 생에서도 / 오는 생에서도

죄의 정의 : 하나님의 법을 위반하거나, 하나님의 법을 순종함에 조금이라도 부족한 것 (소요리문답 14문)

생뚱맞게?

갑자기 '죄'에 대해 묻고 있습니다. 왜 그럴까요? 소요리문답 2부의 전체 구조를 보면, 십계명과 주기도문 사이에, 은혜의 방편에 대한 설명이 있고, 그 바로 앞에 '죄' 문제가 있습니다. 1부에서 우리는 '중보'의 결과로 성도에게 죄책은 사라졌지만, 여전히 '죄의 찌꺼기'와의 싸움이 남아있다고 배웠는데,^(성화에 대한 심화학습 참조, 상권, p.336) 이 때문에 우리는 분명한 십계명의 가르침 앞에서 그대로 온전히 살 수 없다는 것입니다. 따라서 여기에서 죄에 대해 언급하는 이유는, 우리를 그런 처지에서 그대로 퍼져있게 하지 않으려는 의도라고 볼 수 있습니다. 자꾸 죄 문제를 꺼내서 그렇지 않아도 십계명 앞에 얻어맞고 지쳐있는 우리를 괴롭히려는 것이 아니라, 격려하고, 북돋우려는 것입니다.

하나님께서는 우리에게 남아있는 그 죄의 찌꺼기조차도 싫어하십니다. 우리가 사랑하는 그분이 우리에게 남아있는 이 죄를 싫어하신답니다. 하지만 이게 우리의 모습입니다. 이 딜레마를 어떻게 풀어야 할까요? 소요리문답은 그래서 바로 이후에 믿음과 회개, 그리고 은혜의 방편을 제시합니다.

<u>소요리문답의 이러한 문맥적 배려는 대단히 감탄스럽습니다.</u> 성도에 대한 소요리문답 작성자들의 따뜻한 배려가 느껴지기 때문입니다. 요리문답을 통해 십계명을 배우고 나면, 대부분의 성도들은 좌절감을 크게 느낍니다. 마음은 원이로되, 행함은 쉽지 않기 때문입니다. 그래서 소요리문답은 적당한 지점에서 분위기 쇄신을 합니다. 지친 성도들을 위로하며 격려하고, 한편으로는 정신이 번쩍 들게 만들어서, 다음 공부로 이어지게 해줍니다.

> 부록 마인드맵에서 확인할 수 있다네~!

하나님께서는 사람을 창조하실 때 사람에게 당신의 법을 지킬 수 있는 능력을 부여하셨지만, 사람이 그 법에 고의로 불순종함으로써 그 모든 능력을 상실하여 하나님의 법을 지킬 수 없게 되었습니다.

답변분석

자, 그럼, 이제 구체적으로 나는 뭘 어떻게 해야 되는 걸까? 고민이다. 휴...

걱정마셔~ 어서 85문으로 가보자구!

우리가 능력을 상실했다 하더라도 하나님의 법은 여전히 변함없이 유효합니다. 아주 작은, 심지어 너무하다 싶은 사소한 죄들까지도 하나님께서는 가증히 여기십니다. 왜죠? 하나님의 법은 하나님의 속성(거룩하심, 의로우심, 선하심 등)을 그대로 반영한 것이며, 하나님의 속성은 곧 하나님의 존재를 표현한 것이기 때문에 그렇습니다. 작고 사소한 것일지라도 하나님의 법에 불순종(대항)하는 것은 하나님이라는 존재를 대적하는 것입니다. 이렇게 봤을 때, 우리가 별생각 없이, 사소하게 생각하고 범하는 죄들도 하나님을 대적하는 것이 되고, 이는 엄청난 대가를 받게 됩니다.

그래서 죄에 대해서는 아무리 강조해도 지나치지 않습니다. 자신의 죄에 대한 인식과 이해의 깊이가, 그 죄로부터 자유롭게 하신 그리스도의 은혜를 더욱 깊이 있게 합니다. 그리고 그 사랑과 은혜의 깊이가 나를 변화시켜, 그리스도를 닮아가고 그 뜻대로 살아가고자 하는 열정을 더욱 깊이 있게 합니다.

성경말씀, 즉 계명을 통해서	계명은 생각과 말과 행동에 있어서 완벽을 요구한다. 그러나 어느 것 하나도 제대로 만족시키지 못하며, 오히려 생각과 말과 행동에 있어 적극적으로 계명을 범한다.
완전히 지킬 수 없음을 깨달음	계명은 이렇게 우리의 몸, 근육, 뼈, 신경, 세포와 마음과 심령까지 낱낱이, 아주 밝히 드러내준다. 그것은 우리를 죽게 하기 위해서이고, 완전히 죽게 해서, 다시 새롭게 하기 위함이다. 그래서 계명은 우리에게 더 이상 저주가 아니라, 거룩한 영광으로 초대하기 위한 귀한 지침표이며 안내서이다.
나의 죄와 그로 인한 비참함을 발견함	더 이상 계명을 두려움의 대상으로만 보지 말자. 계명을 통해서 거룩하시고, 신실하시고, 공의로우신 하나님을 바라보자. 나를 위해 이 엄청난 율법을 모두 만족시키신, 나의 유일한 소망이신 그리스도를 바라보자. 그리고 이제는 그리스도를 통한 하나님의 사랑과 은혜 안에서 기쁨과 온전함과 감사를 누리자.

답변분석

대요리문답은 죄를 더 악화시키는 경우를 크게 4가지로 나눠서 설명합니다. 예를 들면 다음과 같습니다. (대요리문답 151, 152문 참조)

① 범죄하는 사람이 누구인가? 알 만한 자들이 죄 짓는 경우

② 피해 입은 당사자가 누구인가? 연약한 성도들에게 죄짓는 경우

③ 범죄의 성격과 특질에 따라 지은 죄를 반복하여 짓는 경우

④ 때와 장소에 따라 주일에, 공적인 곳에서 죄를 짓는 경우

우리는 우리가 처한 상황과 환경 속에서 순간적으로 하나님 앞에 더 큰 죄인이 될 수 있다는 것을 깨닫고, 항상 두렵고 떨림으로 하나님 앞에서 Coram Deo 살아가야 할 것입니다. 그리고 나의 부족함과 연약함으로 어떻게 이런 죄를 피할 수 있을지를 평생 고뇌하며, 그 가운데 오직 주께서 주시는 은혜와 평안을 간구하며 살아가야 합니다. 참으로 우리는 죄와 함께 범벅이 되어 살아가고 있지만, 그래서 더더욱 죄를 소스라치게 미워해야 하며, 떨쳐버리려고 발버둥쳐야 할 것입니다.

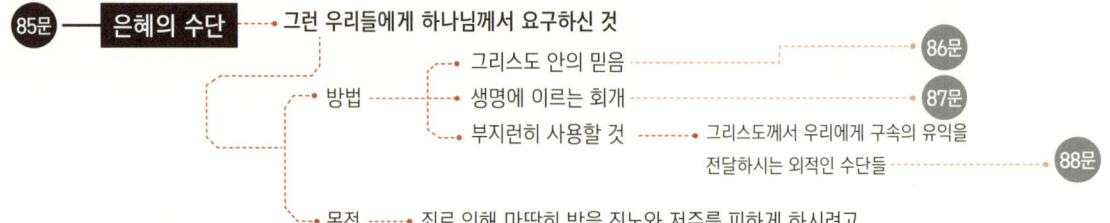

Q85
What doth God require of us,
that we may escape his wrath and curse due to us for sin?

A85
To escape the wrath and curse of God
　　　　　　　due to us for sin,
　　　　　　　　지불 기일이 된
　　　　God requireth of us
　　　　　…을 요구하다 …을 명령하다
　　　　　　faith in Jesus Christ,
　　　　　　　repentance unto life,
　　　　　　　　회개, 참회
　　with the diligent use of all the outward means
　　　　　　　　　　　　　　　수단, 방법
whereby Christ communicateth to us
the benefits of redemption.

문85
우리가 죄로 인해 하나님께 마땅히 받을 진노와 저주를 피하도록 하나님께서 무엇을 우리에게 요구하시나요?

답85
우리가 하나님의 진노와 저주를 피하게 하려고
　　　　　죄로 인해 마땅히 받을
하나님께서 우리에게 요구하시는 것은,
예수 그리스도 안의 믿음과
생명에 이르는 회개이며,
❶
모든 외적인 수단들을 부지런히 사용하는 것입니다.
　　　　그리스도께서 우리에게 구속의 유익을 전달하시는.
　　　　　　　　　　❷❸❹

❶ 사도행전 20:21
유대인과 헬라인들에게 하나님께 대한 회개와 우리 주 예수 그리스도께 대한 믿음을 증언한 것이라

❷ 잠언 2:1-5
내 아들아 네가 만일 나의 말을 받으며 나의 계명을 네게 간직하며; 네 귀를 지혜에 기울이며 네 마음을 명철에 두며; 지식을 불러 구하며 명철을 얻으려고 소리를 높이며; 은을 구하는 것 같이 그것을 구하며 감추어진 보배를 찾는 것 같이 그것을 찾으면; **여호와 경외하기를 깨달으며 하나님을 알게 되리니**

❸ 잠언 8:33-36
훈계를 들어서 지혜를 얻으라 그것을 버리지 말라; 누구든지 내게 들으며 날마다 내 문 곁에서 기다리며 문설주 옆에서 기다리는 자는 복이 있나니; 대저 **나를 얻는 자는 생명을 얻고 여호와께 은총을 얻을 것임이니라**; 그러나 나를 잃는 자는 자기의 영혼을 해하는 자라 나를 미워하는 자는 사망을 사랑하느니라

❹ 이사야서 55:3
너희는 귀를 기울이고 내게로 나아와 들으라 그리하면 **너희의 영혼이 살리라** 내가 너희를 위하여 영원한 언약을 맺으리니 곧 다윗에게 허락한 확실한 은혜이니라

답변분석

| 85문 | 은혜의 수단 | 그런 우리들에게 하나님께서 요구하신 것 |

믿음과 회개

이것의 정체는 무엇일까요? 이제 눈치 빠른 독자는 대답할 수 있을 것입니다. 네, "선물"입니다. 비록 그 표현은 하나님께서 우리에게 '요구하신다'고 하지만, 사실 우리의 필요를 알고 하나님이 마련해주신 선물입니다. 즉, 요구가 곧 선물입니다. 구원받은 자에게 주시는 선물! 사실 지금까지 배운 것이 다 선물이지 않습니까? 인생과, 인생의 너머에 마련된 모든 것까지도 사실 다 선물로 주신 것입니다.

믿음과 회개에 대해서는 소요리문답 1부에서 '은혜의 교제(상권, 11단원)'를 공부할 때 이미 언급했습니다만, 직접적인 문답은 2부에서 비로소 나옵니다. 이것이 소요리문답의 특징입니다. 즉, 믿음과 회개를 죄에서 구원받기 위한 우리의 의무로서 이야기하는 것이 아니라, 2부에 와서 십계명을 배운 후에 설명합니다. '나 자신의 죄'에 눈을 뜨고 그것에 직면하여 아파하는 우리에게 이것을 가르치고 있다는 점을 주목해 봅시다. 우리는 '내가 믿어서', '내가 회개해서' 구원받은 게 아니라, 성령의 사역으로 그리스도의 중보의 유익을 받았습니다. 즉 나의 모든 상황이 이미 다 변한 후에, 내 믿음도, 내 회개도 있는 것입니다.

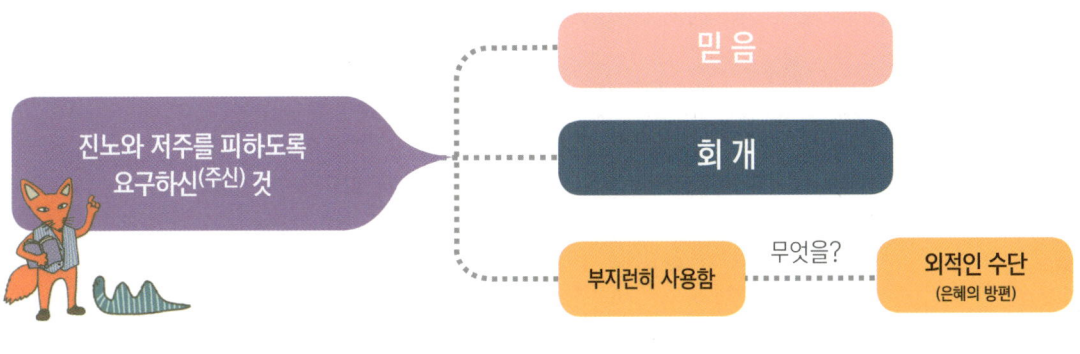

오호!~ 이건 또 뭔가요?
서두르지 말고 다음 문답들을 통해
차근차근 알아가 보도록 합시다.
86, 87문에서 믿음과 회개를 공부하고,
88문부터 은혜의 방편을 공부합니다!

- 85문 — 은혜의 수단
  - 86문 그리스도 안의 믿음이란? — 구원의 은혜 — 결과
    - 예수만을 받아들이고
    - 예수만을 의지하는 것임
    - 그가 복음 안에서 우리에게 제시된 대로
  - 87문 생명에 이르는 회개란? — 구원의 은혜 — 결과 — 죄에서 돌이켜 하나님께 향함
    - 자기 죄에 대한 참된 인식과
    - 그리스도 안에서 하나님의 자비를 이해하는 가운데
    - 자기 죄를 슬퍼하고 미워하면서
    - 새롭게 순종하는 것을 온전히 목적으로 삼고 그것(순종)을 위해 노력함으로써
  - 88문 모든 외적인 수단들 — 그리스도께서 우리에게 구속의 유익을 전달하시는 수단 (그리스도의 규례들)

Q86
What is faith in Jesus Christ?

A86
Faith in Jesus Christ is a saving grace,

whereby we receive and
(그것에 의하여) ~하는, 그에 따라
rest upon him alone for salvation,

    as he is offered to us in the gospel.

문86
예수 그리스도를 믿는 믿음이란 무엇인가요?

답86
예수 그리스도를 믿는 믿음이란, 구원의 은혜입니다. ❶

그로 인해, 우리가 그분만을 받아들이고,

  의지하여 구원을 얻습니다.

    그가 복음 안에서 우리에게 제시된 대로.
                    ❷ ❸ ❹ ❺

❶ 히브리서 10:39
우리는 뒤로 물러가 멸망할 자가 아니요 **오직 영혼을 구원함에 이르는 믿음을 가진** 자니라

❷ 요한복음 1:12
영접하는 자 곧 그 이름을 믿는 자들에게는 하나님의 자녀가 되는 권세를 주셨으니

❸ 이사야 26:3-4
주께서 **심지가 견고한 자**를 평강하고 평강하도록 지키시리니 **이는 그가 주를 신뢰함이니이다**; 너희는 여호와를 영원히 신뢰하라 주 여호와는 영원한 반석이심이로다

❹ 빌립보서 3:9
그 안에서 발견되려 함이니 내가 가진 의는 율법에서 난 것이 아니요 오직 그리스도를 믿음으로 말미암은 것이니 곧 믿음으로 하나님께로부터 난 의라

❺ 갈라디아서 2:16
사람이 의롭게 되는 것은 율법의 행위로 말미암음이 아니요 오직 예수 그리스도를 믿음으로 말미암는 줄 알므로 우리도 그리스도 예수를 믿나니 이는 우리가 율법의 행위로써가 아니고 그리스도를 믿음으로써 **의롭다 함을 얻으려 함이라** 율법의 행위로써는 의롭다 함을 얻을 육체가 없느니라

85문 — 은혜의 수단

- **86문** 그리스도 안의 믿음이란? — 구원의 은혜 — 결과
  - 예수만을 받아들이고
  - 예수만을 의지하는 것임
  - 그가 복음 안에서 우리에게 제시된 대로
- **87문** 생명에 이르는 회개란? — 구원의 은혜 — 결과 — 죄에서 돌이켜 하나님께 향함
  - 자기 죄에 대한 참된 인식과 그리스도 안에서 하나님의 자비를 이해하는 가운데
  - 자기 죄를 슬퍼하고 미워하면서
  - 새롭게 순종하는 것을 온전히 목적으로 삼고 그것(순종)을 위해 노력함으로써
- **88문** 모든 외적인 수단들 — 그리스도께서 우리에게 구속의 유익을 전달하시는 수단 (그리스도의 규례들)

Q87
What is repentance unto life?
회개, 참회

A87
Repentance unto life is a saving grace,
whereby a sinner,
    out of a true sense of his sin,
    감각, 지각
    and apprehension of the mercy of God in Christ,
    이해   *자비*
doth, with grief and hatred of his sin,
    큰 슬픔, 비탄   *증오*
turn from it unto God,
    with full purpose of,
    and endeavour after, new obedience

문87
생명에 이르는 회개란 무엇인가요?

답87
생명에 이르는 회개란 구원의 은혜입니다. ❶
그로 인해 죄인이

> 자기 죄에 대한 참된 인식과 ❷
> 그리스도 안에서 하나님의 자비를 이해하는 가운데, ❸ ❹
> 자기 죄를 슬퍼하고 미워하면서,

죄에서 돌이켜 하나님께 향하는 것입니다. ❺ ❻

> 새롭게 순종하는 것을 온전히 목적으로 삼고
> 그것(순종)을 위해 노력함으로써. ❼ ❽

---

❶ **사도행전 11:18**
그들이 이 말을 듣고 잠잠하여 하나님께 영광을 돌려 이르되 그러면 하나님께서 이방인에게도 **생명 얻는 회개를** 주셨도다 하니라

❷ **사도행전 2:37-38**
그들이 이 말을 듣고 **마음에 찔려** 베드로와 다른 사도들에게 물어 이르되 형제들아 우리가 어찌할꼬 하거늘; 베드로가 이르되 **너희가 회개하여** 각각 예수 그리스도의 이름으로 세례를 받고 죄 사함을 받으라 그리하면 성령의 선물을 받으리니

❸ **요엘 2:12**
여호와의 말씀에 너희는 이제라도 금식하고 울며 애통하고 마음을 다하여 **내게로 돌아오라** 하셨나니

❹ **예레미야 3:22**
배역한 자식들아 돌아오라 내가 너희의 배역함을 고치리라 하시니라 보소서 **우리가 주께 왔사오니 주는 우리 하나님 여호와이심이니이다**

❺ **예레미야 31:18-19**
에브라임이 스스로 탄식함을 내가 분명히 들었노니 주께서 나를 징벌하시매 멍에에 익숙하지 못한 송아지 같은 내가 징벌을 받았나이다 주는 나의 하나님 여호와이시니 나를 이끌어 돌이키소서 그리하시면 내가 돌아오겠나이다; 내가 돌이킨 후에 **뉘우쳤고** 내가 교훈을 받은 후에 **내 볼기를 쳤사오니** 이는 어렸을 때의 치욕을 지므로 **부끄럽고 욕됨이니이다 하도다**

❻ **에스겔 36:31**
그 때에 너희가 너희 악한 길과 너희 좋지 못한 행위를 기억하고 **너희 모든 죄악과 가증한 일로 말미암아 스스로 밉게 보리라**

❼ **고린도후서 7:11**
보라 하나님의 뜻대로 하게 된 이 근심이 너희로 얼마나 간절하게 하며 얼마나 변증하게 하며 얼마나 분하게 하며 얼마나 두렵게 하며 **얼마나 사모하게 하며 얼마나 열심 있게 하며** 얼마나 벌하게 하였는가 너희가 그 일에 대하여 일체 너희 자신의 깨끗함을 나타내었느니라

❽ **이사야 1:16-17**
너희는 스스로 씻으며 스스로 깨끗하게 하여 내 목전에서 너희 악한 행실을 버리며 **행악을 그치고; 선행을 배우며** 정의를 구하며 학대 받는 자를 도와 주며 고아를 위하여 신원하며 과부를 위하여 변호하라 하셨느니라

답변분석

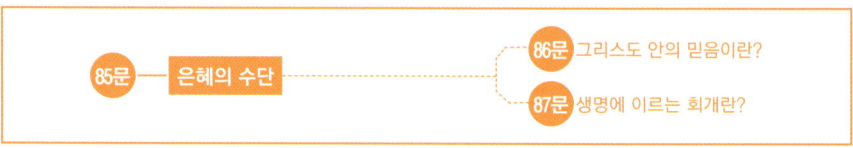

여기서는 먼저 믿음과 회개에 대한 정의를 공부하는 것이 중요합니다. 도표로 정리합시다.

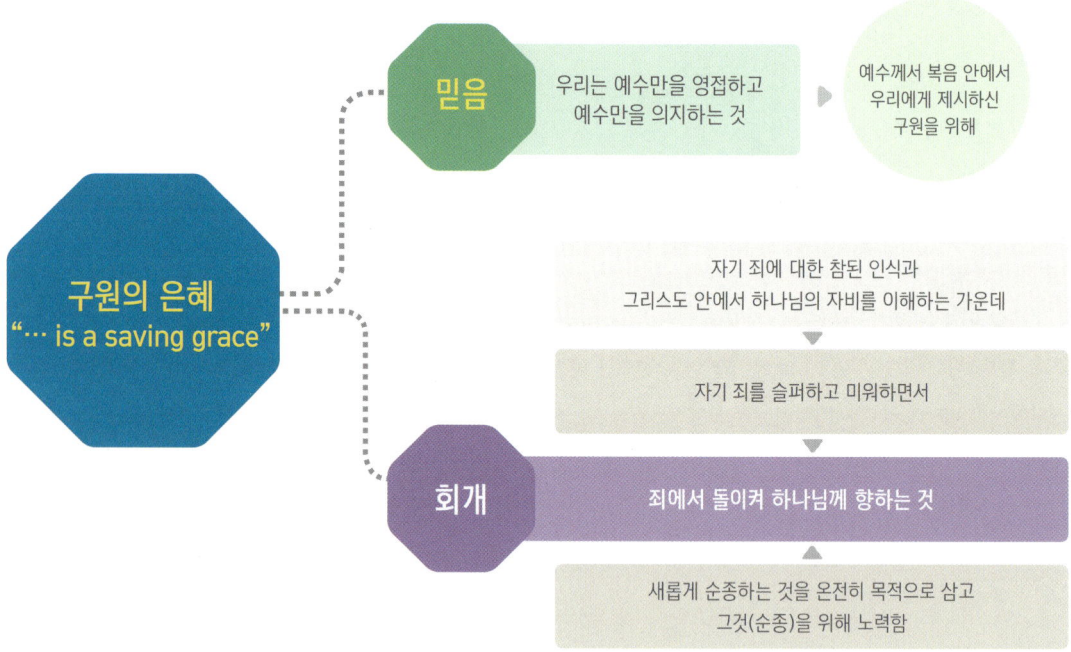

믿음은 구원의 은혜입니다. 우리는 예수만을 영접하고 의지하여, 예수께서 복음 안에서 우리에게 제시하시는 구원을 얻습니다. 회개도 구원의 은혜입니다. 죄인이 자기의 죄를 참으로 인지하고 그리스도 안에서 하나님의 자비를 깨달아, 자기 죄를 괴로워하고 미워함으로, 죄에서 돌이켜 하나님께 향하되, 목적을 굳게 세우고, 노력함으로써 새롭게 순종하는 것입니다.

여기서 눈에 띄는 것은, 믿음과 회개 둘 다 [구원의 은혜]라는 표현을 사용하고 있다는 것입니다. 그러면서도 구체적인 내용은 다릅니다.

비교해보면서 서로 '같은 점'이 무엇이고 '차이점'은 무엇인지 머릿속에 정리하기로 합시다. 앞으로 믿음이 무엇인지, 회개가 무엇인지, 물어보면 곧바로 대답할 수 있도록 합시다. 믿음과 회개라는 단어를, 그저 교회 다니면 당연히 하는 소리로 여기기보다는, 이렇게 개념을 명확하게 정리하는 것이 좋습니다. 그리고 이것을 이해하기만 할 것이 아니라, 우리가 죄로부터 벗어나서 하나님께로 가까이 가기 위한 수단으로 이해한다면, 더욱 소중하게 여기고 노력하게 될 것입니다.

앞에서 본 것처럼, 아주 사소한 죄도 하나님의 저주와 진노를 받아 마땅합니다. 그러나 자비로우신 하나님께서는 그 진노와 저주를 피할 길을 주셨고, 우리에게 그 길을 따를 것을 요구하십니다. 이것은 비록 요구이지만, 우리가 하는 것이 아닌, 결국 '성령의 사역'임을 또한 기억합시다.

여기서 또 중요한 것은, 믿음과 회개가 그다음에 나오는 "은혜의 방편"과 어떻게 연결되는지를 아는 것입니다.

은혜의 방편이란 무엇일까요? 먼저 85문 아래쪽을 보시면, 익숙한 표현이 눈에 띕니다. "구속의 유익". 1부에서 공부한 내용을 상기해봅시다.(상권, p.280, 29문 이하) 우리가 이미 받았다고 알고 있는 바로 그것입니다. 그런데 이것을 제대로 전달하시는 수단들도 주셨다는 것이, 지금 여기서 확인하게 되는 내용입니다.

성령께서 하시는 사역이 대표적으로 무엇이죠? 중보의 유익을 우리에게 전달(선물)하시는 것이었죠! 인간에게 있어서 가장 큰 유익이란 무엇이었죠? 저 앞에서 배운, "그리스도의 구속에 우리가 참여하는 것"입니다. 이것은 더 거슬러 올라가면, 은혜언약에서부터 다 출발합니다. 이 구조를 잃지 않고 2부에서의 공부도 계속하시기 바랍니다. (상권 p.278~279 참조)

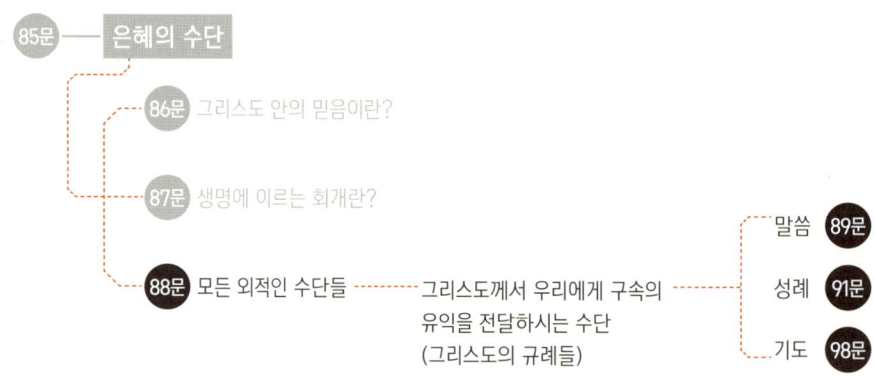

Q88
What are the outward means whereby Christ
외적의, 외형의
communicateth to us the benefits of redemption?

A88
The outward and ordinary means
평상의, 보통의
whereby Christ communicateth to us the benefits of redemption,
are his ordinances,
especially the word, sacraments, and prayer;
all which are made effectual
효과적인, 유효한
to the elect for salvation.

문88
그리스도께서 우리에게 구속의 유익을 전달하시는
외적인 수단은 무엇인가요?

답88
그리스도께서 우리에게 구속의 유익을 전달하시는
외적인, 그리고 통상적인 수단은
그의 규례들인데,
특별히 말씀과 성례와 기도입니다.
이 모두가 효력이 됩니다.

택한 자들의 구원에.
❶❷

❶ 마태복음 28:19-20
그러므로 너희는 가서 **모든 민족을 제자로 삼아** 아버지와 아들과 성령의 이름으로 **세례를 베풀고**; 내가 너희에게 분부한 모든 것을 **가르쳐 지키게 하라** 볼지어다 내가 세상 끝날까지 너희와 항상 함께 있으리라 하시니라

❷ 사도행전 2:42, 46-47
그들이 사도의 가르침(원문: the apostle's doctrine)을 받아 서로 교제하고 떡을 떼며 오로지 기도하기를 힘쓰니라; 날마다 마음을 같이하여 성전에 모이기를 힘쓰고 집에서 떡을 떼며 기쁨과 순전한 마음으로 음식을 먹고; 하나님을 찬미하며 또 온 백성에게 칭송을 받으니 주께서 구원 받는 사람을 날마다 더하게 하시니라

88문은 뒤에 나올 주제들을 미리 소개합니다.(서론 또는 개요 역할) 이후 89문부터 말씀과 성례(세례와 성찬), 기도(주기도문)에 대해 계속해서 자세한 설명이 이어집니다. 신앙이 외적으로 드러나는 부분, 눈에 보이는 은혜의 수단을 설명하는 부분입니다.

답변분석

그리스도께서 구속의 유익을 전달하시는, 눈에 보이는 수단!
하나님께서는 감사하게도 믿음과 회개를 선물로 주셨습니다. 그런데 이걸로 끝내지 않고 88문에서 한 가지를 더 말하고 있습니다. 구속의 유익을 전달하시는 '외적인 수단'에 대해서 또 언급하는 것입니다. 믿고 회개해서 죄로부터 돌이키면 됐지, 뭐가 또 필요하다는 것일까요?

'외적'이라는 표현은 왜 쓰는 것일까요? 믿음과 회개는 성령께서 우리 마음에 주시는 선물이므로, 눈에 보이지 않는 내적 수단이 있을 수도 있습니다. 그래서 그것과 구분하기 위해 구체적으로 무엇을 하면 되는지를 말하는 맥락입니다. 은밀하고 모호하여 판단하기 어렵다거나 혹은 특수한 예외 상황이 아니라 누구나 객관적으로 확인할 수 있고 평상시에 절차대로 수행할 수 있는 형태의 것을 말합니다. 그래서 이것을 주님이 주신 규례라고 말합니다. 우리가 따라야 할 뭔가를 친히 정해주신 것을 말합니다. '지키고 싶다!'라는 마음만으로는 잘 안됩니다. 어떻게 해야 할 줄을 모르기 때문입니다. 그래서 그것을 도와주는 수단까지도 주십니다. 말씀, 성례, 기도가 바로 그것입니다. 이것 역시 선물이며, 우리를 위한 더 깊은 배려입니다.

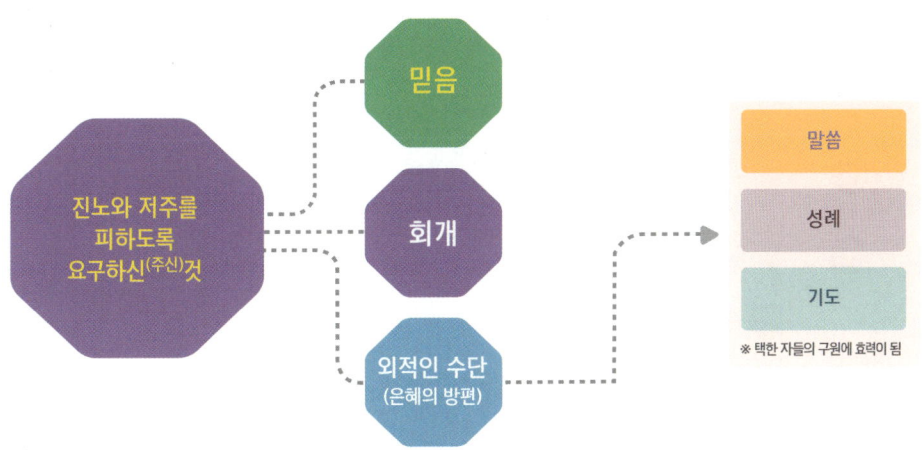

여기서 주의! 너무나 당연한 소리지만 노파심에 언급하고 넘어갑니다. 중보의 유익을 외적인 수단들을 통해 얻는다고 하니까 오해하는 경우가 꼭 있습니다. 그런 수단들 자체만으로 우리가 구원받을 수 있는 것은 당연히 아닙니다. 역사적으로 이 부분을 혼동했던 대표적인 사례가 중세 로마 가톨릭이었습니다.

도표를 보면서 다시 정리합시다. 진노와 저주를 피하도록 요구하신 것이 뭐라고 했나요? '믿음과 회개, 그리고 그와 함께 외적인 수단들을 부지런히 사용함!'입니다. 사실 여기서 방점은 뒤에 나오는 외적인 수단들에 있습니다. 말씀, 성례(세례와 성찬), 기도. 이 세 가지는 우리가 어마어마한 유익을 얻을 수 있는, 공적이고 눈에 보이는 수단입니다. 평생 힘쓰고 집중해야 할 규례들인 것입니다.

저희가 사도의 가르침을 받아 서로 교제하며 떡을 떼며 기도하기를 전혀 힘쓰니라. 사도행전 2:42-47

현재위치 점검

이 부분에서 다시 '전체 흐름'을 정리하고 넘어가는 것이 좋습니다.

소요리문답 1부에서 배운 것을 회상해봅시다. 7문 이후로는 하나님이 하시는 일을 살펴 보았고, 특별히 21문 이후로 그리스도의 중보 사역을 배웠습니다. 23~28문에서 중보자 그리스도에 대해, 29~38문은 그 중보의 결과로 어떤 유익이 있는가를 배웠습니다. 이것이 1부 전체의 흐름이었습니다. 2부에 와서는 십계명을 배우면서 구원받은 우리가 어떻게 살아야 할 것인지를 배웠지만, 그것만으로는 실패의 연속이었습니다. 그런 우리들에게 주께서 베푸신 선물이 바로 은혜의 수단들입니다. 은혜의 외적인 수단이 주어진 목적은 '그리스도의 중보의 유익'을 우리에게 전달하여 진노와 저주를 피하게 하기 위함입니다. 이것이 무슨 말일까요? 상권에서 배웠던 기억을 떠올려 봅시다.

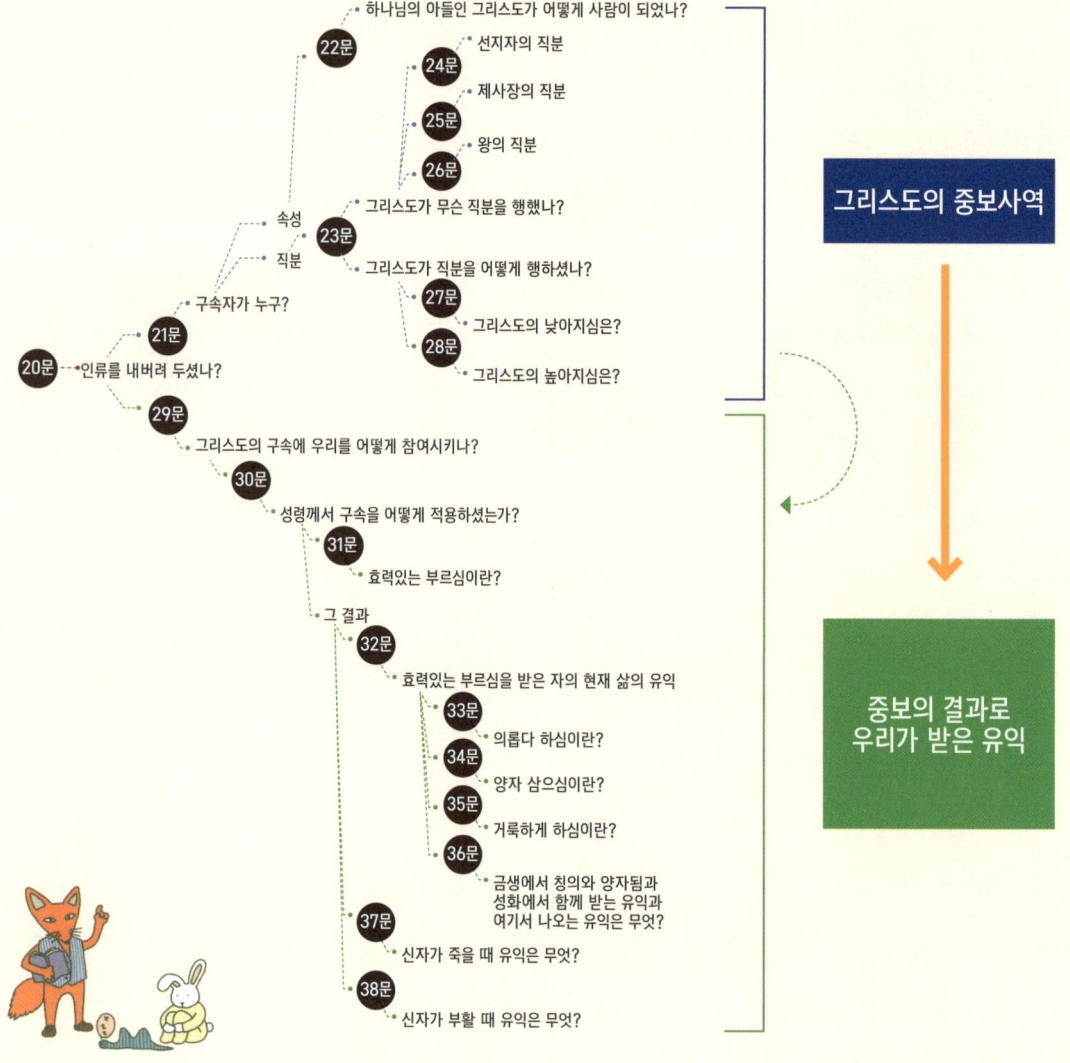

중보의 유익을 전달하기 위해서

성령께서 하시는 사역이 대표적으로 무엇이죠? 중보의 유익을 우리에게 전달(선물)하시는 것이었죠! 인간에게 있어서 가장 큰 유익이란 저 앞에서 배운, "그리스도의 구속에 우리가 참여하는 것"입니다. 거기에 참여하는 자들이 바로 교회입니다. 더 거슬러 올라가면, 하나님께서 택한 백성들과 맺으신 은혜 언약에서부터 출발합니다. 자, 이 구조를 잃지 않고 2부 공부도 계속 하시기 바랍니다.

그리스도와의 연합, 은혜의 교제인 칭의, 양자됨, 성화, 그리고 그리스도와 함께할 영광의 교제…. 그런데 이 모든 것들이 어떻게 해서 우리에게 효과적으로 전달되느냐면, 말씀과 성례와 기도에 의해서 된답니다! 그동안 예수 믿고 구원받으면, 모든 풍성한 은혜가 '그냥 우리에게 저절로 주어질 것'이라고 생각했을지 모르지만, 이제는 말씀과 성례와 기도가 얼마나 중요한 은혜의 수단이며 감사한 선물인지를 깨달아야 합니다.

생각해봅시다. "구원"이라는 어마어마한 주제는 한 사람의 몸과 영혼이 영원토록 어떻게 되느냐를 결정하는 중차대한 문제입니다. 이런 엄청난 일이 고작(?) 눈에 보이는 말씀, 성례, 기도라는 것을 통해 전달된다니, 공감이 안 되고, 이상한 생각이 들 수도 있습니다. 당장 주위의 다른 종교들만 봐도 거창한 답변을 내놓지 않습니까? 수행을 위해 달군 숯불 위를 걷기도 하고 산속에서 금식하며 버티기도 하고, 성지순례를 한다며 여섯 산과 여섯 바다를 건너기도 합니다. 그런 정도는 해야 비로소 구원에 '효험이 있다'라고 말하면 오히려 잘 이해되겠는데, 요리문답은 말씀, 성례, 기도를 제시합니다.

솔직히 아무 능력이 없어 보이는 항목들입니다. 교회가 연약한 모습을 보일수록 더욱 그런 생각이 짙어집니다... 그러나 우리 눈에 아무리 어설프고 나약해 보여도, 이 수단들을 정하여 교회에 주신 분은 주님이십니다. 은혜의 효과적인 수단으로서 말입니다. 주님을 믿고 주님의 능력을 믿는다면, 은혜의 수단 3종 세트를 소중히 여기고 보존하며, 제대로 사용하려고 노력해야 합니다.

종합정리

주님께서 주신 규례를 적합하게, 적절하게, 적법하게 사용하자!

이것은 그저 형식뿐이고, 아무런 실질적 유익이 없는 요식행위라고 오해한 부류도 있었습니다. 대체로 이들은 교회사 속에서 자유주의자와 신비주의자로 분류되었습니다. 이들은 객관적으로 드러나는 규례를 싫어하고 주관적인 근거에 매달리는 경향이 있습니다. 그래야 마음대로 할 수 있기 때문입니다. 하지만 외적 수단이라는 그 표현 자체에 이미 '질서'가 드러납니다.

우리의 신앙은 그저 신비주의적으로, 아무런 어떤 통로나 과정 없이, 우리가 어느 날 갑자기 눈을 뜨면 선한 사람이 되는 방식이 아닙니다. 하나님께서는 질서의 하나님이시며, 인격적인 하나님이십니다. 정하신 규례를, 질서대로 사용하십니다. 우리의 신앙은 정해진 규례대로, 그것도 온 교회 성도들이 함께, 질서 있게 하나의 신앙으로 연합되는 그러한 신앙입니다. 이것이 없으면, 신앙은 자기 느낌대로 믿는 미신이 되며, 그냥 다 따로따로 믿고 싶은 대로 믿는 개인 취향의 기호품이 됩니다!

이러한 규례들은 선택받은 자들^{the elect}에게 '실제로' 효력이 있습니다. 삼위일체 하나님의 사역이 동일하고 전혀 틀림이 없으시기 때문에, 택하신 백성을 선택하신 바로 그분이, 그의 규례대로, 그의 백성을 부르십니다. 그러면 그 백성은 응답하게 되는 것입니다. 말씀, 성례, 기도, 이것이야말로 택자들에게 실제로 효력이 있는 중요한 은혜의 수단입니다.

*각각의 의미와 올바른 사용 방법에 대해서는 뒤에서 하나씩 공부하겠습니다. 말씀도, 성례도, 기도도, 올바로 알고 올바로 사용해야 합니다.

'규례'라는 말이 약간 어려운가요? 정확하게 이해하기 곤란하면, 그냥 정해진 예배 순서를 떠올리면 됩니다. 말씀, 성례, 기도는 '예배'의 매우 기본적인 규례들이라 할 수 있습니다. 그냥 우리가 흔하게 접하는 이 예배 순서들이 자그마치 우리 '구원'에 효과적이란 이야기입니다. 자, 그렇다면 예배가 얼마나 소중한지 모릅니다. 예배 순서 하나도 제대로 알고 바르게 행해야 한다는 것입니다.

한국 교회는 성례(세례와 성찬)가 너무 간소화되고 횟수도 줄었습니다. 그렇다 보니 이런 은혜의 수단의 중요성을 잘 모르고, 그저 "내가 잘 믿으면 되지"라고 생각합니다. 이 규례는 하나님이 주신 선물이고 그분이 사용하라고 주신 수단인데, 마치 인간이 고안해낸 것처럼 함부로 여깁니다. 귀찮은 절차나 요식행위로 여깁니다. 그러나 이것은 잘못임을 알아야 하겠습니다. (예배 순서에 담긴 자세한 의미에 대해서는 손재익 저, 『특강 예배모범』을 추천합니다.)

심화학습

대요리문답 154문

Q154.
What are the outward means whereby Christ communicates to us the benefits of his mediation?

A154.
The outward and ordinary means whereby Christ communicates to his church the benefits of his mediation, are all his ordinances;

especially
The Word, sacraments, and prayer;
All which are made effectual to the elect for their salvation.

154문.
그리스도의 중보의 유익을 우리에게 전달하시는 외적인 수단들은 무엇인가요?

154답.
그리스도의 중보의 유익을 그의 교회에 전달하시는 외적이고 일반적인 수단들은 그의 모든 규례들입니다.

특별히
말씀, 성례, 기도가 있습니다.
이 모든 규례는 택자의 구원에 효력이 됩니다.

❶ ❷

❶ **마태복음 28:19-20**
그러므로 너희는 가서 **모든 민족을 제자로 삼아**teach all nations, 아버지와 아들과 성령의 이름으로 세례를 베풀고; 내가 너희에게 분부한 모든 것을 **가르쳐** 지키게 하라 볼지어다 내가 세상 끝날까지 너희와 항상 함께 있으리라 하시니라

❷ **사도행전 2:42, 46-47**
그들이 **사도의 가르침**the apostles' doctrine을 받아 서로 **교제하고 떡을 떼며 오로지 기도하기를 힘쓰니라**; 날마다 마음을 같이하여 성전에 모이기를 힘쓰고 집에서 떡을 떼며 기쁨과 순전한 마음으로 음식을 먹고; **하나님을 찬미하며** 또 온 백성에게 칭송을 받으니 주께서 구원 받는 사람을 날마다 더하게 하시니라

대요리문답 154문의 답변을 보면 '외적이고 일반적인 수단들'이라는 표현이 있습니다. '일반적'은 왜 쓰는 것일까요? 특별한 방법도 있다는 말일까요? 물론 주께서 일하시는 방식은 언제나 특정한 규례에 전적으로 제한되거나 매여있지는 않습니다. 어떤 비상한 방법으로도 충분히 역사할 수 있습니다. 예를 들어 초대교회 시절에는 바울의 경우, 하늘에서 빛이 비춰고 예수님의 소리가 직접 들려옴으로써 개종하였던 경우가 있습니다. **그러나** 말씀·성례·기도는 가장 일반적인 수단이며, 성경에 보증된 것입니다. 이것 외의 다른 수단들은 본질적인 것은 아닙니다. 예를 들어 금욕적인 수도원 생활이나, 자학, 명상, 성지순례 등을 믿음과 회개의 수단으로 쓰는 사람이 있는데, 이것은 주님께서 정하신 규례가 아닙니다. 성경 외의 '인간'이 세운 어떤 규례든지, 은혜의 수단으로 사용할 수 없습니다. 로마 가톨릭이 임의로 만들어낸 예식들이나 다른 그릇된 종교의 각종 규례들은 은혜의 방편이 결코 될 수 없을뿐더러 유익도 없습니다.

객관적이고 일반적인 정해진 수단을 부지런히 사용하는 것이 중요합니다. 그 밖의 다른 역사를 기대하고 있어서는 안 됩니다. 우리에게는 언제나 신비주의라는 그릇된 경향이 있어서, 일반적이기보다는 어떤 특별한 것을 더 귀하게 여기곤 하는데, 그것은 오히려 하나님께서 정하신 수단을 멸시하는 마음일 수 있습니다. 하나님께서 이런 방편 없이 죄인을 구원하실 수도 있었지만, 그렇게 하지 않으시고 이렇게 일반적인 은혜의 수단을 제공하셨다는 것을 잊지 말아야 합니다.

참고자료

은혜의 수단?? - '수단'은 '조건'과 다르다!

'구원에 효과적이다', '구속의 유익을 전달한다'라는 표현들을 오해해서는 안 됩니다. Communicate라는 동사는 '성례에 참예시키다'라는 뜻을 가지고 있습니다. 즉, 계속 반복하지만, 우리가 은혜의 수단인 말씀을 안 보고, 기도도 안 하고 그러면, 하나님께서 구원을 주고 싶어도 못 주신다는 거냐? 그런 말이 아닙니다. 구원을 위해 어떤 조건이 새롭게 주어졌다는 이야기가 아닙니다. 소요리문답 1부에서 배웠듯이, 구원은 전적으로 하나님의 정하심에 있고, 오직 택자만 구원을 받습니다. 지금은 그 구원의 은혜를 전달하는 방편에 대해 이야기하는 것입니다. 1부 '성령의 사역(상권, 10단원)'에서 이미 배운 것을, 이제는 2부 '우리에게 원하시는 의무'의 관점에서 다시 보는 것입니다.

구원에 이르게 하는 믿음은 택함 받은 자의 마음에 역사하시는 성령의 선물입니다. 통상적으로 이러한 믿음은 말씀과 성례와 기도에 의하여 강화되고 성장합니다. 구원의 선택은 영원 전에 있으며 오직 '그리스도의 의'만 하나님 앞에서 그분의 공의를 만족시키니, 우리의 믿음도 은혜의 조건cause이 될 수 없고, 단지 수단, 방법, 방편means인 것입니다.

따라서 우리는 말씀과 성례와 기도를 잘해야 구원을 얻는다고 이해하거나 말해서는 안 되고, 이것을 통하여 택함 받은 사람들에게 그리스도께서 구원의 은혜를 효과적으로 전달하신다고 이해해야 합니다. 그에 반해 로마 가톨릭은 미사를 통해, 교회를 통해, 그 밖의 교회의 규례를 통해서 성도가 구원받는다고 말했습니다. 잘못된 것입니다. 그런 것이 아니고, 하나님께서 이런 규례들을 수단으로 사용하셔서, 우리를 믿게 하시고 또 회개하게 하셔서, 우리가 구원을 받는 것입니다. 선택이 먼저고, 우리가 믿게 되는 것은 그 결과이며, 구속의 유익이고, 곧 선물입니다.

말씀 성례 기도는 '**우리가**' 하나님의 은혜를 '얻어내는' 방편이 아니라 '**그리스도께서**' 우리에게 그 은혜를 '끼쳐주시는' 방편입니다. 이것은 89문 이후 계속되는 말씀 성례 기도에 대한 설명에서도 반복적으로 강조됩니다.(앞으로 배우게 됩니다.) 교리문답을 볼 때는 언제나 누가 하느냐의 '주체'가 중요합니다.

은혜의 수단들을 공부할 때, 여기서 그동안 지겹도록 강조했던 '하나님의 주권'을 또다시 강조하는 것은 그만한 이유가 있습니다. 오늘날 이렇게 하나님께서 친히 정해 두신 은혜의 통로들이 있음에도 불구하고, 각자가 생각해낸 뭔가 새롭고 별다른 수단을 자꾸만 찾는 사람들이 너무 많기 때문입니다. 뜨거운 찬양 집회나, 무슨 특별한 은혜를 경험하게 해준다는 각종 프로그램에만 집착하는 것이 그것입니다. 주식은 먹지 않고 별식만을 즐기는 것과 같습니다. 로마 가톨릭이 빠졌던 과오를 반복하는 셈입니다. 사람을 찡하게 감동시키기는 하지만, 그리스도께서 친히 '구원에 효과적'이 되도록 정하신 수단 외에 각종 인간이 발명한 수단들을 무분별하게 따라가서는 안 될 것입니다.

특히 모든 교회 교육기관에서, 이 "말씀, 성례, 기도"는 붙들어야 할 핵심 가르침입니다. 교회학교의 교사는 '무엇을, 어떻게 가르칠까' 하는 문제로 매번 고민하면서, 유행에 따라 갖가지 프로그램을 동원할 필요가 없습니다. 이미 주어진 은혜의 수단들을 잘 사용하고, 그것으로 가르치는 것이 좋겠습니다.

오해하지 마세요!

'수단'이 '조건'과 다르다는 말을 잘 이해해서 오해하지 않도록 특별히 신경 써주십시오. 믿음이나 회개라는 용어가 정확하게 사용되도록 1부에서 배웠던 내용을 종합적으로 상기하시기 바랍니다. 그리스도께서는 은혜의 방편들을 우리에게 허락하실 뿐만 아니라, 그것을 '부지런히 사용'하게 하십니다. 하나님께서 사람에게 요구하시는 뜻, 곧 십계명을 배울 때 우리가 깨닫고 소망했던 바로 그것들을 우리가 '실제로' 감당할 수 있도록 힘을 주십니다. 바로 이 점에 주목하여 우리는 격려를 받을 수 있습니다. 십계명을 배운 후 그대로 행하지 못하여 의기소침해 있을 것이 분명한 우리에게, 하나님께서는 은혜의 방편을 선물로 주셨다는 사실을 잊지 말아야 하며, 내 힘과 의지로 어떻게 해보려는 것이 아니라, 바로 그 은혜를 붙잡아야 합니다.

이때 주의할 것은, 물론 이런 눈에 보이는 은혜의 수단은 마치 사람들끼리 마음대로 사용하는 것처럼 보이지만, 분명한 것은 이런 수단들을 통해 우리를 감동시키시고 설득하시고 주관하시는 분이 성령님이시라는 사실입니다. 따라서 항상 성령께서 일하시기를 구해야 합니다. 또한 동일한 원리에서, 이런 은혜의 수단들을 실제로 사용할 때도, 이것이 우리가 만들어낸 것이 아니므로 우리 **멋대로** 하지 말아야 합니다. 정해주신 분의 의도와 방식에 맞게, 주신 바 그대로 분별력 있게 사용해야 합니다. 또한 이것이 **교회에 주신 것이므로, 교회와 함께, 교회를 중심으로** 질서 있게 사용해야 합니다.

기도

하나님 참으로 감사합니다.
우리를 존재 자체로 부르신 분이고, 또한 그냥 다른 피조물처럼 두지 않으시고 하나님의 계획 가운데 참 중요한 지점에 우리를 두셔서, 이렇게 축복된 삶을 살아가고 있습니다. 지금의 삶이 다가 아니며, 우리는 상상도 할 수 없는 그러한 영원한 생명의 나라로 우리를 이끌어 가실 것을 기대하며 더욱더 큰 감사를 드리게 됩니다.

그러나 우리가 세상을 사는 동안 우리의 삶은 우리의 죄와 연약함을 인하여, 지치고, 팍팍한, 그런 삶을 살고 있습니다. 그러함에도 주님의 사랑은 그치지 않아서, 우리에게 이렇게 주님께서 직접 제정하신 규례들을 주셔서 믿음을 갖고 회개할 수 있는, 그래서 주님께서 원하시는 그런 뜻을 따라 살게 하시는 복된 선물들을 주셨습니다. 그것을 우리가 감사로 받고 깨닫게 하시고 소중하게 여기게 하시고 행하게 하시고 더욱 사모하는 마음을 주셔서 우리의 교회가 더욱더 하나님 앞에서 바른 교회가 되게 하시고, 우리의 삶이 더욱더 하나님 앞에서 경건의 자리에 이르게 하여 주시옵소서.
깨닫는 대로 곧바로 실천코자 하는 강한 의지와 마음과 생각을 주시옵소서.

앞으로의 공부도 마치는 시간까지 주님께서 함께하시고, 우리에게 친히 가르치셔서,
이 내용들이 우리 안에 확고한 체계로 잘 형성되게 하시고, 우리에게 은사로서
다른 성도들을 섬기고 가족을 섬기고 이웃을 섬기는 데
밑거름이 되게 하여 주시옵소서.

예수님 이름으로 기도합니다.
아멘.

토의문제

1. 십계명을 배우고 난 후, 진정으로 구원받은 신자의 자세는 무엇인가요?

2. 계명을 온전히 지킬 수 없는 상태인 우리는 어떤 감사를 찾을 수 있나요?

3. 우리의 죄를 인식하고 이해하는 것이 중요한 이유는 무엇인가요?

4. 대요리문답에서 우리의 죄를 더 악화시키는 경우 4가지는 무엇인가요?

5. 하나님께서 우리가 진노와 저주를 피할 수 있도록, 우리에게 요구하신 것(선물하신 것)은 무엇인가요? 어떻게 우리는 이 선물을 받을 수 있게 되었나요?

6. 믿음과 회개는 무엇이고, '어떤' 은혜인가요?

7. 하나님께서 우리에게 주신 은혜의 방편인 '외적인 수단'에는 무엇이 있나요?

8. 하나님께서 외적인 수단을 통해 우리에게 전달하고자 하는 것은 무엇인가요?

9. 이 부분에서 공부한 것이 우리에게 왜 감사할 조건입니까?

10. 구조 복습: 1문~88문까지의 구조를 간략하게 그려 봅시다.

89~90문

은혜의 수단 :
말씀, 성례, 기도

"저는 집에서 혼자 성경도 보고, 신앙 서적도 사서 읽어요.
 기도도 자주 합니다. 단지 교회에 안 나갈 뿐. 그게 큰 문제가 되나요?"
"솔직히 설교보다 Q.T모임에서 이야기 나누는 것이 훨씬 더 은혜로워요.
 기왕이면 교회보다는 모임에 나가는 시간을 늘릴까 하는데 괜찮겠죠?"
"말씀에 능력이 있다? 말씀을 듣고 실천으로 옮긴 그 당사자가 능력 있는 것 아닌가요?"
 :
 :

17

하나님의 법을 위반했기 때문에 당연히 받아야 할 그의 진노와 저주를 피하기 위하여 우리는 하나님께 대한 <회개>, 주 예수 그리스도에 대한 <믿음>, 그리고 그리스도께서 그의 중보의 은택들을 우리에게 전달하는 <외적인 방편>을 부지런히 사용할 것을 요구받았습니다. 특히 외적인 수단으로 말씀, 성례, 기도가 언급됐는데, 이 규례들은 택함 받은 자들을 구원에 이르게 하는 데 유효하다고 배웠습니다. 이제부터는 이 세 가지를 하나씩 자세히 공부합니다.

전라북도 김제에 위치한 금산교회. 한국 선교 초기의 교회 건물로서, 남녀가 따로 앉도록 ㄱ자 구조로 지어진 것이 특징입니다.

현재위치 점검

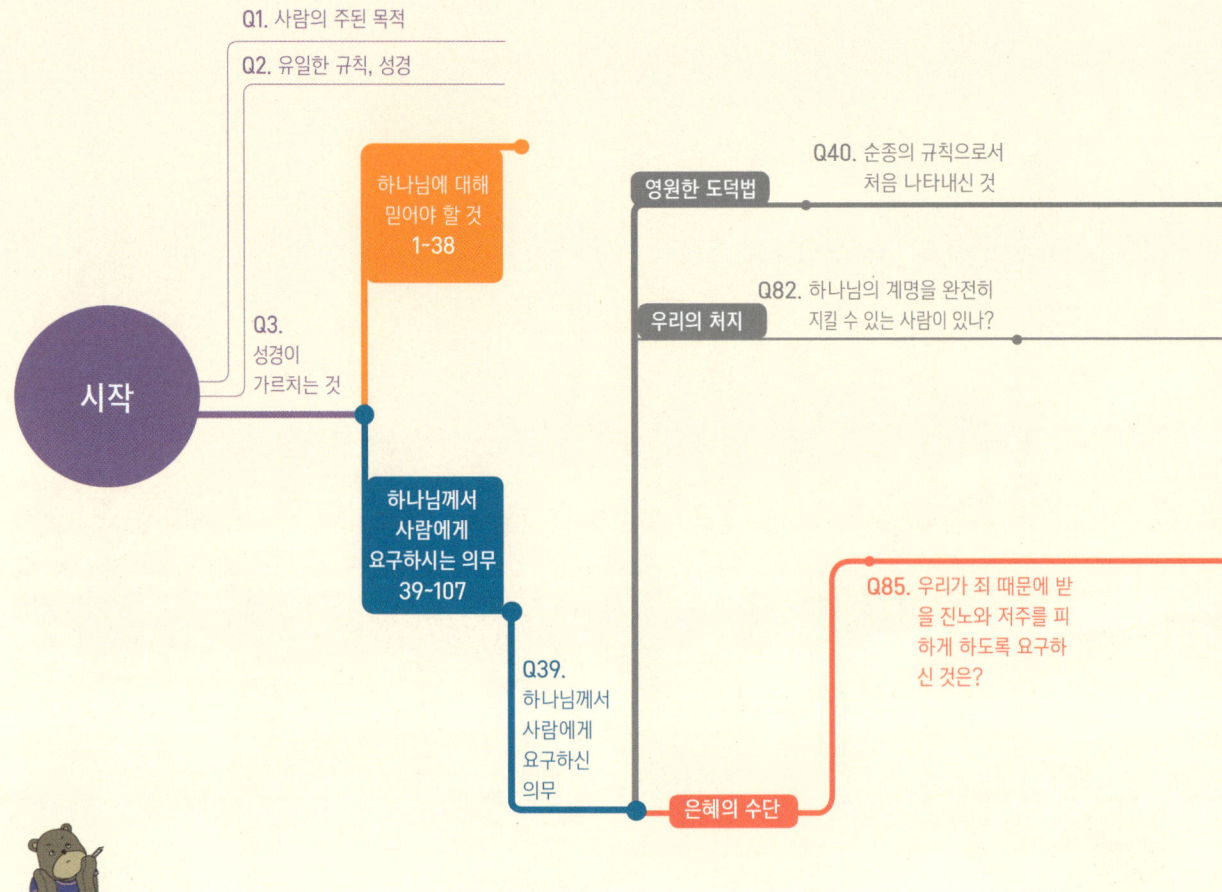

지금까지의 흐름을 복습하겠습니다. 소요리문답은 십계명을 전부 배운 후, 누구도 율법을 완전히 지킬 수 없음을 못 박은 뒤, 모든 죄는 진노와 저주를 수반한다는 사실을 다시 한번 상기시켜줍니다. 그리고 거기에 근거해서, 그리스도의 은택을 입고 교회로 모여 있는 우리임에도 불구하고, 은혜받고 그것으로 끝이 아님을 알려줍니다.

이제는 우리가 이 생애 동안 교회의 지체로서 부지런히 살아야 하는 근거를 제시합니다. 그리고 우리가 해야 할 것들을 제시합니다. 그것은 바로 회개와 믿음, 그리고 이것을 위해 표면적 수단을 부지런히 사용하라는 것입니다. 이 수단은 말씀, 성례, 기도 이 3가지입니다. 이것 외의 수단은 부차적인 것이니 크게 관심을 둘 필요가 없습니다.

여기까지 공부하면 신앙의 기초(소요리문답 1부)와 성도의 삶(소요리문답 2부 십계명 부분), 그리고 우리가 흔히 말하는 '신앙생활'의 방법(소요리문답 2부 나머지 부분)까지 다 배우게 됩니다.

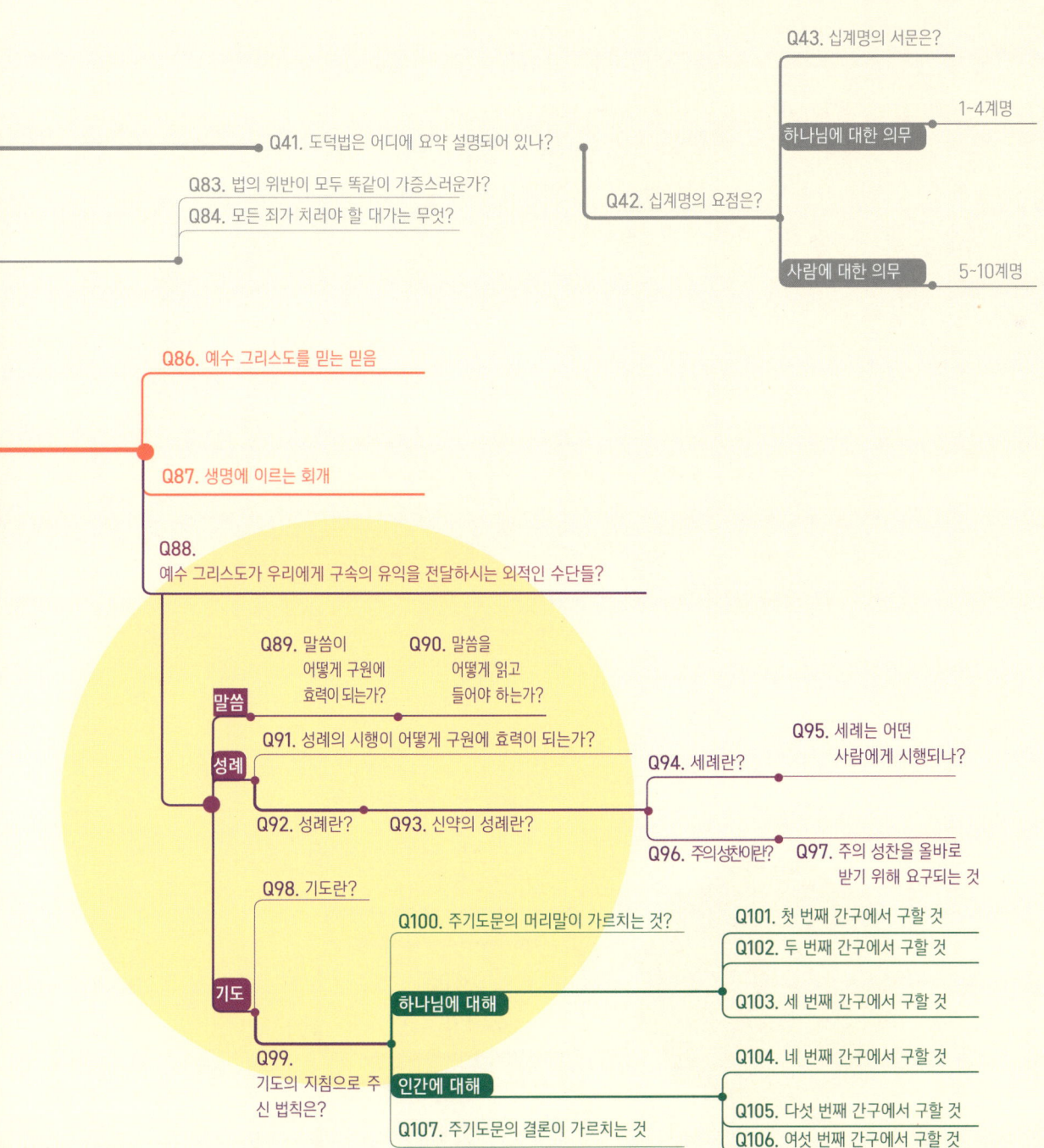

현재위치 **점검**

소요리문답의 짜임새 있는 구조에 마음이 든든해지십니까?

성도가 왜 성도 되었는가를 설명해줄 뿐 아니라, 우리의 일상을 살아감에 있어서 흔들림 없이 나아가야 할 방향과 구체적인 방법까지 제시하고 있고, 더구나 혼자 내버려 두지 않고 우리 가운데 교회를 세우셔서, 함께 신앙생활 할 지체들까지 허락하시는 하나님, 그 하나님께서 자신의 나라를 다스리는 방식과 헤아릴 수 없는 그 깊이에 놀랄 뿐입니다. 이런 깨달음을 늘 던져주는 소요리문답은, 보물입니다. 이 시대의 교회들이 어두운 눈과 깊은 탄식에서 벗어나, 이 보물을 꺼내어 잘 사용하길 기도합니다. 특히 말씀, 성례, 기도에 대한 가르침은 정말로 실천적인 부분입니다. 교회 안에만 있는, 교회에만 주신 특권입니다. 제대로 공부해서, 가치 있게 사용하도록 합시다.

또 한 가지 주의할 것이 있습니다. 십계명이 그러했던 것처럼, 말씀, 성례, 기도 역시 마치 어떤 새로운 일거리처럼 받아들이지 않도록 주의해야 합니다. 하나님이 인간에게 요구하시는 것이지만, 이것 역시 선물이고 복임을 잊지 말아야 합니다. 번거롭고 귀찮은 규례가 아니라, '복'으로 알고 접근합시다.

현재위치 **점검**

이 부분은 말 그대로 외적인 수단, 즉 눈에 보이는 규례이다 보니, 그동안 교회에서 자주 들은 익숙한 단어들이 많이 나옵니다. 성도의 삶 가운데 많이, 그리고 쉽게 접할 수 있는 세 가지입니다. 누군가가 교회에 처음 다니게 되면서, 사실 말이 좀 우습지만, '하나님'보다도 오히려 더 먼저 만나게 되는 것들이 이것입니다. 따라서 다들 잘 안다고 생각하기 쉽습니다.

그러나 "그럼 그것이 무엇인지 설명해보라"고 하면 머뭇거리게 됩니다. 말씀이 무엇인지, 기도는 또 무엇인지 피상적으로 대답은 할 수 있지만, 정확하게 말하려면 잠깐 망설여집니다. 특히 성례에 대해서는 보통 그 의미를 제대로 모르는 경우가 많습니다. 그러나 이것들을 부지런히 잘 사용하는 것이 우리의 구원과 관련해 대단히 중요한 것이라면, 정확한 개념을 파악해야 할 것입니다.

특히 이것이 소요리문답의 어느 위치에 있는지를 정리해 두는 것은 아주 아주 중요합니다. 그래서 89문부터 107문까지의 내용은 가능하면 구조를 완전히 외워버리는 것이 좋습니다. 의외로 궁금한 것이 많은 부분이므로, 이 책에서는 참고자료를 많이 넣었으니 꼼꼼히 읽어 보시기 바랍니다.

89문과 90문은 '말씀' 부분에 대한 내용입니다.
외적인 방편으로 처음 언급됩니다. 말씀이 구원에 유효하게 되는 방식에 대해 성령 하나님께서 어떻게 일하시는지 소개한 후(89문),
그 말씀을 받는 자세를 안내해줍니다.(90문)

두 번째는 성례입니다.
성례에는 두 가지가 있는데 세례와 성찬입니다.
여기에 대해 91문부터 97문까지 다룹니다.

끝으로 98문은 기도입니다.
여기서는 기도에 대한 개념을 설명한 후 99문부터는 기도의 모범답안이라 할 수 있는 주기도문에 대한 설명으로 이어집니다.
그렇게 해서 전체 107문까지의 소요리문답을 다 마치게 됩니다.

17단원 | 은혜의 수단 : 말씀, 성례, 기도 | 89-90문 | 201

89문 — 말씀 성령께서 효과적인 수단으로 삼으심

- 무엇을?
  - 하나님의 말씀을 읽는 것
  - 특히 설교하는 것
- 무엇에 효과적인?
  - 죄인의 깨달음과 돌이킴
  - 그들을 굳게 세움 — 거룩함과 평안함 가운데
- 결과? — 구원에 이르게 하심 ····· 믿음을 통해

Q89
How is the word made effectual to salvation?

A89
The Spirit of God maketh

the reading, but especially the preaching of the word,
설교하다, 전파하다

an effectual means

　　of convincing and converting sinners,
　　납득/확신시키다 　 전환/개종/전향하다
　　and of building them up in holiness and comfort,

through faith, unto salvation.

문89
말씀이 어떻게 구원에 효력이 되나요?

답89
하나님의 성령께서는

말씀을 읽는 것, 특히 말씀을 설교하는 것을

효과적인 수단으로 삼으십니다.

　　죄인들을 깨닫게 하고 돌이키는 데에,

　　또 거룩함과 평안함 가운데 그들을 굳게 세우시는 데에

믿음을 통해 구원에 이르도록.

❶❷❸❹❺❻❼❽❾

---

❶ 느헤미야 8:8
하나님의 율법책을 낭독하고 그 뜻을 해석하여 백성에게 그 낭독하는 것을 다 깨닫게 하니

❷ 고린도전서 14:24-25
그러나 다 예언을 하면 믿지 아니하는 자들이나 알지 못하는 자들이 들어와서 **모든 사람에게 책망을 들으며 모든 사람에게 판단을 받고**; 그 마음의 숨은 일들이 드러나게 되므로 엎드리어 **하나님께 경배하며** 하나님이 참으로 너희 가운데 계신다 전파하리라

❸ 사도행전 26:18
그 눈을 뜨게 하여 어둠에서 빛으로, 사탄의 권세에서 하나님께로 돌아오게 하고 죄 사함과 나를 믿어 거룩하게 된 무리 가운데서 기업을 얻게 하리라 하더이다

❹ 시편 19:8
여호와의 교훈은 정직하여 마음을 기쁘게 하고 여호와의 계명은 순결하여 눈을 밝게 하시도다

❺ 사도행전 20:32
지금 내가 여러분을 주와 및 그 은혜의 말씀에 부탁하노니 그 말씀이 여러분을 능히 든든히 세우사 거룩하게 하심을 입은 모든 자 가운데 기업이 있게 하시리라

❻ 로마서 15:4
무엇이든지 전에 기록된 바는 **우리의 교훈을 위하여 기록된 것이니** 우리로 하여금 인내로 또는 성경의 위로로 소망을 가지게 함이니라

❼ 디모데후서 3:15-17
또 어려서부터 **성경을 알았나니 성경은 능히 너로 하여금 그리스도 예수 안에 있는 믿음으로 말미암아 구원에 이르는 지혜가 있게 하느니라**; 모든 성경은 하나님의 감동으로 된 것으로 **교훈(원문 : doctrine)과 책망과 바르게 함과 의로 교육하기에 유익하니**; 이는 하나님의 사람으로 온전하게 하며 모든 선한 일을 행할 능력을 갖추게 하려 함이라

❽ 로마서 10:13-17
누구든지 주의 이름을 부르는 자는 구원을 받으리라; 그런즉 그들이 믿지 아니하는 이를 어찌 부르리요 듣지도 못한 이를 어찌 믿으리요 전파하는 자가 없이 어찌 들으리요; 보내심을 받지 아니하였으면 어찌 전파하리요 기록된 바 아름답도다 좋은 소식을 전하는 자들의 발이여 함과 같으니라; 그러나 그들이 다 복음을 순종하지 아니하였도다 이사야가 이르되 주여 우리가 전한 것을 누가 믿었나이까 하였으니; 그러므로 믿음은 들음에서 나며 들음은 그리스도의 말씀으로 말미암았느니라

❾ 로마서 1:16
내가 복음을 부끄러워하지 아니하노니 **이 복음은 모든 믿는 자에게 구원을 주시는 하나님의 능력이 됨이라** 먼저는 유대인에게요 그리고 헬라인에게로다

89문 — 말씀 성령께서 효과적인 수단으로 삼으심

성령께서는 '말씀 읽는 것'을, 특히 '말씀 설교'를 효과적인 수단으로 삼습니다. 말씀, 그것이 대체 무엇이기에, 죄인들이 죄를 깨닫고, 회개도 하게 되며, 믿음으로 구원에 이르기에 유효하다고까지 말하는 것일까요? 사실 이것이 '말도 안 되는 주장'처럼 느껴져야 정상입니다.

어떻게 말씀에 그런 힘이 있을 수 있을까요? 우리 손으로 보고 만지는 저 성경책은 그냥 종이로 된 '책'이고, 그 안에 담긴 내용이 아무리 심오할지라도, 그리고 아무리 설교를 잘한다고 하더라도 그저 '말'일 뿐인데, 그것이 어떻게 인격적인 인간에게 구원(썩어나) 얻도록, 효과를 발휘한다는 말일까요?

그 답은 "성령께서 그렇게 하신다.The Spirit of God maketh"는 것입니다. 그것을, 효과적인 수단 an effectual means 으로 만드시는 분이 성령님이십니다. 그래서 말씀은, 하나님께서 인간에게 주신 선물 중 가장 값진 것입니다.

또한 말씀은 특히 '설교'를 통해 받는다고 합니다. 그렇다면 설교를 듣는 자의 입장으로서 예배에 참석할 때 준비가 필요할 것이며, 설교가 나의 생활 속에 열매 맺도록 해야 할 것인데, 문제는 우리가 항상 하루만 지나도 설교 말씀을 다 까먹는다는 것입니다. 예배 끝나고 문밖을 나서면서 곧바로 잊어버리기도 합니다. 그러한 우리 자신을 부끄러워하며 마음을 다잡도록 해야겠습니다.

이제 말씀을 구체적으로 어떻게 읽고 들어야 하는지, 다음 문답에서 살펴봅니다.

90문 — 말씀을 읽고 듣는 방법
- 부지런함과 예비함과 기도로 참여함
- 믿음과 사랑으로 받아들임
- 우리 마음에 간직함
- 우리 삶 가운데 그것을 실천함

Q90
How is the word to be read and heard, that it may become effectual to salvation?

A90
That the word may become effectual to salvation, we must attend thereunto
　　　　　　　　　출석하다 (그것에, 거기에)
with diligence, preparation, and prayer; ① ② ③

receive it with faith and love,
　받아들이다
lay it up in our hearts,
　쌓다, 기초를 두다
and practise it in our lives.
　　연습하다, 습관을 삼다

문90
말씀을 어떻게 읽고 들어야 그것이 구원에 효력이 되나요?

답90
말씀이 구원에 효력이 되려면, 반드시 거기에 (말씀 읽고 듣기에) 참여해야 합니다.
　　　　　　　　　　　　　　부지런함과 준비와 기도로
　　　　　　　　　　　　　　　① ② ③

그리고 (말씀을) 믿음과 사랑으로 받아들여,
　　　　　　　　　　　　　　　④ ⑤
우리 마음에 간직하고
　　　　　　　⑥
우리 삶 가운데 그것을 실천해야 합니다.
　　　　　　　　　　　　⑦ ⑧

---

❶ 잠언 8:34
누구든지 내게 들으며 날마다 내 문 곁에서 기다리며 **문설주 옆에서 기다리는 자는 복이 있나니**

❷ 베드로전서 2:1-2
그러므로 모든 악독과 모든 기만과 외식과 시기와 모든 비방하는 말을 버리고; 갓난 아기들 같이 순전하고 신령한 젖을 사모하라 이는 그로 말미암아 너희로 구원에 이르도록 자라게 하려 함이라

❸ 시편 119:18
내 눈을 열어서 주의 율법에서 놀라운 것을 보게 하소서

❹ 히브리서 4:2
그들과 같이 우리도 복음 전함을 받은 자이나 들은 바 그 말씀이 그들에게 유익하지 못한 것은 **듣는 자가 믿음과 결부시키지 아니함이라**

❺ 데살로니가후서 2:10
불의의 모든 속임으로 멸망하는 자들에게 있으리니 **이는 그들이 진리의 사랑을 받지 아니하여 구원함을 받지 못함이라**

❻ 시편 119:11
내가 주께 범죄하지 아니하려 하여 **주의 말씀을 내 마음에 두었나이다**

❼ 누가복음 8:15
좋은 땅에 있다는 것은 착하고 좋은 마음으로 말씀을 듣고 지키어 인내로 결실하는 자니라

❽ 야고보서 1:25
자유롭게 하는 온전한 율법을 **들여다보고 있는 자**는 듣고 잊어버리는 자가 아니요 실천하는 자니 이 사람은 그 행하는 일에 복을 받으리라

90문 — 말씀을 읽고 듣는 방법

90문에서는 말씀을 대하는 우리의 자세를 말해줍니다. 그동안 성경을 어떻게 대해 왔는지, 크게 반성이 되는 문답입니다.

말씀을 읽을 때의 자세는, 이것이 '하나님의 말씀'이라는 것을 확신하면서 읽어 나가야 한답니다. 그리고 소요리문답 2문에서 배운 것과 같이, 오직 하나님만이 성경을 깨닫게 해 주실 수 있다는 그런 확신도 가지고 읽어 나가야 할 것입니다. 이렇게 생각을 한다면 좀 더 실천적인 자세가 나올 것입니다. 말씀을 읽을 때, 하나님께서 지금 나에게 말씀하고 계신다는 것을 알았으니, 자세부터 달라질 것입니다.

부지런함으로 읽는 문제도 생각해봐야 할 것입니다. 잠깐의 시간을 내서 쓱 읽어나가는 것만으로는 많이 부족한 것 같습니다. 연구하고, 예비하며, 기도하는 시간이 필요합니다. 우리의 하루 일상을 계획할 때, 성경을 연구하는 시간을 제대로 마련해야 할 것입니다. 성경 읽는 시간을 정하고, 성경읽기 계획을 세우고 실천해야 할 것입니다.

더 깊은 이해를 돕기 위해 다음의 추천 도서들을 꼭 읽어 보시기 바랍니다.
손재익, 『설교, 어떻게 들을 것인가』; 손재익, 『특강 예배모범』

> 대요리문답은 말씀을 읽는 자로서 우리가 갖추어야 할 '실천적 자세'를 더욱 구체적으로 가르치고 있습니다. 이런 자세가 오늘날 우리에게도 필요합니다. 당장 오늘부터, 할 수 있는 것부터 적용해야겠습니다. 다음 페이지에서 대요리문답도 잠깐 살펴보겠습니다.

참고자료

대요리문답 157문

Q157. 하나님의 말씀은 어떻게 읽혀져야 하는가?
A157. 성경은 높이 받들고 경외하는 마음으로 읽혀져야 합니다.
- 굳은 신념을 가지고
  - 성경이 바로 하나님의 말씀임과 하나님만이 성경을 깨닫게 하신다는
- 바램을 가지고
  - 성경에 계시하신 하나님의 뜻을 알고 믿고 순종하고자 하는
- 부지런함으로
- 주의함으로
  - 성경 말씀의 주제와 관점을
- 묵상, 적용, 자기부인, 그리고 기도함으로

말씀을 전하는 자와 듣는 자

설교자는 하나님의 말씀을 어떻게 설교해야 할 것인가?	설교 말씀을 듣는 이들에게 요구되는 것은 무엇인가?
말씀 사역을 위하여 부르심을 받은 사람들은 **바른 교리를 설교해야 한다.**	**참석한다.**
부지런히 때를 얻든지 못 얻든지	부지런함으로, 준비함으로, 기도함으로 **검토한다.**
명백하게 성령과 그 힘이 실증되도록 사람의 지혜로 사람을 끌려고 하지 말고	그들이 듣는 것을 성경 말씀에 비추어 **진리를 받아들인다.**
충성스럽게 하나님의 모든 뜻을 알아가도록	믿음, 사랑, 온유함, 마음의 준비로 하나님의 말씀으로서 (진리를 받아들인다.) **묵상하고 참고한다.**
현명하게 청중의 이해력와 필요에 전념함으로	**마음에 간직하며 생활 속에서 열매를 맺도록 해야 한다.**
열심으로 하나님과 그 백성들의 영혼을 향한 불붙는 사랑을 가지고	
진정으로 하나님의 영광을, 사람의 거듭남과 교화와 구원을 목적으로	

생각해봅시다

 **당신도 이렇게 하십니까? (다음 이야기는 가상의 대화입니다.)**

때는 어느 봄날. 이른 아침 모 대학 캠퍼스 한쪽 구석에 한 무더기의 대학생들이 모여 있다. 그 중 리더로 보이는 사람이 먼저 입을 연다.

 : "자, 여러분이 미치도록(?) 기다리던 큐티 시간입니다.ㅋ 여러분, 오늘 말씀은 창세기 12장 10절부터 20절까지입니다. 하나님의 부르심을 받은 아브라함이 도중에 애굽에 내려갔던 때의 이야기죠? 조용히 묵상하시고, 함께 은혜 나눠보도록 하겠습니다."

(잠시 시간이 흐르고…)

🐻 : "각자가 묵상하신 내용을 서로 이야기해 보도록 하겠습니다. (짓궂게 웃으며) 자, 오늘 아주 오랜만에 나오신 재석 형제부터 시작해 볼까요?"

🐻 : "(겸연쩍어하며) 예, 그동안 아침에 피곤하다는 핑계로 큐티 모임을 못 나왔는데요, 갈수록 말씨도 거칠어지고 하루가 개운하지 않아서 다시 나오게 되었어요."

🐻 : "그래요, 우리는 날마다 큐티를 하고, 그날그날 하나님께서 주시는 말씀을 받아먹고 살아가야 하는 거예요. QT 모임에 참석하지 않는 친구들의 삶은 거칠어지고 삭막하게 변할 수 밖에 없답니다. (재석 형제 쪽을 보고) 재석 형제님, 앞으로는 절대 빠지지 마시고요, 계속 말씀 해 보세요."

🐻 : "네, 저는 오늘 하나님의 크신 은혜를 느꼈어요. (성경을 펴서 짚으며) 10절에 보면 아브라함이 기근을 만났잖아요. 그런데 나중에 하나님께서 아브라함에게 더 큰 축복을 하셨어요. 이것은 하나님께서 아브라함을 단련시키기 위한 하나의 방법이지 않았나 싶습니다. 아브라함에게 더 큰 은혜를 주시기 위한 것이었음을 배웠고, 저도 이제부터는 어려움이 닥칠 때 실망하지 않고 늘 하나님께 감사를 드리도록 노력하겠어요. (옆자리 형돈을 바라보며) 이상입니다."

생각해봅시다

형돈: "저는 아브라함의 지혜를 배웠어요. 기근이 들자 그는 곧바로 나일 강이 있는 기름진 애굽으로 내려갔고, 결과적으로 큰 재산을 얻게 되었거든요. 게다가 자기 아내를 누이라고 함으로써 혹시 생길지 모를 위험을 예방했다는 점은 아브라함의 놀라운 처세술이었다고 봐요. 크리스천들 중에 외골수들이 많다는 이야기를 흔히 듣는데, 그것은 여기 아브라함의 교훈을 몰라서 그런 것이라고 생각해요. 우리 크리스천이 세상 속에서 지혜롭게 살아가는 것이 필요하죠."

명숙: "(따지듯이) 잠깐만요. 아브라함이 자기 생명을 보호하기 위해 아내를 누이라고 한 것은 하나님의 보호를 믿지 않은 불신앙이었다고 알고 있는걸요? 바로에게 아내를 첩으로 주고 양과 소와 노비 등을 얻은 것은 결국 자기 아내를 판 행위나 마찬가지잖아요? 저는 오히려 하나님을 믿는 자가 신앙에서 떠나면 이렇게까지 약해질 수 있다는 것을 보고, 신앙을 더욱 굳게 지켜야겠다는 생각을 했는데요?"

리더: "아, 예, 명숙 자매님 생각도 좋은 생각이네요. (엄숙하게) 하지만 성경 말씀은 다양하게 해석될 수 있는 거예요. 그 다양함 속에서 각자가 나름대로 은혜를 받는 것이랍니다. 성경은 참으로 신비한 것이거든요. 형돈 형제님 계속하세요."

형돈: "예를 들어 이런 경우가 있어요. 어제가 주일이었잖아요? 교회를 가려고 막 나서는데 교수님에게서 전화가 왔어요. 제가 토요일에 보고서를 제출했는데, 마무리 부분을 조금 수정하면 A+를 주시겠다고 하셨어요. 그리고 직접 지도해 주신다면서 학교에 나오라는 거예요. 교수님과 이야기한 뒤 저녁 예배에 참석했죠.(감격에 찬 눈빛으로) 이처럼, 하나님께서 어떤 방법으로 은혜 주실지는 아무도 모르는 것이죠. 너무 감사해요."

리더: "그렇습니다. 물론 주일에는 교회에 가야 하겠지만, 형돈 형제님의 경우 교수님을 찾아간 것이 훨씬 좋은 결과를 가져왔잖아요? 우리 크리스천에게는 특별히 '융통성'이라는 것이 부족하기 쉽죠. 그것을 조심해야죠. 그럼, 이제 명숙 자매님 차례이군요."

생각해봅시다

🐻 **명숙** : "저도 그래요. 조금 덧붙이자면, 여기서 성경이 말하고자 하는 바는, 아브라함의 연약한 모습을 통해 모든 인간이 결국은 연약할 수밖에 없는 존재임을 보여주기 위한 것이라고 생각해요. 아브라함 같은 믿음의 조상도 실패하는 것을 보아라, 인간은 그런 존재란다, 하고 말이죠. 그리고 또 저는 거짓말을 안 해야겠다고 생각했어요. 어제 준하씨랑 영화를 보고 늦게 들어갔는데, 어머니께는 버스가 안 와서 늦었다고 거짓말을 했거든요. 근데 기분이 계속해서 찝찝하더라구요. 성경에서도 아브라함이 솔직하게 아내라고 했으면 좋았을 것을, 누이라고 속여서 바로에게 책망받잖아요. 살아가면서 어떤 일이 있더라도 거짓말을 해서는 안 되겠구나 하고 생각했죠."

🐻 **리더** : "네, 잘 말씀해 주셨습니다. 자, 마지막으로 동훈 자매님은요?"

 동훈 : "(시무룩하게) 글쎄요. 저는 잘 모르겠어요. (큐티 교재를 들여다보며) 그냥, 여기 교재에 나와 있는 예화가 제 가슴에 와 닿아요. 참 뭉클한 이야기잖아요. 하나님께서 오늘은 저에게 이런 방식으로 은혜를 주시는가 봐요."

🐻 **리더** : "네, 감사합니다. 자, 이제 제 차례네요? 저는 조금 특이하게, 아브라함의 아내 사래의 순종을 생각해 보았습니다. 저 같으면 남편이 다른 남자에게 첩으로 가라고 했을 때 화를 내고 이혼하자고 했을 텐데, 사래는 아브라함에게 순종해서 바로에게 갔어요. 정말 대단한 순종이 아닐 수 없죠. 사래의 순종처럼, 나에게 참으로 힘든 것이 요구될지라도 믿음을 가지고 살아가는 신앙인이 되기를 기도했습니다. 감사합니다. 여러분, 오늘 묵상하신 말씀을 하루 동안 생활에 적용하면서 사시길 바랍니다. 자, 기도하고 마치겠습니다."

그리고 그들은 각자 흩어졌다. 몇몇은 수업을 받으러, 몇몇은 도서관으로. 큐티 시간에 묵상한 말씀을 하루 동안 생활에 적용하며 살기 위해서….

생각해봅시다

말씀 읽기에 숨은 복병, 내 맘대로 식 큐티 시간

우리는 보통 성경을 언제, 얼마나, 그리고 어떻게 읽고 있을까요? 하나님의 말씀을 우리는 제대로 읽고 해석하고 있을까요? 성경책이 널리 보급되었고, 성경을 읽고 묵상하는 신자의 숫자는 어느 나라보다도 많은 우리들이지만, 막상 제대로 하고 있느냐고 물으면, 떳떳하게 대답하기는 곤란한 현실이 아닐까 합니다. 바쁜 일상 속에서 성경 읽기를 뒷전으로 미루는 경우도 참 많은 듯합니다. 그래서 이 문제를 해결하기 위한 여러 가지 노력들이 그간 있어왔습니다.

묵상의 시간, 일명 "큐티$^{Quiet\ time}$"라 불리는 성경읽기는 누구나 한 번쯤은 해봤을 것입니다. 이 묵상의 시간은 한국 교회의 성도들에게 목회자의 가이드 없이 성경을 자유롭고 다채롭게 해석하는 자유$^{(?)}$를 준다는 점에서 상당히 인기를 끌었습니다. 지금도 열심히 큐티를 하는 분이 계실 것입니다. 정말 귀한 일입니다.

풍성한(?) QT 나눔

그러나 여기에는 몇 가지 생각해볼 점이 있습니다. 성경을 스스로 다양하게 해석하고 적용할 수 있다는 점은 그만큼 성경에서 말하는 주제를 자기 상황에 맞추어 잘못 해석하는 일도 많이 일어날 수 있다는 이야기가 됩니다. 그래서 이런 점을 주의하면서 큐티를 하는 것이 중요합니다. 가장 문제 되는 것은 성경을 아전인수 격으로 해석하는 경우입니다. 성경이 본래 말하고자 하는 바와 상관없이 자기 마음대로 성경을 끌어다 해석하는 것입니다. 이런 일을 줄여나가기 위해 성경공부와 교리공부가 병행된다면 괜찮겠지만, 문제는 그런 가이드 없이 큐티만으로 성경 읽기를 다 했다고 만족하는 풍토입니다. 또한 한국 교회에는 성경을 읽고 적용점을 함께 나누는 방식의 '큐티 모임'이 보편화 되어 있는데, 다양한 성경 해석을 '풍성한 나눔과 적용'이라고 좋은 쪽으로만 생각하는 분위기가 대부분입니다. 잘못된 혹은 왜곡된 성경해석의 위험성을 많이 말하지는 않습니다.

생각해봅시다

앞에서 읽은 <생각해봅시다>의 가상대화를 다시 짚어 보면, 창세기 12장 10절 말씀에 대한 다양한 자기 해석을 볼 수 있습니다. 아브라함을 가나안으로 부르신 데는 단순히 한 가족의 이주 문제를 넘어서 택한 민족 이스라엘을 만드시려는 하나님의 뜻이 있었습니다. 그러나 앞의 가상대화에서는 그 구절에 대한 젊은이들 각자의 생각 그대로가 쏟아져 나오는 것을 볼 수 있습니다. 아브라함이란 인간의 지혜를 본받자고 하거나 융통성 있는 크리스천이 되겠다는 다짐을 하는 등… 이런 적용이 공동체 가운데 나눠지고 그에 대한 적절한 가이드가 없다면, 성경의 본래 의도를 오히려 감추는 역효과가 나는 것은 아닌지 염려되는 상황입니다.

이것은 '진정한 풍성함'이 아닐 수 있습니다. 심지어 본문과 아무런 상관이 없을지라도 기발한 해석이나 독특한 관점을 제시하면 모임에서 주목받고 칭찬받는 일도 더러 있는데, 하나님의 말씀을 받아 누리는 성도의 자세로는 알맞지 않은 일입니다.

무리한 적용, 탈피해야

우리는 뭔가 새롭게 힘을 내고 싶을 때, 위로받고 싶을 때, 비슷한 언급이 있는 성경 구절을 보면 눈이 확 뜨이곤 합니다. 그래서 그 구절을 '그날의 말씀'으로 받아버리는 경우가 있습니다. 액자에 담아 집 안에 걸어두는 애용 구절도 많습니다. 물론 그런 적용도 가능하고, 또한 필요하기도 합니다. 그러나 이 구절이 어떤 문맥에서 나왔는지, 어떠한 상황에서 나온 구절인지를 아는 것이 반드시 선행되어야 합니다. 그렇지 못한 상태에서 특정 구절만 가지고 힘을 낼 수 있다는 발상은, 말씀을 부적符籍처럼 사용하는 태도가 아니었는지 반성해보아야 합니다. 이런 행태는 하나님의 말씀을 그저 착하게 살거나 사람들과 원만하게 지내는 데 도움을 주는 격언 차원으로 끌어 내리는 위험이 있습니다. 선善, 우정, 사랑 등의 가치는 물론 소중합니다. 그러나 그 가치가 하나님과 인간의 관계, 죄로부터의 구원이라는 근본적인 기독교 가치관을 빠뜨린 상태에서라면 분명한 한계가 있습니다.

생각해봅시다

큐티 그 자체가 일종의 '코스' 또는 '훈련'처럼 되어버린 현실도 생각해볼 필요가 있습니다. 워낙 성경을 잘 읽지 않기에 어쩔 수 없이 인위적인 과정이 만들어지는 것은 이해합니다만, 큐티 모임에 참석하지 않으면 신앙을 의심받는 분위기가 조성된다면 그것은 심각한 문제입니다. 그런 분위기 속에서 어떤 사람들은 죄의식에 사로잡히기도 합니다. 교회의 모임은 자발적으로 소망하는 이들이 이루어가는, 겸손한 모임이 되어야 하는데, 때때로 우리는 그것을 다른 사람을 평가하는 기준으로 삼는 듯합니다. 고쳐야 할 태도입니다.

또, 큐티를 하지 않은 날에는 왠지 기분이 안 좋고 다툼도 더 많고 제대로 되는 일도 없다고 생각하는 사람들이 더러 있습니다. 개인적으로 꾸준한 큐티로 성경 말씀을 공급받고 하루 생활의 질서를 잡아나가는 귀한 분들이 계십니다. 그러나 마치 공식처럼 큐티를 하면 하루 일이 잘 풀린다는 안도감을 가지고 또 그것 때문에 성경을 의무적으로 읽는다면, 그 또한 문제겠습니다.

바른 성경해석 원리가 기초 교회교육에서부터 강조되어야
사람은 내가 열심을 내면 하나님도 반드시 좋아하시리라는 착각에 자주 빠지곤 합니다. 자기 열심에 도취되어 스스로 경건하다 여기는 이들도 많습니다. 더구나 그런 사고와 행위 아래서 얻어진 자기 성취감과 만족감을 '은혜받았다'는 말로 연결하기도 합니다. 인본주의가 만연한 오늘을 사는 성도라면 누구나 이런 오류에 빠지기 쉽습니다. 항상 자기를 낮추며, 섣불리 판단하거나 단언하지 않는 자세로, 말씀을 깨닫게 하시는 성령의 도우심을 구하면서, 겸손하고 부지런히 성경을 읽어나가야 하겠습니다.

지퍼를 뜯어라!

우리 집에는 성경책이 많이 있다. 시대별로 종류도 다양한 성경책들이 집안에 그득하다. 가죽이 다 닳아 너덜너덜한 빛바랜 성경책부터 요즘 젊은 감각에 맞춰 나오는 세련된 구성과 편집의 성경책까지, 빛깔도 크기도 두께도 냄새도 가지가지다.

갑자기 웬 성경책 타령? 쌓아둔 성경책을 물끄러미 바라보다 생각나는 바가 있어서이다. 십수 년 전부터 우리들에게 갑자기 유행하기 시작한 '지퍼 달린 성경책'에 대해 시비(?)를 좀 걸어볼까 한다.^^

우리는 나이 많으신 분들에게서 옛날 신자들이 성경을 더 많이 그리고 자주 읽었다는 이야기를 종종 듣는다. 바꿔 말하면 도대체 요즘 사람들은 성경을 통 안 읽는다는 소리다. 아니, 인쇄 기술도 향상되고 종이질도 좋아진 요즘 성경책을 우리는 왜 갈수록 덜 읽으면서 사는 것일까?

나는 요놈의 '지퍼'가 문제라고 생각한다. 성경책에 지퍼가 있으면 가방에 넣기도 편하고 자질구레한 물건 보관이나 주보를 끼워 두는 등 여러모로 편리할 것이다. 그러나 문제는 지퍼를 달아 놓는 바람에 성경책을 펴 보기 위해 '열고 닫는' 과정을 거쳐야 한다는 이유로 성경에 손이 덜 간다는 것이다. 일주일에 한 번, 주일 예배시간에만 잠깐 지퍼를 열었다가 예배가 끝나면 다시 잠가놓고 열어보기 귀찮아 놔두고 마는 우리네 성경책은 그렇게 대접받고 있는 것은 아닐까?

여기까지 생각이 미치자 벌떡 일어나 칼을 들고 성경책을 향해 다가갔다.

실험을 통해 가설을 검증하기 위해 멀쩡한 지퍼를 뜯어내 본 것이다. 스스로 생각해도 단순 무식 과격한 행동이다. 성경책 지퍼를 뜯어낸 과정은 생각보다 쉬웠다. 칼로 성경책 아래쪽에 지퍼가 빠져나가지 않도록 바느질로 마감된 부분을 요리조리 헤쳐서, 삐쳐 나온 실밥을 조심스럽게 몇 개 뜯어내면 끝이다. 그곳으로 지퍼 몸체를 쑥 잡아 빼면 간단히 제거된다. 지퍼를 뜯어냈다고 해서 성경책이 보기 흉해지거나 지저분해 보이지 않았다. 대 성공이었다.

지금 바로 따라 해 보시길 바란다. 망설이지 말고 일단 한번 해 보시라. 하다 보면 내가 지금 무슨 짓인가 싶기도 할 것이다. 그런데 한 가지 확실한 것은 이게 정말 효과가 좋다는 것이다. 성경책을 견고하게 꼭꼭 닫아두었던 지퍼가 사라지자 성경책은 거의 무방비 상태로 내 앞에 다소곳하게 놓여 있었고 정말 신기하게도 그 한 주간 동안 성경책을 매우 자주, 많이, 읽을 수 있었다.

지퍼를 뜯자! 아니, 성경을 읽자. 하나님의 말씀을 듣고 그 말씀대로 살아가야 하는 우리들이다. 하나님의 말씀을 찌익- 소리와 함께 잠가버리지 말고, 펴놓고 읽으며 묵상하며, 그 말씀이 주시는 은혜를 생각하고 감사와 찬송을 드리는 신앙생활의 매우 기본적인 틀을 회복했으면 싶다. 각종 세미나에 훈련에 오만가지 프로그램에 집회에 사업에 성가대 연습에 분주하기보다, 말씀을 사모하고 말씀에 가까이 가는 데 힘쓰자.

말 나온 김에 조금만 더 하자. 거, 성경책을 너무 감싸고 보호하려 들 필요 없다. 그러지 말자. 성경책을 소모품처럼 쓰자. 밑줄도 쫙쫙 긋고, 손때 묻히고, 가죽 표지가 너덜너덜하게 되도록 가지고 다니면서 읽자. 10년 내로 성경책 한 권이 내 손안에서 닳아 없어지게 한번 만들어보자.

토의문제

1. 말씀은 어떤 수단으로 사용되나요?

2. 말씀을 읽고 듣는 것이 효과적인 은혜의 수단이 될 수 있는 이유는 무엇인가요?

3. 말씀을 읽는 자세는 어떠해야 하나요? 우리 각자의 모습과 비교해 보세요.

4. 말씀을 듣는 자세는 어떠해야 하나요? 우리 각자의 모습과 비교해 보세요.

5. 말씀을 전하는 자의 자세는 어떠해야 하나요?

6. 이 부분에서 공부한 것이 우리에게 왜 감사할 조건입니까?

제네바에서 쫓겨났던 칼뱅은 스트라스부르에서 선배 개혁자 요하네스 슈투름을 만나 큰 영향을 받습니다. 그는 교육철학자이며 인문주의자, 앞서가는 사상가였습니다. 다시 제네바로 돌아온 칼뱅은 스트라스부르에서 경험한 교육기관 '김나지움'을 토대로 제네바 아카데미를 설립했는데, 이는 어린 아이들을 위한 교육 외에도 뛰어난 목회자들을 양성하는 데 꼭 필요한 기관이었습니다. 전 유럽의 개혁자들이 이곳으로 몰려와서 교육을 받았습니다. 그렇게 배출된 목회자들은 제네바에 남아 편안하게 목회하지 않았습니다. 중세 교회의 위협 아래 신음하던 본국의 성도들에게 말씀을 전하기 위해 목숨을 걸고 자기 고국으로 돌아가는 편을 택했습니다. 이렇듯 주께서는 은혜의 수단을 마련하시되, 그것을 순전하게 행하고자 노력하는 복음의 사역자들을 또한 우리에게 주셨습니다. 그들에게 교회를 사랑하는 마음을 주셨습니다. 이는 신자를 향한 주님의 선물이자, 배려이고, 또한 측량할 수 없는 사랑입니다. (사진 : 김석현, 배경 : 제네바 아카데미)

91~97문

은혜의 수단 :
말씀, **성례**, 기도

"중학생 때 세례를 받았지만 어려서인지 아무 느낌이 없었어요.
 제가 존경하는 목사님께 세례를 다시 받아도 될까요?"
"저는 세례를 받지 않았는데, 어떤 교회에 갔더니 성찬식 떡과 포도주를 먹게 해줬어요.
 그런데 이 교회에서는 세례받은 사람만 먹는 거라네요?"
"죄인이라는 생각에, 성찬식에서 떡과 포도주를 받기엔 마음이 편치 않아요."
:
:

18

이제부터 은혜의 수단 두 번째, 성례^(세례와 성찬)에 대한 부분을 공부합니다. 분량이 꽤 많습니다. 앞에서, 「말씀」은 우리를 깨닫게 하심으로, 우리를 믿음 안에 굳게 세워주신다고 배웠습니다. 이어서 배우는 「성례」 역시 우리를 굳게 세워주는 역할을 하는데, 그리스도 안에서 받는 유익을 '상징'하고 '확인'하고 '적용'해주는 방법으로 하는 것입니다. 이것이 성례의 기본 개념입니다.

이 기본 개념을 잘 가지고, 이어지는 나머지 문답을 봐야 합니다. 성례란 무엇이며 어떤 것들이 있는지, 어떻게 받아야 하는지 등을 알아보겠습니다. 성례에 대한 문답은 이후 97문까지 쭉 계속됩니다.

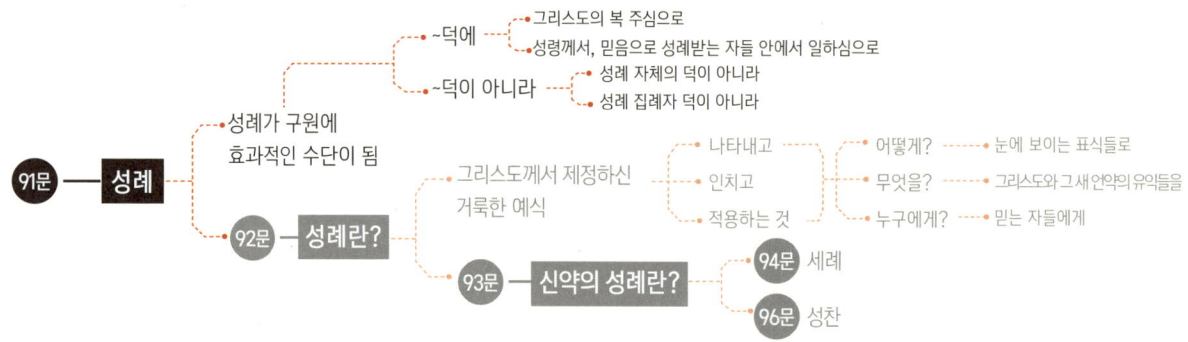

Q91
How do the sacraments become effectual means of salvation?
A91
The sacraments become effectual means of salvation,
not from any virtue in them,
or in him that doth administer them;
but only by the blessing of Christ,
and the working of his Spirit
in them that by faith receive them.

문91
성례의 시행이 어떻게 구원에 효과적인 수단이 되나요?
답91
성례가 구원에 효과적인 수단이 되는 것은
성례 자체의 덕으로가 아니요,
성례를 집례하는 자의 덕으로도 아니라,
오직 그리스도의 복 주심과 ❶❷❸
주의 성령께서 일하심으로 말미암은 것입니다.
믿음으로 성례를 받는 자 안에서 ❹

❶ 베드로전서 3:21
물은 예수 그리스도께서 부활하심으로 말미암아 이제 너희를 구원하는 표니 곧 세례라 **이는 육체의 더러운 것을 제하여 버림이 아니요 하나님을 향한 선한 양심의 간구니라**

❷ 마태복음 3:11
나는 너희로 회개하게 하기 위하여 물로 세례를 베풀거니와 내 뒤에 오시는 이는 나보다 능력이 많으시니 나는 그의 신을 들기도 감당하지 못하겠노라 **그는 성령과 불로 너희에게 세례를 베푸실 것이요**

❸ 고린도전서 3:6-7
나는 심었고 아볼로는 물을 주었으되 **오직 하나님께서 자라나게 하셨나니;** 그런즉 심는 이나 물 주는 이는 아무 것도 아니로되 오직 자라게 하시는 이는 하나님뿐이니라

❹ 고린도전서 12:13
우리가 유대인이나 헬라인이나 종이나 자유인이나 **다 한 성령으로 세례를 받아 한 몸이 되었고 또 다 한 성령을 마시게 하셨느니라**

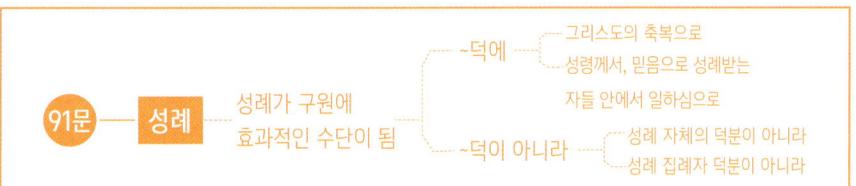

91문은 not A but B^(A가 아니라 B이다) 구조라서 살짝 복잡해 보이지만, 문장 그대로 차근차근 해석하면 다음과 같은 내용입니다.

"성례가 구원의 효과적인 수단이 되는 이유는 말이지, 그 성례들 자체에 어떤 능력이 있어서라든지, 혹은 그것을 거행하는 분이 엄청 경건해서라거나, 그분이 어떤 효능을 의도했기 때문이라거나 해서 되는 것이 아니라~.
오직! 그리스도께서 복 주셔서 가능한 것이래~.
왜냐고? 그야 성례를 제정하신 분이 바로 그리스도시니까! 그리고 우리의 구원은 오직 그리스도에게만 달려 있으니까!!"

그런데 이 부분, 뭔가 좀 이상합니다. 평소 같으면 새로운 것이 나올 때 그 개념을 먼저 소개할 텐데, 여기서는 성례의 시행을 먼저 묻고 그다음 92문에서 성례의 개념을 소개합니다. 왜 이런 순서로 설명할까요? 자꾸 오해하니까 그런 것 같습니다. 성례를 시행하는 것이 무슨 신통한 종교의식인 것으로 생각하기 쉽기 때문입니다. 그래서 먼저 오해를 풀어줍니다.^(물론 큰 그림에서 보면 88문에서 이어지는 맥락입니다.)

언제나 종교의식이라는 것은 종종 사람들의 '종교성'과 그 의식 자체의 '신비감'으로 인해 여러 가지 오해를 낳게 합니다. 그러나 소요리문답 1부에서 수없이 언급했듯이, 기독교는 하나님과의 인격적인 종교입니다. 예식 자체가 아닙니다. 그러므로 성례에서 중요한 것은 역시 우리를 위해 일하시는 하나님이시며, 모든 근거를 하나님께 두어야 한다는 사실입니다. 만약 이 사실을 성례에서 제외하고 본다면, 성례는 구원의 효과적 수단은커녕, 변질된 종교의식에 불과할 것입니다.

답변분석

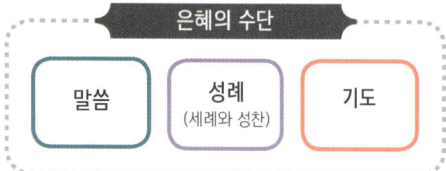

우리는 1부에서 우리의 믿음을 일으키시는 분이 성령이라고 배웠습니다. 성령께서 다~ 하신다고~. 그런데 2부에 오니까 우리보고 뭘 하라고 자꾸 하십니다. 말씀을 열심히 읽으라고 하시고, 설교 말씀을 잘 들으라고 하시고, 이제는 무슨 '성례'라는 것이 있는데, 그것은 또 세례도 있고 성찬도 있다는 둥, 처음엔 쉬워 보이는데 자꾸 뭔가가 등장하니까, 이거 왠지 낚인 기분이 들기도 할 것입니다.^^

그러나 헷갈리지 말아야 합니다. 성령께서 여전히 다 행하시는 분이고, 성례는 수단입니다. 조건이 아니라.

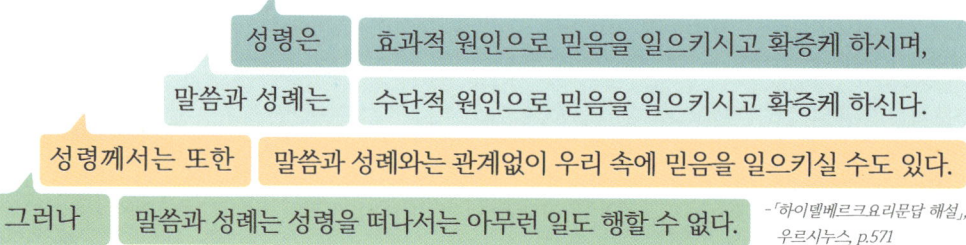

「하이델베르크요리문답 해설」,
우르시누스, p.571

성례, 왜 거룩할까?
자, 이제 적용하면서 생각해봅시다.

우선 "성례"에서 '성:聖'은 거룩하다는 말인데, 그럼 '왜' 거룩할까요? 요리문답은 이것이 다른 이유 때문에 거룩해지는 게 아니라고 명시합니다. 이것은 '그리스도께서 친히 세우셨기 때문에' 거룩한 것입니다. 성례가 인간들이 고안한 다른 의식과 차이가 있는 점이 이것입니다. 사람이 만든 것은 무엇이든지 거룩한 것이 아닙니다. 누군가가 이것을 이제부터 거룩하다고 하자~라고 해서 거룩해지는 것이 아니니까요. 하지만 그리스도께서 정하셨다면 다른 문제입니다. 그리스도께서 그것을 거룩하다고 정하셨습니다.

> 예를 들어 〈강대상에서 신발 벗기〉는, 실용적 차원입니다. 깨끗이 정돈될 필요가 있기 때문에 그런 것입니다. 그 자리가 특별히 더 거룩해서가 아닙니다!

사람이 만든 것을 거룩하다고 하기 시작하면 복잡해집니다.
교회 건물이 다른 상가 건물보다 더 거룩하다고 보거나,
성가대석이 일반석보다 더 거룩하다고 보거나,
목사가 뭔가 가운 같은 것을 입고 다녀야 된다고 한다거나,
강대상 있는 곳에 신발 신고 올라가면 안 된다거나 하는 것들을,
마치 성례가 거룩한 것과 같은 이유로, 연결 지어 생각해서는 안 됩니다.

마찬가지 원리로, 교회의 절기들도 그렇습니다. 추수감사절, 성탄절, 부활절, 이런 날들이 마치 다른 날보다 더 거룩한 날인 것처럼 오해하고, 심지어 평상시 주일보다 이런 날이 더욱 특별하고 거룩한 것처럼 생각하는데, 완전히 잘못된 것입니다. 물론 나름대로 뜻깊은 날이라고 할 수야 있겠지만, 평일보다 더 거룩한 의미를 부여해서는 안 됩니다. 인간이 만든 것이기 때문입니다. 하물며 주일과 비교해서는 안 됩니다. 그런 생각이 바로 미신입니다.

또 성례 외에, 결혼이나 장례 등도 교회에 관련된 중요한 일이지만, 또 물론 소중하고 주의 깊게 다루어야 할 일이지만, 이것을 교회가 '성례' 차원에서 의미를 부여해서는 안 됩니다. 뒤에서 공부하겠지만, 성례는 '세례'와 '성찬', 딱 두 가지 뿐입니다. 나머지 것은 없습니다. 왜냐하면 성경을 아무리 뒤져도, 그리스도께서 친히 세우신 것은 그 둘뿐이기 때문입니다. 거룩함의 권위가 오직 그리스도로부터만 나온다는 것이, 성례를 판가름하는 핵심 원리입니다.

이것을 오해한 것이 중세 교회와 로마 카톨릭의 칠7성례입니다. 태어날 때, 성인이 되었을 때 등등, 여러 가지 인생사의 뜻깊은 과정을 다 성례의 범주에 집어넣은 것인데, 나름 의미는 있겠으나, 이렇게 하면 그리스도의 권위와 인간의 전통이 섞이는 셈이 됩니다. 우리는 그래서 그런 전통을 거부합니다. 우리의 성례는 두 가지 뿐입니다. 세례와 성찬!

이 두 가지에 대해서는 이어지는 문답에서 자세히 배우게 됩니다.

칠성례 : 성세성사, 견진성사, 성체성사, 고해성사, 병자성사, 신품성사, 혼인성사로 이루어진 7가지 로마 가톨릭의 성례로서, 인간이 태어나서 죽기 전까지 성화의 과정에서 구원을 위해 꼭 필요한 은혜의 수단이라고 말합니다.

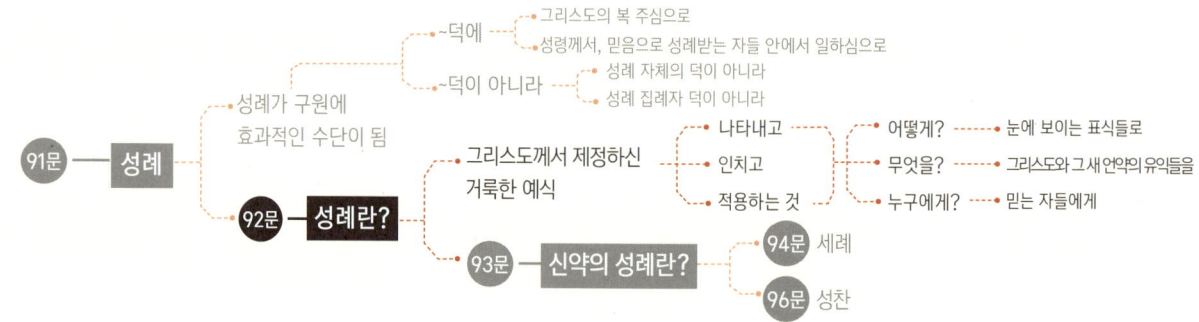

Q92
What is a sacrament?
법령, 조령, 조례, 의식

A92
A sacrament is an holy ordinance
 instituted by Christ;
 세우다, 설립하다, 제정하다
wherein, by sensible signs,
 의식하고[알고] 있는
Christ, and the benefits of the new covenant,
 언약
are represented, sealed, and applied
 to believers.

문92
성례란 무엇인가요?

답92
성례는 거룩한 예식인데,
 그리스도께서 제정하신
지각할 수 있는 표식들에 의해,
그리스도와 새 언약의 유익들이
다시 나타나고, 인쳐지고, 적용되는 것입니다.
 믿는 자들에게.
❶ ❷ ❸

❶ 창세기 17:7, 10
내가 내 언약을 나와 너 및 네 대대 후손 사이에 세워서 영원한 언약을 삼고 너와 네 후손의 하나님이 되리라; **너희 중 남자는 다 할례를 받으라** 이것이 나와 너희와 너희 후손 사이에 지킬 **내 언약이니라**

❷ 출애굽기 12장 전체

❸ 고린도전서 11:23, 26
내가 너희에게 전한 것은 주께 받은 것이니 곧 주 **예수**께서 잡히시던 밤에 떡을 가지사; 너희가 이 떡을 먹으며 이 잔을 마실 때마다 주의 죽으심을 그가 오실 때까지 전하는 것이니라

답변분석

92문 — **성례란?** ········ 그리스도께서 제정하신 거룩한 예식

1. "그리스도와 그 새 언약의 유익들"이라는 말이 나왔습니다.

"유익"이라는 단어가 나오니 뭔가 떠오르는 게 없으신지요?
그렇습니다. 바로 소요리문답 1부에서 집중적으로 공부했던 그리스도의 중보에 따른 유익 - 칭의와 양자됨과 성화됨, 기억나시죠? 그런데 성례를 통해 그것들을 다시금 깨닫게 하고 적용해 주신다는 이야기입니다. (기억이 가물가물하다면, 상권 11~12단원 중보의 유익 단원을 펼쳐 보세요. 또는 전체 맵을 보면서 감을 잡아 봅시다.)

2. 감지할 수 있는 표식이란 무슨 뜻일까요?

결혼을 약속한 여자 친구에게 프러포즈하면서 '당신은 진정한 제 짝입니다.'라고 반지를 줄 때처럼, 「내적」인 관계를 「외적」으로도 알 수 있게 표시하는 것입니다. "나 구원받은 거 맞아?" 늘 이런 질문을 하곤 하는데, 그런 우리에게 성례를 통해 도장을 꽝 치시고 은혜를 더하십니다. "너 구원받은 거 맞아!"라고 확인해주십니다. 감지할 수 있는 표식이란 그런 목적이 있습니다. "맞아, 내가 세례받았지!" 하고 떠올리며, 힘들 때 우리를 붙잡아줍니다. 그래서 "세례를 통해 그토록 깨끗이 씻어주셨는데, 나는 아직도 여전히 죄를 묻히고 다니는구나. ㅠㅠ" 하면서 반성하게 하는 것입니다.

이 부분은 매우 중요합니다. 다음 페이지에서 대요리문답의 표현을 보면서 더 자세히 공부해보겠습니다.

상권 11~12단원 중보의 유익!!

그리스도께서 제정하신 거룩한 예식
— 나타내고
— 인치고
— 적용하는 것

어떻게? ······ 눈에 보이는 표식들로
무엇을? ······ 그리스도와 그 새 언약의 유익들을
누구에게? ···· 믿는 자들에게

답변분석

성례의 목적

대요리문답 162문을 보면, 성례의 목적을 to 무엇, to 무엇, to 무엇 하면서 다섯 가지로 밝히고 있습니다.

Q. 162. What is a sacrament?	162문. 성례는 무엇인가요?
A. 162. A sacrament is an holy ordinance instituted by Christ in his church,	162답. 성례는 거룩한 규례인데, 그리스도께서 교회 안에 제정하셨습니다.
To signify, seal, and exhibit unto those that are within the covenant of grace, the benefits of his mediation;	1. 표시하고 인치고 증거하기 위해. 은혜언약 안에 있는 자들에게 주의 중보의 은택(유익)을.
to strengthen and increase their faith, and all other graces;	2. 강화하고 증진시키기 위해. 그들의 신앙과 다른 모든 은혜를.
to oblige them to obedience;	3. 돕기 위해. (신자들이) 순종하도록.
to testify and cherish their love and communion one with another;	4. 증거하고 소중히 기리기 위해. 서로 간에 사랑과 교통을.
and to distinguish them from those that are without.	5. 구별하기 위해. 그들(신자들)을 언약 밖에 있는 자들과.

성례의 목적 다섯 가지를 읽으며 어찌나 감사한지요. 전부 우리를 위한 것입니다! 아무리 생각해도 하나님께서 우리에게 주시는 은혜는 '친절함' 그 자체입니다. 내적이고 영적인 은혜를, 눈에 보이고 감지할 수 있게끔 (심지어 먹을 수 있게~) 베푸십니다.

"내가 은혜를 주었느니라." 하고 말로만 끝내시는 것이 아닙니다.

이 부분은 구약의 백성에게 주셨던 '만나'를 생각해보면 어떨까 싶습니다. 하나님께서 원하시면 그냥 기적을 베푸셔서 초자연적인 힘으로 광야에서 사는 동안 안 먹고도 살 수 있게 하실 수 있는데, 직접 하늘에서 만나를 내려주십니다. 그것이 또 날마다 내려오고, 안식일에는 안 내려오고. 참 재미있습니다. 왜 굳이 이렇게 하셨을까요? "아하, 이것은 자연 현상이 아니라, 분명히 하나님께서 주시는 것이구나!" 이렇게 알도록 하신 것입니다.

더구나 뭔가를 먹는 것이니까, 가장 느낌이 잘 오지 않았을까요? ^^그렇게 "먹는 음식 문제"를 통해, 이스라엘 백성들은 선택받은 백성들에게 주시는 하나님의 내적, 영적 은혜를 실감 나게 깨달았을 것입니다. 하나님의 '은혜'를 직접 손으로 거두어, 입으로 씹고 삼켜서 소화시키면서 체험했습니다.

먹고 사는 문제로 온 세상이 이처럼 치열한 것을 볼 때, 그 당시 이스라엘 백성들에게 주셨던 은혜는 정말 3D, 4D 영화보다도 더 실감 나는 것이겠구나 싶습니다.

제가 읽은 책 중에서, 성례에 대한 종합적인 좋은 설명은 우르시누스의 글이 최고였습니다. 하이델베르크 교리문답의 저자, 자카리아스 우르시누스의 『하이델베르크 요리문답 해설』 556쪽부터 성례에 대한 기가 막힌 특강이 나옵니다. 그 내용 중에 다음과 같은 것이 있습니다. 교부들이 성례를 정의하길, "눈에 보이지 않는 은혜를 나타내는, 눈에 보이는 표"(a visible sign of an invisible grace)라고 했다고 합니다. 정말 대단합니다. 진리의 풍성함을, 이렇듯 간단명료한 문장으로 압축적으로 표현한 교부들의 능력이 놀랍고 부럽습니다.

* 교부: '교회의 아버지'라는 뜻으로, 교회의 역사 초기에 교리의 정립과 교회 발전에 이바지하고 중대한 영향을 끼친 분들입니다. 특강 소요리문답 상권에 소개된 어거스틴도 위대한 교부입니다.

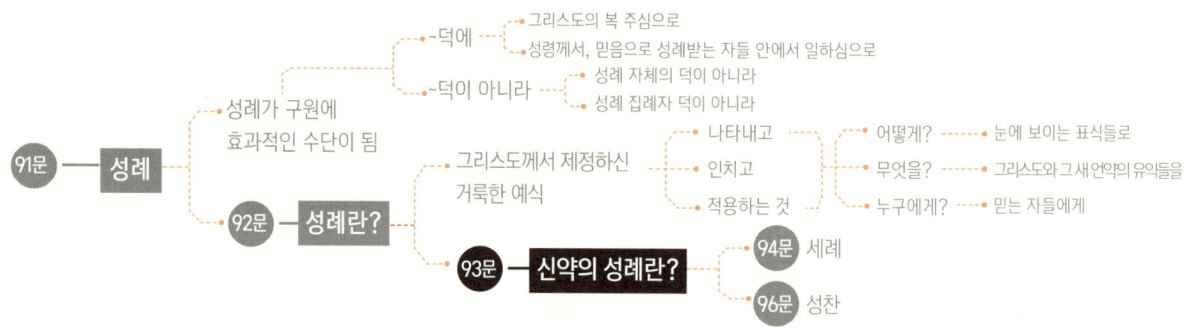

Q93
Which are the sacraments of the New Testament?

A93
The sacraments of the New Testament are, Baptism, and the Lord's supper.
세례   주(主)의 만찬, 성찬

문93
신약의 성례는 무엇인가요?

답93
신약의 성례는
세례와 성찬입니다.
❶   ❷

❶ 마태복음 28:19
그러므로 너희는 가서 모든 민족을 제자로 삼아 아버지와 아들과 성령의 이름으로 **세례를 베풀고**

❷ 마태복음 26:26-28
그들이 먹을 때에 **예수께서 떡을 가지사** 축복하시고 떼어 제자들에게 주시며 이르시되 받아서 먹으라 이것은 내 몸이니라 하시고; 또 **잔을 가지사** 감사 기도 하시고 그들에게 주시며 이르시되 너희가 다 이것을 마시라; 이것은 죄 사함을 얻게 하려고 많은 사람을 위하여 흘리는 바 나의 피 곧 언약의 피니라

답변분석

그리스도는 신약에서 자신의 교회 안에 오직 두 가지 성례만을 제정하셨으니, 그것이 세례와 성찬입니다. 이 부분은 로마 가톨릭의 나머지 잡다한 예식과 비교됩니다. 견진성사, 고해성사, 신품성사, 종부성사(또는 병자성사), 혼인성사 이상 다섯 가지가 그것이며, 그들은 이것도 성례라고 하는데, 성경적 근거가 없습니다. 그리스도께서 친히 세우신 것이 아니기 때문입니다. 이에 대해 우르시누스는 자신의 하이델베르크 교리문답 해설서의 68문 해설에서 코믹하게 비판하고 있습니다.

자카리아스 우르시누스, 『하이델베르크 요리문답 해설』, (크리스챤다이제스트), 574쪽.

로마 카톨릭은 참고로 성찬도 '성체성사'라고 부르며, 빵과 포도주가 실제로 몸과 피로 변화한다고 말하지만, 앞에서 배웠듯이 빵과 포도주 그대로 있어도 성례의 의미는 충분합니다. (이에 대해서는 나중에 성찬을 공부할 때 자세히 공부하겠습니다.)

오늘 우리도, '성례'라고는 말하지 않지만, 마치 거룩한 예식처럼 행하는 것들이 늘어나고 있습니다. 아무거나 이름을 붙이는 것입니다. 헌당 예배, 추도 예배, 개업 예배, 이사 예배 등, 이런 표현을 쓰는 것은 사실 문제가 있습니다. 예배의 목적이 하나님을 경배하는 것인바, 저런 인간적 필요와 목적에 의해 만들어내는 예배(?)는, 그 목적과 초점이 이미 달라지는 것입니다. 게다가 다분히 미신적 요소가 담기는 것들이므로 거절해야 합니다. 우리의 삶의 목적이 예배를 통해 가장 분명하게 표현되는 것인데, 저런 모임에 예배의 이름을 가져다 붙이는 것은 나의 목적을 위해 하나님을 이용하는 셈입니다.

우리가 십계명의 2계명에서 이런 내용들을 이미 공부했습니다. 기억해보도록 합시다. (p.64~72)

답변분석

성례

소요리문답 제 91문은 "성례가 은혜의 방편으로서 어떻게 구원을 효력 있게 하는가?"를 묻습니다. 그 답으로, 그 효력은 오직 성령의 역사이며, 그것을 제정하신 그리스도께서 복 주심으로 말미암는 것이지, 성례(성찬, 세례) 자체에 어떠한 능력이 있거나, 성례를 거행하는 자의 경건이나 의도에 의한 것이 아니라고 말합니다.

요리문답의 주제별 비중에 대해 자세히 살펴보고 싶은 분은 다음 논문을 읽어보세요.

이렇게 '부정을 통한 강조' 방식으로 답변을 마련한 것을 보면, 그 당시 성례로 인한 부패, 특히 성례의 의식 자체나, 그것을 시행하는 자로 인한 그릇된 모습이 참 많았을 것이란 추측을 할 수 있습니다. 문답 수를 확인해보면 대요리문답이나 하이델베르크 교리문답에서도 참 자세히 설명을 해 주고 있습니다. 제발 똑바로 알라는 듯이, 많은 비중을 두어서 가르친 것입니다. (그래프 참조)

황희상, 「하이델베르크 요리문답」과 「웨스트민스터 대요리문답」의 구조적 특징이 교회교육 커리큘럼에 주는 시사점」, 고려신학대학원, 2011.

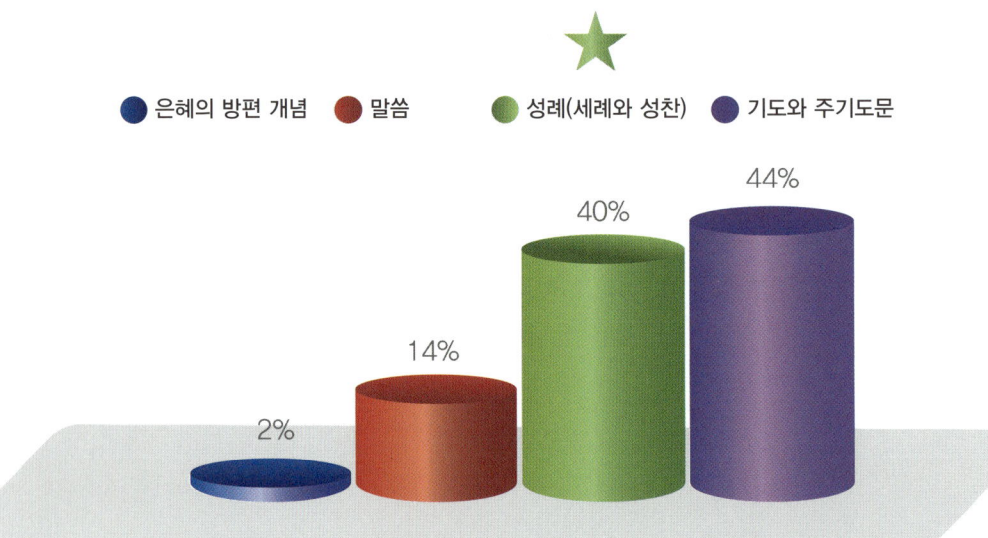

웨스트민스터 대요리문답 : 「은혜의 방편」 부분에 대한 상세 비중 그래프

답변분석

이번 공부를 통해 단순히 잘못되고 있는 모습들을 바로 잡는 것에 그치지 않고, 하나님께서 은혜를 주시는 수단으로써 이 성례가 얼마나 중요한 것인지를 잘 배워야 되겠습니다. 오늘날에도 고의로, 혹은 무지로 인해 이런 잘못을 반복하는 교회 속에서, 바르게 배워서 바르게 적용하고 바르게 행해야 되겠습니다.

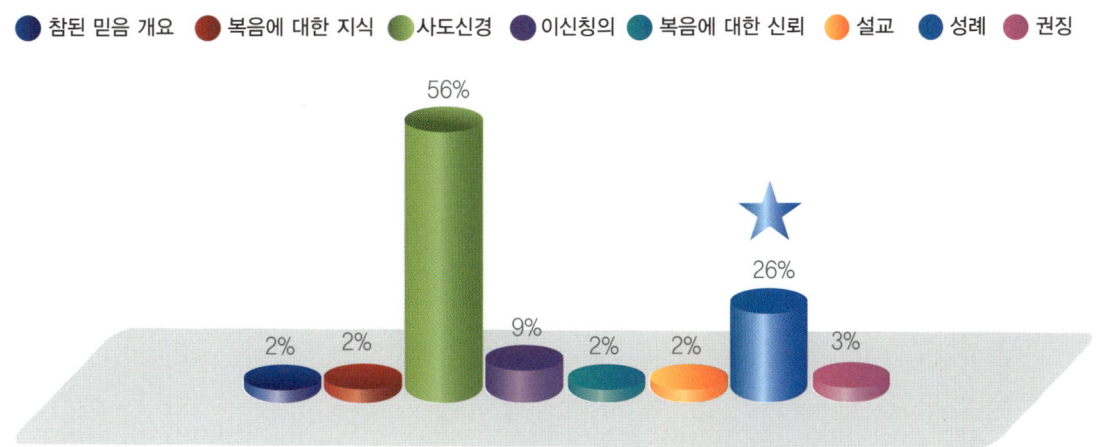

하이델베르크 요리문답 : 「참된 믿음」 부분에 대한 상세 비중 그래프

더 깊은 이해를 위한 책 : 아래 책들 중 성찬에 관한 논쟁을 다루는 부분을 보시면 유익합니다.
- 앨리스터 맥그래스, 『기독교, 그 위험한 사상의 역사』
- 테아 반 할세마, 『이 사람, 존 칼빈』
- 필립 샤프, 교회사 전집 제7권 『독일 종교개혁』과 8권 『스위스 종교개혁』
- 이성호, 『성찬 - 천국잔치 맛보기』

심화학습

"눈에 보이지 않는 은혜를 나타내는, 눈에 보이는 표"
a visible sign of an invisible grace

신약시대에 그리스도께서 친히 제정하신 성례. 성례의 요소는 sign(표)이자 grace(은혜) 두 가지입니다. 세례도 그렇고 성찬도 그렇습니다. 의식 그 자체에 신비한 효력이 있는 것처럼, 혹은 그에 반대하는 데 몰두하다가 의식 그 자체는 sign(표)일 뿐이라며 은혜를 거둬버린, 옛사람들의 실수를 반복하지 않도록 주의해야겠습니다. 균형을 잘 유지합시다!

성례는 또한 은혜이자, 선물입니다. 하나님께서 당신의 연약한 자녀들의 신앙을 위해 주신 배려입니다.

세례와 성찬, 그것을 교회에 제정하신 것이 감사이고, 그것이 교회에 존재한다는 것 자체가 감격입니다.

만약 이런 배려와 선물이 없었다면, 우리에게는…
… 콘크리트나 벽돌로 된 교회 건물만 보였을 것입니다.
… 교회에 다니지만 지극히 세상적인 인간 군상들의 실망스러운 모습만 보였을 것입니다.
… 주일 예배에 빠진 성도들의 빈자리만 보였을 것입니다.
… 사사건건 기회만 주면 어김없이 죄에 빠져드는 나의 육신의 역겨움만 더욱 보였을 것입니다.
… 외로움, 고독, 어둠, 체념, 부정, 비관, 좌절, 절망감 속에서 차츰 신앙을 잃어 갔을 것입니다.
… 온 세상에 믿을 수 있는 것은 아무것도 보이지 않았을 것입니다.

그런 수준에 불과한 우리에게, 세례 교인의 칭호를 주셨고, 주의 식탁으로 초대하여 함께 먹을 수 있는 자로 인정해주셨으니, 그래서 우리는 안심할 수 있는 것입니다.

심화학습

이처럼 귀한 성례를 두고, 교회의 역사 속에서 수많은 잘못된 지도자들은, 성례의 의미를 자신들의 경솔함과 오만함으로 인하여 퇴색시켰습니다. 주께 돌려야 할 감사와 찬송을 인간들에게 돌리게 하거나 아예 감사와 찬송이 아닌, 두려움과 미신주의에 빠지게 하여 거룩한 교회의 이름에 먹칠하였습니다.

그렇다면 오늘날 우리들의 교회 안에는 문제가 없을까요?
그렇지 않습니다. 성례에 대한 미신적이고 주술적이며 기복적인 오류들이, 성례에 참여하는 사람들의 마음에 섞여 있을 수 있습니다. 또한 거룩한 규례를 사용함에 있어서 잘 몰라서 행하는 무분별한 모습도 있을 것이며, 역시 무지로 인하여 그 안에 담긴 진리의 풍성한 내용을 모르고 형식적으로만 진행하는 경우도 있을 것입니다. 하루빨리 뉘우치고 고쳐야 할 죄입니다.

지금도 이렇게 부족함이 많은데, 칼뱅 등이 활동하던 종교개혁의 시대에 이 성례가 개혁되지 않았더라면 오늘날 도대체 어떻게 되었을까요? 잠깐 생각해보니 겁이 덜컥 날 정도입니다. 역사 속에서 그런 특별한 은혜를 허락하신 주님께 감사드립니다. 오늘날 한국 교회에도 특별한 은혜를 부어주셔서, 참 교회의 표지 중 하나인 "성례의 바른 집행"이 모든 교회에서 이루어졌으면 좋겠습니다.

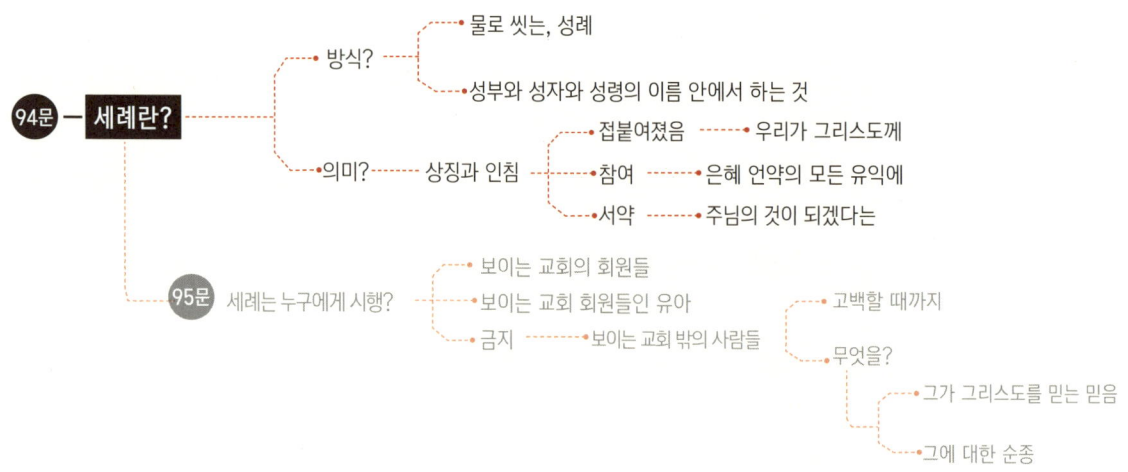

Q94
What is baptism?

A94
Baptism is a sacrament,

wherein the washing with water

    in the name of the Father, and of the Son,

    and of the Holy Ghost,

doth signify and seal

    our ingrafting into Christ,
    접목되다, 접붙여지다
    and partaking of the benefits of the covenant of grace,
    참여하다.　　　　　　　　　　　　　약속, 계약, 약혼
    and our engagement to be the Lord's.

문94
세례란 무엇인가요?

답94
세례는, 성례인데,

물로 씻음으로

    성부와 성자와 성령의 이름 안에서
    ❶

상징하고 인치는 것입니다.

    우리가 그리스도께 접붙임 된 것과
    은혜 언약의 모든 유익에 참여하는 것,
    주님의 것이 되겠다는 우리의 서약을.
    ❷ ❸

❶ 마태복음 28:19
그러므로 너희는 가서 모든 민족을 제자로 삼아 아버지와 아들과 성령의 이름으로 **세례를 베풀고**

❷ 로마서 6:4
그러므로 우리가 그의 죽으심과 합하여 세례를 받음으로 그와 함께 장사되었나니 이는 아버지의 영광으로 말미암아 그리스도를 죽은 자 가운데서 살리심과 같이 우리로 또한 **새 생명 가운데서 행하게 하려 함이라**

❸ 갈라디아서 3:27
누구든지 **그리스도와 합하기 위하여 세례를 받은 자**는 그리스도로 옷 입었느니라

답변분석

94문 — 성례란?

하나님께서는 은혜의 언약을 베푸셨습니다. '나는 너희 하나님이 되고 너희는 내 백성이 되리라' 하는 언약입니다. 우리의 형편이나 처지가 어떻든지, 하나님께서는 항상 우리와 함께하시겠다는 선언이자 은혜의 약속입니다. 하나님은 이 언약을 자기 백성에게 분명히 하시기 위해 구약시대에는 할례를 주셨습니다. 이것은 하나님의 백성이라는 표시였습니다.

세례는 신약에 그리스도께서 제정하신 성례로서, 세례를 받는 것은 언약 백성의 외적 '표시'입니다. 세례는 더러운 것이 물로 씻기듯이, 그리스도의 피로 우리의 죄가 씻긴다는 것을 의미합니다. 그리고 우리가 새로 태어난 존재임을 확실히 느끼게(물로 적셔서 축축한 느낌이 들면서) 해줍니다. 다른 것은 부정해도 내가 세례를 받았다는 사실fact만큼은 부정할 수 없습니다. 가축의 엉덩이에 인을 치는 것처럼, 나에게 주님께서 도장 꽝 찍었기 때문에 그렇습니다. 그런 점에서 볼 때, 세례가 있어서 참 다행입니다.

여기서 자칫 오해하지 말아야 합니다. 세례를 '받아서' 구원되는 것이 아니라, 구원받은 표로 세례를 받는 것입니다. 믿음으로 구원받지도 않았는데 세례 받았다고 해서 구원이 되는 것은 아니라는 것입니다.

정리하면, 세례는 하나님께서 자신의 백성들에게 "복을 받아라~" 하고 주시는 선물입니다. 그리스도의 죽으심과 부활하심이 우리 것이 되는 은혜이고, 온 교회 앞에서 그가 그리스도인임을 공적으로 인정하는 표입니다. 그래서 이것도 역시 감사입니다.

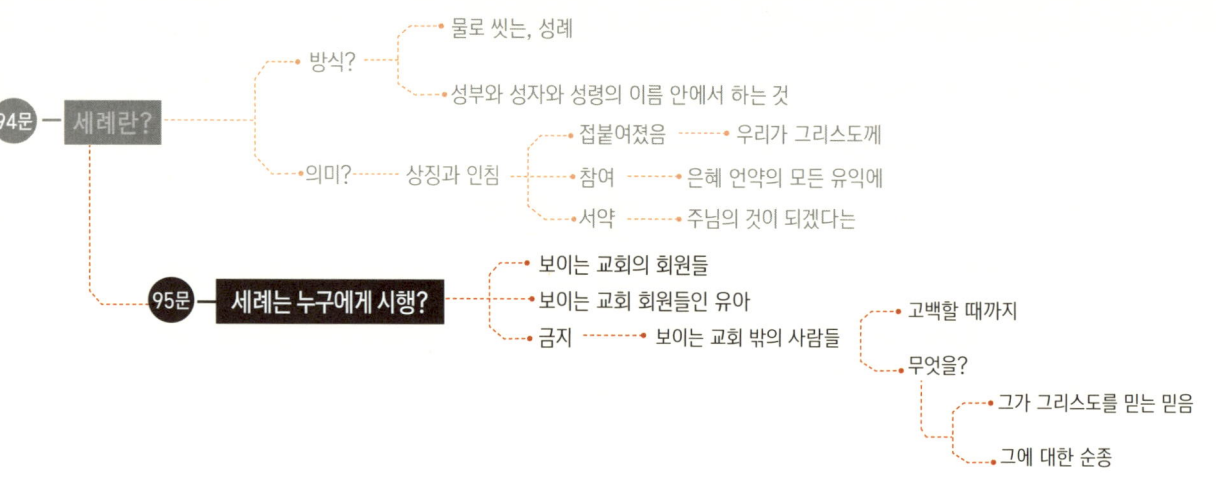

Q95
To whom is baptism to be administered?

A95
Baptism is

not to be administered

　to any that are out of the visible church,

　till they profess their faith in Christ,

　and obedience to him;

but the infants of such as are members of the
　　　　　　　　　　　　　　　유아
visible church are to be baptized.
눈에 보이는

문95
세례는 어떠한 사람에게 시행되어야 하나요?

답95
세례는

시행되어서는 안 됩니다.

　　보이는 교회 밖에 있는 어느 누구에게도.

　　그들이 그리스도를 믿는 믿음과

　　그에 대한 순종을 고백할 때까지는. ❶ ❷

다만 유아들은 보이는 교회의 회원들로서

세례를 받아야 합니다.
　　　❸ ❹ ❺ ❻

❶ 사도행전 8:36-37
길 가다가 물 있는 곳에 이르러 그 내시가 말하되 보라 물이 있으니 내가 세례를 받음에 무슨 거리낌이 있느냐; 이에 명하여 수레를 멈추고 빌립과 내시가 둘 다 물에 내려가 빌립이 세례를 베풀고
※ KJV에는 다음과 같은 구절이 있습니다. "빌립이 말하기를 '당신이 마음을 온전히 하여 믿으면 세례를 받을 수 있습니다.' 내시가 대답하되 '나는 예수 그리스도께서 하나님의 아들이신 줄 믿습니다.'" - 소요리문답은 이 부분을 인용했습니다.

❷ 사도행전 2:38
베드로가 이르되 **너희가 회개하여** 각각 예수 그리스도의 이름으로 **세례를 받고** 죄 사함을 받으라 그리하면 성령의 선물을 받으리니

❸ 사도행전 2:38-39
베드로가 이르되 **너희가 회개하여** 각각 예수 그리스도의 이름으로 **세례를 받고** 죄 사함을 받으라 그리하면 성령의 선물을 받으리니; **이 약속은 너희와 너희 자녀와** 모든 먼 데 사람 곧 주 우리 하나님이 얼마든지 부르시는 자들에게 하신 것이라 하고

※ 창세기 17:10과 골로새서 2:11-12을 서로 비교하며 보십시오.
❹ 창세기 17:10
너희 중 남자는 다 할례를 받으라 이것이 나와 너희와 너희 후손 사이에 지킬 내 언약이니라

❺ 골로새서 2:11-12
또 그 안에서 너희가 손으로 하지 아니한 **할례를 받았으니** 곧 육의 몸을 벗는 것이요 그리스도의 할례니라; 너희가 세례로 그리스도와 함께 **장사되고** 또 죽은 자들 가운데서 그를 일으키신 하나님의 역사를 믿음으로 말미암아 그 안에서 함께 일으키심을 받았느니라

❻ 고린도전서 7:14
믿지 아니하는 남편이 아내로 말미암아 거룩하게 되고 믿지 아니하는 아내가 남편으로 말미암아 거룩하게 되나니 그렇지 아니하면 너희 자녀도 깨끗하지 못하니라 그러나 **이제 거룩하니라**

답변분석

95문 — 세례는 누구에게 시행?

이 문답도 재미있습니다. 누구에게 세례를 베풀 수 있냐고 물어보는데, 일단 먼저 베풀 수 없는 대상을 말합니다. 일반적으로 세례를 받을 수 있는 자를 먼저 대답하고, 받지 못하는 자를 열거하는 것이 자연스러울 텐데, 세례받지 못하는 자를 먼저 언급한 것에는 이유가 있을 것입니다. 그만큼 이것은 엄중하며, 함부로 다루어서는 안 된다는 뜻일 것입니다. 이 약속은 목사님과의 약속도 아니고 나만의 다짐도 아니며, 공적인 교회의 약속인 것입니다. 그리고 '실제로' 그리스도와 연합되는 것입니다.

이 세례를 받는 조건은, 일단 유형적 교회의 일원이어야 하며, 그리스도를 믿는 신앙의 고백을 할 수 있어야 합니다. 진실한 고백은 대단히 중요합니다. 그러나 그런 고백을 할 수 없는 어린아이들도 유아세례를 받을 수 있다고 합니다. "아니, 자기 입으로 신앙을 고백하지 않았는데도 세례를 줄 수 있나요?"라고 걱정할 수도 있을 것입니다. 그러나 유아에게는 영적 부모의 신앙고백을 통하여 동일한 언약 안에 있음을 인정하고 세례(유아세례)를 베풉니다. 구약에서 언약 백성들이 성인이 아니어도 유아일 때 할례를 받았듯이, 이들은 은혜언약 안에서 세례를 받는 것입니다.

이것은 하나님의 은혜가 우리의 신앙보다 먼저이기 때문입니다. "너희가 나를 택한 것이 아니요 내가 너희를 택하여 세웠나니." *요한복음 15:16* 따라서 믿음의 가정은 하나님의 언약에 근거해서 자녀들의 구원을 소망 가운데 믿으며 기꺼이 유아세례를 받도록 해야 하며, 또한 세례만 받게 하고 끝날 것이 아니라, 그 아이가 말씀 앞에서 하나님의 백성답게 자라가도록 더욱 잘 가르치고 양육해야 할 것입니다.

더 깊은 이해를 위한 책 : 조엘 비키, 『언약 자손으로 양육하라』

생각해봅시다

세례를 받기 전 참된 신앙고백이 필요하다고 했습니다. 그것이 무엇일까요?

'하나님을 나의 아버지로 고백하고 그의 아들 예수 그리스도의 탄생과 죽음, 그리고 부활하심을 통해 깨닫게 된, 놀라운 우리를 향한 사랑에 감사하고 하나님을 영화롭게 하는 것과 영원토록 즐거워하는 것', 이것을 삶의 목표로 삼는 것이 참된 신앙고백입니다. 다시 말하면 지금까지 소요리문답을 통해 배운 모든 내용을 잘 받아들이고, 또한 그대로 살려고 노력하는 자세가 바로 그것이라 할 수 있습니다. 참된 신앙고백이 빠진 형식적 세례가 얼마나 허무한지에 대해, 다음 글을 한번 읽어보면서 생각해보도록 합시다.

세례, 아무나 받을 수 있나요? (다음 이야기는 가상의 대화입니다.)

두근두근, 콩닥콩닥. 세례를 받기 전에 필수적으로 거쳐야 하는 '문답'을 위해, 모 교회의 고등부 아이들 한 무리가 모여 있다. 이들의 마음은 들뜨고 긴장되기만 하다. 문답을 대비하기 위한 기본적인 공부를 위해, 이들은 소요리문답이 인쇄된 질 낮은 복사물 묶음을 들고 한 장 한 장 넘겨가고 있다. 그러면서 복사물에 나온 수십 개의 질문과 응답들을 달달 외우고 있다. 그 많은 내용을 신실하다는 어떤 아이들은 이미 줄줄 외우고 다니는 바람에 다른 아이들의 간담을 서늘하게 만든다. 어떤 아이들은 이제야 외우기 시작하는 친구들에게 중간고사 예상 문제 짚어주듯 몇 가지 문제를 짚어주기도 하고, 상대 아이는 눈동자를 굴리며 떠듬떠듬 답하고 있다. 이들이 짚어주는 예상문제에는 사도신경과 주기도문, 십계명, 예수님의 열두 제자의 이름은 두말할 필요 없이 가장 유력한 후보로 포함된다.

평소 교리가 무엇인지 듣도 보도 못했던 아이들인지라 손에 쥐어 들고 있는 '소요리'의 정체는 모른다. 이름마저 생소하여 요리문답이란 단어가 입안에 달라붙지 않는다. 중간고사 전 족보같이 복사물에 샤프심이나 볼펜으로 까맣게 줄 쳐가며 외우는 데 정신 팔린 아이들. 어떤 애들은 긴장된 어조로 자꾸만 "떨어지면 어떡하지? 창피할 텐데…"를 연발한다.

생각해봅시다

"윽! 이거 떨어지면 임원 되기도 틀렸는데…. 나 참, 회장 후보만 되지 않았더라도 다음번에 맘 편하게 볼 텐데 말이야. 부담된다야."

이번에 회장 후보가 된 영근이의 이어지는 한숨. 중등부 시절부터 단짝이던 소연이가 어깨를 툭 치며 응원한다.

"야! 야! 괜찮아. 문제가 쉬울걸? 작년에 세례받았던
우리 선배는 주기도문도 떨려서 다 못 외웠어도 합격만 잘하더라."
그리고 눈치를 살피며 얼른 귓속말을 더해준다.
"야, 게다가 넌 회장 후보잖아. 틀림없이 합격할 거야. 힘내!"

평소 신실하고 얌전하다 알려진 정숙이는 설레는 마음이 남다르다.
"아…. 이번에 꼭 ⁽세례⁾받고 말아야지. 이번에 못 받으면
곧 고3이라서 특별히 시간 내서 받기 힘들다던데…."

문답서를 달달 외우던 철호. 문답 시간이 가까워 오니 불평을 터뜨리기 시작한다. 생전 처음 성경에 대해 생소한 것들을 외우는 것이 힘들었나 보다.
"어휴! 세례 같은 것 안 받아도 교회만 잘 나오면 되지 않냐?
외울 건 뭐 이렇게 많아. 문답 시간도 짧다던데 좀 간단히
요점만 정리해놓지."

곧이어 건너편에 앉아있는 영근이에게 농담을 건넨다.
"영근아, 나 아무래도 대학 가서 세례받아야 될 것 같으니까,
너두 대학가서 세례받아라. 응? 야, 그거 꼭 지금 받을 필요 없지 않냐?"

그러나 곧이어 야무진 영근이에게 핀잔을 당하고 만다.
"야! 세례도 안 받고 어떻게 교회 다닌다는 소릴 하니?
창피한 줄 알아라. 그리고 집사님이 그러셨잖아. 다른 애들 받을 때 같이 받으라구.
나중에 나이 들어서 받는 것보다 지금 받는 게 덜 떨리고 좋지 뭘 그래?"

생각해봅시다

한쪽에서는 초등학교 때부터 교회에 출석한 약돌이가 힘들어하고 있다. 문답지를 보니 황당한(?) 이야기들이 많아 외우기가 벅차다.

"영오야. 원죄는 뭐고 자범죄는 뭐냐? 죄가 두 개냐? 헷갈려서 원.. 교회 다니면서 이런 소리는 첨 들어본다! 그건 그렇고 이걸 언제 다 외우지?"

"휴ㅡ. 잔소리 그만하고 빨리 외워. '원죄', '본죄' … 아담 나오면 '원죄', 그냥 죄는 '본죄', 아담 나오면 '원죄', 그냥 죄는 '본죄'…."

(문답은 싱겁게 끝나고…)
간단히 주기도문 정도의 질문과 함께 문답에 합격(?)한 아이들. 어찌 됐건 합격한 아이들이 드디어 세례 증서를 받게 되었다. 여자애들 몇몇은 눈물을 주르륵 흘리고 남자애들은 드디어 하나님이 자신을 인정해주는 듯한 으쓱한 기분과 함께 자랑스러움이 가득 차오른다.

'지금까지 교회 다닌 보람이 생기는군.'

약돌이는 나이 드신 담임목사님을 이렇게 가까이서 보게 된다는 것만으로도 조금 황송한 기분이 들었다. 게다가 내일이면 예배 시간에 일어나서 온 성도들 앞에서 받게 될 세례 의식을 생각하니, 구약의 다윗 왕이 머리에 기름을 받던 장면이 연상되며 숙연해지기까지 했다. 하지만 '이렇게 해서 세례가 다 끝난 것인가, 이렇게 하면 나는 그리스도인이 되는 걸까?' 하는 생각에 허탈한 마음을 지울 수 없었다.

생각해봅시다

세례를 받기 전에는 신앙고백과 믿음을 확인하기 위한 절차를 거치게 됩니다. 우선, 일정한 기간 동안 세례에 대한 교육을 받습니다. 개인적인 상담을 통하여 신앙고백을 점검하기도 합니다. 세례의 의미가 깊은 만큼, 이것을 받는 신자의 상태를 자세히 살피는 일도 무척 중요합니다.

그런데 오늘날 많은 교회들은 이런 절차를 제대로, 꼼꼼하게 시행하지 못하고 있습니다. 목회자가 세례 교육을 정확히 시행하지 않거나, 신앙의 기본적인 확인 절차도 없이, 곧바로 요식행위와 같은 질문답변 정도로 세례를 주는 곳도 많습니다. 그래서 많은 사람이 - 주로 청소년 시기에 - 세례가 무엇인지 그 의미도 모르고 세례를 받곤 합니다. 참 안타까운 일입니다. 왜 이런 일이 생기는 걸까요? 신자와 신자 간에, 일반 교인과 목회자 간에 서로를 잘 모르고, 서로의 삶도 생각도 잘 모르며, 그저 얼굴만 보고 매주 지나가는 교회가 지금처럼 계속된다면, 이런 문제는 해결되지 않을 것입니다. 말씀과 함께, 바른 성례가 집행되고, 신자들이 말씀대로 바르게 살아서 성례에 올바로 참여할 수 있도록 바른 권징이 행해지는 교회, 그런 교회가 좋은 교회입니다. 그래서 '말씀의 바른 선포, 성례의 바른 집행, 권징의 바른 시행' 이 세 가지를 '바른 교회의 표지'라고 합니다.

말씀이 올바르게 선포되지 않을 때 우리는 종종 비판하기도 하고, 대안을 모색하기도 합니다. 그러나 성례(세례와 성찬)에 대해서 그만큼 많은 고민을 할까요? 그렇지 못하는 경우가 대부분입니다. 올바른 신앙고백의 확인조차 없이 받는 세례는 결국 세례가 담고 있는 놀라운 유익들을 아무런 의미도 없는 것으로 만듭니다. 그저 교회에서 행해지는 형식적인 절차이거나, 또는 교인으로 인정받는 어떤 기념식 정도로만 알고 넘어간다면 얼마나 아까운 일일까요. 하나님의 선물인 세례가 올바로 집행되어, 성도에게 실제로 큰 유익이 되도록, 분명한 세례 교육이 지금부터라도 회복되어야 하겠습니다.

나의 입교문답 낙방(?)기

열네 살이 되던 해, 3월 첫 주, 올해의 첫 성찬식이 다가오던 어느 날 아침, 아버지가 나를 부르셨다. 바쁘게 신학기 등교 준비를 하던 나는 가방을 주섬주섬 챙기다 말고 아버지 방으로 달려갔고, 아버지는 나에게 질문을 하셨다.

"하나님이 누구시냐?"

아버지는 침대에 그대로 누운 채로 나를 보며 질문하셨고, 나는 아무런 대답을 하지 못하며, 지금 이것이 무슨 상황인지를 파악하려 애썼다. 좀처럼 나는 질문의 의도를 파악하지 못했고, 어리둥절한 나에게 아버지는 재차 물으셨다. 나는 대답할 말을 생각하려 애썼으나, 얼른 아무것도 생각나지 않았다. 아니, 하나님이 누구시냐 라니? 세상에 그런 질문이 어디 있나?

아버지는 교회에서 존경받는 장로이시고, 나는야 자랑스러운 '장로님 아드님'이다. 태어나기 전 어머니 뱃속에서부터 교회를 다녔고, 교회를 안방처럼 들락거리고, 게다가 신앙 좋기로 유명한 중고등부 회장님이시다! 하나님은 물론, 모세도 알고 바울도 알았다. 성찬식에서 떡과 포도주가 내 자리를 지나쳐서 갈 때마다 '나중에 나도 당연히 나이가 들면 자연스럽게 세례를 받게 되고 성찬도 참여하게 되는 것'이라고 생각했는데, 그런 당신의 아들에게 아침부터 밑도 끝도 없이 '하나님이 누구시냐' 라니?

물론 나는 대답을 하고 싶었다. 아버지가 물으시면 아들은 대답해야 마땅하다. 지금까지 아버지가 무얼 물으시면 대답 못 한 말이 없었다. 헌데 그날 아침은 달랐다. '하나님은…' 운을 떼 놓고서 더 이상 한 마디도 더할 수 없었다. 머릿속은 하얗게, 눈앞은 캄캄하여졌다. 그렇다, 나는, 하나님을, 모르고 있었다.

"하나님이 누구신지도 모르면서 세례를 받을 수 있겠냐?"

그러니까 그날 아침 내 아버지는 아들의 입교 문답을 하고 계셨다. 당연히 그 해, 나는 입교를 할 수 없었다. 나에게 그날 아침의 대화가 얼마나 큰 충격이었는지 모른다. 그날 이후, 중고등부 공과시간에 교회 지하실 방에서 어느 집사님께 무슨 소린지도 모르고 배우던 소요리문답의 질문들이 나에게 전혀 다른 차원으로 다가오기 시작했다.

군에서 받은 세례 - 어느 성도의 고백

지금도 그런지 모르겠지만, 예전에 군대에서 훈련소에 가면, '종교생활'이라는 이름으로 교회에 갈 수 있었다. 문제는, 마지막 주에 교회에서 세례식을 거행하는데, 아무런 믿음과 의지도 없는 훈련병들에게 세례가 무엇인지도 가르쳐 주지 않고, 초코파이를 준다는 핑계로 세례를 주는 서글픈(?) 광경이 벌어지곤 한다는 것이다. 왜 세례를 주었는지 알 수 없다.

 일부 교회나 선교단체의 모습도 크게 다르지 않은 경우가 있다. 학습과 세례를 받는 기준을 그냥 무시한 채 베푸는 것은 아무래도 교회에 교인 수 늘리기 위한 것의 하나로밖에 보이지 않는다.

특수한 상황이 되면 이러한 문제점들은 더욱 그 허실을 크게 드러내게 마련이다. 군대가 바로 그런 상황이다. 많은 이들이 군대에서는 스스로 좌절감과 외로움에 빠지게 된다. 상황이 워낙 어려운 만큼 누군가에게 기대고 싶은 마음도 생긴다. 이런 이들에게 군대 교회에서 주는 세례는 충분히 위로가 되는 형식이다. 더군다나 군대 교회에서 세례를 받기는 매우 쉽다. 신청만 하면 곧바로 받을 수 있기 때문이다. 물론 전국적으로 지정된 성례 주일이라면 문답을 거치는 경우도 있지만 대부분 아주 쉽게(?) 세례를 받을 수 있다.

더구나 신청자는 신청 당일 안수를 받게 된다. 이때 문답이란 절차는 매우 간소화된 형식으로 나타난다. 보통 안수 시에 '성부·성자·성령 하나님을 믿는가?' 등의 질문 두어 개를 받는다. 누구나 무심코 '예'라고 대답할 수 있는 물음이다. 나중에서야 진정으로 구원의 확신을 얻게 된 교인들 중에는 그 전에 받은 세례에 대해 후회를 하게 된다. 무미건조한 세례는 성찬식을 대하는 자세에까지 그 영향을 미치기 때문이다. 세례가 그 의미를 상실하면, 그 폐해는 곧바로 성찬으로까지 이어진다.

생각해봅시다

군대에서는 심적인 갈등들이 매우 커진다. 나 역시 그런 이유들로 교회에 가서 세례를 받게 되었다. 순간의 감정에 치우쳐 세례를 받게 된 것이다. 그렇게 세례받은 것이 매우 후회된다. 괴리감이 존재하기 때문에. 지금도 여전히 성찬식 때는 일어나지 못하고 있다.

 걱정마세요!

대충 받았던 세례인 것처럼 생각되더라도, 너무 걱정할 필요는 없습니다. 앞서 91문에서 공부했듯이 세례가 효과적이 되는 것은 성례를 누가 집례했는지 혹은 성례 자체가 중요한 것이 아니라 오직 주께서 복 주심으로 인해 세례가 '세례'되는 것이기 때문입니다. 이제라도 이런 세례의 의미를 떠올리며 이 마음을 평생 기억하기를 힘쓰는 것이 중요합니다.

오히려 이런 경험은, 이제 앞으로 세례를 받게 될 새 신자를 돕는 동기가 될 것입니다. 예를 들면, 교사로 봉사하는 주일학교 시스템에, 세례받기 전에 충분한 시간을 두어 내용을 전달해서, 모두가 세례받기를 소망하는 마음을 갖도록 돕는 것입니다. 세례받을 시기를 미리미리 확인해서 기록한 후, 준비학습을 진행하는 방법도 있을 것입니다.

교회마다 이런 것을 기본적으로 잘 관리해야 하는 것은 기본입니다. 하지만 지금 출석하시는 교회의 형편에 따라 잘 안되는 경우도 있을 것입니다. 그럴 때는, 흥분하지 마시고, 성도들이 서로 도울 수 있다면 좋을 것입니다. ^^ 목사님이 수십 수백 명을 다 관리하고, 출결 상황까지 체크하기가 힘들 때도 있습니다. 체계적으로 도울 수 있는 방안을 함께 머리를 맞대고 찾아야 할 것입니다.

세례받을 때 반드시 온몸이 물에 다 잠겨야 하나요? 물속에 푹 잠기는 것이 진정한 세례라고 들은 적이 있어요. 하지만 워낙 불편하니깐 약식으로 물을 뿌리고 넘어가는 것이라던데… 맞나요?

'방식'이 중요한 것이 아니라 '씻음'이 중요합니다. 세례라는 것은 문자적으로 헬라어 '밥티조'baptizo, 즉 '씻다'는 의미입니다. 마가복음 7장 4절, 누가복음 11장 38절을 보면 '침수'라는 의미는 나타나지 않습니다. 세례를 통해 우리 죄가 씻겼다는 인식을 확실히 할 수 있으면 그것으로 충분할 것입니다.

다른 교회나 다른 교단에서 받은 세례는 무효인가요?

우리가 앞에서 배웠다시피, 세례의 효력은 그것 자체의 능력이나 효력이 아니기 때문에, 비록 다른 곳에서 받은 세례라 할지라도 인정합니다.

그럼 구체적으로 어디까지 인정해주나요?

이것은 이미 역사적으로 정립된 것입니다. 세례는 삼위 하나님의 이름으로 받는 것입니다. 따라서 삼위 하나님의 이름으로 세례를 받았다면, 그 자체로 효력이 있는 것으로 보아야 합니다. 따라서 천주교의 세례도 인정합니다.

세례를 못 받고 죽으면 어떻게 되나요? 임종 시 목사님이 차 막혀서 늦으셨다는데, 그럼 그 사람의 구원은 어떻게 되나요?

세례는 '표'라고 했습니다. 세례 자체에 효력이 있어서 그 사람이 구원받는 것이 아니므로 오해하지 말아야 합니다.

특별자료

세례를 사용하라!?

세례는 평생 딱 한 번 받지만, 한 번 받고 끝나는 것이 아닙니다. 무슨 말이냐고요? 세례받은 것을 늘 기억하고, 세례를 통해 하나님께서 내게 베푸신 은혜를 기억하고, 날마다의 삶에서 다시 그리스도를 바라보는 의미도 있습니다. 대요리문답 167문은 그런 점에서 독특한 설명을 해주고 있습니다. 세례가 이렇게 깊숙하게 우리 삶과 관련되어 있다는 것을 알도록 합시다.

167문. 우리의 세례를 어떻게 잘 사용할 수 있습니까?

167답. 필요하지만 소홀히 되어 있는,
　　'세례를 잘 사용하는 의무'는
　　이행되어야 할 것입니다.

　　우리의 일평생 동안
　　　　특별히 시험을 당할 때와
　　　　다른 사람들이 세례를 받고 있는 자리에 참석했을 때

　　심각하게 또 감사히 고찰함으로써
　　　　세례의 특성을,
　　　　그리스도께서 그것을 제정하신 목적과
　　　　그로 인해 우리에게 주어지고 보증된 특권들과 혜택들,
　　　　그리고 거기서 행한 엄숙한 서약을

　　겸손하여짐으로써
　　　　우리의 죄악스러운 더러움 때문에
　　　　우리의 미치지 못함과 역행함으로 인해
　　　　　　세례의 은혜와 우리의 약속에 있어서

　　확신에 이르기까지 성숙해짐으로써
　　　　죄 사함받은 것과,
　　　　그리고 그 성례 안에서 우리에게 보증된 다른 모든 축복들에 대해

특별자료

대요리문답 167문

힘을 얻음으로써
→ 그의 죽음과 부활로부터
  우리가 그리스도 안에서 세례를 받음으로써
  죄를 억제하기 위해
  은혜를 소생시키기 위해

노력함으로써
→ 믿음으로 살기 위해,
  우리의 교제가 거룩함과 의로움 가운데 있도록,
  그리스도께 바친 자들처럼.
  또한, 형제를 사랑함 가운데 행하기 위해,
  동일한 성령에 의해 세례받아 한 몸을 이루는 것처럼.

한 번 받은 세례를 평생 동안 잘 활용하라는 167문답은 저에게도 놀라움 그 자체였습니다. 세례를 떠올릴 때마다 다음과 같이 다짐해야겠습니다.

"새 생명 가운데서 행해야겠다." 로마서 6:4

"죄에 대하여 죽은 우리가 어찌 그 가운데 더 살리요." 로마서 6:2

"믿음의 자취를 따르는 자가 되어야겠다." 로마서 4:12

"하나님을 향한 선한 양심의 간구를 가져야겠다." 베드로전서 3:21

"그의 부활과 같은 모양으로 연합한 자가 되어야겠다." 로마서 6:5

"몸 가운데서 분쟁이 없고, 오직 여러 지체가 서로 같이 돌보는 자 되어야겠다." 고린도전서 12:25

여러분도 각자의 표현으로 다짐해 보시기 바랍니다.

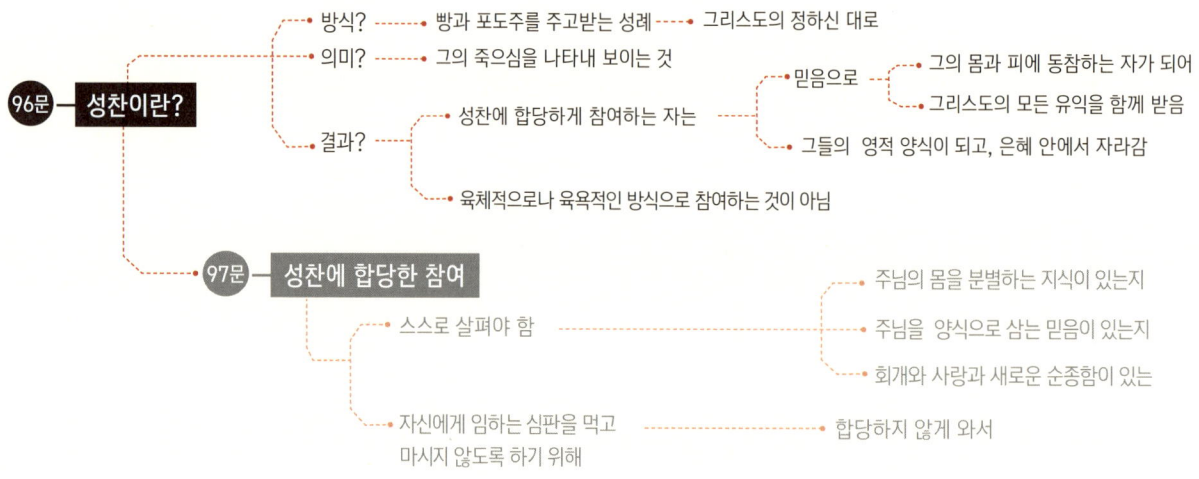

Q96
What is the Lord's supper?

A96
The Lord's Supper is a sacrament,
wherein, by giving and receiving bread and wine,
according to Christ's appointment,
지정, 임명
his death is showed forth;
(고어)전시하다, 설명하다
and the worthy receivers are,
not after a corporal and carnal manner,
육체적인   정욕적인 방식, 태도
but by faith, made partakers of his body and blood,
참여자
with all his benefits,
to their spiritual nourishment,
자양물, 음식
and growth in grace.

문96
주의 성찬이 무엇인가요?

답96
주의 성찬은 성례인데,

빵과 포도주를 주고받음으로

그리스도의 정하심에 따라

그의 죽으심을 나타내 보이는 것입니다.

합당하게 받는 자들은,

육체적으로나 육욕적인 방식을 따르는 것이 아니라,

믿음으로, 그리스도의 몸과 피에 참여자가 되어

그리스도의 모든 유익과 함께

그들의 영적 양식을 얻습니다.

또한 은혜 안에서 자라갑니다.

❶ ❷

❶ 고린도전서 11:23-26
내가 너희에게 전한 것은 주께 받은 것이니 곧 주 예수께서 잡히시던 밤에 떡을 가지사; 축사하시고 떼어 이르시되 이것은 너희를 위하는 내 몸이니 **이것을 행하여 나를 기념하라 하시고**; 식후에 또한 그와 같이 잔을 가지고 이르시되 이 잔은 내 피로 세운 새 언약이니 이것을 행하여 마실 때마다 나를 기념하라 하셨으니; 너희가 이 떡을 먹으며 이 잔을 마실 때마다 **주의 죽으심을 그가 오실 때까지 전하는 것이니라**

❷ 고린도전서 10:16
우리가 축복하는 바 **축복의 잔은 그리스도의 피에 참여함**이 아니며 우리가 떼는 떡은 그리스도의 몸에 참여함이 아니냐

 96문 — 성찬이란?

성례의 하나인 성찬은, 세례와 마찬가지로 예수 그리스도께서 정하셨고, 떡과 포도주를 주고받음으로써 그리스도의 죽으신 모습을 떠올리게 하는 것이라고 합니다. 그리고 이것에 참여하는 것은 연합과 교제를 의미합니다. 주의할 점은 이것을 먹고 배부르려 한다거나 맛을 느끼려 해서는 안 되며(육체적으로 참여), 또한 영적인 의미를 알지 못하고 그냥 먹는 것(육신적으로 참여)도 안 된다고 설명하고 있습니다. 그리고 성찬에 참여하는 사람은 그리스도의 은혜 안에서 자라간다고 합니다.

이 문답은 결국 성찬의 진정한 의미를 설명하고 있습니다. 우리는 96문을 통해 특히 성찬의 목적에 대해 알 수 있습니다. 그리스도와의 연합과 교제를 더욱 확실히 해주는 것이 성찬의 목적입니다.

연합과 교제에 대해서는 상권의 10-11단원에서 이미 배웠습니다.

이것은 그리스도의 중보로 우리가 어떠한 유익을 누리는가에 대한 답이기도 합니다. 은혜의 방편이 '그리스도의 중보하심의 유익을 우리에게 전달해주는 수단'이라고 했으니, 그런 관점에서 성찬의 의미를 생각할 수 있을 것입니다.

그리스도의 죽으심을 나타내 보인다는 것은 무슨 의미일까요?
성찬은 단지 상징일 뿐일까? 빵 부스러기와, 포도주 한 잔에, 과연 어떻게 그리스도께서 함께 하실까요?

영적인 방식으로 함께 하십니다.
그리스도의 몸과 피는 성찬 때 빵과 포도주에 육체적이거나 물질적으로 존재하지 않고, 받는 자들의 **믿음에 영적으로 존재**합니다. 마찬가지로 성찬에 참여하는 자들은 그리스도의 몸과 피를 육체적·물질적으로가 아니라, 영적인 방식으로 먹고 마십니다.

답변분석

그러나 참되고 정말로, 믿음에 의해 우리는 스스로에게 십자가에 죽으신 그리스도와 그 죽으심의 모든 **유익**을 받고 적용합니다.(대요리문답 170문) 이 문구 하나하나가 참 중요합니다. 왜냐하면 성찬에 대한 잘못된 생각들이 많아서, 성찬의 본래의 의미가 훼손되고, 미신적인 종교행사로 변질되는 경우가 많기 때문입니다.

* 성찬에 대한 잘못된 생각들
성찬을 시행할 때…

1. 화체설
(化體說: Transubstantiation)
빵과 포도주가 '실제로' 그리스도의 육체가 된다는 주장

2. 공재설
(共在說: Consubstaniation)
빵과 포도주에 그리스도가 함께 계시게 된다는 주장

3. 기념설
(記念說: Commemoration)
성찬은 단순히 그리스도의 죽으심을 기념하는 것일 뿐이라는 주장

이런 것들과 달리, 우리의 입장을 잘 기억합시다. 우리는 성찬을 시행할 때 그리스도께서 '영적으로' 임재하신다고 고백합니다. 빵과 포도주가 실제로 그리스도의 몸이 되는 것이 아니지만, 그렇다고 아무런 유익 없이 그저 기념으로 하는 것도 아닙니다. 성찬은 우리에게 실제로 그리스도의 유익을 주는 은혜의 수단이자 그리스도께서 정하신 거룩한 규례입니다!

더 깊은 이해를 위한 책 : 김홍전, 『성례란 무엇인가』; 이성호, 『성찬』

Tip : 성찬식 때는 떡과 포도주를 받고 먹는 도중 보통 눈을 감고 조용히 묵상하며 말씀을 생각하게 되는데, 그것도 물론 중요하지만, 오히려 눈을 뜨고 성찬식이 시행되는 모습을 하나하나 꼼꼼히 보면서, '눈으로 보이는 말씀'을 보고 배울 필요가 있습니다.

도마의 질문

떡과 포도주에 무슨 신비한 효험이 있기에 유익이 된다고 하나요?

눈에 보이는 것에 치우치기 쉬운 우리는 성찬을 시행할 때 그 떡과 포도주에 너무 큰 관심을 두는 경우가 많습니다. 그래서 떡과 포도주가 주님의 고난당하신 몸을 상징한다는 데서 더 나아가, 그 떡과 포도주에 무슨 신비한 약효나 힘이 들어있을 것이라고 상상하게 됩니다. 우리 마음의 깊은 곳에 남아 있는 주술적인 생각이 고개를 드는 것입니다. 그렇게 떡과 포도주 자체에 어떤 효험이 있다고 보는 생각이 발전해서 앞에서 언급한 '화체설'까지도 나오는 것입니다.

그러나 우리가 공부한 교리문답은 이것을 딱 잘라 거부합니다. 성례의 효력은 떡과 포도주 자체의 힘도 아니고, 이것을 시행하는 사람의 경건 때문도 아니며, 오직 그리스도의 복 주심 때문이라고 설명합니다. 로마 카톨릭의 잘못된 신비주의를 부정한 것입니다. 참으로 뭔가 눈에 보이는 형식은 쉽게 오해되고 변질되기 쉽습니다. 그래서 항상 그 본래의 뜻을 분명히 알아둘 필요가 있습니다. 그럴 때 비로소 우리에게 참 자유가 있는 것입니다.

특히 이 화체설은 참으로 말이 안 되는 것입니다. 로마 카톨릭에서는 미사를 집례할 때 이 떡을 주교가 손으로 먹여줍니다. 왜냐하면 이 떡이 실제로 그리스도의 몸이 된다고 생각하므로, 행여나 이것을 바닥에 떨어뜨리면, 혹시 쥐가 지나다니면서 먹게 되거나, 어쨌든 불경건하게 다루어질 수 있기 때문에 그것을 예방한다는 것입니다. 그 결과 가톨릭은 취급이 간편한 얇은 전병 같은 것으로 떡을 대신하는데, 잘못된 의도가 만들어 낸 웃지 못할 결과이기도 합니다. 잘못된 지식은 필연적으로 미신으로 흐를 수밖에 없습니다. 물론 개신교 일부 교회에서도 이렇게 떡을 대신하는 경우가 있는데, 취급이 간편하기 때문입니다. 그럴 때는 정확한 의미를 알고 사용해야 할 것입니다.

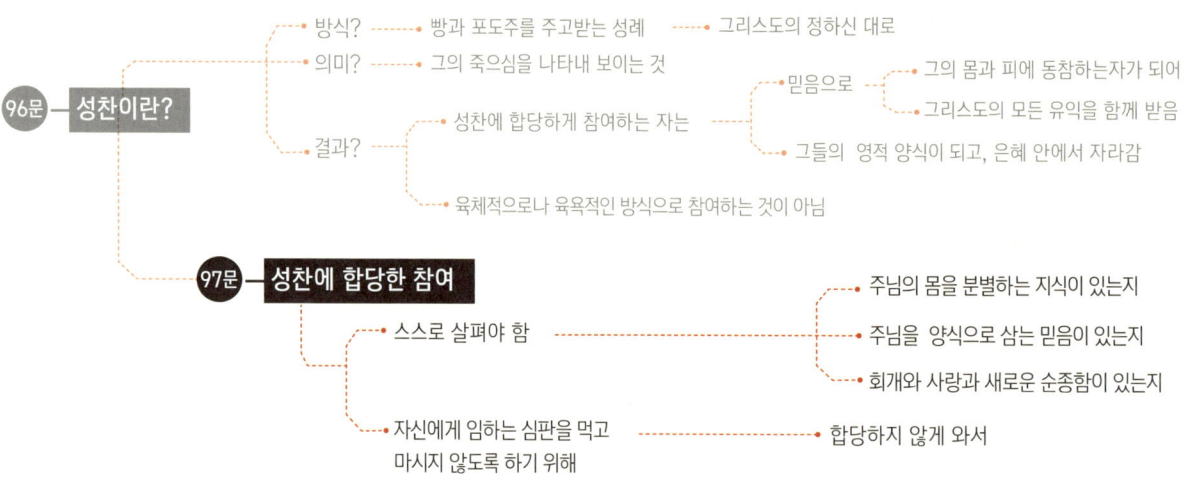

Q97
What is required to the worthy receiving of the Lord's supper?

A97
It is required of them
that would worthily partake of the Lord's supper,
that they examine themselves
  조사, 검토하다.
    of their knowledge to discern the Lord's body,
      분별하다.
    of their faith to feed upon him,
    of their repentance, love, and new obedience;
lest, coming unworthily,
-하지 않도록
    they eat and drink judgement to themselves.
      심판

문97
주의 성찬을 합당하게 받기 위해 무엇이 요구되나요?

답97
주의 성찬에 합당하게 참여하려는 자들에게
요구되는 것은,
그들이 자기 자신을 살피는 것입니다.
  그가 주님의 몸을 분별하는 지식과 ❶
  주님을 양식으로 삼는 믿음, ❷
  회개와 사랑과 새로운 순종함이 있는지. ❸❹❺
합당하지 않게 와서,
그들 자신에게 임하는 심판을 먹고 마시지 않도록 하기 위해서. ❻

❶ 고린도전서 11:28-29
사람이 자기를 살피고 그 후에야 이 떡을 먹고 이 잔을 마실지니; 주의 몸을 분별하지 못하고 먹고 마시는 자는 자기의 죄를 먹고 마시는 것이니라

❷ 고린도후서 13:5
너희는 믿음 안에 있는가 너희 자신을 시험하고 너희 자신을 확증하라 예수 그리스도께서 너희 안에 계신 줄을 너희가 스스로 알지 못하느냐 그렇지 않으면 너희는 버림 받은 자니라

❸ 고린도전서 11:31
우리가 우리를 살폈으면 판단을 받지 아니하려니와

❹ 고린도전서 10:16-17
우리가 축복하는 바 축복의 잔은 그리스도의 피에 **참여함이 아니며** 우리가 떼는 떡은 그리스도의 몸에 **참여함이 아니냐**; 떡이 하나요 많은 우리가 한 몸이니 이는 우리가 다 한 떡에 참여함이라

❺ 고린도전서 5:7-8
너희는 누룩 없는 자인데 새 덩어리가 되기 위하여 묵은 누룩을 내버리라 우리의 유월절 양 곧 그리스도께서 희생되셨느니라; 이러므로 우리가 명절을 지키되 묵은 누룩으로도 말고 악하고 악의에 찬 누룩으로도 말고 **누룩이 없이 오직 순전함과 진실함의 떡으로 하자**

❻ 고린도전서 11:28-29
사람이 자기를 살피고 그 후에야 이 떡을 먹고 이 잔을 마실지니; 주의 몸을 분별하지 못하고 먹고 마시는 자는 자기의 죄를 먹고 마시는 것이니라

97문 — 성찬에 합당한 참여

성찬은 무엇보다도 주의 몸이 찢기셨다는 것을 보여주는 것입니다. 소요리문답 1부에서 '그리스도의 낮아지심^(상권, p.258 이하)'을 공부할 때 배웠던 것들을 종합적으로 떠올리게 하는 것이 바로 성찬입니다.

첫째, 성찬식은 마치 우리가 그리스도의 죽음의 순간을 목격하는 것과 같은 의미입니다. 빵을 떼는 것은 그리스도의 몸이 찢기심을 보여주며, 포도주를 잔에 따르는 것은 피가 쏟아짐을 보여주기 때문입니다. 좀 더 멀리 생각하면, 이것은 구약의 제사를 연상시키기도 합니다. 바로 이 사실을 잘 알고, 성찬식에 참여해야 합니다.

1부와 2부는 계속 연결되는구나!

둘째, 성찬식은 역시 1부에서 배운 중보의 유익, 즉 우리가 **오직 그리스도로부터 모든 양식을 얻고 자라간다**는 사실을 떠올리게 합니다. 그리스도의 몸을 먹고 마신다는 것이 이런 의미입니다. 이 상징적인 의미를 오해하면 "무슨 식인종인가!?"라고 하게 됩니다. 우리가 성찬에 참여한다는 것은 그리스도와의 신비한 연합으로 성도들이 그리스도 덕분에 자라간다는 것입니다. 교회를 통해 규례를 주셔서, 거기에 참여하는 성도들이 함께 유익을 얻는 것입니다. 단지 빵을 먹고 배부른 것이 아니라, 그리스도 안에서 내 영혼이 살찌는 것입니다. 포도주를 마시고 갈증이 해소되는 것이 아니라, 내 영혼의 갈급함이 해소되는 것입니다. 이것이 성찬이 담고 있는 풍부한 내용입니다.

우리가 스스로를 시험한다는 것은 바로 이런 내용들을 알고 있느냐 하는 것입니다. 소요리문답의 2부는 계속해서 1부와 연결됩니다. 1부에서 배웠던 모든 것을 잘 알고 믿음으로 고백하는 것이, 곧 주님의 몸을 분별할 줄 아는 것입니다.

심화학습

읽고, 실천합시다. 성찬을 받는 자의 자세에 대해 대요리문답은 세 가지로 말하고 있습니다.

1. 성찬을 받기 전에 우선 준비해야 할 것이 있습니다.

대요리문답 171문

171문. 성찬의 성례를 받는 자들은 성찬에 참여하기 전에 그들 스스로 어떻게 준비해야 하는가?

171답. 성찬에 참여하기 전에 그들 스스로 준비해야 한다.
스스로를 살펴봄으로써,
그들이 그리스도 안에 있는지를
그들의 죄와 부족을
그들의 지식, 믿음, 회개의 진실함과 정도를
하나님과 형제들에 대한 사랑을
모든 사람들에 대한 자비를
그들에게 잘못한 자들을 용서하는 것을
그리스도를 향한 갈망을
그들의 새로운 순종을.
이 은혜들의 활동을 진지한 묵상과 열렬한 기도로 새롭게 함으로써.

생각해야 할 것이 참 많습니다. 172문에서 부연설명 합니다.

대요리문답 172문

172문. 자신이 그리스도 안에 있는지, 또는 합당한 준비가 되어 있는지 의심하는 자가, 성찬에 참여할 수 있는가?

172답. 자신이 그리스도 안에 있는지, 또는 성찬의 성례를 위해 합당한 준비가 되어 있는지 의심하는 자는, 그리스도에 대한 진실한 관심을 가질 수 있다.
비록 아직 확신되지 못할지라도.
그리고 하나님 보시기에 합당하다.
만약 그가, 확신의 결핍을 우려함과 진정한 갈망으로, 충분히 영향을 받는다면,
그리스도 안에서 발견되고자 하고, 죄로부터 벗어나기 위한.
(왜냐하면 약하고 의심하는 신자들조차도 구조하기 위하여,
약속이 만들어지고, 이 성례[성찬]가 제정되어 있기 때문에.)
그런 경우에, 그는 자신의 불신앙을 애통해하고, 자신의 의심들이 해결되도록 노력해야 한다.

그렇게 함으로써, 그는 주의 성찬에 참여할 수 있고, 참여해야 하며,
이로써, 그는 더욱더 강해질 수 있다.

말하자면 완전한 사람 말고 부족한 사람도 성찬에 참여할 수 있냐는 질문입니다. 성찬을 받기 위해서는 기본적으로 171문에서 말하는 준비가 되어 있어야 합니다. 그러나 그런 준비를 완벽히 다 할 수도 없거니와, 준비는커녕 못된 본성으로 거짓되게 살다가 교회에 왔으니, 이런 죄악 된 자신이 거룩한 성찬에 참여하는 것이 과연 합당한가? 오히려 더 죄악을 범하는 것이 아닌가? 하는 의심을 가질 수 있을 것입니다.

결론은 참여할 수 있고, 참여해야 한다는 것입니다. 약하고 부족할수록 오히려 더욱 적극적으로 참여해서, 자신의 연약한 점을 견고히 하라는 것입니다. 일반적인 생각으로는, '어디 감히 나 같은 것이 그 더러운 몸으로 거룩한 성찬에 참여하겠어!' 하고 도망가고 싶어지지만, 교리문답은 오히려 반대로 가르치고 있습니다. 즉, 이런 생각은 무척 겸손하고 고결해 보이지만, 실제로는 주님께서 이 모든 것을 준비하셨고 우리에게 선물로 주셨다는 의미를 잘 모르고서 스스로 떳떳해 보겠다는 교만일 수 있다는 것입니다.

2. 다음으로 성찬식을 하는 동안 우리에게 요구되는 자세가 있습니다.

> **174문. 성찬식을 거행하는 동안, 성만찬을 받는 자에게 요구되는 것은 무엇인가?**
> 174답. 성찬식을 거행하는 동안, 성만찬을 받는 자들에게 요구되는 것은 다음과 같다.
>
> **모든 거룩한 경외심과 조심스러움을 가지고,**
>   그 규례 안에서 하나님을 앙망한다.
> **부지런히**
>   성례의 요소 및 행동을 지켜보고
> **주의 깊게**
>   주님의 몸을 분별하고
> **사랑을 다해**
>   그의 죽음과 고난을 묵상한다.
> 이로써, 그들의 은혜가 강하게 일어나기까지 스스로를 분발시킨다.
>   그들 자신을 판단하고 죄를 슬퍼함 가운데
>   열심히 그리스도를 주리고 목말라하는 가운데
>   믿음으로 그를 먹고, 그의 충만을 받고,
>   그의 공로를 믿고, 그의 사랑을 기뻐하며, 그의 은혜에 감사드리는 가운데
>   하나님과 맺은 언약과 모든 성도들에 대한 사랑을 새롭게 하는 가운데

심화학습

모든 문장이 중요하지만, 특별히 마지막 문장에 보면 모든 성도에 대한 사랑을 새롭게 하면서 참여하라고 하였습니다. 한 교회의 지체들이, 특히 학생들이 세례받고 성찬받는 것을 보면 참 감격이 됩니다. 그들이 영적으로 자라서 그리스도의 몸 된 교회의 일원이 된다는 것, 성도로서 이제 우리와 같은 길을 걷게 된다는 것에 대한 감격입니다. 이러한 감격이 성찬에 참여할 때도 동일하게 있어야 합니다. 많은 경우 성찬에 참여할 때 주로 개인적인 신앙의 문제와 그에 대한 감상에만 머무르기 쉬우나, 성찬은 성도가 '함께' 한 상에서 먹는 것입니다.

3. 끝으로, 성찬식을 마친 후 우리에게 필요한 의무가 있습니다.

> **대요리문답 175문**
>
> **175문. 주의 성만찬을 받은 후, 그리스도인들의 의무는 무엇인가?**
> 175답. 성만찬을 받은 후, 그리스도인들의 의무는 다음과 같다.
>
> **심각하게 숙고하는 것이다.**
>   성찬식에서 그들 자신이 어떻게 처신했었는지를.
>   그리고 무슨 성과가 있었는지를
>
> **만일 그들이 소생함과 위로를 깨달았다면**
>   그것을 인하여 하나님께 찬미해야 한다
>   그것이 계속되도록 은혜를 빌어야 한다
>   퇴보하지 않도록 주의해야 한다
>   그들의 서원을 실행해야 한다
>   그들 자신이 그 규례에 자주 참석할 수 있도록 촉진해야 한다.
>
> **반면에 그들이 현재 아무런 혜택이 없음을 깨달았다면**
>   그 성례를 위한 준비와 자세에 대해 더욱 엄밀하게 검토해야 한다.
>
> **양쪽 경우에 있어,**
> **만일 하나님과 자신의 양심에 스스로를 승인할 수 있다면**
>   그들은 머지않아 그 열매(가 있음)를 기대해야 한다.
>
> **그러나 만일 어느 모로 보나 실패했음을 깨닫는다면**
>   그들은 겸손해져야 한다.
>   다음에 또 참석해야 한다. 더욱 주의를 기울이고, 부지런함으로.

심화학습

성찬식에 참여할 때만 중요한 것이 아니라, 그 후 평소에도 우리는 이런 내용들을 떠올리며 살아가야 할 것입니다. 지금까지 공부한 세 가지는 따로 정리해 두었다가, 성찬식이 다가오면 미리 읽고 잘 준비하면 좋을 것입니다. 유익하고 좋은 자료입니다.

성찬에 참여하기 합당한지의 여부를 살피는 것은 개인의 문제만은 아닙니다. 이것을 잘 살피고 집행할 책임이 교회의 치리회에 있습니다. 주께서 친히 세우신 성례인 이 성찬식에, 성도들이 위에서 살핀 내용들을 고민하지 않고 무분별하게 참여하지 않도록, 치리회는 성도 하나하나의 삶과 예배의 자세를 살피며, 형편에 따라 교육과 관리에 힘써야 할 것입니다. 이 문제는 종교개혁의 시기에 매우 중요한 주제이기도 했습니다. 그런 의미에서 본다면 오늘날 바른 성찬을 집례한다는 것은 단지 성찬예식을 어떻게 얼마나 잘 치르느냐가 중요하다기보다는, 교회론이 바로 서야 함을 의미합니다. 한국 교회는 치리와 권징에 대해서는 거의 관심이 없는데 이는 올바른 직분론과도 연결되는 문제입니다. 더 자세한 내용은 "특강 종교개혁사(흑곰북스)"를 통해서 공부해보시기 바랍니다.

치리회 : 교회는 어느 한 개인에 의한 것이 아니라 교회법에 따라 단계별 회의에 의해 운영되는데, 이것을 치리회라고 합니다. 치리회에서는 많은 일을 다루지만, 핵심은 성도들이 도덕적, 영적으로 교회의 법을 순종하도록 하는 것입니다. 상시적인 치리회는 당회(堂會)와 노회(老會)로 구분되며, '총회'라는 것은 모든 노회가 함께 모여 논의할 만큼 중요한 일이 있을 때 임시로 모였다가, 회의를 마치면 흩어지는 모임입니다. 모든 치리회는 목사와 장로로 구성됩니다.

심화학습

세례와 성찬은 어떤 점에서 다른가 ?	
세례	**성찬**
• 횟수 : 단 한 번만 시행	• 횟수 : 자주 시행
• 수단 : 물	• 수단 : 빵(떡)과 포도주

• 의미 :
- 표와 보증이 된다.
  우리의 거듭남과,
  그리스도께 접붙임 됨에 대한
	• 의미 :
	- 그리스도를 표시하고 나타낸다.
	  영혼의 신령한 양식으로서
	- 확증한다.
	  주 안에서 우리가 계속하여 자라남을

• 대상 & 시기 :
  유아에게도 시행
	• 대상 & 시기 :
	  오직 나이 들고(청소년 이후) 자신을
	  검토할 수 있는 능력을 가진 사람들에게만
	  시행

세례와 성찬은 어떤 점에서 일치하는가 ?

공통점?

세례와 성만찬이 일치하는 것은 창시자가 하나님이시라는 점에 있다. (세례와 성만찬) 둘 다의 영적인 면은 그리스도와 그의 은택이다.

- **동일한 언약의 인치심**
- **복음의 사역자에 의해서만 시행**
  (그 밖의 누구에 의해서도 시행될 수 없음)
- **그리스도의 교회에서 계속 시행**
  (주께서 재림하실 때까지)

성찬은 1년에 몇 번 해야 하나요?

성찬은 우리에게 유익이 되는 좋은 것이므로 자주 할수록 좋을 것입니다. 여기서는 칼뱅의 글을 인용하여 대답을 대신하겠습니다.

"주의 만찬은 적어도 일주일에 한 번은 그리스도인들의 회집시에 행해져야만 했으며 그것을 통해 우리를 영적으로 양육할 약속들이 선포되어야만 했었다. 어느 누구도 억지로 강요당해서는 안 되었겠지만 모든 사람들을 장려하고 분발시켜서 나태한 사람들의 태만을 책망해야만 했었다. 모든 사람들은 굶주린 사람처럼 그토록 풍성한 식사에 참여했을 것이다. 그렇다면 이 관습이 마귀의 계교에 의해 일년에 단 하루만 시행되는 것으로 대체됨으로써 사람들을 연중 내내 게으르게 만들어버린 것을 내가 처음부터 불평한 것은 부당한 일이 아닌 것이다."
『기독교강요 초판』(크리스챤 다이제스트), Ⅳ.성례, 229쪽 중에서

사도시대 이후 성찬의 의미는 자주 훼손되거나 추가로 고안된 것들에 의해 오염되어 왔습니다. 개혁자들이 겨우 그 의미를 상기시켰음에도 불구하고 현대로 넘어오면서 또다시 성찬은 축소되고 그 의미가 희석되고 있습니다. 이것은 우리 모두의 문제입니다.

칼뱅의 권고대로 성찬이 매주 시행된다면, 우리는 과연 그것을 잘 누릴 수 있을까요? 아마 번거롭고 귀찮다며 포기할 것 같습니다. 너무 자주 하다가 식상해지는 것도 좋지 않겠지만, 그러나 적어도 오늘날 성찬이 교회에서 너무 소홀히 취급되고 있다는 점은 분명합니다. 최소한, 지금보다는 더 자주 하는 것이 좋겠습니다.

CCM 가수들의 찬양 집회보다 못한 성찬의 감격, 그리고 괜히 예배 시간만 길어지는 것을 대체 왜 하는 것일까 귀찮아하는 성도들이 가득한 현실, 너무나도 안타깝습니다. 우리의 무지와 게으름을 돌아보며, 주의 긍휼을 구해야겠습니다. 성례의 본뜻과 기쁨을 회복시켜주시기를 간절히 기도합니다.

후기

윤세정   성례는 1년에 두 번 정도 시행하는 교회의 행사 정도로만 생각했지 그것이 중요하다고 생각지 않았다. 특히, 세례는 한 번 받을 때만 중요시되고 그 외에 다른 의미는 없다고 생각했다. 세례를 평생 동안 잘 사용하는 의무를 이행해야 한다는 것 역시 새롭게 다가왔다. 내가 세례를 받을 때 한 번뿐이라고만 생각했기 때문이다. 사람들이 세례를 받을 때, 시험을 당할 때, 그리고 평생 동안 잘 '사용'해야겠다. 세례의 성질을 늘 되새기고 잘 실천한다면 시험을 당할 때나 다른 사람이 세례를 받을 때 은혜가 되고 감사가 넘칠 것 같다.

김윤숙   얼마 전 추수감사주일에 성찬식이 있었다. 그 엄숙한 분위기 속에 나를 맡기며, 일종의 분위기를 탔던 것 같다. 지금 생각해보면 얼굴이 화끈거린다. 진실한 고백 없이 형식만 차리려 했던 나의 모습이 말이다.

빵과 포도주를 먹고 마시는 그 행위 속에서 하나님의 낮아지심에 대하여, 생각해 본 적이 있었던가.. 십자가의 고통만을 생각하여 감상적으로 성찬식의 그 시간을 단지 보낸 것은 아닌가라는 반성.. 예수님이 이처럼 나를 사랑하시는데 나는 다른 지체들에게 사랑하는 마음, 아니 어느 정도의 관심이라도 갖고 있었는지.. 회개할 뿐이다.

또한 세례를 받는 성도들이 잘 성장할 수 있도록 지지해주어야 함을 배웠고, 성찬을 받을 때 다른 사람이 아닌 나 자신부터 하나님을 보는 바른 앎이 생기게 된 것 같아 기쁘다. 게다가 이 모든 것 역시 내가 하는 것 같아 보이지만 오늘도 살아서 역사하시는 성령님의 사역 가운데 속한 일이라니... 마음을 주시고, 앎을 주셔서, 결국에는 사랑하게끔 이렇게 나를 새사람이 되어 가도록 해 주시는구나!

빵과 포도주가 예수님의 몸(찢기심)과 피(쏟아짐)를 상징한다는 것을 알았지만, 성찬이 '실제로' 은혜의 효력이 있을 줄이야! 그동안은 그냥 그 상징적 행위를 통해 예수님을 다시 생각하는 것으로만 알았다. 우리가 예수님을 머리로 하는 한 지체라는 이야기는 많이 들었지만, 그것이 여기서 적용이 될 줄 몰랐다. 게다가 성찬을 통해 나를 자라게 하신다는 것도 새롭고 신기하고 감사하다.

토의문제

1. 성례로 인정하는 두 가지와 그 근거는 무엇인가요?

2. 성례의 목적 다섯 가지는 무엇인가요?

3. 세례는 무엇을 공적으로 인정하는 '표'인가요?

4. 세례를 받는 조건은 무엇인가요?

5. 어린아이들이 세례를 받을 수 있는 이유는 무엇인가요?

6. 세례를 잘 활용한다는 것은 무엇인가요?

7. 성찬을 통해 그리스도께서는 어떤 방식으로 우리와 함께 하시나요?

8. 성찬을 받기 전, 우리가 준비해야 하는 자세는 무엇인가요?

9. 성찬식이 진행되는 동안, 우리에게 요구되는 자세는 무엇인가요?

10. 성찬식을 마친 후, 우리에게 요구되는 자세는 무엇인가요?

11. 성찬에 참여하기 합당한지 여부를 살피는 것은 개인의 문제인가요?

12. 세례와 성찬의 공통점은 무엇인가요?

13. 이 부분에서 공부한 것이 우리에게 왜 감사할 조건입니까?

98문

은혜의 수단 :
말씀, 성례, 기도

"하나님은 믿지 않는 사람들의 기도도 들어주시나요?"
"기도는 호흡이라면서요? 기도를 호흡하는 것만큼 자주 하면 일상생활은 어떻게 하나요?"
"저는 기도 잘 안 해요. 하나님 귀찮게 해드리는 것 같아서요."
"오늘부터 교회에서 수능 100일 기도 시작했어요. 그런데 그거 절에서 불공드리는 거랑 어떻게 다른가요?"

19

이제부터 은혜의 수단 세 번째, 기도에 대한 부분을 공부합니다.
우리는 신앙생활을 하면서 그 '첫날'부터, 어쩌면 '첫 순간'부터 기도를 해왔습니다. 그래서 너무나 익숙합니다. 익숙하다는 것은 장점도 되지만, 치명적인 문제가 있습니다. 무비판적이 된다는 것입니다. 이것이 옳은지 그른지 따져볼 생각을 하지 못하고 하던 대로 하게 됩니다. 그래서 이 단원에서는 '대*요리문답'을 더욱 많이 인용하면서 세밀하게 공부하도록 하겠습니다. 자, 기도에 대해 우리는 과연 제대로 알고 있었던 것일까요? ^^

기도에 대해서는 98문 딱 하나의 문답에서 다루고 있는 것처럼 보이지만, 사실은 나머지 107문까지가 모두 기도에 대한 설명입니다. 소요리문답은 주기도문을 은혜의 방편 세 가지 중에서 '기도'의 맥락에서 설명하고 있다는 점을 기억하면서 계속 공부해봅시다.

들어가기 전에

98문까지 오신 것을 환영합니다!
자, 기도에 대해 들어가기 전에,
우리 인식을 먼저 테스트해보겠습니다.

기도에 대한 OX 퀴즈

1. 모든 일에 기도와 간구로 아뢰면 하나님께서 다 응답해주신다. ······················· ( )
2. 진실한 마음으로 정성껏 기도하면 더 잘 응답해주신다. ···························· ( )
3. 하나님은 우리 필요를 다 알지만, 기도하기를 기다렸다가 들어주신다. ················ ( )
4. 기도는 나의 뜻을 하나님께 관철시키는 것이다. ································· ( )
5. 기도의 목적은 기도 응답을 받는 것이다. ······································· ( )

답은 ?

모두 X입니다. ^^ 다 맞히셨나요? 좀 더 해봅시다. 이번엔 주관식 퀴즈~

> 빌립보서 4장 6~7절을 봅시다.
> '아무 것도 염려하지 말고 다만 모든 일에 기도와 간구로, 너희 구할 것을 감사함으로 하나님께 아뢰라
> 그리하면 [   ] 하시리라'

빈칸에 들어갈 말은? 하나님이 죄다 들어주시리라?? 왠지 문맥상 그럴 것 같지요?
답은 "모든 지각에 뛰어난 하나님의 평강이 그리스도 예수 안에서 너희 마음과 생각을 지키시리라"
입니다.

왜 이런 퀴즈를 했는지 아시겠지요?
"그럼 대체 어쩌라고??"
"기도의 목적이 응답받는 것이 아니라면 기도는 왜 하라는 거야??"
바로 이 질문에 어떻게 대답하느냐에 따라, 우리의 신앙 상태를 알 수 있습니다.

19

들어가기 전에

하나님께서 기도를 통해 원하시는 것은 무엇일까요?
기도에서 가장 중요한 것은, 어떻게 얼마나 응답받느냐가 아니라, 얼마나 우리 자신의 수준과 차원이 변하였느냐의 문제입니다. 즉, 우리가 우리의 필요를 하나님께 구하는 자가 되느냐 하는 것입니다.

그런 자를 '성도'라고 부르며 그런 자를 하나님의 '자녀'라고 부르기 때문입니다. 원래 우리는, 우리의 필요를 하나님께 구하지 않고 버티는 자들입니다. 그런 우리들에게 하나님께서 원하시는 것은, 그리고 하나님께서 그런 우리에게 주시려는 응답과 복은, 바로 그런 존재였던 우리를, 하나님을 의지하는 자로, 하나님의 자녀로 기어코 만들어 가시는 것입니다.

그런 하나님의 마음을 알고, 그것에 감사하며, "저도 어서 속히 그런 자녀가 되고 싶어요."라고 고백하는 것, 이것이 오늘 기도에 대해 배우는 우리 모두가 꼭 기억해야 할 가장 중요한 점입니다.

기쁜 일이나 슬픈 일이나, 아이처럼 늘 하나님께 의지하고, 하나님과 늘 함께 붙어있으면서 늘 함께 지내고 싶어 하는 사람, 하나님을 영화롭게 하고 그를 온전히 즐거워하는 그런 사람이 되는 것, 이것이 우리 인생의 목적이며, 최고의 가치입니다.

그렇다면 '기도 응답'이란 것은 무엇인가요?
올바른 기도 응답이란, 우리가 바라는 것이 이루어지는 것이 아닙니다. 오히려 우리에게 바라시는 하나님의 뜻이 무엇인지를 우리가 알게 되는 것이 기도 응답입니다.

우리에게 향하신 하나님의 뜻이야말로 우리에게 가장 좋은 유익이고, 최선의 결과이며, 우리가 추구할 바이고, 진정한 행복이기 때문입니다.

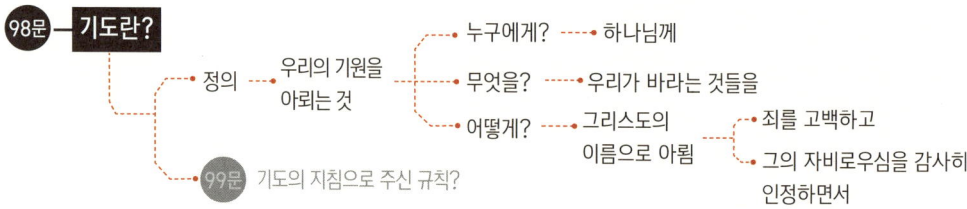

Q98
What is prayer?

A98
Prayer is an offering up of our desires unto God,
　　　　　　(기도를) 드리다　　　갈망, 바람, 요구
　for things agreeable to his will,
　in the name of Christ,
　with confession of our sins,
　　　　　자백, 고백
　and thankful acknowledgement of his mercies.
　　　　　　　　　　　　　　　　승인, 인정

문98
기도란 무엇인가요?

답98
기도는 하나님께 우리가 바라는 것들을 아뢰되, ❶
　그의 뜻에 합당한 것들을, ❷
　그리스도의 이름으로, ❸
　죄에 대해 고백하면서 ❹❺
　그의 자비로우심을 감사히 인정하면서 하는 것입니다. ❻

---

❶ 시편 62:8
백성들아 시시로 그를 의지하고 **그의 앞에 마음을 토하라** 하나님은 우리의 피난처시로다 (셀라)

❷ 요한1서 5:14
그를 향하여 우리가 가진 바 담대함이 이것이니 **그의 뜻대로 무엇을 구하면** 들으심이라

❸ 요한복음 16:23
그 날에는 너희가 아무 것도 내게 묻지 아니하리라 내가 진실로 진실로 너희에게 이르노니 **너희가 무엇이든지 아버지께 구하는 것을 내 이름으로 주시리라**

❹ 시편 32:5-6
내가 이르기를 내 허물을 여호와께 자복하리라 하고 **주께 내 죄를 아뢰고** 내 죄악을 숨기지 아니하였더니 곧 주께서 내 죄악을 사하셨나이다 (셀라); 이로 말미암아 **모든 경건한 자는** 주를 만날 기회를 얻어서 **주께 기도할지라** 진실로 홍수가 범람할지라도 그에게 미치지 못하리이다

❺ 다니엘 9:4
내 하나님 여호와께 기도하며 자복하여 이르기를 크시고 두려워할 주 하나님, 주를 사랑하고 주의 계명을 지키는 자를 위하여 언약을 지키시고 그에게 인자를 베푸시는 이시여

❻ 빌립보서 4:6
아무 것도 염려하지 말고 다만 모든 일에 **기도와 간구로,** 너희 구할 것을 **감사함으로** 하나님께 아뢰라

답변분석

98문 — 기도란? ···· 정의 ···· 우리의 기원을 아뢰는 것

질문이 '기도란 무엇인가요?'로 시작합니다. 기도의 개념에 대해 가르쳐 주고 있습니다. 이 부분은 대요리문답 178~182문답의 구조를 함께 보면 더욱 명확합니다.

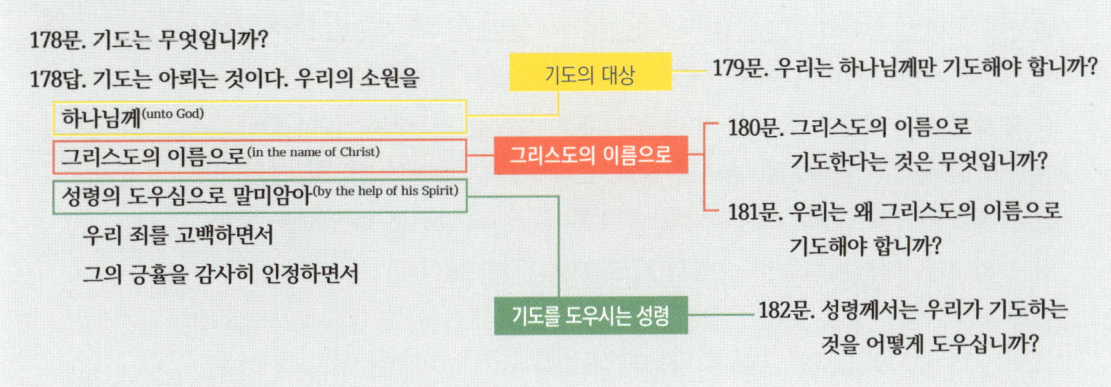

대요리문답의 이 부분은 기도의 개념에 대해 가르쳐 주고 있습니다. 먼저 178문에서 강조된 전치사구 부분을 주의 깊게 보면… unto God 이 부분은 179문 "우리는 하나님께만 기도합니까?"로 연결되며, in the name of Christ 이 부분은 180문 "그리스도의 이름으로 기도하는 것은 무엇입니까?"로 연결되고, by the help of his Spirit 이 부분은 182문 "성령께서는 어떻게 우리의 기도를 도우십니까?"로 연결됩니다.

무엇보다도 여기서 unto, in, by의 순서로 성부, 성자, 성령의 삼위일체와 관련해서 주목하도록 하고 있다는 점이 독특합니다. 머리에 쏙쏙 들어올 것입니다. ^^

19단원 | 은혜의 수단 : 말씀, 성례, 기도 | 98문   267

답변분석

기도의 정의

기도는 우리 소원을 하나님께 아뢰는 것이라네요. 저는 이 정의를 처음 접하고 대단히 놀랐습니다. 어렸을 때부터 '기도 = 하나님과의 대화'라고, 귀에 못이 박히도록 들어왔기 때문이죠. 물론 아뢰는 것도 일종의 대화라고 볼 수 있긴 하나, 어감 차이가 대단히 큽니다.

우리는 심리적으로 내 소원을 남에게 아뢰는 것 자체를 자존심 상한다며 싫어합니다. 무엇을 자기 힘으로 하지 않고 남에게 구하는 것을 무능력하다고 비하하는 데 익숙하기 때문입니다. "나는 할 수 있다.", "내 팔뚝을 믿어야 한다.", "직접 발로 뛰어야 한다." 이런 생각이 호평받는 시대적 분위기 속에서 살고 있기 때문입니다. 하지만 이런 생각에도 타락한 인간성이 섞여 있습니다. 말하자면 "하나님께 폐 끼치지 않겠어요~"라는 것인데, 상당히 경우 있고 겸손한 것 같지만, 사실은 하나님 없이도 나 스스로 잘 살 수 있다는 교만인 것입니다. <u>이런 사람들이 그래서 기도를 더 잘 안 합니다.</u>

기도는 하나님께 우리의 소원을 아뢰는 것입니다. 기억합시다. 그것이 기도의 본질입니다. 상황과 인식에 따라 대화, 고백, 간절함, 교제, 묵상 등 여러 가지 표현으로 바꿔 부르는 것도 가능하며, 필요에 따라, 가르침의 방식에 따라, 저런 단어들이 유익이 되기도 하지만, 본질이 무엇인지, 핵심이 무엇인지는 알고 있어야 되겠습니다.

> 부모 자식 간의 원리도 동일합니다. 조금 컸다고, 무엇을 해달라는 소리를 잘 안 합니다. 그런데 그러면서 전화도 잘 안 하는 것이 문제입니다. 오히려 부모의 마음은 하나라도 더 주고 싶은 것이지, 손 벌린다고 한심하게 생각하지 않습니다. 줄 수 있는 게 기쁨입니다. 그래서 효도는 어렵지 않습니다. 부모가 줄 수 있는 것을 달라고 하는 자녀가 되어, 부모를 기쁘게 해드릴 수 있습니다.

아뢰는것

자, 그럼 이제 어떻게 아뢰죠? 98문 본문의 with 이하를 보면, "죄를 고백하면서", 그리고 "감사하면서"라고 설명을 이어갑니다. 눈치 빠른 독자는, 대요리문답에서 이 부분을 자세히 설명해 주었을 것이라는 기대를 할 수 있을 것입니다.^^ unto, in, by의 순서대로 대요리문답의 내용을 통해 기도에 대해 깊이 살펴보겠습니다.

여기서 잠깐!

기도에 대한 정의가 중요한 이유?

먼저 질문을 하나 보겠습니다. "통성기도, 기도를 화끈하게 함으로써 스트레스도 풀리는^(?) 기도. 그러나 너무 시끄럽게 느껴지고 어떨 때는 광신적으로 보이기도 하는데, 이런 통성기도, 괜찮은 건가요?" 이런 질문에 어떻게 대답해야 할까요?

질문에 대한 반문 : 괜찮은지 안 괜찮은지 판단하려면 어떻게 해야 할까요? 그 판단 기준은 무엇일까요?

답 : '정의', '개념'으로 돌아가야 합니다. 예를 들어, 기도는 A이고 찬송은 B인데, 기도를 B처럼 하면 그것은 틀린 것이 됩니다. 이렇게, 어떤 개념과 기준 없이, 정의definition나 규칙과는 상관없이, 다수가 옳다고 하니까 옳은가보다 하거나, 다른 권위에 의해 판단하는 것은 잘못된 것입니다. 따라서 앞의 질문에 대해서도 기준을 먼저 잡고 그 기준에 의해 대답해야 합니다. 기도의 원래 목적이 스트레스 해소가 아니라면, 스트레스를 풀기 위하여 기도를 그렇게 한다거나, 그런 요소를 찾아서 그러한 교회를 간다거나 하는 것은 틀린 행동이 됩니다.

다시 질문 : 그럼 기도의 목적을 지키면서, 방법은 자유롭게 해도 상관이 없나요?

답 : 목적이 분명하다면 방법은 다양해질 수 있을 것입니다. 그러나 그 다양한 방법 중에서도 원래의 목적에 좀 더 이바지할 수 있는 방법을 고르는 고민을 해야 할 것입니다. 아울러 교회의 질서 측면도 고려해야 합니다. 항상 교회의 문제는 교회가 '함께' 고민해서 잘못되고 오염된 것을 제거해왔고, 그 결과물이 교회의 전통으로, 예배의 모범으로 남아서 지금 우리에게도 주어진 것입니다. 내가 생각하는 것이 가장 옳다는 근거 없는 자신감으로 교회의 많은 일들을 처리해서는 안 될 것입니다.

답변분석

1. unto : 179문

대요리문답 179문

Q179. Are we to pray unto God only?
A179. God only being able to search the hearts,
hear the requests,
pardon the sins,
and fulfill the desires of all;

and only to be believed in,
and worshipped with religious worship;

prayer, which is a special part thereof,
is to be made by all to him alone,
and to none other.

179문: 우리는 하나님께만 기도합니까?
179답: 하나님만이 그 마음을 감찰하시고,
그 요구를 들으시고,
그 죄를 용서하시고,
모든 요구를 채우실 수 있으며;

오직 그만이 신앙과 경배의 대상이시므로
(종교적 예배의);(예배의 특별한 부분인)

이 기도는
누구든지 그 분께만 올려야 하고,
그 밖의 아무에게는 안 됩니다.

기도에 대한 첫 부연 설명에서, 기도의 대상에 대해 답하고 있습니다. 우리는 "하나님께만" 기도해야 합니다. 그것이 예배의 특별한 부분이기 때문입니다. 예배에 대해서는 우리가 십계명에서 이미 배웠습니다.

이에 반대되는 사상으로, 로마 카톨릭에서는 성모 마리아에게 혹은 사도들에게도 기도할 것을 가르쳤습니다. 그리고 고해성사 등을 통해, 사제가 성도의 기도를 '대신' 아뢰도록offering up하고 있습니다. 이건 또 왜 그럴까요? 그것은 인간의 마음속 두려움을 "배려"한답시고 하는 것이나, 진리를 가리는 짓입니다. 의도는 좋으나 그 의도 속에 늘 죄악이 판치게 됩니다. 인간이 제 생각대로, 말씀에 근거하지 않고 행하는 일이기 때문에 그렇습니다.

이해는 됩니다. 이러한 마음은 하나님을 두려워하는 죄인 된 인간의 마음속에 자연스럽게 스며드는 생각일 수 있습니다. 제 경우, 비록 먼 과거의, 뭘 모르던 시절의 일이지만, 중고등부 회장직을 맡았던 고등학교 2학년 때 일이 생각납니다. 하나님이라는 존재가 자꾸만 두렵게 생각되어 혼날 것 같아서 하나님께 기도를 못 하겠다고 고백하는 한 자매에게, "그러면 예수님께 기도

답변분석

를 해봐"라며 "예수님께 기도하면 좀 덜 두렵지?"라고, 함께 기도하면서 용기(?)를 준 적이 있었습니다. 물론 엄밀히 따지지 않으면 결국 예수님도 하나님이니까, 아주 틀린 소리를 한 것은 아니고, 또 덕분에 그 자매는 용기를 갖고 기도 생활을 할 수 있게 되었는지는 모르겠지만, 그러나 대요리문답에서는 명확하게 구분을 하라고 합니다.

굳이 명확하게 구분해야만 되는 명확한 이유는(^^) 하나님만이 가지실 수 있는 조건들과 속성에서 찾고 있습니다. 그것이 이 문답 전체에서 도치되어 앞쪽에 설명된 부분입니다. 십계명에서도 배웠듯이, 하나님을 바르게 예배해야 하는 이유는 '그분의 속성 자체가 그러하기 때문에 그렇게 예배해야 되는 것'이라고 배웠습니다. 즉, "내가 거룩하니 너희도 거룩하라"라고 말씀하셨기 때문인 것이지요. 물론 그렇게 하는 것(그분의 논리대로 방식대로 따르는 것)이 또한 예배하는 대상에 대한 예배자의 진심이요, 사랑이겠지요. 기도 역시 마찬가지 원리로 보시면 될 것 같습니다.

사실 뭐 그렇게 복잡하게 생각하지 않더라도, 올바른 대상에게 기도하는 것은 당연히 중요할 것입니다. 사랑하는 아들에게, "네가 필요한 것이 있으면 아버지에게 다 말하렴." 그랬더니 옆집 아저씨에게 가서 부탁하면서, "아저씨가 우리 아부지께 말씀 좀 잘 드려주세유~" 이러고 있으면 참 답답하시겠지요? 명확한 대상자에게 기도하는 것은 그분께 드려야 할 당연한 의무입니다.

▶ **able to fulfill the desires of all(모든 요구를 채우실 수 있으며)**
그나저나 대요리문답 179문답의 이 문구, 우리 하나님은 정말 멋지십니다. 다 채워 주실 수 있답니다. 그래서 그분께 기도드린답니다. 계산적으로도 딱 들어맞습니다. ^^

답변분석

대요리문답 180문

Q180. What is it to pray <mark>in the name of Christ?</mark>
A180. To pray in the name of Christ is,
in obedience to his command,
and in confidence on his promises,
to ask mercy for his sake;

not by bare mentioning of his name,
but by drawing
    our encouragement to pray,
    and our boldness, strength,
    and hope of acceptance in prayer,
    from Christ and his mediation.

180문: 그리스도의 이름으로 기도한다는 것은 무엇입니까?
180답: 그리스도의 이름으로 기도한다는 것은,
(그의 명령에 순종하고)
(그의 약속들을 신뢰함으로써)
그의 공로로 자비를 구하는 것인데, ❶❷❸

그의 이름을 그저 언급하는 게 아니라
끌어내는 것입니다. ❹
(무엇을?) 우리가 기도할 수 있는 용기,
    우리의 담대함과 힘,
    그리고 기도가 열납되리라는 소망을,
(어디서?) 그리스도와 그의 중보로부터. ❺❻

---

❶ **요한복음 14:13-14**
너희가 **내 이름으로** 무엇을 구하든지 내가 행하리니 이는 아버지로 하여금 아들로 말미암아 영광을 받으시게 하려 함이라 ; 내 이름으로 **무엇이든지** 내게 **구하면** 내가 행하리라

❷ **요한복음 16:24**
지금까지는 **너희가 내 이름으로 아무 것도 구하지 아니하였으나** 구하라 그리하면 받으리니 너희 기쁨이 충만하리라

❸ **다니엘 9:17**
그러하온즉 우리 하나님이여 지금 주의 종의 기도와 간구를 들으시고 **주를 위하여** 주의 얼굴 빛을 주의 황폐한 성소에 비추시옵소서

❹ **마태복음 7:21**
나더러 주여 주여 하는 자마다 다 천국에 들어갈 것이 아니요 다만 하늘에 계신 내 아버지의 뜻대로 행하는 자라야 들어가리라

❺ **히브리서 4:14-16**
그러므로 우리에게 큰 대제사장이 계시니 승천하신 이 곧 하나님의 아들 **예수시라** 우리가 믿는 도리를 굳게 잡을지어다 ; 우리에게 있는 대제사장은 우리의 연약함을 동정하지 못하실 이가 아니요 모든 일에 우리와 똑같이 시험을 받으신 이로되 죄는 없으시니라 ; 그러므로 우리는 긍휼하심을 받고 때를 따라 돕는 은혜를 얻기 위하여 **은혜의 보좌 앞에 담대히 나아갈 것이니라**

❻ **요한1서 5:13-15**
내가 **하나님의 아들의 이름을 믿는** 너희에게 이것을 쓰는 것은 너희로 하여금 너희에게 영생이 있음을 알게 하려 함이라 ; 그를 향하여 **우리가 가진 바 담대함이 이것이니 그의 뜻대로 무엇을 구하면 들으심이라** ; 우리가 무엇이든지 구하는 바를 들으시는 줄을 안즉 우리가 그에게 구한 그것을 얻은 줄을 또한 **아느니라**

2. In : 180문

두 번째 부연설명인 in the name of Christ 에 대한 부분입니다. 우리가 기도를 하고 끝낼 때 늘 하는 소리인, "그리스도의 이름 안에서"라는 추상적인 말이 무엇을 뜻하는지를 설명하면서 긍휼을 구한다고 했으니, 이는 그리스도의 중보사역을 두고 하는 말입니다.

그리고 그 자세, 혹은 방법론으로 두 가지를 소개하고 있는데, in obedience 와 in confidence가 그것입니다. 즉, 기도할 때는 그리스도의 명령에 순종하고 그리스도의 약속을 신뢰함으로써 하라는 뜻이 되겠습니다. 그리고 중심문장은 아마도 To pray ⋯ is ⋯ to ask mercy for his sake 정도일 것인데, 즉 "기도는 그리스도의 공로로, 긍휼을 간구하는 것이다"라는 설명입니다.

그런데 문답은 더 나아가고 있습니다. "그리스도의 공로로 기도한다는 사실을 너희가 알아라!"에서 그치는 게 아니라, 동시에 바로 그 사실로 인하여 우리에게 지극한 유익이 주어지고 있음을 매우 진솔한 표현으로 설명하고 있는 것입니다. 그의 이름을 언급하는 것이 그저 무의미하고 공허한, 단순한 "언급"으로 끝나는 것이 아니라, 용기와 담대함과 힘과 소망을, 그리스도와 그의 중보로부터 실제로 '끌어당겨 내는' 것이랍니다. 표현이 참 재미있습니다.

우리가 그의 이름을 부를 때, 곧 그리스도와 그의 중보로부터 우리에게 풍성한 유익(용기, 힘, 소망)이 주어지는 것을 말합니다. 우리가 이를 인하여 기도하는 것이고, 또 기도할 수 있게 되는 것입니다. 이 풍성한 은혜에 주목하고 감사할 수 있을 때, 우리에게 보다 큰 감동이 있을 것입니다. 앞 문답에서 나눈 것처럼, 거룩하시고 지존하시며 영광의 빛이 우주의 모든 빛보다 밝으신 엄위로운 하나님 앞에 어찌 감히 나의 비천한 모습을 가지고 나아가 무엇인들 구할 수 있겠습니까? 오직 그리스도의 중보 없이는 상상도 할 수 없는 일입니다. 자, 그런데도 그게 가능하다고 상상하는 사람들이 꽤 존재하나 봅니다. 181문에서 굳이 또 한 번 부연해 주는 것을 보면 말입니다.

답변분석

대요리문답 181문

Q181. Why are we to pray <mark>in the name of Christ?</mark>

A181. The sinfulness of man,
and his distance from God
by reason thereof, being so great,
  as that we can have no access into his presence
  without a mediator ;
and there being none in heaven or earth
appointed to, or fit for, that glorious work
  but Christ alone,

We are to pray in no other name
  but his only.

181문. 우리는 왜 그리스도의 이름으로 기도해야 합니까?

181답. 사람의 죄악상과 이로 인하여
하나님과 사람 사이에 생긴 거리가
심히 커졌기 때문입니다.

  중보자 없이는 ❶❷❸
  우리가 하나님 앞에 나아갈 수 없을 만큼.

그리고 그 영광스러운 사역에 임명받았거나 적합한 자가
하늘에든 땅에든 아무도 없기 때문입니다.
  오직 그리스도 밖에는. ❹❺❻

(그러므로) 우리는 그분의 이름 외에
다른 이름으로는 기도하지 않아야 합니다. ❼❽

---

❶ 요한복음 14:6
예수께서 이르시되 내가 곧 길이요 진리요 생명이니 나로 말미암지 않고는 아버지께 올 자가 없느니라

❷ 이사야 59:2
오직 너희 죄악이 너희와 너희 하나님 사이를 갈라 놓았고 너희 죄가 그의 얼굴을 가리어서 너희에게서 듣지 않으시게 함이니라

❸ 에베소서 3:12
우리가 그 안에서 그를 믿음으로 말미암아 담대함과 확신을 가지고 하나님께 나아감을 얻느니라

❹ 요한복음 6:27
썩을 양식을 위하여 일하지 말고 영생하도록 있는 양식을 위하여 하라 이 양식은 인자가 너희에게 주리니 인자는 아버지 하나님께서 인치신 자니라

❺ 히브리서 7:25-27
그러므로 자기를 힘입어 하나님께 나아가는 자들을 온전히 구원하실 수 있으니 이는 그가 항상 살아 계셔서 그들을 위하여 간구하심이라; 이러한 대제사장은 우리에게 합당하니 거룩하고 악이 없고 더러움이 없고 죄인에게서 떠나 계시고 하늘보다 높이 되신 이라; 그는 저 대제사장들이 먼저 자기 죄를 위하고 다음에 백성의 죄를 위하여 날마다 제사 드리는 것과 같이 할 필요가 없으니 이는 그가 단번에 자기를 드려 이루셨음이라

❻ 디모데전서 2:5
하나님은 한 분이시요 또 하나님과 사람 사이에 중보자도 한 분이시니 곧 사람이신 그리스도 예수라

❼ 골로새서 3:17
또 무엇을 하든지 말에나 일에나 다 주 예수의 이름으로 하고 그를 힘입어 하나님 아버지께 감사하라

❽ 히브리서 13:15
그러므로 우리는 예수로 말미암아 항상 찬송의 제사를 하나님께 드리자 이는 그 이름을 증언하는 입술의 열매니라

답변분석

우리는 다른 이름으로가 아닌, 오직 예수님의 이름으로만 기도합니다. 죄인인 우리는 비천하여, 중보자 그리스도 없이는 하나님의 존전에 나아갈 수 없는 게 당연합니다. 그리고 그 중보의 사역을 하실 분은 오직 예수 그리스도 한 분뿐입니다. 그는 그 사역에 정식으로 임명 받았을appointed to 뿐만 아니라 또한 실질적으로 그 사역에 적합하신fit for 분입니다. 그런 분은 오직 그리스도밖에 없습니다. 이 사실은 이미 저 앞에서 배운 부분인데, 여기서 다시 반복해서 가르치고 있습니다. 그만큼 이 사실이, 우리가 은혜의 방편으로 기도를 사용할 때 핵심적으로 중요한 부분이라는 뜻입니다.

항상, 기도할 때, 무엇을 구하는 것에 그치지 말고, 마지막에 '예수님의 이름으로 기도합니다.'를 말하는 바로 그때에, 언제나 우리의 구속의 은혜와, 우리의 존재 자체까지도, 그리스도의 중보와 떼어놓고는 단 1그램도 생각할 수 없다는 그 사실을(대요리문답 55문) 뼈저리게 되새기기를 바랍니다.

그리스도의 순간순간의 중보 없이는, 나도 '없는' 것입니다.
존재 자체가 헛것입니다.

완전한 중보자는 오직 그리스도뿐이시며, 그리스도의 이름 덕분에 하나님께서 우리 기도를 들으시는 것입니다.

답변분석

대요리문답 182문

Q182. How doth <mark>the Spirit help us</mark> to pray?
A182. We not knowing what to pray
for as we ought, the Spirit helpeth our infirmities,
by enabling us
　to understand both for whom,
　and what, and how prayer is to be made;
and **by** working and quickening
　in our hearts
　(although not in all persons, nor at all times,
　in the same measure)
those apprehensions, affections, and graces
　which are requisite
　for the right performance of that duty.

182문. 성령께서는 어떻게 우리의 기도를 도우십니까?
182답. 우리는 마땅히 기도할 것을 알지 못하므로
성령께서 우리 연약함을 도우시는데,
우리로 하여금 깨닫게 하심으로써 입니다.
⬆ 누구를 위하여, 무엇을 위해 할지,
　또한 어떻게 기도를 해야 할지.
그리고 우리 마음 가운데
일으키시고 소생시키심으로써 도우십니다.
⬆ 그 의무를 바르게 이행하는 데 요구되는
　이해와 열정과 은혜를.
(비록 모든 사람에게, 어느 때나,
다 같은 분량으로는 아닐지라도) ❶❷❸

❶ 로마서 8:26-27
이와 같이 **성령도 우리의 연약함을 도우시나니 우리는 마땅히 기도할 바를 알지 못하나 오직 성령이 말할 수 없는 탄식으로 우리를 위하여 친히 간구하시느니라**; 마음을 살피시는 이가 성령의 생각을 아시나니 이는 성령이 하나님의 뜻대로 성도를 위하여 간구하심이니라

❷ 시편 10:17
여호와여 주는 겸손한 자의 소원을 들으셨사오니 **그들의 마음을 준비하시며 귀를 기울여 들으시고**

❸ 스가랴서 12:10
내가 다윗의 집과 예루살렘 주민에게 **은총과 간구하는 심령을 부어 주리니** 그들이 그 찌른 바 그를 바라보고 그를 위하여 애통하기를…

본문 267쪽의 대요리문답 178문답을 보면 알 수 있지!!

178문. 기도는 무엇입니까?

178답. 기도는 아뢰는 것이다. 우리의 소원을
　　　하나님께 (unto God)
　　　그리스도의 이름으로 (in the name of Christ)
현재 위치　성령의 도우심으로 말미암아 (by the help of his Spirit)
　　　우리 죄를 고백하면서
　　　그의 긍휼을 감사히 인정하면서

3. By : 182문

성령께서 기도를 도우시는데, 하나는 우리를 깨닫게 하심으로, 다른 하나는 우리 마음에 이러이러한 것을 소생시킴으로써 하신답니다. 무엇을 깨닫게 하실까요? 여기서는 '누구를 위하여', '무엇을', '어떻게' 기도할지 가르친다고 합니다. '누구를 위하여 for whom, 무엇을 위하여 for what, 어떻게 for how.' 정말 자세합니다. 내가 어떤 행동을 취함에 있어서 알아야 할 중요한 정보들인 기본 요소들을 일일이 설명합니다.

이것은 아마도 이유가 있을 것입니다. 소요리문답의 1부 "우리가 믿어야 할 내용"이 주로 "계시"에 의해 주께서 우리가 알고 깨닫도록 하신 지혜라면, 2부에서 설명하는 "하나님께서 요구하시는 내용"에 대한 부분은, 그 지혜가 우리의 머리로 깨닫고, 가슴의 동의를 받아, 팔다리로 실질적인 행동의 동기와 근거로 작용하여 움직이기까지를 다루고 있다고 생각해 봅니다. 즉, 이제는 우리가 행할 부분에 대해 묻고 답하고 있으므로, 명확한 행동의 목표를 제시할 필요가 있을 것입니다. 우리는 이 문답을 통해 '나'라는 존재가 "왜(누구를 위해)", "무엇을", "어떻게" 기도할 것인지에 대한 모든 답을 얻게 될 것이며, 그렇게 깨달을 때 비로소 진정으로, 심중에서부터 동의하여, 기꺼이 행동할 수 있을 것임을 알게 됩니다. 이 내용은 뒤에서 특별자료(p.279)를 통해 살펴보겠습니다.

그러나 어떤 행동을 잘하고 못하고보다 더욱 중요한 것은, 이것을 깨닫게 하시는 이가 '성령'이라는 점입니다. 은혜의 방편으로 이런저런 수단들을 주시지만, 그것을 알게 하시고, 동의하게 하시며, 감사하게 하시고, 행하게 하시는 등 필요한 모든 것은 죄다 하나님께서 일하고 계십니다.

답변분석

은혜를 주신 분도 하나님이시요, 그 은혜를 받는 수단까지도 예비하셔서 사용하게 하십니다. 아무런 조건이 없는 무조건적 사랑, 절대적 사랑입니다. 내 안에 아무 증거 아니 보이는 것 같을 때라도 내가 아주 엎드려지지 않을 이유는, 실로 성령께서 내 연약함을 도우시는 덕택입니다!

게다가 대요리문답 182문 본문에 주어진 괄호 안의 '비록although'이하 부분을 보면, 특히 우리에게 참으로 은혜가 많이 되는 부분입니다. 의무를 바르게 이행하는 데 필수적인 이해와 열정과 은혜가, 우리 마음 가운데 일어나지 않는 것처럼 보이는 때가 얼마나 많은지요! 그때마다 실망하여 쓰러지고 좌절한다면, 아마 내 심령과 육신은 남아나지 못했을 것입니다. 그런 나를 잘 알고 우리 신앙의 선배들은 문답을 통해 걱정하지 말라고 위로하고 배려하고 있습니다.

"비록 모든 사람에게, 어느 때나, 다 같은 분량으로는 아닐지라도…." 아, 정말이지 이 구절을 삽입하신 교리문답 작성자의 그 마음은 과연 어떤 마음일까요? 그 신앙의 실력과 배려의 깊이를 어떻게 해야 조금이나마 닮을 수 있을까요. 더 깊은 이해를 위한 책: 김홍전, 『기도에 대하여』 ; 정석, 『구하지 않은 것까지 응답받는 기도』

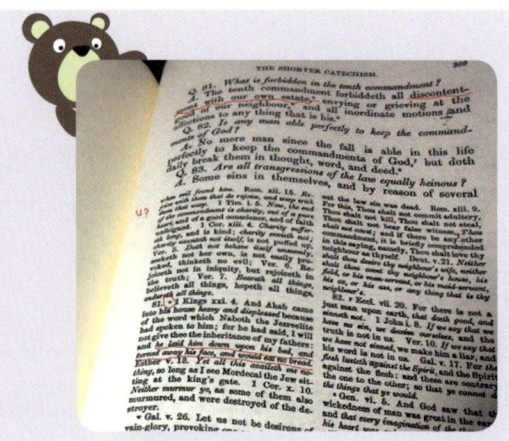

1648년판 웨스트민스터 소요리문답 원문 작성자들의 꼼꼼함에 대하여

요리문답 본문이 있고 하단에 해당 성경구절이 있습니다. 성경구절에는 이탤릭으로 처리된 부분이 있는데, 전체 구절 중에서도 좀 더 직접적으로 관련된 단어나 표현을 표시한 것입니다. 당시 요리문답 작성자들이 아무것이나 생각 나는 구절을 적은 것이 아니라, 의도를 가지고 본문을 해석했고, 자신있게 작업했음을 보여줍니다. 특강 소요리문답에도 이것을 그대로 살려서 표시했습니다.

누구를 위해, 무엇을 위해, 어떻게?

Who?

대요리문답 183문

183문. 누구를 위해 우리는 기도해야 합니까?
183답. 세상에 그리스도의 모든 교회를 위해
위정자와 교역자를 위해
우리 자신과 우리의 형제 및 우리의 원수를 위해
살아있는 사람이나 장차 살 사람의 모든 부류를 위해 기도해야 합니다.
그러나 죽은 사람을 위해서나
죽음에 이르는 죄를 지었다고 알려진 자를 위해서는 하지 말아야 합니다.

What?

대요리문답 184문

184문. 무엇을 위해 우리는 기도해야 합니까?
184답. 하나님께 영광에 (도움이 되는 모든 것을 위해)
교회의 평강과
우리 자신이나 다른 이를 위해
그리고 선을 위해 기도해야 합니다.
그러나 불법인 어떤 것을 위해서도 기도하지 말아야 합니다.

How?

대요리문답 185문

185문. 어떻게 우리는 기도해야 합니까?
185답. 하나님의 위엄에 몹시 두려움으로
우리 자신의 무가치, 빈궁함, 죄를 깊게 느끼며
회개, 감사 그리고 열린 마음으로
이해, 믿음, 성실, 열정, 사랑, 인내, 그리고 그를 기다림으로써
그의 뜻에 겸손한 복종으로 (기도)합니다.

후기

김윤숙 몇 년 전 교회를 다니기 시작하면서 나에게 가장 어려운 시간은 기도하는 시간이었다. 무엇을 어떻게 해야 하는지 어려웠던 것이다. 얼마 동안은 눈을 감고 사색하는 정도로 그 시간을 보냈던 것도 같다. 구체적인 궁금증들은 이렇다. 도무지 주위의 눈을 감고 기도를 하는 성도님들을 볼 때면, 기도의 시작을 어떻게 해야 하는 것이고, 기도의 내용 속에 순서가 있는 것인지, 기도의 내용상 길이는 어느 정도여야 하는지, 예수님의 이름으로 기도드립니다. 라고 하는데 왜 굳이 예수님이 들어가셔야 하는지, 왜 아멘으로 마무리해야 하는지, 기도를 조용히 하는 게 나는 보기 좋은 것 같은데 왜 소리 내어 기도하는지... 온통 궁금증투성이었다. 그런데 너무 쉬운 것 같은 궁금증이었기에 물어보기도 멋쩍어 마음속에만 담아두고, 넘어갔던 기억이 있다.

어느덧 시간이 흘러 하나님께 기도한다는 것이 자연스러워지게 되었다. 이때의 나는, 나의 필요와 원하는 것, 감사한 일에 대해서 주로 기도를 했다. 그리고 그 응답으로는 내가 원하는 일이 이루어지거나 혹은 이루어지지 않는 그 다양한 상황 속에서 결론은 하나님의 뜻 가운데로 인도하심이 있으리라는 기대로 막연함을 가지고 기도했던 것 같다. 하지만 요리문답에서는 내가 하는 기도의 응답으로 내 바람의 성취 여부가 아니라, 하나님의 뜻이 무엇인지를 스스로가 알게 되는 것이 기도 응답이라고 한다. 그런데 소요리문답에서는 더 나아가 하나님께서 나에게 바라시는 그 뜻을 알기를 구하라며 좀 더 적극적인 면을 보이는 것 같았다. '어떠한 상황이라도 그것은 하나님의 뜻일거야.'라는 것보다, '하나님의 뜻을 먼저 알기를 구하는 것.' 전자는 내 판단에 따라 행동하면서도 결국 하나님이 이렇게 인도하신 거라는 자기합리화가 반영될 수 있고, 후자는 나보다는 하나님의 주권을 강조한다는 생각이 든다.

그리고 기도가 단순히 무언가를 바로 하나님께 아뢰는 개념이 아니라, 먼저 나의 죄성을 고백한 후, 그의 긍휼을 감사히 인정하며 하나님께 아뢰어 결국 하나님을 의지하는 하나님의 자녀로 만들어가기를 원하시는 말 그대로 은혜의 방편 중 하나라는 것이다.

즉, 우리에게 바라시는 하나님의 뜻이 무엇인지를 우리가 알게 되는 것이 기도의 응답이라는 것이다. 하나님이 우리에게 바라시는 하나님의 뜻이 있다는 게 너무 감사하다. 옆에서 누군가 나에게 기대를 하고, 바라는 것이 있으면 좀 더 잘하고 싶어진다. 그 기대에 부응하고 싶고 '그 사람이 나를 정말 생각하고 있구나.'하는 생각이 들어서 고마워진다. 그런데 '다름 아닌 하나님이 나에게 바라시는 것이 있고, 더구나 하나님이 내 인생에 주신 뜻이 정말 있구나.' 생각을 하니, 내가 정말 하나님의 자녀이구나라는 기쁨이 솟는다.

하나님께만 기도하게 하여 다 채워주시리라는 소망을 주시고, 예수님의 이름으로 기도하게 하시어 기도할 수 있는 용기와 담대함과 힘을 주시고, 그리고 그 기도가 기쁘게 받아들여지리라는 소망 또한 주신다. 매 순간에 그리스도의 중보가 없다면 지금의 나의 존재조차 헛것이라는 두려움과 그렇기에 예수님의 중보하심이 더욱 큰 감사가 되며, 기도할 수 없는 상황일지라도 기도하게 하시고, 의지하게 하시어 나의 연약함을 도우시는 성령님의 은혜.

기도하게 해 주시고, 그 기도의 응답으로 하나님의 뜻을 알게 하시어, 나의 필요를 채워주시는 하나님이시다. 즉 처음과 끝을 모두 하나님께서 해 주시는 것이라는 말이다. 그런데도 왜 나는 자꾸만 연약해지고 내 뜻대로 하고 싶어진단 말인가, 하나님을 의지하고 하나님께 전적으로 아뢰는 것이 나에게 유익이고, 참된 복이고 큰 은혜라는 것을 알면서도 말이다. 이렇듯 갈팡질팡하는 부족한 나에게, '비록 모든 사람에게 어느 때나 다 같은 분량으로는 아닐지라도.'라는 말씀으로 위로까지 해 주신다. 타인과의 상대적인 비교를 하지 않고, 오롯이 나와 하나님과의 관계 속에서, 나의 어떠한 상황일지라도 '괜찮아, 윤숙아!'라며 나에게 말씀하시는 것 같다. 내가 아무것도 아닌 것만 같은 절박한 마음의 상태에서, 박차고 다시 올라올 수 있도록, 힘을 주시는 주님께 오늘도 감사하고 사모하는 마음으로 기도하는 사람으로 하나님의 자녀로 성장하기를 소망한다.

토의문제

1. 기도에서 가장 중요한 점은 무엇인가요?

2. 우리 소원을 하나님께 아뢰는 것을 무엇이라고 하나요?

3. 우리는 어떤 방식으로 하나님께 아뢰야 하나요?

4. "그리스도의 이름 안에서"는 무슨 의미를 담고 있나요?

5. 그리스도의 이름으로 기도하는 것은 우리에게 어떤 유익이 되나요?

6. 예수 그리스도의 이름으로 기도하는 이유는 무엇인가요?

7. 성령께서는 어떤 방식으로 우리의 기도를 도우시나요?

8. 우리의 어떤 방식으로, 누구를 위해, 무엇을 위해 기도해야 하나요?

9. 이 부분에서 공부한 것이 우리에게 왜 감사할 조건입니까?

하나님께서는
이 모든 만물을 창조하시고 주관하십니다.
그 일에 있어 우리의 머리로는
완벽하게 이해할 수 없는 완벽함으로 다가오십니다.

하나님께서는
나를 사랑하시고 나를 아버지의 길로 인도하십니다.
세상 어디에서도 내가 사는 이유와 내가 왜 태어났는지
나의 존재에 대해서 알려주는 사람도 없고 알 수도 없었습니다.

그러나 마침내,
하나님께서 그 이유와 정답이 되어 주셔서 감사합니다.
(글 : 김양설)

99~107문

주기도문

"주기도문을 왜 해야 하나요? 창조적으로 만들어 낸 기도가 더 좋은 것 아닌가요?"
"악몽을 꾸거나 두려움이 밀려들 때 주기도문을 외우면 좀 안심이 되요."
"우리가 우리에게 죄지은 자를 사하여 준 것같이...
 이 대목은 마치 대가를 바라는 거래처럼 느껴져서 좀 그래요."
:
:

20

이 단원은 단순히 주기도문에 대한 해설 부분이 아니라 사실상 소요리문답 전체의 복습입니다. 사도신경이 우리가 믿을 바에 대한 설명이고 십계명이 우리가 순종할 바에 대한 설명이라면, 주기도문은 성도의 삶의 실천적 자세를 가르쳐주는 것이라 할 수 있습니다. 그런데 언제나 이 실천이 가장 중요한 것 아니겠어요?

우리는 주기도문의 내용대로 기도하고 그대로 살아야 합니다. 내 힘으로 사는 것이 아니라, 우리가 기도하게 하시고, 우리 기도를 들으시고, 또한 그렇게 행하도록 도우시는 하나님의 능력으로 사는 것입니다. 그것이 신앙으로 사는 것입니다.

99문 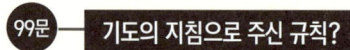 기도의 지침으로 주신 규칙?

- 하나님의 모든 말씀이 우리 기도의 지침으로 유용하나
- 특별히 지시하신 규칙이 있음
  - 그리스도께서 그 제자들에게 가르치신 기도
  - 보통 주기도문이라 부르는 것임

Q99
What rule hath God given for our direction in prayer?

A99
The whole word of God is of use to direct us in prayer;
전체의, 완전한   지시하다
but the special rule of direction is

that form of prayer which Christ taught his disciples,
형식   제자들
       commonly called The Lord's prayer.
       일반적으로, 보통   주기도문

문99
하나님께서 우리 기도의 지침으로 주신 규칙이 무엇인가요?

답99
하나님의 모든 말씀이 우리 기도의 지침으로 유용한 것이나, ❶

특별히 지시하신 규칙은

그리스도께서 그 제자들에게 가르치신 기도의 형식입니다.

보통 주기도문이라 부르는. ❷ ❸

---

❶ 요한1서 5:14
그를 향하여 우리가 가진 바 담대함이 이것이니 그의 뜻대로 무엇을 구하면 들으심이라

❷ 마태복음 6:9-13
그러므로 너희는 이렇게 기도하라 하늘에 계신 우리 아버지여 이름이 거룩히 여김을 받으시오며; 나라가 임하시오며 뜻이 하늘에서 이루어진 것 같이 땅에서도 이루어지이다; 오늘 우리에게 일용할 양식을 주시옵고; 우리가 우리에게 죄 지은 자를 사하여 준 것 같이 우리 죄를 사하여 주시옵고; 우리를 시험에 들게 하지 마시옵고 다만 악에서 구하시옵소서 (나라와 권세와 영광이 아버지께 영원히 있사옵나이다 아멘)

❸ 누가복음 11:2-4
예수께서 이르시되 너희는 기도할 때에 이렇게 하라 아버지여 이름이 거룩히 여김을 받으시오며 나라가 임하시오며; 우리에게 날마다 일용할 양식을 주시옵고; 우리가 우리에게 죄 지은 모든 사람을 용서하오니 우리 죄도 사하여 주시옵고 우리를 시험에 들게 하지 마시옵소서 하라

99문부터 107문까지는 앞에서 공부한 '기도'의 세부적인 규칙을 공부합니다. 형식은 '주기도문'을 하나씩 설명하는 방식입니다. 주기도문은 하나님께서 우리에게 기도의 지침으로 주신 선물이기 때문입니다.

사실 하나님의 모든 말씀이 기도에 대한 우리의 길잡이가 될 수 있습니다. 그러나 그중에서도 특별한 길잡이 법칙으로, 그리스도께서 제자들에게 가르치신 기도의 형식이 있습니다. 마태복음 6:9-13, 누가복음 11:2-4 우리는 이것을 일반적으로 '주기도문The Lord's prayer'이라고 부릅니다. "이렇게 기도하라." 하고 직접 기도의 샘플을 가르쳐주신 것입니다.

매번 느끼지만 하나님은 참으로 친절하십니다. 은혜의 수단으로 주신 기도. 하지만 어떻게 기도해야 할지도 모르는 우리의 연약함을 잘 아시기 때문에 그 방법까지도 친히 가르쳐 주셨습니다. 우리는 이렇게 소중한 선물인 주기도문을, 그 내용에 대한 이해와 믿음과 경외심을 가지고 사용해야 할 것입니다.

답변분석

먼저 주기도문의 구조를 잘 살펴봅시다.

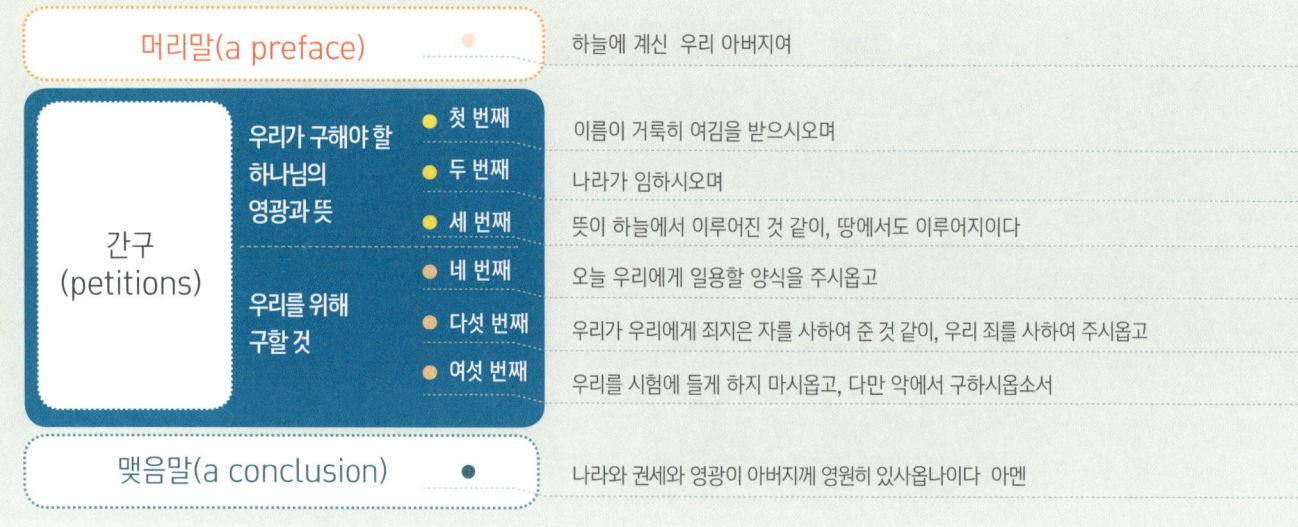

표에서 보시는 것처럼, 주기도문은 크게 세 부분으로 구성되어 있습니다. 머리말Preface, 간구들Petitions, 결론Conclusion. 그리고 간구는 두 부분으로 구성되고, 각각 다시 세 개로 나눌 수 있습니다. 이러한 주기도문은 두 가지로 사용될 수 있습니다.(대요리문답 187문 참조)

- as a pattern : 우리가 올리는 다른 기도들의 패턴으로서
- as a prayer : 기도 자체로서

즉, 일종의 모범적인 지침으로 주기도문을 사용할 수 있을 뿐만 아니라, 또한 기도 그 자체로도 사용할 수 있습니다.

도마의 **질문**

어떻게 기도해야 할지 모르면 주기도문을 하라는 말을 들었는데, 맞는 말인가요?

반은 맞고 반은 틀린 말입니다. 주기도문 자체를 통해서도 하나님께서 은혜 주셨음을 확신할 수 있습니다. 도대체 무엇부터 어떻게 기도할지 모를 때는 주기도문을 그대로 이용해서 기도하는 것부터 시작하면 됩니다.

그러나 만약 스스로 그 기도의 의미를 알지도 못하고 단순히 주기도문을 외우는 것은, 하나님이 주신 은혜를 누리는 것과 아무런 상관이 없는, 의미 없는 행위입니다. 주기도문을 이용해서 기도할 때, 이것이 기계적이고 형식적이 되어 마치 주문처럼 외우고 있게 된다면, 이 귀한 기도를 남용하는 것이라 할 수 있습니다.

"주기도문을 오십 번, 백 번 계속 반복하면 좋다고 생각하는 것은 그것의 진정한 본질과 바른 사용에 관해 모르기 때문이다." - J. G. 보스, 『웨스트민스터 대교리문답 강해』, 683쪽.

으앗! 악몽 꿀 때마다 주문처럼 외우곤 했는데, 이젠 그렇게 하면 안 되겠구나!

지금부터 고치면 되지~ 뭐~!

속도에 관한 단상

메트로놈Metronome이라는 것이 있다. 똑-딱-똑-딱- 하면서 시계추처럼 박자를 저어주는 도구이다. 대부분의 음악학원에는 학생들이 박자 감각을 익힐 때 도움이 되도록 메트로놈을 비치해둔다. 내부에 장착된 용수철 장치로 흔들이를 진동시켜서 일정한 빠르기로 음을 새기면 그 소리를 듣고 올바른 템포를 맞출 수 있다. 피아노를 치거나 노래를 부를 때 자신도 모르게 빨라졌다 느려졌다 하는 사람들은 이 도구의 도움을 받아서 속도 감각을 기를 수 있다.

필자는 예배시간에도 이 메트로놈이 좀 있었으면, 하고 생각한다. 언제부터인가 우리는 교회에서 속도 감각을 잃어가기 시작했다. 30초 내에 마흔여덟 마디를, 그것도 옆 사람에게 뒤지지 않으려고 쉴 새 없이 주워섬기느라, 우리는 정작 우리 입술이 무엇을 고백했는지 모르면서 '아멘' 하곤 한다. 거의 '주문' 수준이다.

"하느레개신우리아브지여이르미거루키여기믈바드씨오며나라에이마옵씨며쁘시하느레서이루어징거가치땅에서도이르어지이다 … 대개나라와곤세와영강이아브지께영어니이싸옴나이다, 아아멘."

사도신경을 고백할 때도 마찬가지다. 사도신경은 교회사 속에서 수도 없이 발생해 온 이단들로부터 교회를 보호하기 위하여, 우리 신앙의 핵심이 무엇인지, 우리가 믿는 대상이 누구이며 우리가 따라야 할 중요한 원리가 무엇인지를 가르치기 위하여, 교회가 공식적으로 밝혀놓은 것이다. 그래서 이것은 우리가 목숨보다도 소중하게 지켜야 할 신조이고, 생각과 행동과 삶의 기초가 되어야 할 세계관의 표준이다. 몇 줄 안 되는 짧은 글줄에 불과하지만, 역사 속에서 사도신경의 고백과는 다른 엉뚱한 고백을 강요했던 통치자들에 의해 수많은 성도들이 목숨을 잃었고, 그 핏값으로 지금까지 보존되어 온 소중한 교회의 유산인 것이다. 이처럼 중요한 고백이기에, 모든 성도가 마음 깊은 곳에 새기기 위하여 매 주일 그렇게 반복하는 것이다. 그러던 것을 이제 우리는 너무나도 가볍게, 이미 우리 자신과는 아무런 상관도 없는 빛바랜 문서 취급을 하는지도 모른다. 주문을 외듯이 순식간에 중얼거리고 만다.

솔직히 예배시간에 사도신경이나 주기도문을 외울 때 곤혹스러울 때가 많다. 너무 빠르니까, 다른 사람 속도에 어느 정도 맞추려다 보니 중간쯤 가서는 혀가 꼬여서 제대로 발음하기 힘들다. 그래서 마치 "경찰청 창살은 철창살…" 이런 종류의 문장을 읽는 듯하다. 제발 천천히, 그 문장 하나하나 단어 하나하나를 차분하게 묵상하면서, 그 문서의 내용을 진정 나의 신앙으로 삼고 인정하면서 고백하는 여유를 갖고 싶다. 뭐가 그리 급할까? 찬송도 너무 빠르게 부르는 것 같다. 물론 곡의 느낌을 위해 악상 기호에 따라 빠르게 불러야 할 찬송도 있다. 그러나 대부분의 우리 찬송가는 그 고백적이고 선언적인 아름다운 가사를 충분히 묵상할 수 있도록 천천히 부르게 되어있다. 내가 쓴 시, 내가 작곡한 곡이 아니지만, 그 찬송을 부르면서 작시자의 마음 중심의 고백이 나의 것이 되어 눈물을 흘리곤 하지 않았던가. 그러나 요즘은 찬송을 너무 빠르게, 그리고 시끄럽게 부르는 바람에 더 이상 가사를 묵상할 겨를이 없다. 찬양모임 시간에 어떤 인도자는 "더 빨리, 더 빨리!"를 외치기도 한다. 그렇게 해서라도 뜨거운 분위기를 연출하고 싶은 마음은 이해하나, 그때 흘리는 눈물은 정체불명의 눈물이며, 그 시간이 노래 시합 시간은 될지언정 찬양 드리는 시간이 되지는 못하는 것 같다.

교회가 속도 감각을 회복하길 바란다. 교회마다 메트로놈을 보급해서 예배시간에 작동 시켜 놓으면 어떨까? 웃기는 생각임에 분명하지만, 자꾸만 그런 생각이 든다.

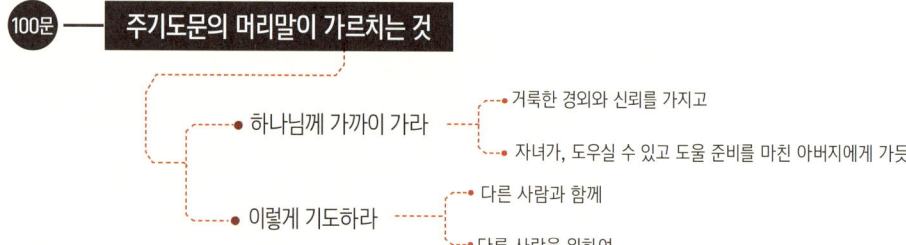

Q100
What doth the preface of the Lord's prayer teach us?
서문, 서언, 머릿말

A100
The preface of the Lord's prayer
(which is, Our Father which art in heaven)
teacheth us
to draw near to God
  with all holy reverence and confidence,
  조경   신뢰
  as children to a father,
    able and ready to help us;
and that we should pray
  with and for others.

문100
주기도문의 머리말이 우리에게 무엇을 가르치나요?

답100
주기도문의 머리말,
"우리 아버지여, 하늘에 계신"은
❶
우리에게 가르칩니다.
하나님께 가까이 가라는 것을.
  거룩한 경외와 신뢰를 가지고,
  자녀가 아버지에게 가는 것처럼.
    도우실 수 있고 도울 준비가 된
    ❷ ❸
또한, 기도해야한다는 것을 가르칩니다.
  다른 사람과 함께, 다른 사람을 위하여
  ❹ ❺

❶ 마태복음 6:9
그러므로 너희는 이렇게 기도하라 하늘에 계신 우리 아버지여 이름이 거룩히 여김을 받으시오며

❷ 로마서 8:15
너희는 다시 무서워하는 종의 영을 받지 아니하고 양자의 영을 받았으므로 **우리가 아빠 아버지라고 부르짖느니라**

❸ 누가복음 11:13
너희가 악할지라도 좋은 것을 자식에게 줄 줄 알거든 **하물며 너희 하늘 아버지께서** 구하는 자에게 성령을 주시지 않겠느냐 하시니라

❹ 사도행전 12:5
이에 베드로는 옥에 갇혔고 교회는 **그를 위하여** 간절히 하나님께 기도하더라

❺ 디모데전서 2:1-2
그러므로 내가 첫째로 권하노니 모든 사람을 위하여 **간구와 기도와 도고와 감사를 하되**; 임금들과 높은 지위에 있는 **모든 사람을 위하여 하라** 이는 우리가 모든 경건과 단정함으로 고요하고 평안한 생활을 하려 함이라

100문 — 주기도문의 머리말이 가르치는 것

본격적으로 주기도문의 내용에 들어갑니다. 앞에서 우리는 기도에 대해 공부하면서, 누구를 위해, 무엇을 위해, 어떻게 기도해야 하는가를 배웠습니다. 이제부터는 그 원리가 가장 잘 반영된 '기도의 모범'을 살펴봅니다.

주기도문의 머리말 : 하늘에 계신 우리 아버지여

머리말에서 가장 중요한 것은, 하나님께서 내 아버지시라는 사실, 즉 아버지가 자녀를 사랑하는 것처럼 하나님께서 나를 사랑하신다는 것입니다. 우리가 하나님을 아버지라고 부를 수 있다고 가르쳐 주시면서 우리에게 가장 중요한 핵심을 보여주시는 것이 바로 '사랑'이라는 것입니다. 우리가 아버지이신 하나님의 사랑을 확증하는 것, 이것이 이 서언에서 가장 중요합니다.

우리가 죄를 지으면, 하나님께서 호적에서 파실까요? 그럴 분이 아니십니다. 심지어 육신의 부모도 그렇지 않죠. 마찬가지로 생각하면 됩니다. 우리가 힘들고 자꾸 쓰러지고, 하나님 앞에서 자꾸만 버팅기는 것을 보실 때, 아버지 하나님은 어느 정도 참다가 실망하고는, '에라 한번 당해봐라.' 하면서 우리에게 어떤 안 좋은 상황을 주시거나 하는 분이 아닙니다. 절대 그러지 않으십니다. 끝까지 사랑하시고, 끝까지 돌보십니다. 잘못할 때는 '징계'를 하시지, 결코 버리시지 않습니다. '너 앞으로는 그러지 말아라.' 하시며 혼내시는 것입니다. 하나님께서 우리를 혼내실 때, 그건 너무나도 감사한 것입니다. 우리의 부모님이 우리를 꾸짖어주실 때, 비록 어릴 때는 잘 모르지만, 그러나 그게 엄청나게 감사한 것이라는 사실, 나이

답변분석

를 먹어가면서 또 결혼을 해서 아이를 키우면서 비로소 느끼게 되는 법입니다. 마찬가지로 하나님께서 우리에게 하시는 모든 일을 대할 때마다 동일한 감사를 느껴야 할 것입니다.

물론 그 전에, 이 세상 모든 일이 다 '하나님께서 나에게 행하시는 일'이라는 걸 깨닫는 것은 기본일 것입니다. 모든 일을 대할 때 이것이 어떤 저 멀리 떨어져 있는 절대자나 막연한 조물주 혹은 올림포스산 위에 있는 신들의 장난이 아니라, 바로 아버지 하나님이 나에게 하시는 일이라는 것을 잊지 말아야 할 것입니다. 그 아버지 하나님이 자기 자녀를 위하시며, 우리에게 가장 중요하고도 가장 필요한 일을 지금 행하고 계신다는 것을 믿어야 합니다. 그리고 그 근본에는 우리에 대한 지극히 위대한 사랑이 밑바탕에 깔려있다는 사실을 항상 잊지 말았으면 좋겠습니다.

여기서 '아버지'라는 호칭은 성자 하나님이나 성령 하나님과 구별되는 성부 하나님만을 의미하는 것이 아닙니다. 비록 우리가 기도할 때 '하나님 아버지'께라고 표현하지만, 실제로는 '삼위일체 하나님'을 의미합니다.

- ☑ '우리Our, we'라는 표현은 왜 쓰였나? : 다른 사람들과 함께, 다른 사람들을 위하여 기도한다는 사실을 강조하는 것입니다. 하나님은 한 아버지를 둔 우리에게 많은 형제들이 있고, 그들이 서로 돌보기를 원하십니다.

- ☑ 'for others(다른 사람을 위하여)' 라는 표현 : 문답의 마지막 줄에 있는 이 "다른 사람을 위하여"라는 표현은 머리말부터 둘째 간구까지 반복해서 등장하는데, 그 의미에 대해서는 둘째 간구를 공부할 때 언급하겠습니다.

- ☑ 정말 '하늘'에 계신가? 하늘은 어디인가? 대기권? 우주? : 하나님은 온 세상에 충만하시고 무소부재 하신 분이라서 굳이 하늘이라는 장소를 칭하지 않아도 되지만, 하나님의 영광스러움과 무한한 권세를 알리기 위한 표현으로, 하나님이 거하시는 곳을 '하늘'이라 불렀습니다.

- ☑ 내 삶에서 무엇을 어떻게 실천할까? : 십계명의 1-4계명에서 다짐했던 것부터 실천해봅시다. 그리고 어떻게 실천할 것인지 다시 적어봅시다.

답변분석

※ 주기도문 부분을 공부할 때는 좀 더 깊은 이해를 위해 소요리문답의 각 문답에 해당하는 대요리문답의 설명을 함께 보는 것이 좋습니다.

다음 단원부터는 대요리문답 전문을 QR코드로 제공합니다.

대요리문답 189문

Q189. What doth the preface of the Lord's Prayer teach us?
A189. The preface of the Lord's Prayer (contained in these words, Our Father which art in heaven,) teacheth us , when we pray, to draw near to God
    with confidence of his fatherly goodness ,
    and our interest therein;

    with reverence,
    and all other childlike dispositions ,
    heavenly affections ,

    and due apprehensions of
        his sovereign power, majesty,
        and gracious condescension :

as also,
to pray with and for others.

189문. 주기도문의 머리말은 우리에게 무엇을 가르칩니까?
189답. "우리 아버지여, 하늘에 계신"이라고 한 주기도문의 머리말은
우리를 가르치는데,
우리가 기도할 때 하나님께 다가가야 함을 가르칩니다.

(어떻게?) 그분의 아버지로서의 선하심을 확신함과
그것에 대한 우리의 관심을 가지고,

경외심과
다른 모든 아이 같은 성향.
거룩한 애정을 가지고,

또한, 바른 이해를 가지고.
그의 주권적 능력과 위엄과
자비로운 낮아지심에 대한

또한 이처럼, 우리가 다른 사람들과 함께 기도하고, 다른 사람들을 위하여 기도해야 함을 가르쳐줍니다.

하나님은 신이신데, 그의 피조물더러 자신을 아버지라고 부르는 것을 허락하실 만큼 우리를 사랑하십니다. 그분의 사랑은 세심하며, 육체뿐 아니라 영혼까지도 하나님의 보호 가운데 있습니다. 주님은 이런 사실을 주기도문을 통해 가르치시며, 자칫 우리가 교만하지 않도록 하시고, 다만 겸손히 하나님께 구하는 자세로 살아가도록 하셨습니다.

그래서 우리가 구할 것은 결국 하나님, 하나님 뿐입니다. 나라와 권세와 영광도 모두 아버지께 영원히 있습니다. 주님을 찬양합니다.

101문 — 첫 번째 기도에서 우리가 구하는 것

- 누가? ······ 하나님께서
- '우리와 다른 자들이 그분을 능히 영화롭게 하도록' 하여 주시기를 ······ 하나님께서 자신을 나타내시는 모든 일에 있어서
- 모든 것을 자신의 영광이 되도록 처리해 주시기를

Q101
What do we pray for in the first petition?

A101
In the first petition (which is, Hallowed be thy name) we pray,

That God would enable us and others to glorify him in all that whereby he maketh himself known; and that he would dispose all things to his own glory.

청원, 탄원, 간구
신성한
배치하다, 처리하다

문101
첫 번째 간구에서 우리는 무엇을 위해 기도하나요?

답101
첫 번째 간구, "당신의 이름이 거룩하게 되소서"에서 우리는 기도합니다. ❶

하나님께서 우리와 다른 자들로 하여금 그 분을 능히 영화롭게 하실 것을.
하나님께서 자신을 나타내시는 모든 일에 있어서 ❷
또 하나님께서 모든 것을 자신의 영광이 되도록 처리해주시기를. ❸

---

❶ 마태복음 6:9
그러므로 너희는 이렇게 기도하라 하늘에 계신 우리 아버지여 이름이 거룩히 여김을 받으시오며

❷ 시편 67:2-3
주의 도를 땅 위에, 주의 구원을 모든 나라에게 알리소서; 하나님이여 민족들이 주를 찬송하게 하시며 모든 민족들이 주를 찬송하게 하소서

❸ 시편 83:1-18
하나님이여 침묵하지 마소서 하나님이여 잠잠하지 마시고 조용하지 마소서; 무릇 주의 원수들이 떠들며 주를 미워하는 자들이 머리를 들었나이다; 그들이 주의 백성을 치려 하여 간계를 꾀하며 주께서 숨기신 자를 치려고 서로 의논하여; 말하기를 가서 그들을 멸하여 다시 나라가 되지 못하게 하여 이스라엘의 이름으로 다시는 기억되지 못하게 하자 하나이다; 그들이 한마음으로 의논하고 주를 대적하여 서로 동맹하니; 곧 에돔의 장막과 이스마엘인과 모압과 하갈인이며; 그발과 암몬과 아말렉이며 블레셋과 두로 사람이요; 앗수르도 그들과 연합하여 롯 자손의 도움이 되었나이다 (셀라); 주는 미디안에게 행하신 것 같이, 기손 시내에서 시스라와 야빈에게 행하신 것 같이 그들에게도 행하소서; 그들은 엔돌에서 패망하여 땅에 거름이 되었나이다; 그들의 귀인들이 오렙과 스엡 같게 하시며 그들의 모든 고관들은 세바와 살문나와 같게 하소서; 그들이 말하기를 우리가 하나님의 목장을 우리의 소유로 취하자 하였나이다; 나의 하나님이여 그들이 굴러가는 검불 같게 하시며 바람에 날리는 지푸라기 같게 하소서; 삼림을 사르는 불과 산에 붙는 불길 같이; 주의 광풍으로 그들을 쫓으시며 주의 폭풍으로 그들을 두렵게 하소서; 여호와여 그들의 얼굴에 수치가 가득하게 하사 그들이 주의 이름을 찾게 하소서; 그들로 수치를 당하여 영원히 놀라게 하시며 낭패와 멸망을 당하게 하사; 여호와라 이름하신 주만 온 세계의 지존자로 알게 하소서

101문 — 첫 번째 기도에서 우리가 구하는 것

전반부 : 하나님의 영광과 뜻

먼저 앞부분 세 개의 간구는, 하나님의 영광과 뜻을 먼저 이야기하는 부분입니다. 그런데 이것과 성도의 삶의 실천이 무슨 관계가 있을까요? 지금 기도에 대해 공부하고 있는데, 나에게 필요한 것을 구하는 것도 부족한 마당에, 웬 하나님의 영광?? 대체 어떤 내용들이 있는지 차근차근 살펴봅시다.

첫 번째 간구 : '당신의 이름이 거룩하게 되소서.' 의 의미

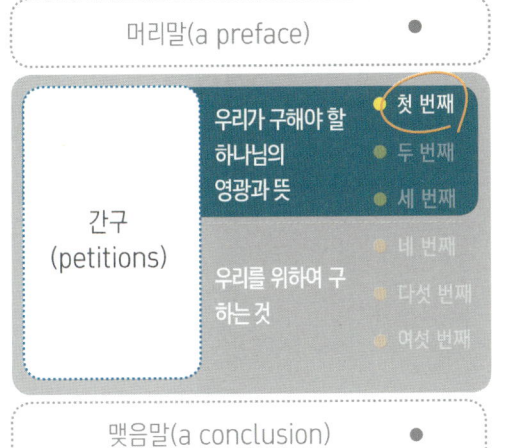

"하나님의 영광" 101문을 보고 딱 느껴지는 것이 무엇인가요? 101문은 주기도문의 가장 첫 번째 나오는 간구에 대한 설명인데, 소요리문답 1부의 첫 질문인 1문과 유사한 점이 있습니다. 또한 소요리문답 2부의 시작인, 39문과도 유사한 점이 있습니다.

[복습] 웨스트민스터 소요리문답 1문이 무엇?

답:

우리가 삶의 가장 큰 목적으로
삼아야 할 것이 무엇?

답:

소요리문답의 첫 번째 질문은 외우고 기억했으면 좋겠습니다. "사람의 주된 목적은 무엇입니까?"라는 질문입니다. 이 질문에, "하나님을 영화롭게 하고, 그분을 영원토록 온전히 즐거워하는 것입니다"라고 대답합니다. 1부에서 귀에 못이 박히도록 반복했던 것인데, 2부 막바지에 와서 다시 반복합니다. 이건 너무나도 **엄.청.나.게.** 중요한 질문과 답이라서, 자꾸만 강조하고 싶습니다.

답변분석

세상 사람들 70억 인구를 딱 둘로 나누라면, 바로 이 답을 제대로 말하는 사람과, 그렇지 않은 사람으로 나눌 수 있습니다. 우리도 가만히 한번 생각해봅시다. 우리의 삶의 가장 큰 목적으로 삼아야 할 것이 무엇일까요? 많은 대답이 있을 수 있겠으나, 그 수많은 대답들을 다 요약하면 딱 두 개로 나눌 수 있습니다. 그것은 다음과 같습니다.

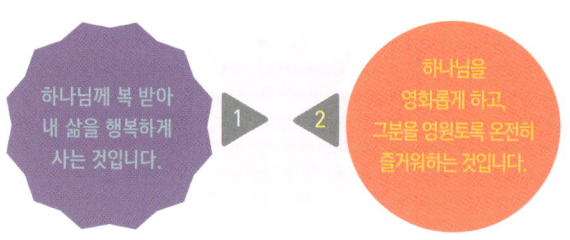

둘 중 어느 것이 마음에 드시나요? 왠지 1번이 끌리시나요? 아니면 '둘 다 되면 더 좋겠다!'고 생각되시는지요? ^^ 그런데 답은 둘 중 하나라는 것을 주기도문의 첫 번째 간구가 그것을 말해주고 있습니다.

위의 1번 대답을 하는 기독교인들이 얼마나 많은지 모릅니다. 타 종교인들도, 종교생활을 하지 않는 사람들도, 사실 하나님이라는 용어만 다른 것으로 대체할 뿐, 축복받아 행복하게 사는 것이 인생의 목적이라고 제시합니다. 남을 위한 희생의 삶을 사는 사람이나 예술가뿐만 아니라 심지어 종교인조차도, 결국에는 인생의 목적으로 '행복한 삶'을 이야기하는 것입니다.

하지만 참으로 곤란(?)하게도, 우리가 믿고 따르는 성경의 진리는 두 번째 대답이 옳다고 말합니다. 우리의 삶 자체의 중요성보다는, 삶 자체가 '수단'이 되어, 하나님의 영광을 위해 살아가는 것이 인생의 목적이라고 합니다.

우리 삶이 보다 고상하고 윤택해지기 위해 하나님이라는 존재가 필요해진 것이 아니라, 하나님의 영광을 위한 수단으로 우리 삶과 죽음이 있다는 것입니다. 그리고 그러한 삶을 영원토록, 온전히, 즐거워하라는 것입니다. 그런 독특한 대답을 선택하라고, 성경은 분명히 말하고 있습니다.

이 '곤란한 질문'에 대답을 제대로 할 수 있느냐의 여부, 이것이야말로 우리의 인생에서 가장 크고 중요한 전환점이 되는 것입니다. 우리 모든 인생들에게. 이것이 뒤바뀐 상태로는, 우리 인생은 그 누구도 죽을 때까지 자유가 없고 늘 비참함 속에 있을 수밖에 없습니다.

우리는 살면서 꿈과 비전을 품고, 소원을 품습니다. 과연 그 소원을 이루는 것이 우리의 인생에 얼마만큼의 가치가 있을까요? 그렇게 우리가 마음에 소원을 두고 바라는 것과 결코 내 인생에는 일어나지 않았으면 싶었던 안 좋은 일, 심지어 우리의 죽음조차도 하나님께서는 그저 수단으로 쓰십니다. 하나님께서 우리와 우리 주위의 모든 인생들을 통해, 우리 인생의 모든 여정을 통해 최후의 한 가지를 남기신다면, 그것은 무엇일까요? 「하나님을 영화롭게 하는 삶을 살아가는 성도 한 사람」. 그러한 성도 하나를 남기시려고, 하나님께서 끈기와 열정으로 일하시는 것이 아닌가 합니다.

지금 공부하는 주기도문의 첫 간구는 결국, 우리가 하나님께 간구해야 마땅한 그 첫 번째가, 우리의 필요가 아니라 **하나님의 이름을 위한 기도**가 되어야 한다는 것입니다. 주기도문에서도 일관되게, 인간에게 있어서 가장 중요하고 첫 번째로 구해야 하는 것이 무엇보다 '하나님'이라는 것을 분명히 해주고 있는 것입니다.

"그런즉 너희가 먹든지 마시든지 무엇을 하든지 다 하나님의 영광을 위하여 하라." *고린도전서 10:31*

심화학습

[복습] 하나님을 영화롭게 하는 삶이란 무엇일까요?
1부에서 이미 선언적으로 공부했지만,
그동안 소요리문답을 쭉 배워왔으니 다시 생각해봅시다.

우리는 '진정한 사랑'을 늘 갈망합니다. 그것은 겉모습이 아니라 마음 깊숙한 곳에서 우러나는 진실일 것입니다. 또한 그런 진실이 삶 가운데 절절하게 묻어나와, 말하지 않아도 저절로 전해지는 그런 사랑일 것입니다. 다른 종교는 얼마든지 대충 형식만으로도 그 신을 만족시킬 수 있습니다. 왜냐하면 가짜이고, 인간보다 못한 존재이기 때문입니다. 하지만 우리 하나님은 그런 분이 아니시고, 참되시고 살아계신 하나님이십니다. 그래서 우리의 예배는, 종교행사가 아니라 '삶'입니다. 삶이 예배가 되는 것입니다.

오늘도 우리는 직장에 다니고, 교회에 다니고, 친구를 만납니다. 밥을 먹고, 쉬고, 잠을 잡니다. 이러한 모든 것들이 지금 하나님께 영광을 돌리기 위한 존재로 우리를 만드시기 위한 하나님의 큰 계획 속에 펼쳐지는 것입니다. 그 계획 속에서 우리의 모든 삶은 '하나님 앞에서의 삶'이 되며, 예배가 되는 것입니다. 또한 그 계획은 우리가 알지 못하는 중에 되어가는 오묘한 일이라는 점을, 바로 이 주기도문의 첫 번째 간구부터 하나님께 초점을 맞추고 향해 있다는 사실을 통해 깨달을 수 있습니다. 우리 삶은 그래서 오직 하나님을 찬양하며 감사로 순종하는 것밖에는 아무것도 없습니다.

〈참고〉 대요리문답 190문답
우리는 첫째 간구에서 무엇을 위해 기도하는가?

그분이 벌을 주시면	그분의 의로움을 찬양
그분이 용서를 베푸시면	그분의 자비로우심을 찬양
그분이 약속을 들어주시면	그분의 진실하심을 인정하고 찬양

심화학습

이러한 삶이 하나님께 영광 돌리는 삶이며, 이러한 삶이 나에게 온전한 즐거움이 될 그 날을 소망하며 구하는 것이 우리의 매일의 소원이자 기도 제목이 늘 되길 바라는 것입니다. 먹고, 입고, 숨 쉬고, 생각하는 모든 것이, 아니 우리의 존재 자체가, 우리 주변의 모든 환경까지도 하나님께서 쥐고 계시기 때문에 지금 이 순간도 존재할 수 있으며 또한 유지되고 있다는 사실! 그 앞에서 우리가 할 수 있는 것은 오직 감사뿐이며, 그 감사가 가득할 때 우리는 비로소 내 삶에 대해 교만하지 않고 겸손할 수 있고, 그런 때에야 비로소 우리는 진짜 순종을 할 수 있는 것입니다.

겉으로 보기에 순종하는 것처럼 보이는 그런 것 말고, 지극히 작은 일에 말씀대로 기꺼이 순종할 수 있게 되는, 그런 순종을 하도록 합시다. 바로 우리 주위에 있는 자그마한 순종의 제목들부터 말입니다. 순간순간 아무것도 아닌 것처럼 다가오는, 그러나 어쩌면 가장 순종하기 힘든 그런 것들을 말입니다.

102문 — 두 번째 기도에서 우리가 구하는 것

- 사단의 나라가 멸망하기를
- 은혜의 나라가 임하기를 — 그래서 우리와 다른 사람들이 그리로 들어가 거기 거하게 하시기를
- 영광의 나라가 속히 임하기를

Q102
What do we pray for in the second petition?

A102
In the second petition (which is, Thy kingdom come) we pray,

That Satan's kingdom may be destroyed;
왕궁   파괴,멸하다
and that the kingdom of grace may be advanced,
증진,발전하다
ourselves and others brought into it,
BRING의 과거,과거분사
and kept, in it;
보유하다,(어떤 상태를)유지하다
and the kingdom of glory may be hastened.
재촉하다, 서두르다

문102
두 번째 간구에서 우리는 무엇을 위해 기도하나요?

답102
두 번째 간구, "당신의 나라가 임하소서"에서 ❶
우리는 기도합니다.

사단의 나라가 멸망하기를. ❷
그리고 은혜의 나라가 임하여, ❸
우리와 다른 사람들도 그리로 들어가,
거기 거하게 하실 것을. ❹❺❻
또한 영광의 나라가 속히 임하기를. ❼

---

❶ 마태복음 6:10
그러므로 너희는 이렇게 기도하라 하늘에 계신 우리 아버지여 이름이 거룩히 여김을 받으시오며

❷ 시편 68:1, 18
하나님이 일어나시니 **원수은 흩어지며 주를 미워하는 자들은 주 앞에서 도망하리이다**; 주께서 높은 곳으로 오르시며 **사로잡은 자들을 취하시고** 선물들을 사람들에게서 받으시며 반역자들로부터도 받으시니 여호와 하나님이 그들과 함께 계시기 때문이로다

❸ 요한계시록 12:10-11
내가 또 들으니 하늘에 큰 음성이 있어 이르되 이제 우리 하나님의 구원과 능력과 **나라와** 또 그의 그리스도의 권세가 **나타났으니** 우리 형제들을 참소하던 자 곧 우리 하나님 앞에서 밤낮 참소하던 자가 쫓겨났고; 또 우리 형제들이 어린 양의 피와 자기들이 증언하는 말씀으로써 그를 이겼으니 그들은 죽기까지 자기들의 생명을 아끼지 아니하였도다

❹ 데살로니가후서 3:1
끝으로 형제들아 너희는 우리를 위하여 기도하기를 주의 말씀이 너희 가운데서와 같이 퍼져 나가 영광스럽게 되고

❺ 로마서 10:1
형제들아 내 마음에 원하는 바와 **하나님께 구하는 바는** 이스라엘을 위함이니 곧 그들로 구원을 받게 함이라

❻ 요한복음 17:9, 20
내가 그들을 위하여 비옵나니 내가 비옵는 것은 세상을 위함이 아니요 내게 주신 자들을 위함이니이다 그들은 아버지의 것이로소이다; **내가 비옵는 것은 이 사람들만 위함이 아니요 또 그들의 말로 말미암아 나를 믿는 사람들도 위함이니**

❼ 요한계시록 22:20
이것들을 증언하신 이가 이르시되 내가 진실로 속히 오리라 하시거늘 아멘 **주 예수여 오시옵소서**

102문 — 두 번째 기도에서 우리가 구하는 것

두 번째 간구 : '나라가 임하시오며…'의 의미

두 번째 간구 역시, '나'를 내세우는 것이 아니라 하나님의 나라에 대한 간구를 하고 있습니다.

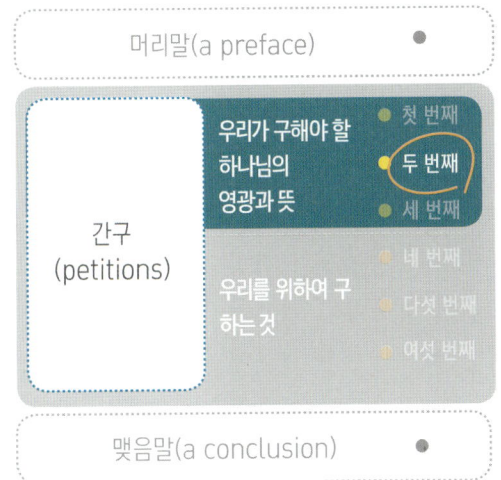

하나님 나라가 무엇일까요? 우리는 지금 하나님 나라에 살고 있나요? 아니면 하나님 나라에 가기를 소망하며, 기다리는 중인가요?

하나님의 나라는 어떤 특별한 현상이나 기적에 있지 않습니다. 꼭 죽은 다음에 가는 곳을 뜻하지도 않습니다. 혹은 땅끝까지 복음이 전달되거나, 온 나라가 기독교 국가가 되는 시점을 일컫는 것도 아닙니다. 그럼 무엇일까요? 하나님 나라의 핵심은 바로 '하나님께서 다스리신다'는 것입니다. 하나님께서 그의 성령으로 자기 백성들 위에서 다스리시고, 백성들은 그의 말씀에 순종하며, 하나님의 자비와 선하심이 백성들의 삶 가운데 나타나는 것, 바로 그 상태, 그 순간, 하나님의 나라가 임하시는 것입니다. 즉, 하나님의 나라는 그분의 백성들이 그분 안에서 사는 것입니다.

하나님의 나라가 이런 것이라고 할 때, '천국'에 대한 오해가 우리에게는 너무도 많은 것 같습니다. 천국을 상상할 때 - 특히 주일학교에서 가르칠 때도 주의할 점이라고 생각되는데 - 우리는 다음과 같은 잘못 만들어진 관념 속에 있기 쉽습니다. 온통 보석으로 치장되고, 황금 궁전에, 가로수와 시냇물까지 은과 금으로 넘치는 곳, 병과 아픔, 고통과 슬픔과 눈물과 죽음이 없는 곳, 모든 것이 아름답기만 하고, 평화로운 곳. 이것은 물론 성경에서 나온 표현이겠지만, 가장 중요한 것은 사실 이런 것들이 아닙니다. 하나님이 계시고, 통치하시며, 우리가 그의 백성이 된다는 사실입니다.

답변분석

이것이 별것 없어 보이시나요?^^ 그렇게 느껴지면 정상일 것입니다. 우리 수준의 가치관으로 보면 천국이 그저 하나님께서 다스리시는 곳이라고 하니 썰렁⁽?⁾해 보이고, 별다른 매력이 없습니다. 그런 느낌을 갖는 순간, 우리는 하나님 나라 혹은 천국에 대해 그동안 '대체 무엇을 기대했던가' 돌이켜보게 되는 순간입니다. 무엇을 기대했나요? 신앙생활을 통해 나는 과연 무슨 상급을 기대했던가요? 이렇게 생각해보면 참으로 엉뚱한 것을 우리는 기대하고 있었는지도 모릅니다. 황사가 몰려오는 날, "아~ 천국에 가면 맑은 공기, 맑은 물을 마시며 살 수 있겠지!" 이런 수준과 크게 다르지 않습니다.

천국을 상상할 때 하나님을 제쳐두고 금은보화나 상급과 명예를 바라는 것은 얼마나 뜬금없는 사고방식인지 모릅니다. 우리가 천국에서 기대해야 할 것, 그것이 바로 '하나님'이시라는, 어쩌면 당연하지만 결코 가볍게 넘길 수 없는 사실 앞에서, 나는 과연 하나님과 함께 사는 것이 좋아서, 그것이 즐거워서, 그것이 나의 기쁨 되어서, 그분의 통치와 그분의 법 아래 사는 것이 좋아서 그곳에 가고자 했는지, 아니면 이 세상이 참 피곤하고 더럽고 살기 팍팍해서, 천국이 좋다니깐, 그곳을 소망했던 것인지 자문해보아야 합니다. 철저하게 스스로 그 마음 중심을 내어놓고 생각해봐야 되는 것입니다.

우리가 천국에서 기대해야 할 것은, **하나님**과 **하나님의 통치 아래, 그분의 법 아래 사는 것**이 되어야 합니다!

두 아들 이야기가 있습니다. 누가복음 15:11-32 방탕한 둘째 아들이 돌아오자 소를 잡고 잔치를 베푸는 아버지에게 첫째 아들이 섭섭함을 토로하자 아버지의 반응이 기억나시지요? "너는 나랑 쭉 같이 있었잖니?" 큰 아들 입장에서는 얼마나 황당한 대답이었을까요? 하지만 머리를 한 대 맞은 듯한 충격이었을지 모릅니다. 무엇이 더 큰 복이냐 하는 것입니다. 하나님과 함께 있는 것이 가장 큰 축복입니다. 소 잡아먹고 잔치하는 것이 중요한 게 아니라, 그것을 깨닫는 것이 첫째 아들에게 더욱 중요한 일이었을 것입니다.

답변분석

"나라가 임하시오며." 이 한 줄을 기도하면서 가장 중요하게 보아야 할 것은, 바로 그 점입니다. 하나님의 나라가 임하기를 소망한다고 기도할 때는, 내가 정확히 무엇을 바라고 있는지, 내가 정말 하나님 나라를 소망하고 있는지를 진지하게 확인하는 것이 중요합니다.

[생각해 봅시다]
우리 안에 왜곡된 선민사상을 물리쳐야 …

〈참고〉 대요리문답 191문답
두 번째 간구에서 우리는 무엇을 위해 기도하는가?

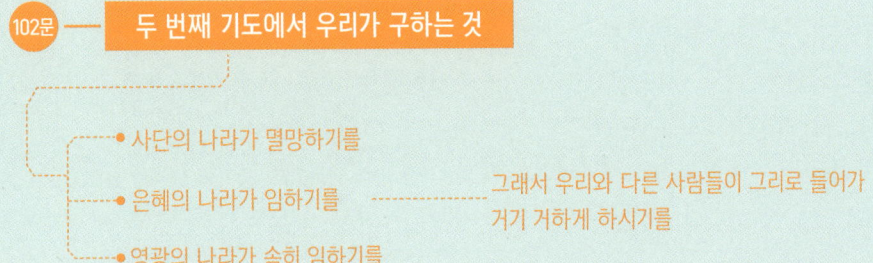

102문 — 두 번째 기도에서 우리가 구하는 것
- 사단의 나라가 멸망하기를
- 은혜의 나라가 임하기를 ······ 그래서 우리와 다른 사람들이 그리로 들어가 거기 거하게 하시기를
- 영광의 나라가 속히 임하기를

도마의 질문

하나님의 나라는 무엇인가요? 언제 볼 수 있나요?

하나님께서 자기 백성들 위에 다스리시고, 백성은 그 하나님의 말씀에 순종하며, 하나님의 자비와 선하심이 백성들 가운데 나타나는 것입니다. 즉, 하나님 나라는, **하나님의 백성들이 그분 안에서 사는 것 !!** 우리가 죽은 후에, 그때 비로소 임하는 게 아니라, '이미' 우리 중에 하나님 나라가 임하였습니다. 그리고 미래의 완성될 그 날에는 더욱 '분명해지는' 개념입니다.

이미 우리 중에 하나님 나라가 왔다면, 그건 '교회'를 말하는 것인가요?

교회는 하나님의 나라가 가장 잘 드러나는 곳입니다. 물론 우리가 보는 교회는 그렇게 보기 힘들 때가 많지만, 그러나 눈에 보이는 형태가 아니더라도, 성도가 하나님의 다스림을 받는 그곳이 하나님의 나라입니다.

하나님 나라가 어떻게 확장되나요? 전도를 많이 해야 하나요?

하나님의 뜻을 진실로 따르는 자들이 늘어나며 빛과 소금으로 살아갈 때, 그것을 하나님 나라의 확장이라 볼 수 있습니다. 그러나 주의할 것은, 하나님 나라의 확장을 우리 손으로 하는 게 아니라는 점입니다. 믿는 자의 영혼을 터치하시는 것은 하나님께서 그의 정하신 때에 하실 일입니다. 우리는 계속해서 빛과 소금으로 살며, 기회 닿을 때마다 주위에 말씀을 전하고, 내 주위에 허락하신 이웃에게 나의 모든 것을 바쳐 섬기며 기도하며 기다리는 것입니다.

참고로, 이 문답은 우리가 전도를 위해서도 기도할 것을 말해줍니다. 소요리문답이 딱딱한 교리와 예정론만 말하고, '선교'를 말하지 않는다고 비난하는 사람이 있다면 여기 102문을 보여주세요. ^^ "은혜의 나라가 더욱 부흥하여, 우리와, 다른 사람들도, 그리로 들어가, 거기 거하게 하시고" … 우리 자신ourselves뿐만 아니라 다른 사람들others까지도 천국에 들어가길 기도하고, 거기 거하게 해달라고 기도하고 있습니다. *데살로니가후서 3:1 , 로마서 10:1, 요한복음 17:9, 20* 예정론이 결코 선교를 외면하는 것이 아닙니다. 충분히 관심을 갖고 기도할 수 있으며, 오히려 열심히 기도하라고 가르치고 있는 것입니다.

방글라데시에서
간고등어 한 마리를 받았습니다.

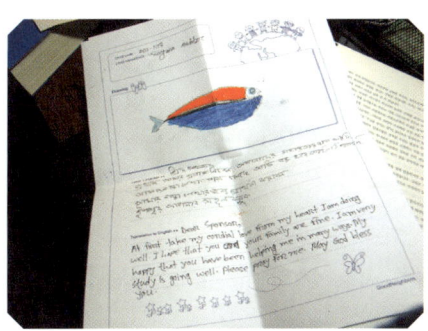

몇 해 전 어느 여름, 후원하던 아이에게서 직접 손글씨로 쓴 편지가 왔습니다. 방글라데시에 살고 있구요, 아이 이름이 '사이마악커'에요. (안 보는 사이, 막~ 크고 있는 아이라고 생각하면 이름이 빨리 외워집니다. ^^)

무기력함과 자괴감에 빠져 힘들어했던, 가족마저도 저를 위로하기 버거워하던 그런 날이었습니다. 그런데 바로 그 날, 사이마악커가 초등학교에 입학해서 찍은 사진이 우편함에 들어 있었습니다. 후원을 시작하면서 소개용 사진 한 장을 받았고, 그 뒤 2년 만에 받아보는 아이 사진이었는데, 부쩍 자라 있더군요. 그리고 그날 저는 몹시 부끄러웠습니다.

당시 제가 몰두하던 일이 있었는데, '열심히 해보자'는 좋은 의도에서 출발했음에도 어느새 '감사'가 사라져버리고 '더 갖기 위한' 발버둥, 불평과 불만으로 변해버렸음을 깨달았던 것입니다. 지구 반대편 저 아이는 제 통장에 있는 숫자 몇 개 때문에 기본적인 생활을 해나갈 수 있는 형편...그럼에도 너무도 감사해하며 살아가고 있거든요.

그날, 이 아이의 편지를 통해 하나님의 손길을 느끼며, 큰 힘을 얻었습니다.

103문 | **세 번째 간구에서 우리가 구하는 것** → 우리가 하나님의 뜻을 알고 따르고 복종하게 하시기를

- 누가? — 하나님께서
- 무엇으로 — 은혜로
- 어떻게?
  - 우리가 — 능히 / 기쁘게
  - 모든 일에 있어서
  - 하늘의 천사들이 그러하듯

Q103
What do we pray for in the third petition?

A103
In the third petition (which is, Thy will be done in earth, as it is in heaven)

we pray,

That God, by his grace,

would make us able and willing (기꺼이 하는)

to know, obey, and submit to his will (순종하다, 따르다)

in all things,

as the angels do in heaven.

문103
세 번째 간구에서 우리는 무엇을 위해 기도하나요?

답103
세 번째 간구, "당신의 뜻이 이 땅에 이루어지소서. 하늘에서처럼"에서 ❶
우리는 기도합니다.

하나님께서, 그의 은혜로 말미암아,

우리로 하여금 능히, 그리고 기쁘게,

그의 뜻을 알고, 순종하고, 따르게 하시기를.

모든 일에 있어서, ❷❸❹❺❻
하늘에서 천사들이 그러하듯. ❼

---

❶ 마태복음 6:10
나라가 임하시오며 뜻이 하늘에서 이루어진 것 같이 땅에서도 이루어지이다

❷ 시편 67:1-7
하나님은 우리에게 은혜를 베푸사 복을 주시고 그의 얼굴 빛을 우리에게 비추사 (셀라); 주의 도를 땅 위에, 주의 구원을 모든 나라에게 알리소서; 하나님이여 민족들이 주를 찬송하게 하시며 모든 민족들이 주를 찬송하게 하소서; 온 백성은 기쁘고 즐겁게 노래할지니 주는 민족들을 공평히 심판하시며 땅 위의 나라들을 다스리실 것임이니이다 (셀라); 하나님이여 민족들이 주를 찬송하게 하시며 모든 민족으로 주를 찬송하게 하소서; 땅이 그의 소산을 내어 주었으니 하나님 곧 우리 하나님이 우리에게 복을 주시리로다; 하나님이 우리에게 복을 주시리니 땅의 모든 끝이 하나님을 경외하리로다

❸ 시편 119:36
내 마음을 주의 증거들에게 향하게 하시고 탐욕으로 향하지 말게 하소서

❹ 마태복음 26:39
조금 나아가사 얼굴을 땅에 대시고 엎드려 기도하여 이르시되 내 아버지여 만일 할 만하시거든 이 잔을 내게서 지나가게 하옵소서 그러나 나의 원대로 마시옵고 아버지의 원대로 하옵소서 하시고

❺ 사무엘하 15:25
왕이 사독에게 이르되 보라 하나님의 궤를 성읍으로 도로 메어 가라 만일 내가 여호와 앞에서 은혜를 입으면 도로 나를 인도하사 내게 그 궤와 그 계신 데를 보이시리라

❻ 욥기 1:21
이르되 내가 모태에서 알몸으로 나왔사온즉 또한 알몸이 그리로 돌아가올지라 주신 이도 여호와시요 거두신 이도 여호와시오니 여호와의 이름이 찬송을 받으실지니이다 하고

❼ 시편 103:20-21
능력이 있어 여호와의 말씀을 행하며 **그의 말씀의 소리를 듣는** 여호와의 천사들이여 여호와를 송축하라; 그에게 수종들며 그의 뜻을 행하는 **모든 천군이여 여호와를 송축하라**

103문 — 세 번째 간구에서 우리가 구하는 것
우리가 하나님의 뜻을 알고 따르고 복종하게 하시기를

세 번째 간구 : "뜻이 하늘에서 이룬 것 같이 땅에서도 이루어지이다."의 의미

이것은 무슨 간구일까요? "하나님의 뜻이 땅에서 도통 이루어지지 않으니, 이제는 제발 좀 이루어졌으면 좋겠어요."라고 기도하는 것일까요? 답은 No 입니다. 그런데 우리는 정답이 No라는 것을 쉽게 눈치로 알지만, 실제로는 저렇게 생각하고 있기가 너무나도 쉽습니다. 왜냐하면 우리 눈앞에는 늘 이 땅의 부족함만 보이기 때문입니다.

지금 우리 주변을 보면, 하나님의 뜻과 동떨어진 삶들이 얼마나 넘쳐나는지 모릅니다. 둘러보면 그저 악만 판치고, 인간의 연약한 정욕만이 뭉게뭉게 대기 중에 꽉 차 있는 듯한 느낌을 받습니다. 그래서 그런 세상 속에 정신없이 살다 보면, 도대체 하나님의 통치는 어디로 사라진 것인가, 궁금하기도 합니다. 때로는 하나님을 원망하기도 하고, 더 나아가 하나님이 과연 계시기나 한지, 의심할 때가 있습니다.

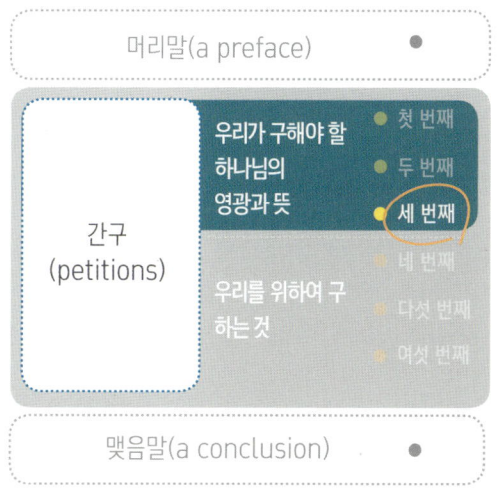

이상하다는 생각이 들지 않나요? 하나님 나라가 임한다는 문장을 보면, 마치 무슨 '간달프'나 혹은 크리스천 영웅이 짠 나타나서, 안 믿는 사람/사회/정부와 거대한 전쟁을 치르고, 천군 천사가 이 땅 위에 쏟아져 내려오게 될 것 같은 느낌이 듭니다. 그래서 우리 간구함이 혹시 이런 결과물을 위해 있는 것은 아닐까 상상할 수 있을 것입니다. 예를 들면, 운동장이나 광장 같은 넓은 장소에 기독교인들이 잔뜩 모여서 주님의 뜻이 이 땅에서도 이루어지기를 기도하니까, 대한민국 전체가 갑자기 회개하고 돌아서서 하나님을 섬기는 기적 같은 일 말입니다.

답변분석

사실 하나님의 뜻은 그 어디에서나 이루어집니다. 하이델베르크 요리문답 1문에서도 볼 수 있지만, 하나님이 원하시지 않는 것은 머리털 하나라도 그냥 떨어지지 않습니다. 사탄마저도 하나님의 허락 없이는 아무것도 행하지 못하고, 지금 뭐 우리 주변에 보이는 하나님에 대해 반역하는 이들도, 마치 그들은 하나님의 손 밖에 있는 자들처럼 보이지만, 사실은 자신이 깨닫지 못하는 동안 하나님의 더 큰 사역을 성취하고 있는 셈입니다. 심지어 사탄도 자기는 스스로 자기 하고 싶은 일을 행하는 것이지만, 그보다 높고 깊고 먼 차원에서 하나님께서 일하고 계십니다. 하나님은 사탄조차도 손바닥 위에 놓고 마치 수단처럼 사용하셔서, 당신의 일을 성취하십니다.

그래서 이 간구는, 뭘 어떻게 해달라는 기도라기보다는, '우리가 저런 기도를 할 수 있는 자세를 갖기를 원합니다.', '하나님의 통치와 뜻이 이루어질 것을 믿고 기뻐할 줄 아는, 그런 존재가 되기를 원합니다.'라는 기도라고 할 수 있습니다.

질문 하나 드립니다. 주위에서 이것이 하나님의 뜻이라고 하니까, 하기 싫은 일을 억지로 했던 적이 있나요? 누구나 아마 그런 경험이 있을 것입니다. 하나님의 뜻이 옳다는 것을 알지만, 그것을 따르는 것이 쉽지 않고 대부분 내 의지와 싸워야 합니다. 그게 정상적인(?) 모습입니다. 그래서 이 세 번째 간구가 중요합니다. "우리 마음이 제발 점점 더 하나님과 하나님의 뜻을 기뻐하게 되어서, 결국에는 하나님께서 원하시는 일을 기꺼이, 그리고 기쁜 마음으로 할 수 있는 존재가 되길 원해요!"하고 간구하는 것입니다.

우리는 지금 어떤 존재일까요? 우리는 '성도' 즉, 거룩한 무리입니다. 물론 주님의 중보하심으로 우리는 법률상 '의인'이 되었지만, 그 실체는 여전히 죄의 때가 묻어있는 '죄인'의 모습입니다. 그래서 그 남은 죄의 찌꺼기를 벗어버리기 위해 날마다 성화의 과정을 거친다는 것도 우리는 공부했습니다.(상권, p.336)

어쩌면 이것은 우리가 인생을 살아가며, 특히 인간관계 속에서 항상 고려해야 할 중요한 사실인 것 같습니다. 인간은 누구나 죄인이라는 것…. 그리고 이것은, 미안하지만 죽을 때까지 계속되며, 도대체 좀처럼 나아져 가는 것 같지 않게 느껴질 때가 대부분이라는 것을요. 게다가 이 성화라는 것이 참으로 우리를 당황스럽게 하는 경우가 많은데, 그것은 오랜 세월이 지난다고 해도 결코 이 세상을 사는 동안에는 '완성'되지 않는다는 점입니다.

답변분석

하늘에서 이루신 주의 뜻은, 그리고 이 땅에서 이루어지길 바라야 할 그 뜻은, 다른 것이 아니라 바로 그렇게 연약한 '우리'가 **성결해지는 것입니다.** 성경에서 계시하시는 사랑의 대상은 명확합니다. 우리가 사랑할 대상은 하나님뿐이며, 하나님께서 사랑하시는 대상은 택한 백성, 바로 우리에게 그 초점이 있습니다. 하나님의 뜻은 이미 도덕법을 통해 명시하셨고, 섭리를 통해 이루어가십니다. 우리는 도저히 이러한 도덕법을 다 지킬 수 없는 존재이지만, 하나님께서 친히 우리를 통치하고 도우심으로 이루어나가실 것을 믿습니다. 바로 그런 마음으로 이 구절을 기도해야 합니다.

그래서 우리는 이렇게 기도합니다. '땅에서도 이루어지이다.' 끊임없이 우리 자신을 말씀 앞에서 쳐서 복종시키며 *갈라디아서 2:20*, 기도로 하나님께 도움을 구하는 것입니다. 참으로 우리가 해야 할 소중하고도 긴박한, 처절하기까지 한 간구인 것입니다.

〈참고〉 대요리문답 192문답
세 번째 간구에서 우리는 무엇을 위해 기도하는가?

결론

중간 결론

우리는 사랑을 몰라도 한참 모르는 철부지입니다.
평생 특별한 사랑을 받았으면서도 사랑을 깨닫지 못하고 사랑할 줄도
모르는 게 우리의 모습입니다. 부모가 자식을 생각하듯,
신랑이 신부를 구해내듯, 하나님은 그렇게 우리를 사랑하십니다.
그러나 그 하나님 앞에서, 사랑 앞에서, 우리는 언제나
땅의 것만을 바라며, 그 사랑을 외면하며 살고 있었습니다.

지금까지 본 주기도문의 전반부의 세 가지 간구는,
'우리가 무엇을 위해 살아야 하는지'를 먼저 보여주는 부분입니다.
이제 우리 입으로 주기도문을 암송할 때마다 우리는
<u>'과연 내가 누구를 위해 살고, 무엇을 위해 사는지'</u>를 결단해야 합니다.
날마다 하나님의 뜻대로 살기를 간구해야겠다고 다짐해야 합니다.

물론 이것을 곧바로 우리들의 삶의 실천과 이어서 생각하기란
여전히 쉽지 않습니다.
아무래도 조금 더 가봐야 확실해질 것 같습니다.^^
그러나 적어도 우리 신앙적 실천의 핵심적인 "원리"가 되어주는 부분이,
바로 이 주기도문의 전반부 세 가지 간구라는 사실을
이제는 깨닫게 되었을 것입니다.

결단하셨죠?
다짐하셨죠?

그럼 이제 주기도문의 후반부로 넘어가 봅시다.

소요리문답 101~103문

질문에 대한 답의 구조들이 독특하다.
"하나님의 나라가 이루어지게 하옵소서."라고 기도할 때,
우리가 어떤 큰 능력이나 힘을 갖게 되어서
하나님 나라의 확장을 돕게 해주옵소서 하고 기도하는 것으로 생각하기 쉽다.
하지만 이 물음에 소요리문답은, "우리와 모든 인류가 본질상 죄와 사단의 통치 아래에 있음을 인정하면서, 이 사단의 왕국이 분열될 것을 기도하며, 교회는 이미 이 세상이 하나님의 통치 아래 있음을 확신하며, 그 통치가 더욱 분명하게 드러나도록 규례들을 순수하게 지키고 부패를 정화하며, 그리스도께서 우리의 마음을 다스려 주시길 위한 기도입니다."라고 대답한다.
또한 하이델베르크 요리문답에서는, "주의 말씀과 성령으로 우리를 다스리사 우리가 더욱더 주께 굴복하게 하시며"(123문)라고 설명해주고 있다.
역시 "주의 뜻이 하늘에서 이루어진 것같이 땅에서도 이루어지게 하소서"의 뜻을 물으면
주님의 신령한 뜻을 받아 그 뜻이 이 땅에 이루어질 수 있도록
나의 어떠한 실천적 행동이 따라야만 할 것 같은데,
이 질문에 웨스트민스터 대요리문답에서는, "본질상 모든 사람들은 하나님의 뜻을 알고 행하는 데 있어서 전적으로 불가능할 뿐만 아니라, 알아도 행하길 싫어한다."고 말하며, 그렇기 때문에 "성령으로 모든 사람들의 무지함과 연약함을 제거해 주시길, 은혜로 우리가 주의 뜻을 실천할 수 있는 능력과 마음을 주시길 기도해야 한다."고 대답한다. (192문)
하이델베르크 요리문답 역시, "우리와 모든 사람들이 자기 자신의 뜻을 버리고
아무런 반대 없이 주의 뜻에 순종하게 하시기를 구하오니,
이는 오직 주의 뜻만이 선함이옵니다."라고 말하고 있다. (124문)
놀랍다. 결국 관점의 차이임을 분명히 느낄 수 있다. 모든 교리문답이 철저하게
하나님 중심적이다. 하나님의 주권과 하나님의 능력, 하나님의 은혜, 하나님의
열심… 어떠한 시각으로 이 세상을 보느냐에 따라 그 가치가 확연하게
달라진다는 것이 놀랍다. 이런 하나님을 향한 탁월한 시각과 안목을
가지고 작성된 이 귀한 문서들을
우리 시대에도 접할 수 있다는 것이 참 감사하다.
예수님이 친히 가르쳐주신 특강 교재, 주기도문.
머릿속에 쏙쏙 넣어두자.

104문   네 번째 간구에서 우리가 구하는 것

- 하나님의 거저 주시는 선물을 우리가 받기를 …… 이 세상의 좋은 것들 중 충분한 분량을 받도록
- 우리가 즐거워 하기를 …… 그것들과 함께 받는 하나님의 축복을

Q104
What do we pray for in the fourth petition?

A104
In the fourth petition (which is, Give us this day our daily bread) we pray,
일용할 양식

That of God's free gift

we may receive

    a competent portion of the good things of this life,
  충족한, 충분한   부분, 몫

and enjoy

    his blessing with them

문104
네 번째 간구에서 우리는 무엇을 위해 기도하나요?

답104
네 번째 간구, "오늘 우리에게 그날의 양식을 주옵소서" ❶
에서 우리는 기도합니다.

하나님의 거저 주시는 선물로서,

우리가 받게 해주시기를,

    이 세상의 좋은 것들 중에서 충분한 분량을.

즐거워하기를,

    그것들과 함께 받는 하나님의 축복을.

❷ ❸ ❹

❶ 마태복음 6:11
오늘 우리에게 일용할 양식을 주시옵고

❷ 잠언 30:8-9
곧 헛된 것과 거짓말을 내게서 멀리 하옵시며 나를 가난하게도 마옵시고 부하게도 마옵시고 오직 필요한 양식으로 나를 먹이시옵소서; 혹 내가 배불러서 하나님을 모른다 여호와가 누구냐 할까 하오며 혹 내가 가난하여 도둑질하고 내 하나님의 이름을 욕되게 할까 두려워함이니이다

❸ 창세기 28:20
야곱이 서원하여 이르되 하나님이 나와 함께 계셔서 내가 가는 이 길에서 나를 지키시고 먹을 떡과 입을 옷을 주시어

❹ 디모데전서 4:4-5
하나님께서 지으신 모든 것이 선하매 감사함으로 받으면 버릴 것이 없나니; 하나님의 말씀과 **기도로 거룩하여짐이라**

104문 — 네 번째 간구에서 우리가 구하는 것

후반부 : 하나님을 기쁘시게 하는 삶

이제 본격적으로 주기도문의 후반부를 보면, 기도의 초점이 드디어 우리 자신에게로 돌아오면서, 여기서부터는 '**우리가 하나님을 기쁘시게 하는 삶의 실천이 무엇인지**' 가르쳐주고 있습니다. 후반부의 세 간구를 한 구절씩 살펴보겠습니다.

네 번째 간구 : '오늘날 우리에게 일용할 양식을 주옵시고'의 의미

주기도문의 넷째 간구이자, 후반부의 첫 간구입니다. 맨 처음에 먹을 것이 나옵니다. 드디어 좀 익숙한 표현이 나오네요? ^^ 여기서 '양식'은 단지 먹을 것만을 의미하지 않고, 우리가 사는 데 필요한 모든 것, 모든 힘과 자원을 의미합니다. 모든 것을 하나님께서 주시지 않으면 우리가 받을 것은 아무것도 없다는 이 단순명쾌한 사실을 우리가 너무 자주 잊어버리니까, 이 구절은 '그것을 제발 좀 잊지 말라'는 뜻에서, 맨 처음에 간구하도록 하신 것 같습니다.

사실 '먹고 사는' 문제는, 믿는 자에게나 믿지 않는 자에게나 동일하게 중요한 문제입니다. 믿지 않는 자들도 다 하나님을 의지하고 사는 것인데, 그것을 모를 뿐입니다. 마치 땅속에 사는 두더지나 지렁이, 심해의 수중 생물들이, 결국 태양의 에너지에 의존하여 살아가면서도, 어두운 곳에서 해 없이도 살 수 있는 존재인 양 깨닫지 못하는 것처럼, 그렇게 살아갑니다. 그래서 하나님은 우리에게 말씀하십니다. 너희는 그러지 말고, 생명 주시는 분이 누구신지를 알고 그분께 감사하며 그분을 의지하라는 것입니다. 자기 힘으로 사는 줄 착각하며 사는 인생이 얼마나 많은지 모릅니다.

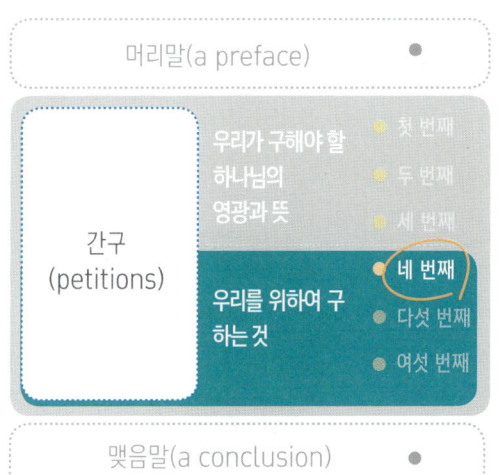

우리는 하나님께 욕심을 부릴 수 있는 위치도 아니고, 그럴 자격도 없습니다. 그리고 하나님께서도 모든 사람에게 복을 주셔야 할 하등의 이유가 없으시다는 것을 말합니다. 그러므로 하나님께서 풍요함을 주시든 부족하게 하시든, 우리는 자족해야 하

답변분석

는 처지라는 것입니다. 과욕을 부리지 말고 자족하며, 오히려 다른 사람의 것도 생각하라는 것입니다. 사실 먹고 사는 문제에 있어서 '자족'한다는 것이 얼마나 힘든 일인지 모릅니다. 실천하기 힘든 문제입니다. 그래서 그만큼 중요한 문제이고, 또 의미 있는 문제입니다.

두 가지 더 생각할 점이 있습니다. 우선 우리가 정당한 과정으로 소유를 모을 수 있느냐 하는 것이며, 또 하나는 만약 우리의 소유가 풍족해지고 넘쳐서 남아나게 된다 하더라도, 그럼 그것을 제대로 사용할 수 있겠느냐의 문제입니다.

우리는 소유를 모으는 과정부터 이미 실패하곤 합니다. 부당한 방법으로 이득을 취하는 일에 매우 익숙한 존재들입니다. 크고 작은 차이는 있겠지만, 대체로 우리는 눈앞의 작은 이익을 위해서도 쉽게 부정과 타협하곤 합니다. 또한 그렇게 해서 얻어진 소유를 사용하는 문제도 마찬가지입니다. 물론 잘 사용하는 경우도 있겠습니다만, 대부분의 경우 헛되게 사용합니다. 손에 가진 것이 없을 때는 포부가 당당합니다. 하나님 나라를 위해 이렇게도 쓰고 저렇게도 쓰겠다고 호언장담합니다. 그러나 경험적으로 어떤 모습들이 더 익숙한지요? 다른 사람을 생각하기 전에 스스로를 냉정하게 평가해 보더라도, 과연 내가 제대로 할 수 있을지 의심스러울 것입니다. (여기에 믿는 자나 믿지 않는 자의 구분이 딱히 없다는 사실은 우리를 더욱 부끄럽게 합니다.)

〈참고〉 대요리문답 193문답
네 번째 간구에서 우리는 무엇을 위해 기도하는가?

결국 우리는 이 기도를 통해 물질 앞에서 우리가 쓰러지지 않기를 기도하는 것이고, 그 앞에서 자족하며 성도의 품위를 잃지 않도록 또한 기도하는 것입니다. 아울러 우리 사회가 불의한 시스템으로 성도의 양심을 너무 옭아매지 않기를 위해서도 기도해야 할 것입니다.

- 과욕을 부리지 말자
- 자족하자
- 다른 사람을 생각하자

그러면 우리는 그저 모든 것을 버리고 '무소유'로 살아가면 되는 것일까요?

일용할 양식을 하나님께 구하라 했으니, 기도만 하고 일하지 않는 것이 옳을까요? 그렇지 않습니다. 하나님께서는 분명히 성경을 통해 말씀하십니다.

'일하기 싫어하거든 먹지도 말게 하라' 데살로니가후서 3:10

'얼굴에 땀을 흘려야 먹을 것을 먹으리니' 창세기 3:19

일용할 양식이라고 했으니, 내일의 것을 비축해 놓는 것은 잘못인가요? 저축도 재테크도 하지 말아야 하나요?

그것은 필요한 일입니다. 우리는 사회 전체를 돕고 후원해야 하며 또한 기회가 닿는 대로 가난한 자들에게 베풀어야 하기 때문입니다. 더구나 우리는 거룩한 욕심, 즉 생명유지와 자신의 직분을 위하여, 그리고 더 풍부하게 이웃에게 나누기 위해서, 또한 하나님의 영광을 더욱 드러내는 일에 있어서 노력해야 할 의무가 있습니다. 이런 일을 하기 위해 재산을 잘 관리하는 것은 당연한 일이 될 것입니다.

105문 — 다섯 번째 간구에서 우리가 구하는 것

- 우리 모든 죄를 값없이 용서하시기를 ─ 이 세상의 좋은 것들 중 충분한 분량을 받도록
  - 누가? ─ 하나님께서
  - 무엇으로 ─ 그리스도의 공로로
- 이것을 우리가 담대히 구할 수 있는 이유?
  - 하나님의 은혜로
  - 우리가 진심으로 다른 자들을 용서하게 되었기 때문에

Q105
What do we pray for in the fifth petition?

A105
In the fifth petition
(which is, And forgive us our debts,
  빚, 채무
as we forgive our debtors)
  빚진 자
we pray,
That God, for Christ's sake,
  원인, 이유
would freely pardon all our sins;
  용서하다
  which we are the rather encouraged to ask,
    오히려   *용기를 북돋우다*
    because by his grace
    we are enabled from the heart
    to forgive others.
      용서하다

문105
다섯 번째 간구에서 우리는 무엇을 위해 기도하나요?

답105
다섯 번째 간구,
"우리 죄를 용서하소서,
우리가 우리에게 죄지은 자를 용서하듯이"에서 ❶
우리는 기도합니다.
하나님께서, 그리스도 때문에,
우리 모든 죄를 값없이 용서하시기를. ❷ ❸
우리는 이것을 구하는 데 있어 오히려 담대합니다.
왜냐하면 하나님의 은혜로 말미암아
우리가 다른 이들을 진심으로
용서할 수 있기 때문입니다. ❹ ❺

---

❶ 마태복음 6:12
우리가 우리에게 죄 지은 자를 사하여 준 것 같이 우리 죄를 사하여 주시옵고

❷ 시편 51:1-2, 7, 9
하나님이여 주의 인자를 따라 내게 은혜를 베푸시며 주의 많은 긍휼을 따라 **내 죄악을 지워 주소서**; 나의 죄악을 말갛게 씻으시며 나의 죄를 깨끗이 제하소서; 우슬초로 **나를 정결하게 하소서** 내가 정하리이다 나의 죄를 씻어 주소서 내가 눈보다 희리이다; 주의 얼굴을 내 죄에서 돌이키시고 내 모든 죄악을 지워 주소서

❸ 다니엘 9:17-19
그러하온즉 우리 하나님이여 지금 주의 종의 기도와 간구를 들으시고 주를 위하여 주의 얼굴 빛을 주의 황폐한 성소에 비추시옵소서; 나의 하나님이여 귀를 기울여 들으시며 눈을 떠서 우리의 황폐한 상황과 주의 이름으로 일컫는 성을 보옵소서 우리가 주 앞에 간구하옵는 것은 우리의 공의를 의지하여 하는 것이 아니요 주의 큰 긍휼을 의지하여 함이니이다; **주여 들으소서 주여 용서하소서** 주여 귀를 기울이시고 행하소서 지체하지 마옵소서 나의 하나님이여 주 자신을 위하여 하시옵소서 이는 주의 성과 주의 백성이 주의 이름으로 일컫는 바 됨이니이다

❹ 누가복음 11:4
우리가 우리에게 죄 지은 모든 사람을 용서하오니 우리 죄도 사하여 주시옵고 우리를 시험에 들게 하지 마시옵소서 하라

❺ 마태복음 18:35
너희가 각각 마음으로부터 형제를 용서하지 아니하면 나의 하늘 아버지께서도 너희에게 이와 같이 하시리라

105문 — 다섯 번째 간구에서 우리가 구하는 것

**다섯 번째 간구 : "우리 죄를 용서하소서,
우리가 우리에게 죄지은 자를 용서하듯이"의 의미**

다섯 번째 간구의 의미를 공부하면서 맨 처음 할 일은, 먼저 우리의 상태를 파악하는 것입니다. 즉, 죄에 대한 이야기입니다. 바로 앞에서는 먹을 것 이야기를 했는데, 이제는 죄를 이야기합니다. 먹고사는 문제가 해결되었다고 하더라도, 이처럼 우리는 여전히 항상 죄 가운데 살고 있다는 사실을 다시 깨닫게 하는 구절인 셈입니다.

세상 사람들은 먹고사는 문제만 해결되면 죄 문제는 사라질 것이라고 상상합니다. 모두가 배부르고 등 따뜻하면 왜 죄를 짓겠냐고 합니다. 하지만 결코 그렇지 않습니다. 죄 문제는 이 땅을 사는 동안 그 누구도 완전하게 해결하지 못합니다. 성도도 마찬가지입니다. 법적으로 의인이 되었다 해서, 내 성품까지 완벽하게 의인이 되었다고 생각하거나, 심지어 내가 나름대로 의인이라서 구원받은 것이라고 생각해 버리면 크나큰 착각인 것입니다.

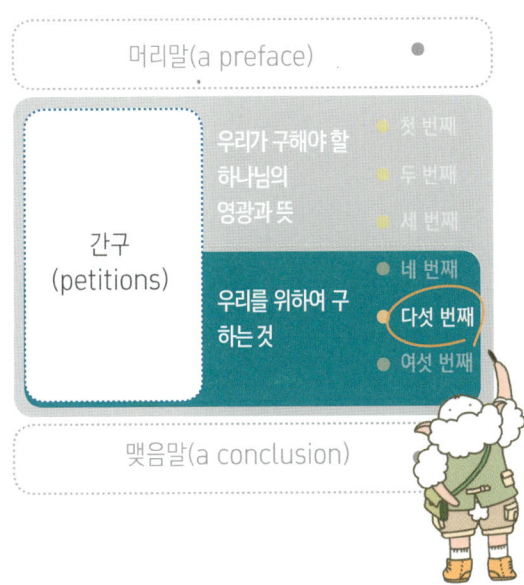

답변분석

우리 모든 죄를 값없이 용서하시기를 간구

그래서 주기도문의 이 간구는, '우선 네가 지금 깨끗한지 더러운지를, 눈이 있으면 좀 보세요.'라고 요구하고 있습니다. 묻어있는 죄를 좀 보라는 것입니다. 죄에 대한 이야기를 할 때면, 마치 남의 일처럼 보거나 그냥 관념적이고 도덕적인 이야기로 보아 넘기지 말고, 정말 자신의 심중을, 남에게 보이지 않지만 내 기억 속에 선명하게 남아있고 내 양심이 계속해서 소리치고 있는 바로 그 죄들을 직시하고, 그것을 '아, 더럽구나.', '아, 이거 싫다, 이런 게 묻어 있으면 안 되는데!'라고 제발 좀 느끼라는 것입니다.

죄에 빠진 '큰일 날 상태' 그것을 보는 것이, 그것을 볼 줄 아는 눈이 얼마나 소중한지 모릅니다. 그런 것도 모르고, 다 포기하고 그냥 살아가는 사람들이 주위에 많으면 많을수록 세상은 비참해져 갑니다. 그때가 바로 주기도문이 필요한 때입니다. 나도 그런 사람들을 따라서 그렇게 그냥 살고 말 것이 아니라, 바로 이 주기도문의 간구를 되새겨야 하는 것입니다.

이제 그 죄를 직시했다면, 이토록 더러운 죄를 그냥 아무 조건 없이 용서하여 주신, 그분이 베푸신, 참으로 뭐라 말할 수 없는 '사랑'을 생각하고, 주님께 항상 겸손함과 감사함으로 나아가야 합니다. 그리고 바로 그 원리를 따라, 우리 이웃에게도 베풀어야 합니다. 서로 위해주고 용서하고 돌봐주는 삶을 살아야 합니다. 정말, 우린 얼마나 이웃에게 냉정한지 모릅니다. 조금이라도 잘 못하거나 손해를 끼치면 그것을 고스란히 가슴 속에 담아둡니다. '누가 나에게 상처가 되는 소리를 했다.' 이런 것 절대 안 잊지요. 우리는 그것이 너무나도 일상적이어서, 마치 당연한 것이라고 생각하고 있지만, 그러나 성도의 삶은 달라야 한다는 것입니다.

주기도문은 그것을 놓치지 않고 지적하고 있습니다. 너무나도 평범하고 당연한, 바로 그런 인간상, 그것을 싫어하고 '적극적으로 미워하라.'는 것입니다. 그냥 넘기지 말고.

〈참고〉 대요리문답 194문답
다섯 번째 간구에서 우리는
무엇을 위해 기도하는가?

답변분석

우리 삶 전체의 실천적 항목 중 두 번째 간구가 이렇게 죄와 용서와 사랑의 이야기로 이어지고 있습니다. 우리 삶에 실천적 원리로 그만큼 이것이 중요하다는 것이겠습니다. 또 그만큼 실천하기 어렵기도 하겠고요. 그래서 주기도문은 '우리가 우리에게 죄지은 자를 용서하듯이'라는 문구를 추가해서 격려하고 있습니다. 살면서 이런 경험이나 기억이 있는 자라면 더욱 담대하게 용기를 낼 수 있을 것이며, 주님의 용서도 그만큼 더 기대할 수 있고, 그래서 더욱 간절히 이 기도를 드릴 수 있는 것입니다.

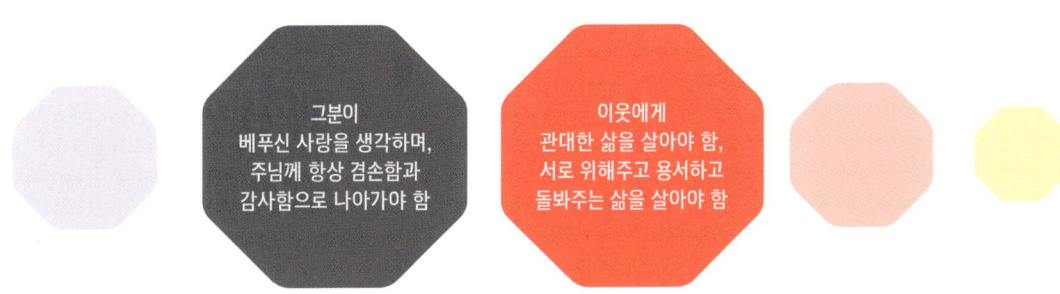

잠깐!

이 기도의 문맥을 오해해서, '우리가 누군가를 꼭 용서해야만 하나님도 우리를 용서하신다.'라고 적용하는 것은 오해입니다. 이 간구는 우리의 선행을 보시고 하나님도 갚으시겠다는, 인과응보의 개념을 뜻하는 것이 아닙니다. 오히려 하나님의 커다란 은혜를 받은 우리가 다른 사람을 용서하는 것이 마땅하다는 뜻입니다.

"우리가 이웃의 죄를 용서했으니, 당신도 저희를 용서해주세요."라니요! 이 말씀을 그렇게 해석하는 것이 너무나도 자연스러운 우리 모습은 스스로 생각해도 참 괘씸한 것 같습니다. 자신의 죄는 부끄러워하거나 고백하거나 하나님께 용서를 구하는 것도 아니면서, 다른 이의 잘못에는 깐깐하고 칼같이 엄하고 매서우며 관대하지 못한 모습을 보면 참으로 괘씸합니다.

베드로가 예수님께 "형제가 내게 죄를 범하면 몇 번이나 용서하여 줄까요? 일곱 번이면 될까요?" 물으니, "일곱 번씩 일흔 번까지라도 용서하라." 하셨습니다. 과거에나 지금이나 이 말씀의 뜻은 변치 않습니다. "내게 베푼 은혜를 기억하라. 그리고 가서 너도 그와 같이 하라." 마태복음 18:21-22 하십니다. 그런데도 여전히 변하지 않는 나의 모습을 봅니다. 용서할 마음은 없고, 시간이 지나면 그냥 해결해주리라 묻어두고 살아가고 있습니다. 하나님의 용서는, 죄를 기억도 하시지 않을뿐더러 죄인에게 복을 주시는 사랑입니다. 손양원 목사님이 두 아들을 죽인 죄인을 오히려 양아들로 삼아, 사역자로 바꾸게까지 한 사랑, 믿음의 선배들은 이런 신앙의 모범을 보여주었습니다. 더욱 하나님의 은혜와 믿음을 구할 수밖에 없습니다. 우리도 그들처럼 살아가게 해달라고 기도해야 되겠습니다.

더 깊은 이해를 위한 책 : 안용준, 『사랑의 원자탄』 (손양원 목사의 순교 일대기)

106문 — 여섯 번째 간구에서 우리가 구하는 것

- 하나님께서 우리를
  - 죄의 유혹에 빠지지 않게 지키시거나
  - 시험 당할 때 우리를 도우시고 건지시기를

Q106
What do we pray for in the sixth petition?

A106
In the sixth petition

(which is, And lead us not into temptation,
  인도하다   유혹, 검사, 시험

but deliver us from evil)

we pray,

That God would either

keep us from being tempted to sin,
  구해내다. 지키다

or support and deliver us when we are tempted.
  지탱하다, 유지하다

문106
여섯 번째 간구에서 우리는 무엇을 위해 기도하나요?

답106
여섯 번째 간구,

"우리를 시험에 들게 하지 마옵시고

다만 악에서 구하옵소서"에서 ❶

우리는 기도합니다.

하나님이 우리를

죄짓는 시험으로부터 우리를 지켜주시기를. ❷

또는 시험 당할 때, 도우시고 건져 주시기를. ❸

★ 우리에게 익숙하도록 '시험'이라고 번역했지만,
사실 '유혹' 또는 '미혹' 등의 단어가 좀 더 적당합니다.

---

❶ 마태복음 6:13
우리를 시험에 들게 하지 마시옵고 다만 악에서 구하시옵소서 (나라와 권세와 영광이 아버지께 영원히 있사옵나이다 아멘

❷ 마태복음 26:41
시험에 들지 않게 깨어 **기도하라** 마음에는 원이로되 육신이 약하도다 하시고

❸ 고린도후서 12:7-8
여러 계시를 받은 것이 지극히 크므로 너무 자만하지 않게 하시려고 내 육체에 가시 곧 사탄의 사자를 주셨으니 이는 나를 쳐서 너무 자만하지 않게 하려 하심이라; 이것이 내게서 떠나가게 하기 위하여 **내가 세 번 주께 간구하였더니**

106문 — 여섯 번째 간구에서 우리가 구하는 것

여섯 번째 간구 : "우리를 시험에 들게 하지 마옵시고 다만 악에서 구하옵소서"의 의미

시험에 든 적이 있습니까? 누구나 시험에 듭니다. 사람이 시험에 전혀 들지 않을 수 있을까요? 그리고 시험에 들면 어떻게 해야 하지요?

하나님께서 우리에게 시험을 허락하시는 이유는 소요리문답 1부^(상권, p.337)에서 공부했듯이 하나님께서 우리를 사랑하시기 때문입니다. 욥기 1장 9~11절을 보면, 이방인은 단순히 자기 욕심으로 악한 마음에서 욥의 재산을 빼앗으려 했고, 사탄은 저 나름대로 시험을 가지고 욥의 신앙을 빼앗으려 합니다. 그러나 하나님은 욥으로 하여금^(더 나아가 욥기를 대하는 그분의 모든 백성들에게) 더욱 큰 믿음을 소유하도록 행하셨습니다. 이렇게 사람도 일하고, 사탄도 일하고, 하나님도 일하시지만, 그 목적과 방식에 있어서 하나님의 일하심은 차원이 다릅니다. 또 그런 분께서 우리를 쥐고 계신다는 것을 잊지 않는다면, 그 어떤 시험이 오더라도 그것의 정체를 알고 있으니 대처하기 유리할 것입니다.

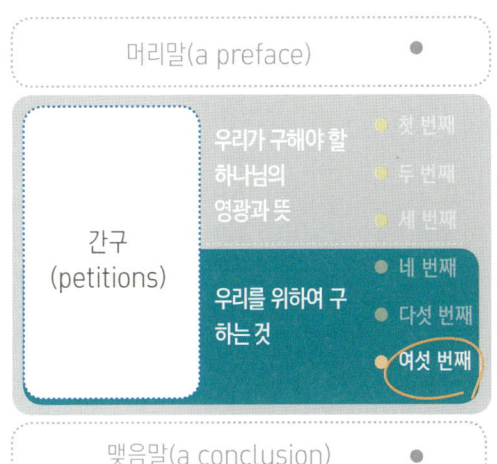

물론 시험은 어렵습니다. 연약하니까 힘겨울 때가 많습니다. 그런데 이 시험은, 실제로 견디기 힘든 어려움도 있지만, 우리가 더욱 주의해야 할 시험이 있습니다. 시험은 꼭 어려움을 통해서 올까요? 그렇지 않습니다. 욥과 솔로몬의 시험은, 서로 형식은 아주 달랐지만 그 원리는 똑같았습니다. 욥에게는 재난이 시험이었지만, 솔로몬에게는 부와 명예가 시험이었습니다.

답변분석

사실 사탄은 우리가 잘 살고 못 살고에 아무런 관심이 없습니다. 그는 우리의 영혼을 노리는 것이지, 육신이 아닙니다. 물론 우리를 아주 구질구질한 환경에 처하게 해서 우리 영혼을 차츰 병들게 하는 방법도 종종 사용하지만, 그보다 더욱 즐겨 쓰는 수단이 있습니다. 그것은 우리가 세상 살면서 자꾸 경험하게 되듯이, 세상의 시각으로 볼 때 '잘 되는 것'을 통해 유혹하는 것입니다. 그래서 우리는 자칫하면 이것이 시험이라는 것조차 알아채지 못하는 경우가 많습니다. 그래서 더욱 주의해야 합니다.

이런 시험을 눈치채고 이겨내려면, 우선 시험의 핵심 원리를 잘 파악해 두고 있지 않으면 안 됩니다. 사탄의 목적은 단 하나, '우리 영혼을 하나님으로부터 분리시키는 것'입니다. 그것만 하면 그의 일은 다 끝나버리는 것입니다. 어떻게든 하나님을 떠나게 하는 것, 이것이 시험의 속성입니다.

하나님께서 우리를 죄의 유혹에 빠지지 않게 지키시거나

또는 시험당할 때 우리를 도우시고 건지시기를 간구

자, 그러면 이제 이것을 알았으니, 우리 시험과 유혹을 이겨낼 수 있을까요? 아닙니다. 이길 수 없습니다. 근거 없는 자신감으로 낙관하지 말아야 합니다. 이게 참 중요합니다.

답변분석

우리는 시험에 자꾸 실패하면 기분이 좋지 않습니다. 지치고, 실패한 것 같고, 부끄럽고, 짜증 나고, 제발 좀 이런 시험을 다시는 안 받았으면 좋겠다고 생각할 것입니다. 그런데 이런 생각을 하는 저변에는 '이걸 내가 충분히 이겼어야 했는데' 하는 생각이 있다는 것입니다. 그래서 뜻하지 않게 계속해서 실패하는 자신에게 실망감이 더욱 커지는 것입니다.

그러나 원래 어떤 사람도 시험을 완벽하게 이길 힘은 없습니다. 오히려 죄를 좋아하고, 유혹이 오면 곧장 따라가서 함께 멸망하는 것이 인간이 밟는 당연한 수순입니다. 이것을 인정하는 것이 매우 중요합니다.

즉, 우리는 시험이 닥치고 유혹을 당할 때, 어떻게 이겨낼까에 관심을 두기보다는, 한시라도 빨리 '하나님께 피하라'는 것입니다. 환난 날에 주께 피하는 것이 정답입니다. 그리고 더 이상 이 시험에 넘어지지 않기를 간구하며, 또한 시험을 통해 하나님께서 나에게 말씀하시고자 하는 바를 깨닫게 해달라고 기도하는 것이, 시험을 당할 때 우리가 가장 먼저 취할 행동입니다. 그러면 '하나님께 피한다는 것이 뭐냐, 어떻게 하면 되는 거냐?' 하고 질문할 수 있겠습니다. 그 방법에 대해 "이렇게 하세요."라고 알려주면 참 좋겠지만, 주기도문에서는 단지, '다만 악에서 구하옵소서.'라고 가르치고 있습니다. 다소 힘 팔리는 대답이라는 생각이 들지 않으세요? 더구나 '다만'이라는 말이 있어서 더더욱 그런 느낌입니다. 할 수 있는 것이 이것뿐인가 싶습니다. 시험과 유혹을 피해서 하나님께 피하였더니, 하나님께서 극적인 반전을 주셨더라~ 이렇게 좀 가면 안 되나 싶습니다. 그런데 이 '다만 악에서 구하옵소서.'라는 말도 정말 중요한 이야기입니다.

성도가 이 세상에서 가장 피해야 할 것이 있다면, 그것은 가난이나 불행, 어려움 같은 게 아니라 '죄'일 것입니다. 그런데 여기서 주의해서 생각해봐야 합니다. 세상의 일반적인 생각은, 가난과 불행과 어려움을 피하기 위해 '어쩔 수 없이' 죄를 택하는 것입니다. 좋은 성적을 위해 살짝 부정을 행하고, 더 벌기 위해서는 남을 살짝 속이고 그렇지요? 우리 주위 사람들이 무슨 태어날 때부터 끔찍한 악마라서, 밥만 먹고 나면 또 무슨 죄를 지을 게 없나~ 하고 궁리하는 것이 아닙니다. 그들도 평소에는 도덕적으로 잘 삽니다. 하지만 삶의 원리가 다르니까, 힘들 때, 시험에 들 때, 유혹의 순간에, "정말 어쩔 수 없었어~"라고 말하면서 죄를 짓습니다. 이것이 보통 사람의 생각이고 삶입니다.

답변분석

그럼 성도는 어떻습니까? 성도는 언제 죄를 택하게 되나요? 그래도 우리는 성도니까, 그들보다 조금 더 견디다가, 이젠 더 이상 어쩔 수 없는 막다른 골목에 왔을 때 죄를 짓게 되나요? 지금은 그런 '정도'의 문제가 아니라는 것을, 아마 눈치채셨을 것입니다. 이것은 정도의 문제가 아니라 원리의 문제인 것입니다.

우리는 다른 원리로 사는 사람들입니다. 삶의 원리가 다릅니다. **우리는 가난과 불행과 어려움을 피하려고 악을 행하는 게 아니라, 반대로 죄를 피하기 위해 가난과 불행과 어려움을 당하는 자들입니다.** 죄를 피하려고 하나님 편에 서는, 하나님께로 피하는 존재입니다. 설령, 못 먹고, 못 입고, 다 망하고, 다 빼앗기고, 어디 가서 노예로 살지언정, 또 나의 모든 명예가 더럽혀지고, 가족도 날 버리고, 심지어는 목숨까지 잃을지언정, 우리 삶의 원리는 "주여, 내 영혼이 주님 품 안에서 안전히 거하옵나이다."라고 고백하며 성도로서의 정체성을 지키는 것입니다. 즉, 성도는 '내 수중에 쥘 수 있는 결과물이 뭐냐'에 따라 사는 게 아니라, 거꾸로 삶의 원리에 따라 살고 죽는 것입니다.

그럼에도 불구하고 우리는 너무나도 쉽게 타협하는 존재여서, 이 마지막 "다만 악에서 구하옵소서."라는 간구는 우리에게 결정적이고 치명적인 최후의 보루가 되는 것입니다. 우리는 다른 모든 것에 다 빠지고 다 타협하더라도 악에서는 구하여져야 합니다. 그런 삶을 버텨나가기를 간구한다는 것입니다. 과연 쉬울까요? 이것이 우리 삶의 실천이 되기를 내 입으로 소망한다는 것은, 그래서 간단한 문제가 아닌 것입니다. 그래서 "다만, 악에서, 구하옵소서." 이 간구가 여섯 가지 간구 중에서 우리의 마지막 결정적인 기도가 되는 것입니다.

〈참고〉 대요리문답 195문답
여섯 번째 간구에서 우리는 무엇을 위해 기도하는가?

시험받다가 죽으면 어쩌죠? 우린 연약하니까, 그러다가 시험에 걸려 아예 넘어지거나 멸망하면 어떻게 하나요?

자녀에 대한 시험은 '지팡이와 막대기로 견책하시는 차원'이라고 할 수 있습니다. 인간의 교만과 부패성은 너무나도 깊숙하기 때문에, 하나님께서는 자녀들을 위하여 차원 높은 사랑의 도구로 간혹 아픈 매를 쓰시기도 하는 것입니다.

하지만 아무리 아파도 '사랑의 매'에 불과합니다. 매를 때릴 때 '너 한 번 죽어봐라.' 하고 때리는 부모는 없습니다. 마찬가지로 하나님께서 우리를 연단하시려고 주시는 시험은, 우리가 감당하지 못해서 멸망할 정도로 주시지 않습니다. 걱정할 필요 없습니다. 오히려 넉넉히 이긴다고 하셨습니다.

"누가 우리를 그리스도의 사랑에서 끊으리요
환난이나 곤고나 박해나 기근이나 적신이나 위험이나 칼이랴
기록된 바 우리가 종일 주를 위하여 죽임을 당하게 되며
도살 당할 양 같이 여김을 받았나이다 함과 같으니라
그러나 이 모든 일에 우리를 사랑하시는 이로 말미암아 우리가 넉넉히 이기느니라
내가 확신하노니 사망이나 생명이나 천사들이나 권세자들이나
현재 일이나 장래 일이나 능력이나 높음이나 깊음이나 다른 어떤 피조물이라도
우리를 우리 주 그리스도 예수 안에 있는 하나님의 사랑에서 끊을 수 없으리라"

- 로마서 3:35-39

이것이 바로 사탄보다 높은 차원에서 일하시는 하나님께서 우리 모든 성도들에게 주신 약속입니다. 그래서 우리는 시험을 받으면서도 안전한 것입니다. 전능하신 아버지 하나님께서 우리 방패와 산성이 되신다는 사실, 어미 닭이 병아리를 품듯이 우리를 보살펴주실 것이라는 사실을 굳게 믿는 신앙을 가져야 할 것입니다. 주기도문의 이 구절은, 그래서 우리에게 더욱 간절하게 다가오는 것입니다. 감당할 시험만 주시는 하나님에 대한 확신!

주 예수여 속히 오시옵소서!

나는 구원 받았다. 구원의 확신도 있다. 그렇기 때문에 결국엔 나의 끝은 천국이라는 것도 알고, 시험을 통해서 어떤 선한 목적을 이루어 가시려는 하나님의 뜻이 있음 또한 안다. 하지만 실제로 내가 살아가는 것은 쉬운 문제가 아니다. 아는 것과 행하는 것은 차원이 다른 문제이다. 그렇다 보니 "어차피 이 피비린내 나는 싸움은 죽을 때까지 계속될 텐데, 이런 힘든 시험 앞에서 과연 내가 성공할 수 있을까" 하고 염려하며, "어차피 안 될 것, 아등바등 사느니 그냥 좀 대충대충 쉬엄쉬엄 살면 안 될까?" 이런 생각을 가질 수 있다.

그러나 "이 땅에서 완전한 거룩함을 이룰 수 없기 때문에 죄를 대적하거나 거룩함을 추구하지 않아도 된다."는 식의 생각은 어리석은 생각이다. 의로우신 하나님 앞에서는 죄에 대한 어떤 것도 정당화되고, 용납될 수 없음을 기억하자. 그리고 그렇게 사는 삶이 비록 힘들게 보일지라도 진정 가치 있는 삶이며 복된 삶이라는 것을 잊지 말아야 한다. 이것이 하나님께서 우리에게 원하시는 삶이자, 인간에게도 좋은 삶임을 잊지 말자. 피하고 돌아가는 길은 쉬워 보여도, 분명히 말하지만, 거기에는 '행복'이 없다.

언제나 죄 앞에 무력할 수밖에 없다는 것을 날마다 순간순간 인정하며, 이것을 이미 이기신 그리스도의 공로를 의지하고, 또 그 공로가 내 것이 되도록 효과적으로 적용하시는 성령님께 나의 연약함을 아뢰고 늘 도우시길 기도하자. 아무리 우리를 쥐고 흔들어도, 결국엔 사단은 우리의 발아래 짓밟혀 끝장날 것이다.

"그날을 고대합니다!"
"주 예수여 속히 오시옵소서!"

주기도문 후반부 세 간구들의 결론
: 우리가 어떻게 살아가야 하는지 알려주는 지침들!

아무거나 받고 싶은 것을 구하라고 이 소중한 기도를 주신 게 아닙니다.

이 땅에 발을 붙이고 살아가는 동안 하나님께 구해야 할 핵심 세 가지는

우리가 어떻게 살아가야 하는지 알려주는 지침들입니다.

아버지 하나님께서 우리를 어떻게 돌보시며,

어떻게 사는 것이 하나님께서 기뻐하시는 바인가를 배웠으니,

배우고 결심한 대로,

그.렇.게. 살.아.갑.시.다.

결론

… 이제 무엇이 남았죠?

여섯 개의 간구를 다 했습니다.
주기도문에서 언급한 중요한 간구의 여섯 항목을 이렇게 해서 다 살펴봤습니다.

어떤 느낌이 드세요?

정말 다 한 것 같나요?

다 구하셨나요?

뭐 빠진 게 없나요?

예수님께서 뭐 빠뜨리신 게 없으신가요?

우리가 구할 것이 이것이면 되나요?

정말로?

… 지금까지 간구한 것만 있으면 이제 사는 데 지장 없는가, 이 말입니다.
말하자면, 지금 '세 가지 소원' 우화 같은 것을 생각해보자는 것입니다.
램프의 요정이 세 가지 소원만 들어주겠다고 하면 최대한 뽑아먹으려고 머리를 굴리잖아요?
만약 하나님께서 여섯 가지 소원을 들어준다고 하셨다면,
지금까지 공부한 여섯 가지 간구만 말씀드리고 와도 만족하시겠는가, 이것입니다.

결론

"네. 그것으로 족합니다."
이렇게 이야기 할 수 있기를 바랍니다.

예수님께서 가르쳐주신 기도에,
우리에게 정말로 중요한 복이 빠져있을 리가 없습니다.
땅에 발을 붙이고 사는 동안, 하나님께 구해야 할 모든 핵심을,
예수님께서 이렇게 주기도문으로 가르쳐주신 것입니다.
구하면 들어주실 능력과 준비가 되신 분이, 구할 수 있도록 허락해주시고,
또한 구하는 방법과 그 세부 항목 및 구하는 자세까지도 다 알려주셨습니다.
우린 그렇게 하면 됩니다.

아버지 되신 하나님께서 우리를 어떻게 돌보시며,
우리가 어떻게 사는 것이 하나님께서 기뻐하시는 바인가를 배웠으니,
우리 이제 그것을 구하고, 그렇게 살았으면 좋겠습니다.
잘 안되더라도,
간구하면서요.

107문 — 주기도문의 결론이 가르치는 것

- 우리가 기도할 때 오직 하나님에게만 용기를 얻음
- 우리 기도 중에 그를 찬양할 것 — 나라와 권세와 영광을 아버지께 돌리면서
- '아멘'이라고 말하는 것
  - 우리 소원의 선서로서
  - 들어주실 것이라는 확신으로서

Q107
What doth the conclusion of the Lord's prayer teach us?
결말, 결론

A107
The conclusion of the Lord's prayer

(which is, For thine is the kingdom, and the power, and the glory, for ever, Amen.)

teacheth us

to take our encouragement in prayer from God only,
격려, 장려

and in our prayers to praise him,
칭찬, 찬양, 찬미

ascribing kingdom, power and glory to him.
...에 돌리다

And, in testimony of our desire,
증언, 고백, 선언

and assurance to be heard,

we say, Amen.

문107
주기도문의 결론이 우리에게 무엇을 가르치나요?

답107
주기도문의 결론,

"나라와 권세와 영광이

아버지께 영원히 있기 때문입니다. 아멘"은

우리를 가르칩니다. ❶

기도할 때 오직 하나님께로부터 우리가 용기 얻을 것을. ❷

우리 기도 중에 그를 찬양할 것을.

> 나라와 권세와 영광을 그 분께로 돌리면서 ❸

그리고 우리의 소원과 들어주실 것을

확신한다는 표로서,

우리는 '아멘'이라고 말합니다. ❹❺

---

❶ 마태복음 6:13
우리를 시험에 들게 하지 마시옵고 다만 악에서 구하시옵소서 나라와 권세와 영광이 아버지께 영원히 있사옵나이다 아멘

❷ 다니엘 9:4, 7-9, 16-19
내 하나님 여호와께 기도하며 자복하여 이르기를 크시고 두려워할 주 하나님, 주를 사랑하고 주의 계명을 지키는 자를 위하여 언약을 지키시고 그에게 인자를 베푸시는 이시여; 주여 공의는 주께로 돌아가고 수치는 우리 얼굴로 돌아옴이 오늘과 같아서 유다 사람들과 예루살렘 거민들과 이스라엘이 가까운 곳에 있는 자들이나 먼 곳에 있는 자들이 다 주께서 쫓아내신 각국에서 수치를 당하였사오니 이는 그들이 주께 죄를 범하였음이니이다; 주여 수치가 우리에게 돌아오고 우리의 왕들과 우리의 고관과 조상들에게 돌아온 것은 우리가 주께 범죄하였음이니이다 마는; **주 우리 하나님께는 긍휼과 용서하심이 있사오니** 이는 우리가 주께 패역하였음이오며; **주여 구하옵나니 주는 주의 공의를 따라** 주의 분노를 주의 성 예루살렘, 주의 거룩한 산에서 떠나게 하옵소서 이는 우리의 죄와 우리 조상들의 죄악으로 말미암아 예루살렘과 주의 백성이 사면에 있는 자들에게 수치를 당함이니이다; 그러하온즉 우리 하나님이여 지금 주의 종의 기도와 간구를 들으시고 **주를 위하여** 주의 얼굴 빛을 주의 황폐한 성소에 비추옵소서; 나의 하나님이여 귀를 기울여 들으시며 눈을 떠서 우리의 황폐한 상황과 주의 이름으로 일컫는 성을 보옵소서 **우리가 주 앞에 간구하옵는 것은** 우리의 공의를 의지하여 하는 것이 아니요 **주의 큰 긍휼을 의지하여 함이니이다**; 주여 들으소서 주여 용서하소서 주여 귀를 기울이시고 행하소서 **지체하지 마옵소서** 나의 하나님이여 **주 자신을 위하여 하시옵소서** 이는 주의 성과 주의 백성이 주의 이름으로 일컫는 바 됨이니이다.

❸ 역대상 29:10-13
다윗이 온 회중 앞에서 여호와를 송축하여 이르되 우리 조상 이스라엘의 하나님 여호와여 주는 영원부터 영원까지 송축을 받으시옵소서; **여호와여 위대하심과 권능과 영광과 승리와 위엄이 다 주께 속하였사오니** 천지에 있는 것이 다 주의 것이로소이다 여호와여 주권도 주께 속하였사오니 주는 높으사 만물의 머리이심이니이다; 부와 귀가 주께로 말미암고 또 주는 만물의 주재가 되사 **손에 권세와 능력이 있사오니** 모든 사람을 크게 하심과 강하게 하심이 주의 손에 있나이다; 우리 하나님이여 이제 우리가 주께 감사하오며 주의 영화로운 이름을 찬양하나이다.

❹ 고린도전서 14:16
그렇지 아니하면 네가 영으로 축복할 때에 알지 못하는 처지에 있는 자가 네가 무슨 말을 하는지 알지 못하고 네 감사에 **어찌 아멘 하리요**

❺ 요한계시록 22:20-21
이것들을 증언하신 이가 이르시되 내가 진실로 속히 오리라 하시거늘 **아멘 주 예수여 오시옵소서;** 주 예수의 은혜가 모든 자들에게 있을지어다 **아멘**

107문 — 주기도문의 결론이 가르치는 것

맺음말 : 주기도문의 결론은 우리에게 무엇을 가르치는가?

기도는 우리가 하나님 뜻대로 살려고 노력하지만, 잘 안되니까 더더욱 필요한 것이라고 했습니다. 하지만 이렇든 저렇든, 안 되는 것은 안 되는 것이잖아요?? "아니, 간구를 해도 안 되는데 어쩌라는 말입니까!" 하고 항변하고 싶을 때가 많이 있습니다.

그럴 때가 참 많으시지요?
그래서 이 마지막 주기도문의 결론 부분을 보셔야 합니다.

네, 맞습니다. 실천은 힘들다고 했습니다. 그러나 그 실천조차도 하나님께서 힘주셔서 하는 것임을 알아야 하며, 모든 것을 하나님께서 이루실 수 있는 능력도 있으시다는 것을 확신하는 것, 이 마지막 구절에서 우리가 고백해야 할 내용이 바로 그것입니다. 우리는 전능하신 하나님께서 항상 계시다는 것을 인정하며, 그분이 모든 사람에게 찬양받으시기를 구해야 하는 것이요, 이 믿음이 우리 마음 가운데 진정한 '아멘'이 될 때, 인생의 결론이 드디어 보이는 것입니다.

하나님의 뜻대로 살려고 애쓰지만 잘 안됨에도 불구하고, "이 모든 것이 다 하나님 것이며, 하나님의 수중에 있고, 모든 일의 되어 가는 방식과 과정과 그 결과까지도 다 하나님께 달렸습니다, 하나님이 주인이십니다!"라는 고백, 이것이 주기도문의 결론이자, 우리 인생의 결론입니다. 다름 아니라 바로 이것이 우리 인생의 결론이라는 그 사실에, 마음 깊이 동의하실 수 있었으면 좋겠습니다.

답변분석

이 문답을 보다 보면 다음의 성경구절이 생각납니다.

> "이는 만물이 주에게서 나오고 주로 말미암고 주에게로 돌아감이라 영광이 그에게 세세에 있으리로다 아멘" _로마서 11:36_

로마서의 이 말씀은, 소요리문답의 마지막 문답을 기가 막히게 압축해 주고 있습니다. 더 무슨 말이 필요하리요.^^
"아멘, 진실로 그렇게 되리라!"

지금까지 공부한 소요리문답 전체를 우리도 이 단 한마디로 마무리할 수 있었으면 좋겠습니다. 하나님이 어떤 분이시라는 것을 알기에, 그리고 그 좋으신 하나님이 우리를 위하여 이미 선한 일을 시작하셨음을 믿기에, 자신의 영광을 위해서 반드시 그 일을 이루실 것이라는 확신과 신뢰를 담아, "아멘" 하는 것입니다.

이 지점에서 하나님만을 영화롭게 하고, 오직 그분만을 온전히 즐거워하는 것이 우리 인생의 주된 목적이라는 소요리문답 1문을 다시 떠올립니다. 그리고 하나님만을 영화롭게 하고, 오직 그분만을 온전히 즐거워하는 삶이, 다른 그 어떤 무엇보다도 내가 가져야 할 최고의 가치임을 재확인합니다.

이 결론, 참으로 눈물 나게 귀한 결론입니다.

107문 — **주기도문의 결론이 가르치는 것**
- 우리가 기도할 때 오직 하나님에게만 용기를 얻음
- 우리 기도 중에 그를 찬양할 것 — 나라와 권세와 영광을 아버지께로 돌리면서
- '아멘'이라고 말하는 것 — 우리 소원의 선서로서 / 들어주실 것이라는 확신으로서

결론

"어떻게 사는 것이 진정 값진 삶입니까?"

세상은 말합니다.

세상은 항상 "무엇을 가지고 사는지"에 대해 관심이 많습니다.
의사로 살 것인지, 교수가 될 것인지, 돈 많은 기업가가 될 것인지….
나의 생활 수준을 놓고 많은 준비와 고민을 하며,
대개 공부하고 노력하는 이유도,
양적·질적으로 높은 수준의 삶을 영위하기 위함입니다.
… 그러나 우리가 주기도문을 배우며 느끼는 것은,
우리 주님은 그런 수준에 대해 별 관심이 없다는 것.
왜 그렇죠? 왜 주기도문의 그 어떤 곳에서도,
일반적으로 말하는 우리 삶의 세상적 수준에 대해 통 관심이 없고,
구하지도 않고, 준비하라고도 언급하지 않았을까요?
그게 다 필요 없는 것이라서 그랬을까요?
그건 아니겠죠. 그렇다면 그 답은?

그것들이 인간의 수준을 높여주는 것이 결코 아니기 때문입니다.

성경은 말합니다.

성경은 항상 "만족하고, 감사하라"고 가르치며,
다만 죄에서 구해달라고 하라는 것입니다.
바로 그것이 하나님께서 원하시는 것입니다.

진정 값진 삶이란 하나님께서 베푸시는 은혜를 따라,
'우리는 상상도 하지 못했던 그러한 존재로,
하나님께서 이끌어 가시는 바로 그 수준으로 변화되어 가는 것입니다.
그러한 변화가 오늘 하루하루 주어지는 삶 가운데 있다는 사실이,
주기도문을 묵상한 우리의 결론이 되었으면 좋겠습니다.

결론

진정 값진 삶은

성경의 가르침을 선택하고, 그것을 붙드는 삶입니다.

지금 하나님을 섬긴다고 말하시나요?

하나님을 더욱 사랑하고 싶으신가요?

그러면 우리가 섬기는 그분이 진실로 원하시는 것이 무엇인지,

그분이 주시고자 하는 것이 무엇인지,

가장 가치 있다고 하시는 것이 무엇인지 관심을 가져야 합니다.

거기서부터 출발하도록 합시다.

더 근본적으로 이것은 '사랑'의 문제입니다.

우리가 하나님을 사랑한다면,

지금까지 말한 모든 실천의 자세는 그 사랑에 따른 자연스러운 반응이 될 테니까요.

진정으로 사랑을 하게 되면, 자세는 스스로 나오게 되어 있습니다.

오늘 하루도 24시간이 흐르고 있으며, 매 순간 호흡이 진행되며,

뱃속에서는 소화가 진행되며, 우리는 성큼성큼 늙어갈 뿐입니다.

남아있는 시간은 이제 잠시 잠깐입니다.

하지만 우리 인생의 가치가 바로 이 주기도문에 맞추어 정립된다면,

남은 삶은 완전히 바뀔 것입니다.

삶이 바뀌고 나면 그때 우리가 바뀌는 게 아니라,

우리의 가치가 먼저 바뀌면, 삶도 따라서 바뀌는 것입니다.

인생역전은 돈이나 환경이 바뀐다고 이루어지는 것이 아닐 것입니다.

결론

명색이 신앙인이라고 하면서도 이런 관점으로 이야기하지 않고
세상적 가치관만으로 조언하는 사람이 있다면,
그는 그저 한 사람의 종교인에 불과합니다.
물질을 가졌고, 권력을 가졌고, 심지어 모든 것을 가진다 하더라도
그가 죄 속에 살며 하나님과 상관이 없다면,
그는 가장 불행하며, 모든 것을 잃은 사람입니다.

반대로 지금 비록 고난 속에 있고, 빼앗기고, 비천하게 살며,
심지어 노예라고 할지라도,
주의 은혜를 구하고 주를 위해 살고 있다면, 그의 삶은 가장 값진 삶이며,
그는 모든 것을 받은 사람입니다.

하나님 한 분으로 만족하는 사람! *하박국 3:17-19*

성도는, 그 눈을, 이 땅이 아닌, 하늘로 향하는, 하나님께 향하는 자입니다!!!

토의문제

1. 하나님께서 우리에게 기도의 지침으로 주신 선물과 주신 이유, 그리고 우리가 가져야 할 자세는 무엇인가요?

2. 주기도문은 어떤 식으로 구성되어있나요?

3. 주기도문의 머리말, "하늘에 계신 우리 아버지여"의 핵심은 무엇인가요?

4. 우리의 삶과 죽음은 '어떤 수단'으로서 존재하나요?

5. 주기도문의 첫 간구가 말하는 기도의 초점은 무엇인가요?

6. 하나님 나라(천국)의 핵심은 무엇인가요?

7. 세 번째 간구가 진정으로 뜻하는 것은 무엇인가요?

8. 하나님께서 주신 일용한 양식을 감사하며, 자족하는 것은 어떤 삶인가요?

9. 다섯 번째 간구는 우리가 어떤 상태임을 다시 상기시키나요?

10. 하나님께서 우리에게 시험을 허락하시는 이유는 무엇인가요?

11. 세상의 고난이나 시험 앞에서 우리가 가져야 할 자세는 무엇인가요?

12. 주기도문의 결론이 말하고자 하는 것은 무엇인가요?

13. 이 부분에서 공부한 것이 우리에게 왜 감사할 조건입니까?

14. 구조 복습: 1문~107문까지의 구조를 간략하게 그려 봅시다.

소요리문답 공부를 마치는 청년부 학생들을 위해 선물(?)을 하나 준비했습니다. 학생들의 후기를 모아서 소책자를 만든 것입니다. 함께 공부하면서 힘들 때마다 이 청년들의 레포트를 읽으며 힘을 내곤 했지요. 학생들이 자신들의 후기를 읽으면서 공부 초기와 지금을 비교해보고 얼마나 성숙해졌는지 확인할 수 있기를 기대합니다. 하나님의 인도하심을 확신하고, 이 확신에 굳게 거하기를 기도합니다.

교사와 모임 인도자를 위한
소요리문답 2부 **총정리**

자, 이렇게 "우리가 믿는 것이 무엇인가?"에 대해
소요리문답 39문부터 107문까지 열심히 공부했습니다.
'내가 믿는 바가 무엇인가…' 참으로 간단한 질문입니다.
그러나 이것을 배우는 데 짧지 않은 시간이 걸렸습니다.

이번 배움을 통해 우리가 참 무지하고 교만하다는 것을,
그리고 하나님을 아는 지식이란 얼마나 깊고 풍성한지를, 또한 하나님을 알아가는 것이
참 기쁘고 감사한 것임을, 깨닫게 되셨을 것입니다.
다음 쪽에서 지금까지 공부한 2부 전체를 총정리하면서, 깨달은 바를 곱씹어보기로 합니다. ^_^

소요리문답 2부 총정리

1. 시작

소요리문답 2부는 하나님께서 인간에게 요구하시는 것이 무엇이냐는 질문으로 시작합니다. 이 질문의 의미를 분명하게 강조해줄 필요가 있습니다. 하나님께 인간이 순종해야 하는 것은 **너무나도 당연한 것입니다**. 부모님 말씀 잘 들으라는 것처럼 말입니다. 그런데 중요한 것은 "무엇"에 순종하느냐입니다. 그에 대한 대답은, 하나님께서 순종을 위해 나타내신 규칙이 있다는 것입니다. 하나님께서 우리에게 그분의 뜻을 감추고 계신 것이 아니라 나타내셨다는 것, 이 사실이 대단히 중요합니다. 따라서 단원의 시작부터 이것을 잘 인식해야 합니다.(p.27)

다음으로 이제 그 나타내신 규칙이 무엇인가 하는 질문으로 넘어갑니다. 그것은 **도덕법**moral Law이라고 합니다. 도덕법이라는 단어가 무슨 의미를 갖고 있는지를 설명해줄 단계입니다. 인간들이 만들어낸, 인간 사회의 유지를 위해, 불편을 해소하기 위해 만든 법들은 도덕적이라고 보지는 않습니다. "차는 빨간 불에 건너고, 사람은 녹색 불에 건너시오." 이런 교통 규칙이나, 혹은 다른 종교에서 종종 그렇게 하듯, 괜히 겁주고 단속하려 하는 '규칙'을 두고 도덕법이라고 하지 않습니다. 주술사들이 어느 높은 산을 올라간다거나, 몸에 색칠을 하고 주문을 외운다거나 할 때, 그들 나름대로는 매우 진지하지만, 무슨 도덕적인 내용을 담고 있는 행동이라고는 볼 수 없습니다.

또 중요한 것은 도덕법의 대상이 "모든 인류"라는 것입니다. 믿는이나 믿지 않는 이 모두에게 적용되는 하나님의 뜻으로서, 도덕법은 의미가 있습니다. 많은 사람들은 이 말을 이해하지 못합니다. 하나님을 믿지 않는 사람들, 교회를 다니지 않는 사람들은 하나님의 말씀을 듣지 않고 무시합니다. 이것은 사실입니다. 그러나 그렇다고 해서 그들이 하나님의 말씀을 들을 필요도 없다고 생각해버리는 것은 우리의 착각입니다. 그들도 하나님의 법 앞에서 그것을 지킬 의무가 있습니다.

이렇게 소요리문답 2부에 들어가기에 앞서, 도덕법의 개념과, 또 그 것의 특징들을 잘 설명해주어야, 이후 십계명에 대해 공부할 때 동일한 전제를 가지고 배워나갈 수 있습니다.

2. 십계명의 원리

이제 하나님의 영원한 도덕법이 담겨 있는 십계명으로 들어갑니다. 그런데 무턱대고 십계명의 내용으로 들어가기 전에, 반드시 충분한 시간을 갖고 다음과 같은 내용들을 인식시켜줄 필요가 있습니다.

우선 십계명의 핵심은 사랑이라는 점입니다. 무엇을 하라, 하지 마라는 그 '표현'에 영향을 받아서 그 속에 담긴 깊은 의미를 놓치는 일이 너무나도 많기 때문입니다. 십계명은 **공포나 억압에 의해 복종하는 것이 아니라 사랑으로 자발적으로 순종하는 원리입니다.** 말이 통하지 않는 짐승은 때려서 말을 듣게 만듭니다. 그것이 아프니까, 싫어서, 무서워서 순종하는 것입니다. 또 동물원에서 훈련받은 원숭이나 돌고래는, 순종 후 거기서 뭔가 얻을 게 있어서 순종합니다. 바나나 혹은 생선을 얻기 위한 순종입니다.

우리가 순종할 십계명은 이런 순종을 요구하는 게 아닙니다. 순종의 성격이 다르다는 것을 강조해주십시오. 하나님께서 우리에게 주시는 순종의 원리는 독특하게 제시됩니다. "사랑"이라고. **이것이 기독교의 수준입니다.**

하나님께서 우리에게 요구하시는 의무는, 강요나 부담으로서가 아니라 사랑의 자세로 자발적으로 순종해야 할 의무입니다. **사랑이 순종의 원리이기 때문에, 사랑이 아닌 순종은 다 형식적인 것에 지나지 않습니다.**

그런 순종은 하나님께서도 원하시지 않고, 우리에게도 좋지 않습니다. 인간끼리의 삶에도 다 적용되는 원리입니다. 형식적인 사랑이 좋던가요? 저는 싫습니다. 남편을 사랑하지도 않는데 순종해야 된다면 비참할 뿐입니다. 목사님이나 선배나 교사나 마찬가지로, 사랑하지도 존경하지도 않는데 순종해야만 한다면 그것은 권위에 굴복하는 것일 뿐입니다. 하물며 세상에서 누군가에게 순종을 할 때도 이러한 사랑의 원리가 있어야 합니다. 그 원리를 잃어버린 것이 오늘날 우리 사회 곳곳의 현실입니다. 공교육이 무너지고, 부모와 자녀 사이의 관계도 많이 병들어 있습니다.

그러므로 이런 상황 속에서 더욱 우리에게 도덕법이 감사가 되는 셈입니다. 사랑과 존경의 가치는 퇴색되고, 실용주의만 남아 판치고 있는 오늘날, 하나님께서 변함없는 높은 가치로 도덕법을 제시하고 계신다는 것은 그만큼 큰 감사가 되는 것입니다.

3. 십계명

소요리문답에서 이 십계명은 상당히 많은 분량을 차지하고 있습니다. 전체 문답의 4분의 1 분량입니다. 대요리문답을 보면 더욱 많은 비중입니다. 문답 수만도 벌써 3분의 1 비중으로 늘어납니다. 글자 개수로 보면 절반 수준입니다. 그만큼 요리문답의 저자들은 십계명을 중요하게 다루었다고 볼 수 있습니다. 그렇다면 오늘날 우리도 이 십계명 교육을 교회에서 중요하고 비중 있게 다루어야 할 것입니다. 하지만 이것이 말처럼 쉽지 않은 문제입니다.

우선 분량이 많다 보니, 교회에서 꾸준히 공부하기가 힘듭니다. 10개의 계명을 한 주에 하나씩만 다루어도 한 계절이 훌쩍 지나갑니다. 그러니 공부 계획을 세우기가 쉽지 않을 것입니다. 이 문제를 해결하기 위해서는 전체 구조와 흐름을 잃지 않도록 거듭해서 맵을 확인하면서, 지치지 않도록 서로 격려하는 것이 중요합니다. 지금 우리는 소요리문답 전체의 구조에서 어느 부분을 공부하고 있는가, 십계명 중에서는 지금 어느 부분인가 등등.

둘째 문제는, 십계명의 표현들이 피상적으로 다가오기 쉬워서, 배우는 사람의 의욕을 떨어뜨린다는 것입니다. '살인하지 말라'라고 하면, '아니 누가 살인을 한다고 그래?' 하면서, 무슨 딴 세상 이야기인가 하는 눈으로 바라볼 뿐, 그 깊은 의미로 좀처럼 들어가려 하지 않습니다. 그러므로 십계명을 공부할 때는 좀 더 자세히, 깊숙한 곳을 찔러줄 필요가 있습니다. 이 책에서는 소요리문답을 공부하고 있음에도 불구하고, 관련된 대요리문답의 문구를 적극 인용했습니다. 십계명이 우리의 실생활에 매우 밀접한 문제이며, 이 세상 어느 누구도 피해갈 수 없는 차원 높은 수준의 요구임을 알아야 합니다.

셋째 문제는 십계명의 강력한 요구사항이 자칫 죄책감을 유발해서 낙심하게 만드는 경우가 있다는 것입니다. 사실 십계명을 공부하다가 낙심하는 사람이 있다면, 그가 진솔하다는 것이며, 심령이 가난한 자라고 할 수 있습니다. 그러므로 십계명을 공부할 때는 항상, 매주마다, 위로가 필요합니다. 십계명 다음에 은혜의 수단을 공부하는 것은 우리에게 큰 위로입니다. 소요리문답의 전체 구조를 항상 살펴보면서, "조금만 더 가보자, 비록 지금은 힘겹지만, 하나님께서 대책까지도 준비하셨다!" 하고 스스로를 격려하시기 바랍니다.

십계명은 천국 백성의 삶의 기준이요 방식입니다. 이것을 배우고 나서, '이대로 살고 싶다!' 하는 강력한 소원이 생겨야 합니다. 이것이 바로 거듭난 자가 갖게 되는 마음입니다. 이런 마음이 든다면 십계명 공부를 성공한 것입니다. 반대로 철저히 무너지는 사람이 나올 수도 있습니다. 그래도 성공입니다. 나 자신의 교만이 꺾이고, 율법 앞에서 인간이 내세울 것이 하나도 없음을 깨닫는 것도 복이며 유익입니다.

십계명은 실천적입니다. 그중에서도 특히 5~10계명은 기독교 세계관의 차원에서 다룰만한 주제들이 참 많습니다. 이 책에도 그런 주제들을 간략히 제시해 두었습니다. 토론식 혹은 발제식 수업이 가능한 그룹에서는, 관련된 책을 읽고 독서토론을 한다거나, 다큐멘터리를 시청하고 비평을 할 수 있습니다. 예를 들어 8계명을 공부할 때, 환경보호에 대한 세미나를 해볼 수 있습니다. 그러면 평소 8계명을 그저 피상적으로 볼 때는 전혀 생각하지 못했던 부분까지도 깨달을 수 있습니다. 이러한 깨달음이 실천이 되어, 아주 작은 부분이라도 실제 삶 가운데 변화가 일어난다면, 그것은 무척 유익한 한 시간일 것입니다.

4. 은혜의 수단

우리는 지금까지 1부와 2부를 거쳐 오면서, 하나님에 대해 믿을 것도 배웠고, 하나님이 요구하시는 것이 무엇인가도 배웠습니다. 하나님이 요구하시는 것이 도덕법이라고 했고, 그게 십계명에 요약되었다고 했습니다. 그래서 십계명을 꾸역꾸역 다 배웠습니다. 그런데 바로 이 지점에서 우리는 쉽게 지치곤 합니다.

우리가 계명을 배우고, 그 계명을 지키려다 보면, 그것이 꿀처럼 단 하나님의 말씀으로만 다가오지 않고, 종종 단지 삭막한 율법으로만 다가오게 됩니다. 은혜로 받은 말씀이 나 자신을 정죄하고 힘들게 만드는 굴레가 되어버리는 것입니다. 이렇게 되면 우리의 마음이 얼마나 힘들고 절망스러운지 모릅니다. 그런 처지에 놓인 우리들에게, 요리문답은 위로의 선물이 있음을 알려줍니다.

십계명이 끝난 직후에 '죄' 문제가 등장합니다. 우리가 소요리문답 1부에서 배운 것과 같이, 중보의 결과로 성도에게 죄책은 사라졌지만 여전히 남아있는 '죄의 찌꺼기'와의 싸움이 있습니다. 이 죄의 찌꺼기 때문에 우리는 사는 동안 십계명의 가르침대로 온전히 살 수 없습니다. 그래서 우리는 괴로움을 느낍니다. 이 마음은 포기하는 마음이 아닙니다. 감사함으로 인하여, 이 계명을 지키고 싶은 마음이 들긴 드는데, 힘들지만 순종하고 싶다는 마음이 이제 막 들기 시작했는데 어쩔 수 없이 안 되는 나의 현실을 괴로워하는 것입니다.

그러면 이러한 딜레마를 어떻게 풀까요? 요리문답은 '은혜의 방편'을 제시합니다. 말씀, 성례, 기도에 대한 가르침이 십계명 뒤에 등장하는 배경을, 이런 흐름 가운데 이해하고 있는지 확인합시다.

① 구속의 유익을 제대로 전달하시는 수단!
좀 더 구체적으로 보면, 은혜의 수단으로 믿음과 회개가 먼저 등장합니다. 그리고 그와 함께with 외적인 수단들을 부지런히 사용하라는 것이 나오면서, 말씀, 성례, 기도를 듭니다. 이것은 성도가 평생 힘쓰고 집중해야 할 규례들입니다.

이 부분에서도 하나님의 크신 은혜를 느낄 수 있어야 합니다. 믿음과 회개를 말할 때, 그저 구원받으려면 당연히 거쳐야 할 과정이라고 이해하기보다는, 우리가 죄로부터 실제로 벗어나서 하나님을 더욱 닮아가기 위한 수단으로 이해해야 합니다. 이것을 하나님이 우리에게 주신 선물이라고 이해할 때, 우리는 말씀, 성례, 기도를 더욱 귀하게 여기고, 진심으로 행하게 됩니다.

아주 사소한 죄도 하나님의 저주와 진노를 받아 마땅하지만, 자비로우신 하나님께서는 그 진노와 저주를 피할 길을 마련해 주셨고, 우리에게 그 길을 따를 것을 요구하십니다. 즉 이러한 요구는 곧 선물입니다. 하나님께 무엇을 요구받을 때, 우리는 이것을 싫은 것, 부담되는 것이라고 볼 수 없습니다. 억지로, 하기 싫은 것을 하라는 것이 아닌, 선물이기 때문입니다. 지금까지 배운 것이 다 선물입니다.

소요리문답 2부 총정리

창조와 인생과, 인생 밖의 모든 것까지, 하나님께 받은 모든 것이 사실 다 선물입니다. 또 그 요구에 순종하되, 외적인 수단을 통해 하라고 가르칩니다. 1부에서 배웠듯이, 이것은 결국 성령의 사역입니다. 그리스도의 구속에 우리가 참여하게 되는 것, 더 거슬러 올라가서, 은혜언약 안에 있다는 것도, 마찬가지로 선물로 받은 것입니다.

② 외적인 수단!

믿음과 회개가 필요한 줄도 배웠고 그대로 하고 싶다는 것은 알겠는데, 그럼 구체적으로 당장 무엇을 하면 되느냐?? 이런 질문이 나올 수 있습니다. 그래서 세 가지 규례를 은혜의 수단으로 주셨습니다. 세 가지 항목입니다. 이것을 통해 하나님은 성도의 삶을 믿음과 회개로 이끄십니다. 외적인 수단에는 말씀과 성례와 기도가 있으며, 이들의 목적은 '그리스도의 중보의 유익'을 전달하기 위해서라고 합니다. 기억을 떠올려 봅시다. (안 떠오른다면 얼른 상권, p.278을 펼쳐 찾아봅시다.)

그리스도의 중보의 유익이 무엇이었던가요? 구속함, 교회됨, 연합, 은혜의 교제인 칭의, 양자, 성화, 그리고 이 땅에서, 죽음, 부활, 심판 때 그리스도와 함께 나눌 영광의 교제 등이 그것입니다. 이 모든 것들이 어떻게 해서 우리에게 전달되는가요? 바로 말씀과 성례와 기도에 의해서 전달된다는 것입니다.

사도행전에서는 이렇게 말하고 있습니다.
"저희가 사도의 가르침을 받아 서로 교제하며 떡을 떼며 기도하기를 전혀 힘쓰니라." *사도행전 2: 42-47*

이렇게 볼 때 말씀과 성례와 기도가 얼마나 큰 은혜의 수단이며, 신앙의 핵심인지를 깨닫게 됩니다. 더욱 소중히 여기고, 잘 보존하고, 제대로 전해야겠다는 생각을 합니다. 이런 규례가 없다면, 성도의 신앙은 개인적인 것이 되어버릴 것입니다. 그러나 신앙은 정해진 규례대로 온 성도가 함께 받는 그런 신앙입니다.

정리

도덕법과 각각의 은혜의 수단의 개념, 그리고 이들 사이의 연결점을 잘 알아야 합니다. 보통 교리라고 하면 소요리문답 1부의 내용들만 말하고 그치는데, 2부도 동일하게 중요하다는 것을 2부를 배우는 과정에서 스스로 깨달을 수 있도록 도와주세요. 우리가 배웠던 것을 더욱 소중하고 귀하게 여기고, 우리의 삶을 더욱 바르게 살고자 하는 마음이 생기는 것, 그것이 교육의 목표입니다.

또 요리문답 공부를 통해 신앙과 삶이 분리되지 않고 이런 식으로 체계적인 정리를 할 수 있다는 사실 그 자체를 함께 공감할 수 있었으면 합니다. 1부를 마치고 살펴보았던 그림을 통해, 다시 한번 나의 신앙이 얼마나 체계적으로 정립되었는지를 점검해보도록 합시다.

나의 신앙고백서

교리문답의 1부와 2부의 구조에 익숙해지셨나요? 그동안 배운 것들을 차근차근 정리해보시기 바랍니다. 그리고 글로 남겨, 그것을 여러분 각자의 고백으로 삼으시기 바랍니다. 그러한 여러분의 고백은 하나님께 드리는 찬양이 됩니다. 함께 학습하신 분들과 서로의 고백이자 하나님께 드리는 찬양을 나누며 학습을 마치시길 바랍니다. 그동안 정말 수고하셨습니다. ^^

요리문답 학습에 도움이 되는 책

가난한 시대를 사는 부유한 그리스도인, 로널드 사이더, IVP
가슴 뛰는 교리교육 현장보고서, 정설(엮음), 지평서원
갈보리의 그림자, 휴 마틴, 지평서원
개혁교의학, 헤르만 바빙크, 부흥과 개혁사
개혁주의 윤리학, J. 다우마, CLC
개혁주의 입장에서 본 십계명 강해, 고재수, 여수룬
개혁파 교의학, 헤르만 바빙크, 새물결플러스
개혁파 정통주의 신학 서론, 한병수, 부흥과 개혁사
결혼신학, 존 파이퍼, 부흥과 개혁사
계시철학, 헤르만 바빙크, 다함
계약신학과 그리스도, 팔머 로벗슨, CLC
교리와 함께 하는 365 가정예배, 임경근, 세움북스
교회, 에드먼드 클라우니, IVP
교회가 꼭 대답해야 할 윤리 문제들, 신원하, 예영
구하지 않은 것까지 응답받는 기도, 정요석, 홍성사
그리스도께서 주시는 참된 평안, 김홍전, 성약
그리스도와 교회와 문화, 고재수, 성약
그리스도의 사역, 로버트 리탐, IVP
그리스도의 십자가, 존 스토트, IVP
그리스도의 임재, 휴 마틴, 지평서원
그리스도의 지체로 사는 삶, 김홍전, 성약
그리스도인의 경제윤리, 리차드 스틸, 지평서원
기도 - 기도의 뜻과 안식일, 박영선, 새순출판사
기도에 대하여, 김홍전, 성약
기독교 강요, 칼빈, (여러 출판사)
기독교 세계관이란 무엇인가, 이승구, SFC
기독교 세상의 함정에 빠지다, 박순용, 부흥과 개혁사
기독교, 그 위험한 사상의 역사, 알리스터 맥그래스, 국제제자훈련원
꺼지지 않는 불길, 마이클 리브스, 복있는 사람
나는 왜 성경을 믿는가, 존 맥아더, NCD
내가 너로 큰 민족을 이루게 하리라, 김성수, 합동신학대학원출판부
내게는 영원한 의가 있다, 호라티우스 보나르, 지평서원
다윈주의 허물기, 필립 존슨, IVP
도르트 신조 강해, 코르넬리스 프롱크, 그 책의 사람들
리 스트로벨의 예수 그리스도, 리 스트로벨, 두란노
매튜 풀 성경 주석, 매튜 풀, 크리스챤다이제스트
복음과 요한계시록, 그레엄 골즈워디, 성서유니온
복음과 하나님의 나라, 그레엄 골즈워디, 성서유니온

요리문답 학습에 도움이 되는 책

사도신경, 이송구, SFC
사랑으로 말하는 진리, 한재술, 그 책의 사람들
삼위 하나님과의 사귐, 데럴 존슨, IVP
삼위일체론, 어거스틴, 크리스챤다이제스트
선하신 하나님, 마이클 리브스, 복있는 사람
설교, 어떻게 들을 것인가, 손재익, 좋은씨앗
성경을 어떻게 읽을 것인가, 고든 D.피/더글라스 스튜어트, 성서유니온선교회
성경이 말하는 하나님의 인도, 피터 블룸필드, 성서유니온
성도의 삶, 싱클레어 퍼거슨, 복 있는 사람
성령, 싱글레어 퍼거슨, IVP
성령을 아는 지식, 제임스 패커, 홍성사
성례란 무엇인가, 김홍전, 성약
성신의 가르치심과 인도하심, 김홍전, 성약
성찬, 이성호, 그라티아출판사
성화에 대한 다섯가지 견해, 엘빈 디이터 외, IVP
성화의 신비, 월터 마샬, 복있는 사람
세례와 성찬, 송영찬, 깔뱅
소비사회를 사는 그리스도인, 존 F. 캐버너, IVP
소요리문답 삶을 읽다, 정요석, 새물결플러스
시대의 분별과 윤리적 선택, 신원하, SFC
신앙 탐구노트 누리1, 이재국, 지평서원
신학 -삼위일체 하나님을 향한 송영, 유해무, 성약
십계명 - 언약의 열 가지 말씀, 손재익, 디다스코
십계명 강해, 김홍전, 성약
십계명 해설, 토마스 왓슨, CLC
십계명의 렌즈를 통해서 보는 삶의 목적과 의미, 마이클 호튼, 부흥과개혁사
십자가, 폴 비슬리 머레이, IVP
악한 분노, 선한 분노, 데이비드 폴리슨, 토기장이
알기쉬운 예정론, R.C.스프로울, 생명의말씀사
야근하는 당신에게, 이정규, 좋은씨앗
언약 자손으로 양육하라, 조엘비키, 성서유니온선교회
열린 신학 논쟁, 존 프레임, CLC
영성 이렇게 형성하라, 이태복, 지평서원
영원한 안식과 주일, 최낙재, 크리스챤다이제스트
영원한 의, 호라티우스 보나르, 지평서원
영적 체험, 아키발드 알렉산더, 지평서원
예배란 무엇인가, 김홍전, 성약
예배의 아름다움, 판 도른, SFC

355

요리문답 학습에 도움이 되는 책

예수께서 가르치신 율법의 참뜻, 김홍전, 성약
예수님께서 말씀하신 종말 성경으로 풀어본 말세에 관한 아홉 가지 궁금증, R.C.스프롤, 좋은씨앗
오늘날의 예언과 방언, 과연 성경적인가, 팔머 로버트슨, 부흥과 개혁사
오늘날의 은사주의 운동, 과연 성경적인가, 월터 챈트리, 부흥과 개혁사
오직 은혜로, 싱클레어 퍼거슨, 지평서원
오직 하나님의 메시지만 선포하라, 김진홍, 팜트리
왜 우리는 지역 교회를 사랑하는가, 케빈 드영, 부흥과 개혁사
왜 우리는 하나님의 인도를 바르게 받아야하는가, 게빈 드영, 부흥과 개혁사
용기있는 기독교, 데이비드 웰스, 부흥과 개혁사
위기에 처한 이성, 필립 존스, IVP
은혜의 복음이란 무엇인가, 마이클 호튼, 부흥과 개혁사
이 사람 존 칼빈, 테아 반 할세마, 성약
이혼, 데이비드 엥겔스마, 낮은울타리
일그러진 성령의 얼굴, 박영돈, IVP
전쟁과 정치, 신원하, 대한기독교서회
지금 시작하는 교리교육, 황희상, 지평서원
차마 신이 없다고 말하기 전에, 박영덕, IVP
참된 구원의 확신, 윌리엄 거스리, 그 책의 사람들
창조와 진화에 대한 세가지 견해, 폴 넬슨 외, IVP
책별로 성경을 어떻게 읽을 것인가, 고든 D. 피&더글라스 스튜어트, 성서유니온선교회
칭의란 무엇인가, 가이 워터스, 부흥과 개혁사
칼뱅주의 5대교리 완전정복, 정요석, 세움북스
칼빈 : 순례자와 목회자, 로버트 갓프리, 부흥과 개혁사
칼빈의 예정론, 칼빈, 기독교문화사
칼빈주의 강연, 아브라함 카이퍼, 크리스챤다이제스트
특강 예배모범, 손재익, 흑곰북스
특강 종교개혁사 - 종교개혁의 정점, 웨스트민스터 총회 편, 황희상, 흑곰북스

요리문답 학습에 도움이 되는 책

특강 하이델베르크 요리문답, 이성호, 흑곰북스
하나님에 대한 묵상, 김홍전, 성약
하나님은 어떻게 악을 이기셨는가, 존 파이퍼, IVP
하나님의 나라 두 국민으로 살아가기, 데이비드 반드루넨, 부흥과개혁사
하나님의 섭리, 폴 헬름, IVP
하나님의 약속을 따르는 자녀교육, 조엘비키, 지평서원
하나님의 언약, 아더 핑크, CLC
하나님의 열심, 박영선, 무근검
하나님의 큰 일, 헤르만 바빙크, CLC
하나님이 내 기도를 들으실까, 조약돌, 좋은씨앗
하이델베르크 요리문답해설, 자카리아스 우르시누스, 크리스챤다이제스트
하이델베르크에 온 세 사람과 귀도 드 브레, 테아 반 할세마, 성약
현대 경제학과 청지기 윤리, 도널드 헤이, IVP
현대과학과 기독교의 논쟁, 리차드 칼슨, 살림
현대사회 문제와 기독교적 답변, 존 스토트, CLC
혼인, 가정과 교회, 김홍전, 성약
혼인의 신성함, 최낙재, 성약
회개, 토마스 왓슨, CLC
회개를 사랑할 수 있을까, 이정규, 좋은 씨앗
히브리서 강해, 레이몬드 브라운, IVP

에필로그

"성경만 있으면 되지, 교리가 필요한가요?"

어떤 이단은, 사도신경이라는 것이 성경에는 없다! 인간이 만든 거다! 성경에 없는 것을 우리가 왜 믿어야 되느냐!? 하고 질문합니다. 어떻게 대답할 수 있을까요? 이러한 이단의 질문은 '교리는 사람이 만든 것에 불과하므로 성경만 잘 보면 된다.'는 생각과 동일한 맥락입니다. 요리문답은 성경에 명시된 것이 아닙니다. 그러나 그렇다고 해서 성경적이지 않으냐? 그렇지 않습니다. 그럴 수 없습니다. 우리에게는 '오직 성경sola scriptura'과 함께 '전체 성경tota scriptura'이 중요합니다. 교리를 이야기한다는 것은 곧 성경을 말하는 것과 같습니다. 그러므로 "교리는 중요하지만, 성경이 반드시 함께 가야 한다."라는 말에는, 이미 그 표현 속에 교리에 대한 오해가 들어있습니다. "믿음의 분수"로마서 12:6, "그 유전"고린도전서 11:2, "내가 받은 것을 너희에게 전하노니"고린도전서 15:3, "네게 부탁한 아름다운 것을 지키라"디모데후서 1:14 이것이 바로 '교리'입니다.

우리 신앙의 선배들은 역사 가운데 본질적인 고민들을 미리 해 주었습니다. "성경이 정말 하나님의 말씀이야?" 그분들도 했던 질문입니다. "교회가 꼭 있어야 돼?" 그분들도 했던 질문입니다. "교회는 어떻게 운영해야 되지?" 그분들도 했던 질문입니다. "도대체 하나님이 안 계신 것 같은, 온통 더러운 이 세상 속에서 우리는 어떻게 살아야 돼?" 역시 그분들도 했던 질문입니다. 신앙고백과 요리문답 안에 이미 다 들어있고, 이미 다 해결해 놓은 질문입니다. 물론, 교리는 성경과 달라서, 불완전한 요소가 있습니다.

사람이 만든 것이니 당연합니다. 그러나 그런 '가능성' 때문에 교리를 멀리하거나 받아들이지 않는 것은 문제가 있습니다. 두 가지를 생각해보겠습니다.

첫째는 '대표성'의 문제입니다.
"나는 누구누구 대통령, 누구누구 국회의원을 안 뽑았는데??"라는 것과 같습니다. 교회가 공적으로 모여서 정해진 질서에 따라 교리적 입장을 공적으로 확인한 것인데, 그렇게 만들어진 교리가 자기 생각과 다르다고 부정하는 것은 옳지 않습니다. 이상한 점이 있다면 역시 공적인 절차로 처리해야 될 것입니다.

둘째 문제는 '교만함'입니다.
"지난 수천 년의 교회의 역사 속에서 수많은 신앙의 선배들이 치열하게 고민하고 품어오면서 조심스레 제기했던 교리보다, 지금, 내가, 성경을 곧장 읽고 판단하고 확신한 것이 더욱 옳고 훌륭하다!"라는, 용감무쌍한 교만이 될 수 있습니다. 사실 우리는 어떤 형태로든 나름대로의 교리적 입장을 이미 가지고 살아가는 것입니다. "나는 굉장히 객관적인 사람이야!" 이렇게 말할 수 없습니다. 자기 입장에서 성경을 보는 것입니다. 심지어 "에이~ 나는 교리를 중요시하지 않아요!" 이렇게 말할 때, 그는 이미 '교리를 중시하지 않는 교리'를 믿고 있는 것입니다.^^;;

교리는 '속 편한 상황' 속에서, 탁상공론으로 만들어지지 않았습니다. 역사 속에서 수많은 이단과 싸우며 만든 것이 교리입니다. 그렇다 보니 역사적으로 가장 치열하게 싸웠을 때, 가장 순수하고 정교한 교리들이 탄생됩니다. 그래서 특히 종교개혁의 시대, 그리고 그 후 17세기에, 중요하고 엄밀한 교리가 다듬어지고 정립되어 왔습니다. 그렇게 세워진 원리를 가지고 지금 우리는 '신앙생활'을 하고 있습니다. 지금 시대의 논의나 질문은 거의 모두, 그 내용을 제대로 배우기만 해도 해결할 수 있습니다. 그것을 소중히 여기셔야 합니다. 그래야 바른 교회가 있고, 바른 믿음이 있습니다.

거기에 바른 삶이 있습니다.

에필로그

"또 다른 요리문답으로는 어떤 것들이 있나요?"

제네바 요리문답 (The Catechism of Geneva, A.D. 1537~1541)

1536년 스위스 바젤의 블랙베어 인쇄소에서 <기독교 강요>초판을 발행한 칼뱅은, 도피생활을 시작합니다. 그러다가 잠시 머물려고 들렀던 제네바에서 종교개혁가 파렐의 간청을 받아들여 목회를 시작합니다. 칼뱅은 먼저 교회의 개혁을 위해 '제네바 교회에서 사용할 신앙의 훈련과 고백'이라는 신앙교육서를 발표했습니다. 철저한 종교개혁을 추진하다가 반대세력의 저항을 받은 칼뱅은 결국 제네바에서 추방되지만, 1541년에 다시 제네바의 초청을 받고 돌아옵니다. 이때 새로운 구상으로 더욱 철저한 요리문답을 만들게 되는데, 이것이 '제네바 요리문답'입니다. 자세한 스토리는 성약에서 출판한 『이 사람, 존 칼빈』을 참고하세요.

스코틀랜드 신앙고백서 (The Scotch Confession, A.D. 1560)

이것은 존 녹스와 동료들이 스코틀랜드에서 당시 로마 카톨릭의 세력과 투쟁하면서 개혁을 추진할 때 만들어 사용하던 것입니다. 녹스는 망명 도중 제네바 아카데미로 유학하여, 칼뱅에게 직접 배운 사람입니다. 이 고백서는 당시의 '거짓 교회'를 대항하는 의미에서 '참된 교회'의 세 가지 표지가 무엇인지(말씀, 성례, 권징) 잘 가르치고 있습니다. 자세한 스토리는 흑곰북스에서 출판한 『스코틀랜드 종교개혁사』를 참고하세요.

벨직 신앙고백 (The Belgic Confession, A.D. 1561)

종교개혁은 네덜란드 지방으로도 번져나갔습니다. 벨기에(벨직) 신앙고백은 귀도 드 브레 Guide de Bres 목사가 당시 스페인의 식민지였던 도르닉 시(지금은 네덜란드 영토)의 가난한 성도들을 목회하던 당시 작성한 것입니다. 그는 벨직 신앙고백서를 작성하여 총독이 머물던 성벽 너머로 던져 넣은 후 도피하였고, 나중에 잡혀 순교했습니다. 자세한 스토리는 성약에서 출판한 『하이델베르크에 온 세 사람과 귀도 드 브레』의 후반부를 참고하세요.

에필로그

하이델베르크 요리문답 (The Heidelberg Catechism, A.D. 1563)

종교개혁 이후 독일의 서남부 지방에 루터파와 칼뱅파의 교리가 전파되면서, 팔츠 지방의 수도이자 대학도시였던 하이델베르크에서는 신학적인 논쟁이 벌어졌습니다. 당시 팔츠의 선제후 프리드리히 3세는 신학적 대립이 자칫 정치적 분열로 비화될 것을 우려해서, 스스로도 성경과 신학을 공부하는 한편, 새로운 신앙 교육 문답서를 심의하도록 학자들을 불러 모았습니다. 올레비아누스와 우르시누스가 그 핵심 인물이었습니다. 하이델베르크 요리문답은 출판 즉시 유럽의 여러 나라들로 급속도로 확산되어, 가장 대중적으로 보급된 요리문답이 됩니다. 이 요리문답의 중심 주제는 "참된 믿음"으로, 당시 어떤 신앙이 과연 바른 신앙이냐는 고민에 빠져 혼란스러워하던 성도들에게, 오직 그리스도에 대한 <바른 지식>과 <굳은 신뢰>만이 구원을 얻는 참된 믿음임을 강조했습니다. 자세한 스토리는 세움에서 출판한 『하이델베르크에 온 세 사람과 귀도 드 브레』의 전반부와 흑곰북스에서 출판한 『특강 하이델베르크 요리문답』을 참고하세요.

도르트신조 (The Canons of Dort, A.D. 1619)

세월이 좀 더 흘러 이제 종교개혁의 치열했던 시기는 지나가고, 그 후예들이 학교와 교회에서 신앙교육을 잘 받던 17세기 초반, 네덜란드의 한 대학에서는 칼뱅의 엄격한 예정론을 반대하는 학생들이 생겨나 문제가 된 일이 있었습니다. 교회는 신학자 알미니우스를 교수로 보내어 학생들을 잘 가르치도록 했는데, 막상 그렇게 파송된 교수가 학생들의 주장에 동조하게 되고, 비슷한 주장을 펴게 됩니다. 결국 알미니우스의 가르침을 따르는 학생들과 칼뱅주의 정통파간의 신학적 갈등 때문에 네덜란드의 도르트(Dort)에서 1618년부터 이듬해까지 대규모 회의가 개최됩니다. 여기서 학생들의 주장은 잘못 된 것으로 결론이 나고, 예정론에 대한 중요한 교리들, 즉 하나님의 이중예정과 무조건적 선택, 하나님의 은혜는 거절할 수 없는 것이라는 내용 등이 재확인됩니다. 이 회의에서 채택된 내용을 다섯 가지로 정리한 것이 도르트 신조라 할 수 있는데, 그 다섯 항목의 제목 첫 글자를 영어로 보면 T.U.L.I.P.이 되어, 튤립교리라고도 부릅니다. 자세한 스토리는 세움북스에서 출판한 『칼뱅주의 5대교리 완전정복』을 참고하세요.

저자 히스토리

1536. 「장 칼뱅」, 바젤의 블랙베어 인쇄소 Black Bear Printing House 에서 기독교 강요 초판을 인쇄하다.

1542. 「장 칼뱅」, 제네바에서 요리문답서를 작성하다.

존 낙스의 집 (스코틀랜드 에든버러)

1555. 「존 낙스」, 제네바 아카데미에서 배우고 귀국하다.

1561. 「귀도 드 브레」, 벨직 신앙고백서를 작성하여 궁궐 담 너머로 투척하고 도망치다.

하이델베르크 성 전경

1563. 독일의 팔츠 지방 영주 「프리드리히 3세」의 명령으로 「우르시누스」와 「올레비아누스」가 하이델베르크 요리문답을 작성하다.

웨스트민스터 사원

1619. 도르트 신조 작성되다.

1647. 스코틀랜드 교회, 웨스트민스터 신앙고백서를 만장일치로 채택하다.

17세기 후반. 미국으로 청교도들이 이주, 신조가 미국으로 전해지다.

웨스트민스터 신앙고백서

1908. 미국 장로교 선교사들, 전라도 순천에 도착하여, 황희상의 고조부에게 복음을 전파하다.

선교사들의 거처와 집기류 (순천 기독박물관)

1910. 일제강점기 시작되며, 신실한 교회가 고초를 겪다.

1917. 황희상의 증조부, 소요리문답을 전부 암송하여, 구약성경을 받다.

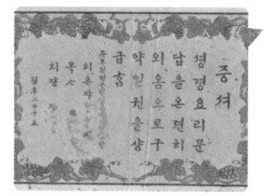
암송 상장

1945. 해방되다.

1976. 황희상 출생하다.

저자 히스토리

1977. 유아세례를 받고 처음으로 성경을 읽다.

1992. 중고등부에서 소요리문답을 공부하다.

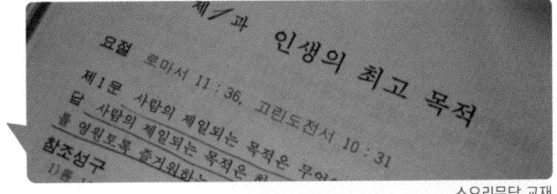
소요리문답 교재

1996. 대학시절, 기독잡지 The Voice 편집장이 되다.
소요리문답의 소중함을 비로소 깨닫다.

1997. 당시 The Voice의 기자였던 지금의 아내와
첫사랑에 빠지다.

The Voice 잡지

2000. 첫 직장을 갖다. 요리문답 교재 개발의 비전을 품다.

2006. 교회 청년부 교사로서 요리문답 교육을 시작하다.

2008. 직장을 그만둔 후 본격적으로 소요리문답 자습서
집필을 시작하다.

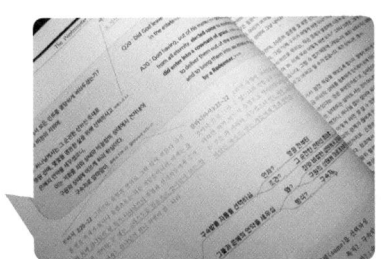
소요리문답 교재의 첫 모습

2009. 고려신학대학원 신학과에서 석사과정(M.A.)을 시작하다.

2010. 소요리문답 자습서 초안을 완성하다.

고려신학대학원 정문

2011. 출판사 설립을 결심하고,
출판사명을 흑곰북스(Black Bear Books)라고 이름 붙이다.

흑곰북스 : 종교개혁자 칼뱅은 스위스 바젤의 블랙베어 인쇄소Black Bear Printing House 에서 기독교강요 초판을 펴냅니다. 그 인쇄소는 위험인물로 몰릴 것이 분명한 젊은이가 쓴 책을 출판합니다. 흑곰북스의 이름은 5백여 년 전의 그 사건에 대한 오마주hommage입니다.

감사.

개혁신앙이 생명임을 가르쳐주신 김영규 교수님
생명을 거는 모범을 보여주신 권형록 목사님, 윤성헌 목사님
질풍노도의 시절 The Voice를 함께 펴내던 동지들: 김형석, 김주원, 전의석, 강정룡, 김후지, 박형주
교회가 무엇인지 가르쳐주신 강상수 목사님, 강조성 목사님, 최성호 목사님, 캐나다 에드먼튼의 윤성목 목사님
평생 나를 믿어주는 동역자이자 후원자: 경호, 영오, 영근, 약돌, 우진

꿈을 가진 가정으로 출발시켜주신 김성봉 목사님
교리교사로서의 길을 발견하도록 기회를 주신 평택 새생명교회 최성현 목사님과 성도 여러분
자랑스럽고 사랑스런 제자들: 철호, 세정, 현수, 정숙, 윤숙, 성준, 현진, 빛나, 우희, 양민
제 인생의 트레이너 도해용 사장님
이 책의 트레이너 김병규 목사님
불가능해 보이던 출판을 가능케 해 준 친구 효진, 디자인팀 태령, 근영, 득진, 다현, 득성

저를 다듬어주신 교수님들, 특별히 유해무 교수님, 신원하 교수님, 이성호 교수님
마음이 담긴 추천사로 저를 울려주신 김남준 목사님, 안명준 교수님, 이승구 교수님, 문병호 교수님
출판 과정에서 격려와 용기를 주신 기독교개혁신보 송영찬 편집국장님, 부흥과개혁사 백금산 목사님,
생명의말씀사 황을호 전무님, 정요석 목사님, 황대우 교수님, 유태화 교수님, 성기문 교수님
좋아요~를 눌러주신 수많은 페이스북 친구분들

그리고
이 모든 길을 한결같이 함께 걸으며 돕는 배필 **사랑하는 아내**
지혜로운 삶과 사랑과 배려의 가치를 가르쳐주신, 할아버지 할머니, 아버지 어머니를 비롯한 가족, 친지
어린시절 바른 신앙교육으로 길러주신 **노홍빈 목사님, 조인선 목사님, 고 문인섭 목사님**.

당부의 말씀

교리를 공부하면 비판력이 높아집니다. 교리자체가 '논리'적인 접근이기에 그렇습니다. 단순히 성경구절을 모아놓은 것이 아니라, 그것을 조직화·구조화 시키고 체계화 시킨 것이기 때문입니다. 따라서 교리를 배우다보면, 그 과정에서 자연스러운 논리학습이 됩니다.

체계를 잡고나면, 체계에서 벗어나거나 체계가 없는 것의 허술함이 너무나도 눈에 잘 보입니다. 그래서 아무거나 막 비판을 합니다. 비판을 하려고 해서 하는게 아니라, 자기도 모르게 비판적이 됩니다. 지금껏 가져보지 못했던 능력을 가지게 된 스파이더맨이 처음에 적잖이 당황하는 것처럼, 그런 상황입니다.

좋은 칼을 만들어 강도행위에 쓰는것이 부적절하듯이, 교리는 그것을 알고 사용하는 자의 인격이 절대적으로 중요합니다. 비판의 칼을 자신에게 먼저 적용할 줄 알아야 합니다.
"저 사람, 요즘 소요리문답 책 보더니, 왜 저렇게 날카로워졌어?"
이런 말을 듣게 되면 검점해야 합니다.

이 책을 통해 배운 지식을 사용하십시오!
사용하되, '잘' 사용해 주십시오.
사랑이 없으면 울리는 꽹과리 같을 뿐입니다.

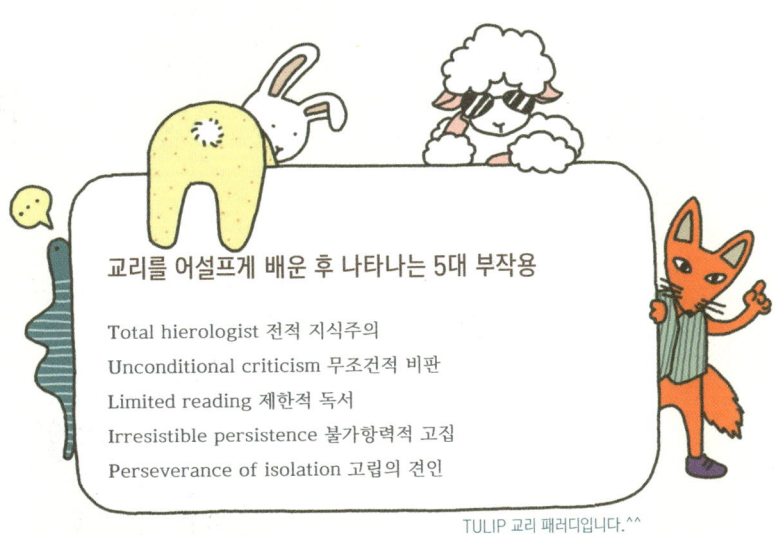

교리를 어설프게 배운 후 나타나는 5대 부작용

Total hierologist 전적 지식주의
Unconditional criticism 무조건적 비판
Limited reading 제한적 독서
Irresistible persistence 불가항력적 고집
Perseverance of isolation 고립의 견인

TULIP 교리 패러디입니다.^^

소요리문답 1, 2부를 모두 마친 여러분, 대단히 수고 많으셨습니다.
앞으로 우리를 주께서 어떻게 이끄실지 지금은 모르지만
함께 이 길을 걸으며 서로를 섬기며,
그렇게 한 걸음씩 살아갑시다.
모든 것을 행하시는 하나님께 감사와 찬송을 돌리며...

모두 사랑합니다. ^^